HEYNE
BÜCHER

JOAN COLLINS

INTIME MEMOIREN

Bekenntnisse eines Stars über ihr bewegtes Leben

Deutsche Erstveröffentlichung

WILHELM HEYNE VERLAG
MÜNCHEN

HEYNE-ALLGEMEINE REIHE
Nr. 01/6379

Titel der amerikanischen Originalausgabe
PAST IMPERFECT
Deutsche Übersetzung von Uta McKechneay

7. Auflage

Printed in Germany 1993
Umschlagfoto: Playboy
Innenfotos: J. Arthur Rank Organization; Sunday Pictorial; Magnum; UPI;
Pictorial Parade; J. R. Eyerman, Life Magazine © 1955, Time, Inc.;
MGM; 20th Century-Fox; Eric Benson; Ken Withmore; Terry O'Neill;
Sunday Mirror; Edward H. Sanderson; Peter W. Dickenson; Sanderson Scope;
Zoe Dominic; ABC; Wide World Photos; Elizabeth J. Annas; ABC;
Peter Holm; Eddie Sanderson; Playboy.
Umschlaggestaltung: Atelier Ingrid Schütz, München
Gesamtherstellung: Presse-Druck Augsburg

ISBN 3-453-01934-2

Vorwort

Es gibt viele Gründe dafür, dieses Buch zu schreiben, aber der wichtigste Grund ist mein Wunsch, endlich die Wahrheit zu sagen. Ich möchte mein Leben beschreiben, wie es wirklich gewesen ist – nicht wie die Klatschkolumnisten darüber berichtet haben (obwohl sie nicht immer falsch lagen).
Ich bin eine sehr lebensfrohe und offene Person. Ich habe in meinem Leben als Frau, Schauspielerin und Mutter einige Tiefpunkte durchleben müssen. Es waren meist meine positive Lebenseinstellung, meine Kraft, mein Optimismus und mein Sinn für Humor, die mir zu überleben halfen, aber diese Eigenschaften brachten mir auch wieder Erfolg als Alexis Carrington Colby in »Denver Clan«, in einem Beruf, in dem ich mehr als einmal schwer angeschlagen war. Obwohl ich schon vor dieser Fernsehserie eine Berühmtheit, ein »Star«, war (ein Begriff, den ich hasse), konnte ich erst in »Denver Clan« zu mir selbst finden.
Aber vielleicht der bedeutsamste Grund für dieses Buch ist der: Ich fühle mich bisweilen als eine Vorkämpferin in Sachen sexueller Gleichberechtigung. Und ich gehöre auch zu den Frauen, die jene Altersgrenzen abbauen, welche schuld daran sind, daß so viele Frauen im Leben mit zweierlei Maß gemessen werden.
Wenn ich mein Leben als Mann gelebt hätte, wäre niemand schockiert gewesen. Als Frau aber war ich mehr als andere privater und öffentlicher Kritik ausgesetzt.
Ich entwickle mich noch immer. Das mag lächerlich von einer Frau klingen, die so intensiv wie ich gelebt hat, aber ich habe noch viel zu lernen. Ich möchte meinen Horizont erweitern und an die Grenzen meiner Fähigkeiten vordringen, weil ich glaube, daß der Wechsel die einzige Konstante im Leben ist. Und ich bin sicher, daß das Beste noch kommen wird!

Kalifornien, Dezember 1983

Für meine wunderbaren Kinder Tara, Sacha und Katyana.
Sie sind meine Vergangenheit,
meine Gegenwart und ganz besonders meine Zukunft.
Und für meine Mutter Elsa. Ich wünschte, sie könnte
hier sein, um dies alles mit mir zu teilen.

Danksagungen

Herzlichen Dank an Judy Bryer und Barry Langford, die unter allergrößten Mühen meine Hieroglyphen entzifferten; Michael Korda, meinen Lektor, und Dan Green, die mir Zuckerbrot und Peitsche gaben; George Christy, der darauf bestand, daß ich es in Amerika veröffentliche.

1. Kapitel

Meinen ersten Auftritt in der Öffentlichkeit kann ich durch ein Foto belegen, das meine Eltern und Lew Grade sieben Stunden vor meiner Geburt auf einem Wohltätigkeitsball zeigt.

Abgesehen von Mutters leicht verstörtem Blick auf dem Foto wies eigentlich nichts darauf hin, daß sie ein paar Stunden später ihr erstes Kind zur Welt gebracht hat. Das Foto zeigt eine gepflegte Blondine, flankiert von zwei jungen Männern im Smoking.

Mein Vater Joe Collins und Lew Grade waren damals Partner und betrieben gemeinsam die Theateragentur Collins und Grade. Sie zeigen auf dem Foto alle beide den selbstzufriedenen Gesichtsausdruck von Männern, die in Kürze zum erstenmal Vater beziehungsweise Pate werden sollen. Obwohl Lord Lew Grade (das ist er inzwischen) offiziell nie mein Pate gewesen ist, standen er und meine Eltern sich geschäftlich und auch privat so nahe, daß er für mich immer »Onkel Lew« gewesen ist.

Vor meinem Vater habe ich so viele Jahre Angst gehabt, daß es mir jetzt noch schwerfällt, über ihn zu schreiben. Noch immer beschleicht mich die Furcht, er könne mir böse sein oder einen Wutanfall bekommen. Trotz jahrelanger Psychoanalyse und Erforschung meiner Seele ist Daddy für mich doch immer eine Art Schreckgespenst geblieben. Eine richtige Vatergestalt kann ich auch heute noch nicht in ihm sehen. Zweifellos waren manche meiner Versuche, die ewige Liebe unmöglicher Männer zu erringen, in Wahrheit klägliche Bemühungen, Daddy zurückzugewinnen. Es besteht nämlich kein Zweifel daran, daß er mich wirklich geliebt hat, bis ich fünf oder sechs Jahre alt war.

Ich bin an einem 23. Mai irgendwann in den Jahren zwischen dem Ende der Weltwirtschaftskrise und dem Kriegsausbruch in einer Privatklinik in Bayswater im Nordwesten von London zur Welt gekommen. »Keine Frau sollte je ihr genaues Alter verraten. Das wirkt so berechnend«, hat Oscar Wilde gesagt; und ich stimme völlig mit ihm überein.

In den Augen meiner Eltern und Verwandten war ich das reizendste Baby der Welt, doch mein Wesen paßte nicht so recht zu meiner äußeren Erscheinung. Im Sternzeichen der Zwillinge geborene Kinder sind quecksilbrig, flatterhaft und launisch, im nächsten Augenblick charmant und voller Liebreiz und gleich darauf völlig unmöglich. Ich erwies mich als typischer Zwilling. Ich habe als Baby so unwiderstehlich ausgesehen, daß meine überaus wachsame Mutter ein Schild mit der Aufschrift »Bitte nicht küssen« in meinen Kinderwagen legte, wenn sie am Vormittag mit mir spazierenfuhr.

Hübsche gesund aussehende Babys müssen zu jener Zeit im Norden von London sehr selten gewesen sein; denn Mami mußte immer wieder völlig verdrehte Frauen abwehren, die sie anflehten, mich küssen, auf den Arm nehmen oder gar adoptieren zu dürfen. Ich wurde so verhätschelt, daß meine Mutter sogar das Eis ein paar Minuten in den Backofen stellte, bevor ich es bekam — damit es nicht mehr so kalt war!

Meine Kleinkinderjahre waren ausgesprochen idyllisch. Wir wohnten in einer Etagenwohnung in Maida Vale, drei oder vier Blocks vom Regent's Park entfernt. Daddy betrieb zusammen mit Lew die Agentur und liebte seine kleine Joan und seine Frau abgöttisch. Daß sie mich Joan genannt haben, liegt daran, daß sie sich eigentlich einen Sohn gewünscht hatten. Den hätten sie dann zweifellos Joe junior genannt. Dem kam der Mädchenname Joan am nächsten. Bis ich fünfzehn Jahre war, habe ich mich immer gemeldet, wenn meine Mutter »Joe« rief.

Meine Bewunderung für meinen Vater war grenzenlos. Im Kindergarten erzählte ich den anderen Kindern, mein Vater sei der größte und schönste Mann der Welt. Er sah tatsächlich blendend aus mit seinem pechschwarzen, lockigen Haar (das er sich aber mit drei Schichten Brylcream flach an den Kopf klatschte). Seine dunkelbraunen Augen sprühten Funken. Er hatte ein feingeschnittenes Gesicht. Aber groß konnte man ihn wahrhaftig nicht nennen. Eines Tages stellte ich enttäuscht fest, daß mein Vater nur etwa 1,77 m groß war! In einem alten Album gibt es ein Foto, das schon leicht vergilbt ist, das für mich die idealistische Vater-Tochter-Beziehung verkörpert. Es ist mein liebstes Foto von uns beiden. Ich bin auf diesem Foto vier oder fünf Jahre alt, habe Zahnlücken, eine riesige Schleife im Haar und trage ein hübsches Sommerkleid. Das Foto muß im Urlaub in einem sonnigen Land aufgenommen worden sein. Ich sitze im Gras, die Beine sittsam übereinandergeschlagen, und grinse vom einen Ohr bis zum anderen. Mein Vater ist braungebrannt, hat einen Lockenkopf und lächelt ebenfalls strahlend. Er trägt eine graue Flanellhose und eine sportliche Jacke. In der Hand hält er ein riesiges Fischnetz, mit dem er das kleine Mädchen ›einfangen‹ will, das überglücklich und vertrauensselig zu seinen Füßen sitzt, in der Gewißheit, von diesem gutaussehenden Mann geliebt zu werden.

Auch meine Mutter war wunderschön. Blond und blauäugig, eben typisch angelsächsisch, stach sie auf frappierende Weise von meinem Vater ab, der einen dunklen Teint hatte und jüdisch aussah. Und im Gegensatz zu meinem Vater, der sehr streng sein konnte, war meine Mutter lieb und sanft. Sie ist mir im Laufe der Jahre immer lieber geworden. Ich bin immer viel stärker gewesen als sie, und es hat mich sehr geärgert, daß sie Gefallen daran zu finden schien, die ergebene Sklavin meines Vaters zu sein. Wenn Daddy einen Wutanfall bekam, sind wir geflohen. Wenn er die Stimme erhob und uns anschrie, bekamen wir es mit der Angst zu tun. Aber im nachhinein ist mir klargeworden, daß meine Mutter Daddy unter anderem so sehr geliebt hat, weil er einen unbändigen Sinn für Humor besaß. Ständig hat er Witze gerissen, und die ganze Wohnung hallte wider vom Gelächter seiner vielen Freunde.

Ich bekam Tanzunterricht, als ich noch nicht einmal drei Jahre alt war. Als Kind war ich in neun oder zehn verschiedenen Tanzschulen und in dreizehn verschiedenen Schulen. Schon bevor ich in den Kindergarten ging, habe ich am Vormittag hingebungsvoll der Musik im Radio gelauscht; während meine Mutter die Hausarbeit erledigte, bin ich zu der Musik herumgewirbelt und habe mitgesummt.

Schon als ganz kleines Mädchen habe ich mich brennend fürs Kino, für das Theater und für den Tanz interessiert. Ich erging mich in den fantastischsten Träumen, die mich bis in den Schlaf verfolgten.

Mein Vater war als Theateragent schon in der zweiten Generation im *Showbusineß* tätig. Er ist im Jahre 1902 in Kapstadt in Südafrika zur Welt gekommen. Sein Vater Will Collins war erfolgreicher Theateragent und seine Mutter Henrietta Collins eine kesse Soubrette und Tänzerin. Hetty muß eine der ersten emanzipierten Frauen gewesen sein; denn sie ist zusammen mit ihrer Schwester noch bis einen Monat vor Joes Geburt in der Nummer ›The Three Cape Girls‹ aufgetreten. Wenn man bedenkt, daß das noch während des Viktorianischen Zeitalters war, hat sie damit bewiesen, daß sie sich nicht einen Deut um Konventionen scherte. Das habe ich offenbar von ihr geerbt. Auf Fotos steht sie im gewagten Cancan-Kostüm da, die Hände auf die Hüften gestützt — eine wunderschöne, brünette junge Frau mit ausgeprägten Zügen, einem eigensinnigen Gesichtsausdruck und einem verdächtigen Glitzern im Blick.

Ich kann mich noch gut an Großmutter Hetty erinnern. Sie war eine reizende, stets lachende, mutige Frau, die mir das Tanzen beigebracht und gezeigt hat, wie man Spagat macht und die Beine hochwirft. Bis zu ihrem letzten Atemzug war sie quicklebendig und für jeden Spaß zu haben. Sie hat mich in meinem Bestreben, Sängerin, Tänzerin und Schauspielerin zu werden, immer ermutigt. Sie hat mich mit Geschichten über das Leben hinter der Bühne förmlich überschüttet. Das klang so herrlich aufregend. Ich konnte fast die Theaterschminke riechen, und der abgestandene, muffige Geruch in den Kulissen stieg mir in die Nase.

In unserer Wohnung drängten sich ständig höchst amüsante gesellige Menschen, die Daddy unter seine Fittiche genommen hatte: Komiker, Sänger, Tänzer, Bauchredner und Zauberkünstler. Die interessantesten Künstler gaben einander die Klinke in die Hand. Mit denen spielte Daddy oft bis in die frühen Morgenstunden Karten. Er pokerte gerissen, und ich lernte es auch, indem ich ihm über die Schulter sah und ›kiebitzte‹.

Vielleicht wollten sich all diese faszinierenden Leute bei meinem Vater einschmeicheln, damit er ihnen mehr Engagements verschaffte — vielleicht waren sie auch wirklich davon überzeugt. Jedenfalls ließen sie sich immer wieder begeistert über mein süßes kleines Näschen, meine schönen Augen oder meine Persönlichkeit aus und schlossen für gewöhnlich mit der Bemerkung: »Du mußt natürlich unbedingt zur Bühne gehen.«

Die Saat war also ausgesät, doch der Boden lag noch brach.

Daddy war sehr stolz auf mich, das ließ sich nicht leugnen. Es gefiel ihm, daß ich niedlich, überschäumend fröhlich und bezaubernd war, und er stimmte mit seinen Freunden darin überein, daß ich alle Voraussetzungen für eine Schauspielerin besaß, wenn er das Theater auch nicht gerade als den idealen Lebenszweck betrachtete, wenn es um ein junges Mädchen ging. Er wußte ja am allerbesten, mit was für Schwierigkeiten man da zu kämpfen hatte und wie oft man zurückgewiesen wurde. Doch es wurde mein geheimer Wunschtraum, zur Bühne zu gehen und Schauspielerin zu werden.

Ich kann nicht einmal genau sagen, ab wann ich nicht mehr Daddys kleiner Liebling war. Vielleicht von dem Tag an, als Jackie zur Welt kam und ich nicht mehr seine ungeteilte Liebe und Aufmerksamkeit besaß. Vielleicht lag es aber auch daran, daß wir schleunigst in sicherere Gefilde umquartiert wurden, als Bomben auf London fielen. Daddy blieb in London sich selbst überlassen; er war gezwungen, in London auszuharren. Während des Krieges bestand eine besonders große Nachfrage nach Variétévorstellungen, und er hatte viel zu tun.

Während des Krieges wurden wir immer wieder umquartiert. Wir haben bei wildfremden Leuten gewohnt, und das Gräßlichste dabei war, daß ich ständig die Schulen wechseln mußte. Eine Scheu überfiel mich, die ich bis dahin nicht gekannt hatte. Ich fühlte mich unsicher und erging mich in Selbstzweifeln. Meine neuen Klassenkameraden kicherten und flüsterten beim Anblick des nervösen Mädchens, das aus mir geworden war. Überall wurde ich damit zur Außenseiterin gestempelt. Da zog ich mich mit meinen Puppen, Büchern und Filmzeitschriften in meine Fantasiewelt zurück. Das quälende Gefühl bedrückte mich, abgelehnt zu werden. Immer dachte ich: Wenn Daddy mich *wirklich* lieb hätte, wäre er doch bei mir. Wir führten das reinste Zigeunerleben. Als nach dem Blitzkrieg die Bombardierung Londons etwas nachließ, kehrten wir für ein paar Wochen oder Monate nach London zurück. Doch sobald die Luftangriffe wieder begannen, wurden wir von Mami oder unserem Kindermädchen mitten in der Nacht aus dem Schlaf gerissen, in unsere ›Sirenengewänder‹ gehüllt und in den Luftschutzkeller gebracht, wo wir todmüde in einen nur ruhigen Schlaf versanken, während in der Ferne Bomben fielen und die Flugabwehrgeschütze im Dunkeln schauerlich dröhnten und jaulten.

Mit dreizehn Jahren war ich linkisch, völlig verunsichert, tolpatschig, schüchtern, introvertiert und eine Männerhasserin.

Ich war fest davon überzeugt, daß ich völlig reizlos war und meinen Vater so nicht zurückerobern konnte. Nur als Kleinkind hatte ich seine Zuneigung besessen. Das Gräßliche war, daß wir schon wieder Zuwachs bekommen hatten. Mein kleiner Bruder Bill war der erklärte Liebling der ganzen Familie. Ich sagte mir, daß ich die Zuneigung meines Vaters nur dann wieder erringen würde, wenn ich aussah wie ein Junge und mich auch wie ein Junge benahm. Ich war fest davon überzeugt, daß mir die Pubertät erspart bleiben würde, die ich für eine Katastrophe hielt. In der Schule unterhielten sich die Mädchen hinter vorgehaltener Hand flüsternd über den entsetzlichen ›Fluch‹, die Menstruation. Ich suchte in der Bibliothek nach einem Buch, in dem etwas darüber stand, fand aber nichts dergleichen. Da meine Eltern mich nicht aufgeklärt hatten, malte ich mir mit meiner lebhaften Fantasie die schrecklichsten Dinge aus.

Am Samstagnachmittag begleitete ich meinen Vater immer zu seinen geliebten Fußballspielen und fror heroisch in meinen Jungenhosen aus Cord. Dazu trug ich einen Jumper und einen grellgestreiften Fußballschal. Ich wedelte mit meiner

Teufelsknarre und sprang erregt auf, wann immer jemand ein Tor schoß. Ich gab mir wirklich alle Mühe, es meinem Vater recht zu machen.

Es hat natürlich alles nichts genutzt. Bill war mit zwei oder drei Jahren entschieden interessanter als ich kleines, tölpelhaftes Ding. Selig schob er seine Spielzeugautos auf dem Teppich hin und her, und meine Eltern sahen ihm gerührt zu. Ich dagegen starrte ihn erbost an, stopfte mich frustriert mit Würstchen voll und schwor mir wieder einmal, Schauspielerin zu werden.

Ich habe nie herausgefunden, was das Wort ›Liebe‹ eigentlich bedeutet. Zwar glaubte ich immer wieder, die große Liebe gefunden zu haben — doch nach zwei oder drei Jahren löste sich alles in Luft auf, und ich fragte mich, ob ich den Mann tatsächlich so sehr geliebt hatte, wie ich ihn zu lieben glaubte.

Während meiner Zeit auf der Schauspielschule — als ich fünfzehn und dann sechzehn Jahre alt war, entdeckte ich das andere Geschlecht zum erstenmal und ›verliebte‹ mich sehr oft. Einen Großteil der Zeit, den ich dem Lernen hätte widmen sollen, verbrachte ich damit, mich in Gedanken Tagträumen über den jeweiligen Heißgeliebten hinzugeben. Manche dieser Romanzen hielten drei oder vier Monate, andere endeten bereits nach drei oder vier Tagen. Sie blieben alle platonisch. Das waren die keuschen fünfziger Jahre, da konnte ein wohlerzogenes halbjüdisches Mädchen um keinen Preis etwas so Verwerfliches tun, wie sich einem Jungen hinzugeben. Leider kam es nur zu verstohlenen Küssen unter einer Straßenlaterne, Händchenhalten im Kino, und man schwor sich in den schmucklosen Gängen der Königlichen Schauspielakademie im Flüsterton ewige Liebe.

Zu der Zeit war es für ein junges Mädchen undenkbar, mit einem Jungen zu schlafen. Unsere Kenntnisse in Sachen Sexualität waren mangelhaft, von der Geburtenkontrolle ganz zu schweigen, und zwischen Jungen und Mädchen herrschte völlige Klarheit darüber, daß man zwar Petting und Necking betreiben, sich küssen und miteinander schmusen konnte, daß man seine Jungfräulichkeit aber erst im Ehebett verlor.

Ich war sehr beliebt. Plötzlich wurde mir klar, daß ich offenbar Sex-Appeal besaß. Es war ganz neu für mich, daß ich so anziehend auf junge Männer wirkte. Doch mein Interesse an ihnen erblühte und verging so rasch wie eine Sommerblume. Sobald ich einen jungen Mann nicht mehr amüsant fand, wandte ich meine Aufmerksamkeit einem anderen zu. Dieses Spielchen trieb ich in abgewandelter Form viele Jahre. Der klassische Fall eines jungen Mädchens mit Vaterkomplex. Ich wollte mir bestätigen lassen, wie begehrenswert ich war, indem ich Männer umgarnte, an die nicht leicht heranzukommen war.

Die Männer, die hinter *mir* her waren, interessierten mich nicht. Es war mehr oder weniger immer das gleiche Schema, nach dem ich jahrelang vorging. Von wenigen Ausnahmen abgesehen, bin ich immer diejenige gewesen, die das ›Liebesobjekt‹ ausgewählt hat, *ich* habe die Eroberung gemacht, das Herz des Mannes gewonnen und ihm den Laufpaß gegeben. Als ich reifer wurde, waren meine Interessen natürlich breiter gefächert und die Beziehungen hielten länger. Auf der Akademie verliebte ich mich immer wieder Hals über Kopf, doch das hielt oft nur eine Woche an. Meine erste Ehe hielt immerhin schon sieben Monate. Da war ich mit Maxwell Reed verheiratet. Seitdem gingen meine Liebschaften immer tiefer und hielten immer länger an.

Die meisten Männer und Jungen, für die ich mich entschied, waren äußerst schwierig, galten als unerreichbar, waren launisch, unberechenbar und oft gar nicht fähig, jemanden zu lieben und nicht immer nur der Nehmende zu sein, und *gerade das* hat sie mir immer interessant erscheinen lassen. Es lag mir nie, mir den Hof machen und mich erobern zu lassen. *Ich* war der Eroberer, und das ist mir oft sehr schlecht bekommen.

Aber ich habe an der Schauspielschule auch tüchtig an mir gearbeitet. Ich hatte mir in den Kopf gesetzt, eine erfolgreiche Schauspielerin zu werden, und ich bin entdeckt worden. Ein Vertreter einer Fotomodellagentur erschien auf der Royal Academy, um ein Mädchen für Fotos in Frauenzeitschriften zu suchen. Die Wahl fiel auf mich. Mit dem Geld, das ich als

Fotomodell bekam, konnte ich mir bessere Karten für Theater und Kino leisten. Endlich konnte ich mir auch etwas zum Anziehen kaufen und gelegentlich sogar ein Taxi nehmen.

Ich posierte für die Illustrationen von Liebesgeschichten in Frauenzeitschriften. Ich stellte einen verschreckten Teenager in einem gelben Rollkragenpullover dar, den ein Wahnsinniger in einem Haus, in dem es spukt, vergewaltigen will. In einer anderen Geschichte war ich ein junges Mädchen mit gebrochenem Herzen, das in sein Kissen schluchzt, als es feststellen muß, daß es schwanger ist. Obwohl ich nicht gerade graziös war, zierte ich auch bald die Seiten von *Woman* und *Woman's Own* und führte Teenagermoden vor. Privat trug ich nur knallenge Jeans und karierte Hemden, die ich in Herrenbekleidungsgeschäften erstand. Dazu trug ich riesengroße Ohrringe im Zigeunerlook, flache Ballerinaschuhe und ein schwarzes Polohemd, das mir meine emanzipierte Tante Lalla vermacht hatte. Das war zu der Zeit eine ausgesprochen avantgardistische Aufmachung, und ich erregte überall Aufsehen. Hinzu kam noch mein extravagantes Make-up: die Augen schwarzumrandet wie die teuersten Fotomodelle, die Augenbrauen schwarz und breit wie Balken — das hatte ich Liz Taylor, meiner Lieblingsschauspielerin, nachgemacht. Lang geradegeschnittene Ponyfransen fielen mir in die Stirn, und ich trug einen Pferdeschwanz.

Langsam machte ich Karriere. Eines Tages läutete das Telefon, und ein Mann, der nach seiner Stimme zu urteilen, sehr charmant sein mußte, stellte sich als Bill Watts vor — ein bekannter Agent, der vor allem hübsche junge Mädchen in seiner Kartei hatte. Er hatte die Bilder von mir als ›Opfer einer Vergewaltigung‹ in *Woman's Own* gesehen und war der Meinung, ich sollte es nun auch beim Film versuchen.

Ich suchte ihn in seiner Agentur in der Dover Street auf. Die Wände waren förmlich tapeziert mit Fotos schöner junger Mädchen — manche nur sehr mangelhaft bekleidet oder im Badeanzug. Er lud mich zum Mittagessen in ein elegantes Restaurant ein und gab mir schon beim Krabbencocktail zu verstehen, daß er mich zum Filmstar machen wolle, ich hätte das Zeug dazu.

»Aber ich möchte eine *wirklich gute* Schauspielerin werden«, entgegnete ich todernst. »Filmstars sind doch keine Schauspieler. Sie werden meistens in Drugstores oder Parfümerien entdeckt. Ich möchte noch ein Jahr studieren, mir ein großes Repertoire aneignen und zur Bühne gehen. Ich will nicht zum Film.« Ich nippte an meinem Weißwein und sah ihn herausfordernd an.

Die Einstellung der Royal Academy zum Medium Film hatte natürlich stark auf mich abgefärbt. Kunst wurde nur im Theater geboten, es wurde großer Wert darauf gelegt, daß man eine für die Bühne geeignete Stimme besaß, daß man die Vokale richtig artikulierte und überhaupt eine deutliche Aussprache hatte. Selbstverständlich mußte man sich richtig zu bewegen wissen und die entsprechende klassische Haltung einnehmen.

Obwohl ich wirklich fleißig arbeitete, kritisierten meine Schauspiellehrer mein Stimmvolumen und meine Sprechweise ständig. Mein Selbstvertrauen nahm dadurch nicht zu. Durch die Kritik wurde ich immer mehr verunsichert und immer gehemmter. Wie hätte ich da besser werden können? Wir mußten sprechen und spielen, als stände einer mit dem Knüppel hinter uns, und wurden dadurch alle in die gleiche Form gepreßt. Infolgedessen konnte man seine ureigene Persönlichkeit nicht zur Geltung bringen und seine wahren Fähigkeiten nicht entfalten. Auf der Bühne sprach und spielte ich, indem ich anerkannte Schuspielerinnen, zum Beispiel Vivien Leigh, imitierte.

Deshalb rümpfte ich über den ›Film‹ nur die Nase. Es ist Bill Watts' Überredungskünsten und seiner Beharrlichkeit zuzuschreiben, daß ich mich schließlich doch unter die Fittiche dieser Agentur begab. Er hatte mir klargemacht, daß ein paar Filmrollen meine Fähigkeiten nur erweitern und nicht zum Erliegen bringen würden.

Er machte sich gleich an die Arbeit. Schon nach einer Woche wurde ich für die Hauptrolle in einem Film mit dem Titel *Lady Godiva Rides Agein* in Erwägung gezogen. In den Studios von Shepperton sollten Probeaufnahmen von mir und mehreren aufsteigenden Starlets gemacht werden; aber die Leute, die mich als Lady Godiva schminkten und frisierten, müssen ihr Handwerk im Mittelalter gelernt haben. Sie pappten mir eine dicke Schicht orangefarbenen Puder auf mein Engelsgesicht. Dann konstatierten sie lakonisch: »Sie hat ein Mondgesicht!« Also praktizierten sie mir dunkelbraune Schatten auf die Wangen, um mein Gesicht schmaler erscheinen zu lassen. Sie entschieden sich für blaßblauen Lidschatten. Weg mit den Rehaugen und den Augenbrauen à la Liz Taylor. Meine Lippen wurden karminrot nachgezogen, um das Bild zu vervollständigen. Das Ergebnis war eine Kreuzung zwischen Joan Crawford als Teenager und einem Albino.

Kein Wunder, daß ich die Hauptrolle nicht bekam. In dem Film ging es um eine Schönheitskönigin. Ich bekam eine der wichtigsten Rollen und durfte eine der Teilnehmerinnen an dem Schönheitswettbewerb spielen. Drei Tage fror ich im Rathaus von Folkestone in einem schwarzen Badeanzug mit Korsettstangen.

Zwei Wochen später verschaffte mir Bill eine etwas bessere Rolle. Ich spielte ein griechisches Hausmädchen in einem längst vergessenen Film mit dem Titel: *Woman's Angels.* Die Gage war fürstlich: fünfzig englische Pfund. Davon kaufte ich mir noch mehr Modeschmuck, vor allem Ohrringe — und Polohemden. Durch die Publicity wurde ich bei der Royal Academy noch berühmter, wo meine Amouren schon Legende waren.

Ich führte zu der Zeit ein Doppelleben. Ich war ein aufsteigendes Filmsternchen und eine eifrige Schauspielschülerin. Die englische Presse nannte mich schon bald: »Großbritanniens größter Gewinn seit Jean Simmons.« »Sie hat die verführerischen Augen Ava Gardners, den feurigen Blick von Lauren Bacall, eine Figur wie Jane Russell und in ihrem Alter schon mehr Sex-Appeal als alle Filmschauspielerinnen, die mir je begegnet sind«, hieß es enthusiastisch in *Reveille.*

Der Akademie war das gar nicht recht. »Was soll denn dieser Unsinn mit der Filmerei?« grollte eines Morgens Sir Kenneth Barnes, der gestrenge Prinzipal, und versperrte mir den Weg. Er war gebaut wie Hitchcock. »Das ist nichts Ernstes, Sir«, wandte ich schüchtern ein und versuchte, mich an ihm

vorbeizuzwängen. »Ich mache das nur, um mir ein Taschengeld zu verdienen.« »Lassen Sie sich nur nicht allzu sehr davon mitreißen, meine Liebe«, meinte er würdevoll. »Genaugenommen zählt nämlich nur eins, und das ist das Theater.« »Ich bin ganz Ihrer Meinung, Sir«, stimmte ich ihm zu. Ich machte mich schleunigst davon und ließ den Unterricht sausen; denn ich mußte zu Fotoaufnahmen zum *Daily Mirror.*
Ich empfand die Royal Academy und den Schauspielunterricht immer mehr als Ärgernis. Es mißfiel mir, mir immer wieder anhören zu müssen, meine Stimme sei nicht tragend genug und meine Darstellung zu verkrampft. In den Stücken, die wir aufführten, bekam ich zum Beispiel die Rolle der sechzigjährigen Tante oder des übergeschnappten skandinavischen Dienstmädchens. Ich gelangte zu der Überzeugung, daß meine Schauspiellehrer sich auf diese Weise dafür an mir rächten, daß ihnen meine Stimme nicht gefiel.

Im Filmstudio bekam ich dagegen ständig zu hören, ich sei umwerfend und sexy. Schauspieler und Kameraleute flirteten mit mir und vermittelten mir das Gefühl, hochbegabt und wunderbar zu sein. Bill Watts hat mich darin am meisten bestärkt. Dieser unerschütterliche Glaube an mich hat schließlich bewirkt, daß ich die schrecklichen Komplexe wegen meiner Stimme und Persönlichkeit überwand und erkannte, daß viel mehr in mir steckte, als mir meine Schauspiellehrer jemals zugetraut hätten.

Ich verliebte mich nicht mehr mit dieser monotonen Regelmäßigkeit, sonden konzentrierte mich zur Abwechslung einmal ganz auf mich selbst.

Ich machte sozusagen eine Bestandsaufnahme. Ich durfte natürlich den Unsinn von der ›jungen Ava Gardner‹ nicht glauben, den die Zeitungen verzapften. Wenn ich in den Spiegel sah, erblickte ich ein junges Mädchen mit großen Augen in einem runden, leicht fleckigen Gesicht, mit langem, dünnem, bräunlichem Haar, das mein ganzer Kummer war. Ich hatte mindestens acht Pfund Übergewicht. Und war immer noch Jungfrau. »Das Leben ist ein beständiges Maßhalten«, stöhnte ich, schob die Kartoffeln weg und griff statt dessen nach den Lucky Strikes. Ich trank zuviel, meistens Gin pur, ich rauchte viel zuviel, um weltgewandt zu wirken. Ich blieb immer viel zu lange auf. Entweder las ich begierig bis drei oder vier Uhr früh — oder ich traf Verabredungen und ging tanzen. Dann hatte ich am nächsten Tag dunkle Ringe unter den Augen. Ich habe angefangen, Diät zu halten, und bin seitdem kaum jemals davon abgewichen. Das war die erste von dreihundert verschiedenen Methoden. »Wenn ich Englands Antwort auf Marilyn Monroe bin«, sagte ich mir, wenn ich mein Haar allabendlich mit hundert Bürstenstrichen striegelte, »kann ich auch versuchen, dieser Rolle gerecht zu werden. Wenn ich meine Jungfräulichkeit über Bord werfe, wird meine Haut vielleicht glatter.«

Die Arbeit im Filmstudio machte mir Freude. Ich genoß die Vertrautheit und die freundschaftlichen Beziehungen der Filmleute untereinander. Am meisten fühlte ich mich zu der Crew hingezogen. Ihr Humor sagte mir weit mehr zu als das pedantische Gerede über Schwierigkeiten mit dem Drehbuch oder den Profit, das bei Regisseuren und Produzenten überwog.

Bei den Außenaufnahmen zu den Filmen aß ich meine Lunchpakete für gewöhnlich lieber mit dem Friseur und den Kameraleuten als in Gesellschaft der anderen Schauspieler. Ich habe zwar nichts gegen Schauspieler, doch es behagte mir nicht, daß die männlichen Hauptdarsteller eines Films es zumeist für selbstverstädnlich hielten, daß sich die weibliche Hauptdarstellerin mit ihnen einließ. Manche waren regelrecht gekränkt, wenn man nicht auf ihre Avancen einging. Ich glaube, ich kann von mir behaupten, daß ich mit beiden Beinen fest auf der Erde stehe und gern selbst über mein Leben entscheide.

Zu der Zeit bekam ich meine erste wichtige Filmrolle. Im Anschluß daran spielte ich dann immer wieder die jugendliche Delinquentin und das ›schlimme Mädchen‹. Ich bekam also die Rolle der Lil in *Judgment Deferred,* einem Thriller mit niedrigen Produktionskosten. Laut Drehbuch hatte ich ein »anspruchsvolles, gefühlsbetontes, einstmals wunderschönes junges Mädchen, die Tochter eines Sträflings« zu spielen. »Die bunte und verderbliche Gesellschaft, in die sie gerät und wo sie ihr Vergnügen sucht, wird ihr schließlich zum Verhängnis.« In der Kritik in den *Evening News* hieß es: »Joan ist zwar noch sehr jung für diese emotionsgeladene Rolle, doch sie entledigt sich ihrer Aufgabe mit Bravour!« Offensichtlich waren Basil Dearden und Michael Ralph der gleichen Meinung; denn nachdem die Dreharbeiten abgeschlossen waren, mußte ich zu Probeaufnahmen in die Ealing Studios. Es ging um Norma, die jugendliche Kriminelle in *I Believe in You.*

Dearden und Ralph waren als Regisseur und Produzent ein phantastisches Team und hatten schon eine ganze Reihe von Erfolgen zu verzeichnen. Wer die Rolle der Norma bekam, würde laut Bill Watts unbedingt ein Star werden.

Ich hatte schon Probeaufnahmen für andere Filme gemacht, doch dabei war nie etwas herausgekommen. Immer war ich entweder zu jung oder es lag am meinem feurigen ›fremdartigen‹ Aussehen. In England waren englische Schönheiten gefragt. Einmal mußte ich eine Szene mit Dirk Bogarde spielen. Das war ziemlich aufregend. Ich trug ein rosa *Baby doll* und lag mit Dirk in einem breiten, seidenbezogenen Doppelbett, wo wir uns filmgerecht küßten. Das machte Spaß, und ich fand Dirk auch attraktiv, doch viel zu alt für mich. Ich hatte mich mit John Turner, einem Schauspielschüler, angefreundet. Wir blieben mehrere Monate zusammen, was für mich schon ein Rekord war. Zwar verbrachten wir die Nacht miteinander, wann immer es sich ergab, doch John war viel zu sehr Gentleman, um die Lage auszunutzen und mir die Unschuld zu rauben, die ich nur noch als Last empfand. Und da ich keine Ahnung hatte, wie ich ihn verführen sollte, blieb die Beziehung im großen und ganzen platonisch.

Die Sommerferien begannen. Eine meiner Freundinnen, auch eine Schauspielschülerin, wurde schwanger. Sie begab sich in die Hände eines Metzgers in der Ladbroke Grove. Die Abtreibung muß ganz entsetzlich gewesen sein. Meine anderen Freundinnen und ich sahen das als Strafe und ›Lohn der Sünde‹ an. John fuhr in den Ferien nach Hause zu seinen Eltern. Ich wurde zum drittenmal für *I Believe in You* getestet. Einer der Produzenten war ganz verrückt nach mir und gab mir deutlich zu verstehen, daß ich die Rolle bekäme, wenn ich ›nett‹ zu ihm wäre. Da ich nicht einmal im Begriff war, ›nett‹ zu demjenigen zu sein, in den ich bis über beide Ohren verliebt war, erschien mir der Gedanke, mich von diesem verschwitzten älteren Mann umarmen zu lassen, ausgesprochen erschreckend. Er war mindestens 35, vielleicht aber auch schon 45 Jahre alt, also in meinen Augen ein älterer Mann. Er hatte langes, fettiges Haar, eine rosige Gesichtsfarbe und schwitzte immer fürchterlich — besonders, wenn er in meiner Nähe war. Ich wies ihn also ab, so behutsam ich konnte, als er mich nach den Probeaufnahmen in seinem Jaguar nach Hause fuhr. In düsterer Stimmung mußte ich mir sagen, daß ich zugleich mit dem Produzenten auch die Rolle hatte saußen lassen. Das Schreckgespenst, das Bett des Produzenten, stand zum erstenmal ganz deutlich vor mir. Wenn hübsche, junge Dinger die Leiter des Erfolges und des Ruhms erklimmen wollten, mußten sie die Produzenten offenbar mit Gunstbeweisen ködern. Wenn ich dazu nicht bereit war, gab es jede Menge Mädchen, die die Wünsche dieser Leute nur allzugern erfüllen würden.

Ich mußte mich entscheiden, und ich habe mich entschieden. Ich habe den einmal gefaßten Entschluß *niemals* unterwandert. Ich wollte niemals ›nett‹ zu irgend jemandem sein, mit jemandem schlafen oder auch nur jemanden küssen, um eine Rolle zu bekommen, ganz gleich, wie verlockend diese auch sein mochte.

Buddy Adler von der Twentieth Century Fox, bei dem ich einige Jahre später unter Vertrag stand, hat mich in seinem Haus gefragt, ob ich nicht gern der größte Star auf dem ganzen Filmgelände wäre. »Ja, natürlich«, habe ich erwidert. »Du brauchst nur nett zu mir zu sein, und schon hast du die besten Rollen«, sagte er und lächelte verbindlich, während er mich über die Tanzfläche seines luxuriösen Hauses in Beverly Hills schob. »Was meinen Sie denn mit ›nett sein‹, Mr. Adler?« fragte ihn da die weltgewandte zweiundzwanzigjährige Joan und war auf der Hut.

»Hör mal, Schätzchen«, flüsterte er mir ins Ohr und drückte mich noch fester an sich, »du bist ein schönes, junges Mädchen, und ich bin auch nicht gerade ein häßlicher, alter Mann. Viele Frauen finden mich sogar sehr attraktiv!« Er lächelte mit Verschwörermiene. Ich sah ihn an. Er war über 1,80 m groß, braungebrannt, hatte silbergraues Haar und hätte dem Alter nach mein Vater sein können. »Wir sehen uns ein paar Mal in der Woche. Abgesehen davon, kannst du dein eigenes Leben führen, und ich natürlich auch.« Nach einem raschen Seitenblick auf seine attraktive, blonde Frau Anita Louise fügte er hinzu: »Dann bekommst du die Drehbücher und brauchst dir die Rollen nur noch auszusuchen.«

Ich blieb eisig. »Mr. Adler, ich bin mit meinem Agenten Jay Kanter hergekommen. Besprechen wir das doch mit ihm.« Er sah mich verwundert an, dann lachte er. »Schätzchen, du hast wirklich Sinn für Humor.« »Da kannst du Gift drauf nehmen«, murmelte ich vor mich hin. Dann ging ich zu Jay, um ihm die Geschichte brühwarm zu erzählen. »Und außer meinem Sinn für Humor ist für dich bei mir auch nichts zu erben.« Eins der Mädchen, das bei Twentieth Century Fox unter Vertrag stand, war sehr nett zu Mr. Adler und bekam die Rollen, die ich gern gespielt hätte.

Aber mit 17 war ich noch nicht so selbstsicher wie mit 22. Ich war fest davon überzeugt, daß ich die Rolle der Norma nicht bekommen würde, weil ich mich dem Produzenten gegenüber so abweisend verhalten hatte. Ich fuhr mit meiner Schwester Jackie und meiner Tante Lalla nach Cannes, um Urlaub zu machen. Dort widmete ich mich ganz der Aufgabe, braun zu werden und im Bikini eine gute Figur zu machen. Sidney Bechet und Claude Luter spielten in Juan Les Pins, und ich tanzte wie besessen. Da kam das Telegramm. »Liebe Joan, ich habe mir gedacht, du würdest gern erfahren, daß du die Rolle kriegst. Basil Dearden.« Ich war überglücklich. Das war ein wichtiger Film, und er wurde in einem großen Filmstudio gedreht. Ich bekam die Chance, mit ausgezeichneten Schauspielern zu filmen. Mit Celia Johnson, Cecil Parker, Harry Fowler und Laurence Harvey. Bill Watts rief mich an. „Komm nach Haus zurück, alles vergeben und vergessen«, scherzte er. »In zwei Wochen ist Drehbeginn.« Meine Kostüme in *I Believe in You* waren schäbig und nuttig. Anthony

Mendleson, der für die Garderobe verantwortlich war, wollte Realismus, also machten wir die Runde durch die Secondhand-Läden im East End, bis wir gefunden hatten, was ihm vorschwebte. Ich war fest davon überzeugt, daß ich mir schon beim Anprobieren eine gräßliche Krankheit zugezogen hatte. In manchen Kleidungsstücken hing noch der Geruch der Vorbesitzer, doch die Wirkung war dann umwerfend. Ich sah schön heruntergekommen aus. In der ersten Szene trug ich ein tiefausgeschnittenes Kleid aus braunem Baumwollsatin mit Puffärmeln. Es war zehn Jahre alt und offensichtlich viel getragen, aber nicht allzuoft gewaschen worden. Es mußte dreimal in die Reinigung, damit es nicht mehr roch. Mein langes Haar wurde in Olivenöl getunkt, damit es dünn und fettig wirkte, und es hing mir traurig auf die Schultern. Meine Lippen waren für die Rolle zinnoberrot. Ich trug Rheinkiesel-Ohrringe und flache Schuhe mit Riemchen um die Knöchel. Ich sah direkt mitleiderregend aus, doch Ralph und Dearden strahlten.
Wenn ich nicht gerade drehte, posierte ich für zahllose Publicityfotos — mit Hündchen oder Kätzchen auf dem Arm, in Shortys, in BH und Straps, in Shorts und dem allgegenwärtigen Polohemd. Kaum jemand macht sich einen Begriff davon, wie anstrengend es ist, einem Fotografen Modell zu stehen. Stunde um Stunde im gleißenden Scheinwerferlicht mit eingefrorenem oder honigsüßem Lächeln dazusitzen oder zu stehen, und zwar in der lächerlichsten Aufmachung und dabei noch so zu tun, als wisse man sich vor Freude nicht zu lassen — das erforderte ein Höchstmaß an Disziplin und Konzentration.

Am ersten Tag drehten wir meine schwierigste Szene. Da findet mich Cecil Parker, der einen Streifenpolizisten spielt, in seiner Wohnung, wo ich mich versteckt habe, nachdem ich aus der Besserungsanstalt weggelaufen bin. Ich mußte hysterisch kreischen, immer und immer wieder. Die Szene wurde sechzigmal geprobt, bis sie im Kasten war. Manchmal waren meine Tränen echt, und manchmal mußte der Make-up-Spezialist mir Kristalle in die Augen streuen. Basil Dearden schien mit meinem Spiel zufrieden zu sein, doch er wirkte furchtbar streng. Es war mir immer schwergefallen, mit älteren Männern umzugehen. Scheu und nervös wie ich war, wollte ich in dieser Rolle der Norma doch unbedingt glänzen. Daher war ich Mr. Deardens treu ergebene Sklavin.

Und dann war da noch Larry, Laurence Harvey oder Laruschka Skikne, wie sein litauischer Name lautete. Er war eine schillernde Persönlichkeit, exzentrisch, talentiert und extrovertiert. Selbst seine Flüche waren geistreich. Er rauchte pausenlos und trank unentwegt Weißwein. Er fuhr schnittige Wagen, trug teure, elegante Anzüge, erzählte ungeheuer amüsante, leicht anrüchige Geschichten, und ich war sofort von ihm hingerissen. Sein Lebensstil zog mich magisch an, und ich wußte, daß ich mich daran auch gewöhnen könnte: erstklassige Restaurants, Reisen in alle Welt, elegante Partys und schillernde, geistvolle Gespräche. Er nahm mich unter seine Fittiche. »Ich will das kleine Mädchen bilden und erziehen«, versprach er mir in einem Nachtklub. Im Hintergrund erklang ein Potpourri von Gershwin-Melodien auf dem Klavier. Elegante Frauen in schwarzen, schulterfreien Cocktailkleidern flirteten diskret mit weltgewandten Männern, und rotbefrackte Kellner bedienten zuvorkommend. »Gut zu leben, ist die beste Revanche«, lautete Larrys Devise. Und daran hielt er sich. Er hat mir beigebracht, wie ich mich kleiden soll, um meine äußere Erscheinung am besten zur Geltung zu bringen. Er hat mich über Weine aufgeklärt und mich in die Geheimnisse der französischen Küche eingeweiht. Er hat mir beigebracht, mit Elan zu rauchen, wie ein Kutscher und wie eine Lady zu fluchen, doch er hat keinerlei Anstalten gemacht, mich in das größte Geheimnis des Lebens einzuweihen. Er hatte einen Lebenshunger ohnegleichen, der mich erregte, und ich wünschte mir inständig, durch ihn in die Mysterien der Liebe eingeführt zu werden. Für ihn hatte ich mich aufgespart — zumindest war ich davon überzeugt.

Ich wußte nicht, daß er mit Hermione Baddeley zusammenlebte. Als er mich zu einer Party in ihr Haus einlud, sagte ich in aller Unschuld zu. Kaum waren wir zur Tür hereingekommen, da trat sie auf uns zu und sagte: »Das ist sie also, mit der du in letzter Zeit so oft zusammenwarst, Larry, nicht wahr?

Das ist also ›die neue Jean Simmons‹.« Sie nahm mich mit einem sarkastischen Blick in Augenschein. Nichts entging ihr, und schon gar nicht meine alles andere als gekonnte Aufmachung. Ihr rotes, lockiges Haar war kurzgeschnitten, und sie hatte eine Zigarette zwischen den karminrot geschminkten Lippen. „Lassen Sie sich gesagt sein, meine Liebe, daß Jean von Ihnen nichts, aber auch gar nichts zu fürchten hat. Sie können sich weder mit ihr messen, was das Aussehen angeht, noch sind Sie so begabt wie sie, und nicht die Hälfte von dem stimmt, was die Presse Lobendes über Sie sagt.« Ich brach in Tränen aus und stürzte aus dem Haus, um ihrer Tirade zu entgehen. »Ja, laufen Sie nur davon!« rief sie mir nach. „Keinen Mumm in den Knochen, das ist ja das Schlimme bei euch jungen Leuten heutzutage — einfach keinen Mumm in den Knochen!"

In der Park Lane holte Larry mich ein. Er versuchte, mich zu beruhigen. „Mach dir nichts draus, Liebes. Totie ist betrunken. Sie meint das nicht so. Komm wieder mit auf die Party. Ich möchte, daß ihr beide Freundinnen werdet.« »Ach, Larry«, schluchzte ich, »ich fühle mich so gedemütigt. Ich kann dieser Frau nicht wieder unter die Augen treten. Bring mich bitte nach Hause.« Doch er schob mich rasch in ein Taxi, gab dem Fahrer ein Pfund und mir einen väterlichen Kuß auf die Stirn. Er sagte noch, er liebe mich, und eilte zurück auf die Party.

Da hätte ich erkennen müssen, daß Larry in Wahrheit nur sich selber liebte. Doch ich sah ihn durch eine rosarote Brille. Ich fuhr nach Hause und weinte mich in den Schlaf. Mein Selbstbewußtsein war wieder einmal mit Füßen getreten worden. Wenn eine so begabte und erfahrene Frau wie Hermione Baddeley mich für hoffnungslos unbegabt und unattraktiv hielt, war ich das vielleicht. Ich war immer gleich bereit, das Schlimmste für bare Münze zu nehmen, wenn es um mich ging. Jeder Kritik gegenüber äußerst empfindlich, tat ich ständig alles, um es allen recht zu machen. Folglich war ich nicht nur mit mir selbst nicht im reinen, ich war so sehr damit beschäftigt, der Mensch zu sein, als den andere mich sehen wollten, daß ich in eine Identitätskrise geriet. Das zeigte sich besonders, wenn ich mit meinen neurotischeren Freunden zusammen war. Da war ich praktisch nicht existent, wurde zur Unperson, eine willenlose Sklavin, die sich bedingungslos anpaßte. Wollten meine Freunde Ruhe, wurde ich zum Mäuschen. War ihnen danach zumute, Witze zu erzählen, lauschte ich mit weit aufgerissenen Augen und lachte und lachte. Doch Jungen meines Alters interessierten mich da nicht. Larry ging mir nicht aus dem Kopf. Ich stürzte mich begeistert in das erregende Leben eines aufstrebenden jungen Filmstars.

2. Kapitel

In den fünfziger und sechziger Jahren war die Arthur J. Rank Organization die mächtigste und produktivste Filmgesellschaft. Sie hatte schon seit Jahren immer junge Schauspieler und Schauspielerinnen für zwanzig bis fünfzig Pfund pro Woche unter Vertrag genommen, die systematisch auf Star getrimmt wurden. Das erinnerte in gewisser Weise an die Schauspielschule, doch lag hier die Betonung auf so wichtigen Pluspunkten wie Charme, guter Haltung, Eleganz und gewinnendem Lächeln. Eine ›Schule des Charmes‹ war ins Leben gerufen worden. Doch die wurde wieder aufgelöst, und Dutzende von strebsamen jungen Thespisjüngern waren in den zweifelhaften Genuß all dessen gekommen, was sie zu bieten hatte. Zu diesen Nutznießern gehörten auch Honor Blackman, Petula Clark und Maxwell Reed.

Maxwell Reed war der Traumheld meiner Backfischjahre. Ich war ganz vernarrt in ihn, seit ich ihn in *The Brothers* gesehen hatte. Eines Abends hat Larry Harvey ihn mir dann vorgestellt. Er sah einfach himmlisch aus, wie er mir im Jahre 1949 von den Titelseiten entgegenblickte: düstere, schwarze Augen, dicht gewelltes, pechschwarzes Haar, grausamer Mund mit wulstigen, feuchten Lippen. »Wahrscheinlich wirst du eines Tages seine Frau«, sagte mir meine beste Schulfreundin Diana ganz im Vertrauen. »Er ist einfach umwerfend! Er sieht fast so gut aus wie Gregory Peck.«

»Er ist viel besser als Gregory Peck«, hatte ich erwidert und das Bild meines Helden mit dem glühenden Blick liebevoll mit Tesafilm unter die Schulbank geklebt. »Aber ich denke gar nicht daran zu heiraten, du Schaf. Eines Tages werde ich eine berühmte und sagenhaft erfolgreiche Schauspielerin sein und jede Menge Liebhaber haben.«

Meine Bewunderung für Maxwell Reed hatte niemals nachgelassen. Ich war nach wie vor fasziniert von ihm. Als ich daher an diesem denkwürdigen Herbstabend zu ihm aufblickte, klopfte mein Herz wie rasend, und ich bekam ganz weiche Knie. Er war 1,92 m groß, trug ein blütenweißes Hemd, eine weiße Krawatte mit einem so großen Knoten wie wohl keiner außer dem Herzog von Windsor, einen marineblauen Nadelstreifenanzug mit ganz breiten Schultern und spiegelblanke, schwarze Schuhe.

Joans Schulmädchenschwarm stand leibhaftig vor ihr, und er lächelte so verführerisch, daß ich das Gefühl hatte, von Kopf bis Fuß zu erröten. Er sprach mit amerikanischem Akzent, was bei einem Mann aus dem Süden von London ganz seltsam anmutete. Er lud mich zu einem Cola mit Whisky ein und erzählte mir über Hollywood, von wo er gerade zurückgekehrt war.

Ich war tief beeindruckt. Kaum zu glauben — ein leibhaftiger blendend aussehender berühmter Filmstar flirtete mit *mir!* Ich kam mir unzulänglich, dumm und schlecht gekleidet vor. Die Rolle der Norma in *I Believe in You* brachte mir dreißig Pfund pro Woche ein. Einen Teil des Geldes investierte ich in meine Garderobe, doch trotz Larrys Bemühungen war mein Stilgefühl noch immer unterentwickelt. Doch Max schien zu gefallen, was er sah. Nachdem er das Mädchen, mit dem er gekommen war, abgemeiert hatte, gesellte er sich ganz zu uns. Er und Larry hatten erst vor kurzem zusammen gefilmt.

Am nächsten Morgen mußte ich schon in aller Herrgottsfrühe in Ealing sein. Ich hatte keinen Führerschein und konnte mir auch keinen Mietwagen mit Chauffeur leisten. Ich mußte also um 4.30 Uhr aufstehen, um spätestens um 6.30 Uhr im Filmstudio zu sein. Doch das machte mir nichts aus und konnte mir die Freude an diesem aufregenden Abend nicht verderben, sie nicht einmal schmälern. Ich rauchte eine halbe Schachtel Lucky Strikes, trank viel zu viele Colas mit Whisky und gab mir alle Mühe, entzückend und geistreich zu sein. Ich war mir ganz sicher, daß sich ein dreiunddreißigjähriger Mann keinesfalls für ein Mädchen meines Alters interessieren konnte, das zu allem Unglück auch noch eine Jungfrau war. Wie naiv, das anzunehmen.

Um halb acht am nächsten Morgen läutete das Telefon im Schminkraum, und eine erregte Stimme mit amerikanischem

Akzent drang an mein Ohr: »Hi, Baby, wie geht's?« Wir unterhielten uns eine Weile, dann bat er mich, mit ihm auszugehen. Ich erklärte mich sofort einverstanden. Ich wußte, daß ich zu Hause Ärger bekommen würde, wenn er erschien, um mich abzuholen. Selbst als ich mit Larry ausgegangen war, der immerhin noch unter dreißig war, hatten meine Eltern anfänglich Einwände erhoben. Doch dann hatten sie erkannt, daß Larry ein Gentleman war, dem sie ihre kostbare Tochter ruhig anvertrauen konnten. Doch Maxwell war schon über dreißig und stand in dem Ruf, ein großer Schürzenjäger zu sein (und noch dazu ein Kuppler, wie ich später herausfand). Ihn würden meine Eltern ganz bestimmt nicht akzeptieren. Deshalb verabredete ich mich mit ihm für den folgenden Sonntag an einer U-Bahn-Haltestelle.

Die nächsten beiden Tage waren eine Qual. Ich konnte mich einfach nicht entscheiden, was die Garderobenfrage anging. Sollte ich etwas Elegantes oder etwas ganz Legeres anziehen? Brokatkleid oder Jeans? Die Auswahl war nicht groß, aber da ich mit einem Mann von Welt verabredet war, mußte ich das Beste aus mir machen.

Sicherheitshalber entschloß ich mich schließlich für das, was bei mir schon fast zur Uniform geworden war: einen engen, schwarzen, an den Seiten geschlitzten Gabardinerock, einen ärmellosen, tief ausgeschnittenen schwarzen Pullover. Dazu einen breiten schwarzen Lackgürtel, der meine schmale Taille unterstrich, schwarze Strümpfe. Meine kleinsten goldenen Zigeunerohrringe vervollständigten das Bild. In dieser Aufmachung hoffte ich ihn zu beeindrucken. Drei Stunden machte ich Toilette, ich war furchtbar aufgeregt.

Würde ich ihm interessant genug erscheinen, um ihn den ganzen Abend zu fesseln? Oder würde er mich viel zu unreif finden? Würde mir der Gesprächsstoff ausgehen? Würde er sich nicht mit mir langweilen? Wo würden wir hingehen? Wenn wir in ein Restaurant oder einen Club im West End oder in Soho gingen, würde uns garantiert einer zusammen sehen und Daddy davon erzählen, der überall in London Freunde hatte. Wo ich auch mit Larry hingegangen war — irgend jemand hatte mich immer verpfiffen.

Ich war so nervös, daß ich acht Lucky Strikes rauchte, während ich mich schminkte. Meine Hände zitterten so schrecklich, daß ich kaum einen Lidstrich ziehen konnte. Meine Mutter sagte liebevoll und mit anerkennendem Blick: »Gute Nacht, mein Liebes, amüsier dich gut.« Damit sie sich nicht um mich sorgte, hatte ich ihr weisgemacht, ich würde mit Larry auf eine Party gehen und hinterher noch in einen Club. Ich wußte, daß Larry den Abend mit ›Totie‹ verbringen und daher kaum anrufen würde. Ich brauchte mir also nur noch über mein Aussehen, mein Naturell, meine Figur und Gesprächsthemen den Kopf zu zerbrechen — alles weit unter dem Strich, davon war ich fest überzeugt.

Ich fuhr mit der U-Bahn, aber mir wurde sehr schnell klar, daß das ein Fehler war. So aufreizend gekleidet, war ich ständig lüsternen Blicken ausgesetzt. Ich befürchtete schon, jemand könne handgreiflich werden. An meinem Ziel angelangt, war ich nur noch ein Nervenbündel. Ich war eine Viertelstunde zu früh da.

Maxwell Reed kam zwanzig Minuten zu spät. Da hatte ich schon alle Hoffnung aufgegeben, daß er noch erscheinen würde. Ich dachte schon, ich müßte meinen Kummer im nächsten Pub ertränken.

Als ich zum dreihundertstenmal in den Spiegel meiner Puderdose sah, erblickte ich darin einen schnittigen blauen Buick, der gleich darauf neben mir hielt. Er war da!

»Steig ein, Baby«, forderte er mich mit gedehnter Stimme auf. Er machte sich nicht die Mühe, auszusteigen und mir die Tür aufzuhalten. Deshalb war ich zunächst einmal etwas verstört. Ich war ja Larrys untadelige Manieren gewöhnt. Doch dann sprang ich gehorsam in den Wagen, und wir reihten uns in den Londoner Verkehr ein.

Er war ganz leger gekleidet, schwarzes Hemd mit offenem Kragen, schwarze Hosen, Gürtel mit reichverzierter Gürtelschnalle und eine Kette aus massivem Gold um den Hals. Er war gut gelaunt und freute sich ganz offensichtlich, mich zu sehen. Wir rauchten Luckies und fuhren durch den Hydepark. Ich war noch nie in einem amerikanischen Wagen gefahren und interessierte mich für die originelle Innenausstattung. Larry fuhr einen eleganten alten Bentley, und die Jungen, mit denen ich bisher gegangen war, hatten entweder gar keinen Wagen gehabt oder zerbeulte MGs oder Triumphs gefahren. »Der Wagen würde Bill gefallen", jubelte ich und meinte damit meinen sieben Jahre alten Bruder. Das langweilte Maxwell bestimmt. Verzweifelt zermarterte ich mir das Hirn, um eine geistreichere Bemerkung vorzubringen. Er sah mich unter halbgeschlossenen Lidern hervor schläfrig an und erinnerte dabei an Robert Mitchum. »Aah, dann nehmen wir den Jungen mal mit.« Wie aufmerksam, dachte ich. Filmstars haben also auch menschliche Züge. Wir hüllten uns wieder beide in Schweigen. Ich inhalierte aufgeregt und überlegte krampfhaft, welches Gesprächsthema ich anschneiden konnte. Eine siebzehnjährige Jungfrau, die einfach nichts zu sagen weiß, dachte ich verbittert. Wie muß er sich mit mir langweilen!

Wir waren schon etwa zwanzig Minuten herumgefahren, und ich hatte gar nicht darauf geachtet, durch welche Gegenden wir kamen, doch dann wurde mir klar, daß wir die ganze Zeit um den Hyde-Park herumgefahren waren. Schließlich riskierte ich die Frage: »Wo fahren wir denn hin?« Er sah mich wieder mit seinem Robert-Mitchum-Blick an. »Wirst schon sehen, Baby, laß dich überraschen.«

Ich lehnte mich erwartungsvoll zurück. Ich ließ mich gerne überraschen. Wahrscheinlich kannte er alle möglichen aufregenden Clubs und Pinten. In den fünfziger Jahren gab es in London zahlreiche Clubs in origineller Lage, auf Speichern, in Kellern oder auch in hochherrschaftlichen Villen. Deshalb wunderte ich mich auch nicht, als wir vor einem großen alten Haus am Hanover Square hielten. »Was ist denn das für ein Lokal?« erkundigte ich mich freudig. »Der Country Club, Baby. Komm nur rein.« An leeren Büros vorbei stiegen wir in den vierten Stock hinauf. Oben angekommen, zog er einen Schlüssel aus der Tasche und sperrte eine Tür auf.

Ich war etwas verwirrt, weil ich weder Gesprächsfetzen noch Musik hörte, doch sobald die Tür auf war, wurde mir alles klar.

Hinter der Tür ging es noch eine Treppe hinauf, die mit

einem dicken, blutroten Teppich belegt war. Wir gelangten in eine Privatwohnung. Ich sah mich um. Da fiel es mir wie Schuppen von den Augen. Max selber wohnte hier. Ich geriet sofort in Panik. Wie raffiniert! Max war kein Schauspielschüler und Kollege. Er war nicht höflich und kein Gentleman wie John Turner, der nicht im Traum daran dachte, mir die Unschuld zu rauben, er war auch kein kultivierter Mann von Welt wie Larry Harvey, der gar keinen Wert darauf legte, mit mir intim zu werden. Wir hatten noch nicht einmal zusammen gegessen, und da schleppte er mich schon in seine Wohnung. Ich versuchte, mir meine Panik nicht anmerken zu lassen, und betrachtete einzelne Möbelstücke und Gegenstände, die mir interessant erschienen. Die Wohnung war in einem mittelalterlich-spanischen Hollywood-Stil eingerichtet. Immer wieder fiel mein Blick auf karmesinroten Samt und Goldanstrich, seidene Lampenschirme. Ein eisiger Schreck durchzuckte mich, als ich aus dem Augenwinkel vor dem Fernseher ein enormes Sofa, fast schon eine Liegewiese, erblickte. Darauf ein Zebrafell und eine Unmenge Kissen in Samtbezügen. Meine Eltern schienen mir aus dem dunklen Bildschirm entsetzt entgegenzustarren.

»Ich werde jetzt baden«, erklärte Maxwell Reed mit der größten Selbstverständlichkeit, als sei das die normalste Sache von der Welt, wenn man zum erstenmal mit einem Mädchen verabredet war. »Willst du eine Cola mit Whisky?« Ich nickte wie benommen. Einen Drink hatte ich jetzt bitter nötig. Während er ein Bad nahm, hatte ich Gelegenheit, mir über die Situation klarzuwerden, die mir alle möglichen Gefahren zu bergen schien. Er hatte sich offenbar vorgenommen, mich zu verführen. Diese Wohnung war ein richtiges Liebesnest — um nicht zu sagen, eine Lasterhöhle. Gedämpftes Licht, aufreizende Gemälde — für eine Orgie wie geschaffen. Wenn er mir ein paar Tage Zeit gelassen hätte, ihn besser kennenzulernen, wäre ich vielleicht nicht einmal abgeneigt gewesen: aber er war mir ja noch völlig fremd.

Die düsteren Prophezeiungen meiner Mutter kamen mir in den Sinn: »Männer wollen immer nur das EINE.« Das hatte sie mir immer wieder eingehämmert, seit ich zwölf war. Ich hatte sie gefragt, was das Wort ›Ficken‹ bedeute. Es war überall auf Eisenbahnwagen und Toilettenwänden gekritzelt. Ich war in die Stadtbibliothek gegangen und hatte in jedem Wörterbuch nachgeschlagen, das ich finden konnte. Aber offensichtlich gab es dieses Wort nicht. An einem Sonntagvormittag gingen wir gerade die Oxford Street entlang, da fragte ich meine Mutter danach. Sie bekam einen mittleren hysterischen Anfall, drückte mich an eine Hauswand und zischte aufgebracht: »Nimm dieses Wort nie wieder in den Mund. Es ist ein grauenhaftes Wort! Deinem Vater habe ich gedroht, daß ich mich scheiden lasse, wenn er dieses Wort je in den Mund nimmt!« Es war also aussichtslos. Wahrscheinlich würde ich nun nie erfahren, was das Wort bedeutete. Doch ein paar Jahre später bekam ich zumindest theoretisch heraus, was ›ficken‹ bedeutete. Jetzt sah es ganz danach aus, als sollte ich es am eigenen Leibe erfahren.

Maxwell riß mich jäh aus meinen wirren Gedanken. Er drückte mir einen riesigen, roten venzianischen Kelch mit meinem Lieblingsdrink — Cola mit Scotch — in die eine und ein schmales Büchlein mit glattem, braunem Umschlag in die andere Hand. »Mach's dir nur bequem, Baby. Lies ein bißchen, während ich bade«, sagte er und führte mich zu einem tiefen Sessel, der mit rosarotem Samt bezogen war. »Es dauert nicht lange.« Er entschwand und überließ mich meinem Schicksal. Um mir Mut zu machen, trank ich einen großen Schluck aus dem Kelchglas, das er bis zum Rand gefüllt hatte. Es schmeckte etwas anders als das Mixgetränk aus Scotch und Cola, das ich sonst immer trank. Aber verschiedene Whiskymarken schmeckten eben unterschiedlich. Ich dachte nicht weiter darüber nach. Ich hatte jetzt ganz andere Sorgen.

Ich schlug das Buch auf und erschrak. Es war ein Bildband, in dem bis ins kleinste Detail naturgetreu dargestellt war, wie Männer und Frauen miteinander schlafen. Ich hatte so etwas noch nie in die Finger bekommen. Verwirrt betrachtete ich die verschiedenen, oft recht sonderbaren Stellungen, die die Partner einnahmen. Ich leerte mein Glas. Bald war mir sehr wunderlich zumute. Dann wußte ich nichts mehr. Ich sank in mich zusammen und verlor das Bewußtsein.

Als ich wieder zu mir kam, lagen Max und ich engumschlungen auf dem Sofa. Mir war entsetzlich schlecht. »Ich muß mich übergeben«, keuchte ich. »Ich hol den Eimer wieder«, sagte er und drückte meinen Kopf über einen alten Blecheimer.

»Wieder!« dachte ich. Mir war sterbenselend, und ich würgte fürchterlich. »Wieder — habe ich mich denn schon einmal übergeben?« Erschöpft sank ich auf das Zebrafell zurück. In mir dämmerte die Erkenntnis auf, daß ich es nun endlich ›getan hatte‹ und dabei bewußtlos gewesen war. Ich hatte nichts davon gemerkt. Max stellte den Fernseher an, doch der Bildschirm blieb dunkel. »Programmschluß«, verkündete er und reichte mir eine Lucky Strike. »Was soll das heißen — wie spät ist es denn?« fragte ich. Wenn die Schlußnachrichten schon vorbei waren, mußte es schon nach 11 Uhr abends sein. Das bedeutete, daß ich schon über drei Stunden hier war. Was hatte ich die ganze Zeit getan? Ich wußte es nicht.

Wieder wurde ich bewußtlos, und als ich wieder zu mir kam, versuchte Max gerade, mich zu küssen. »Nicht, ich kann nicht! Bitte nicht«, versuchte ich zu sagen. Die Wellen der Übelkeit schlugen über mir zusammen. »Bitte, bitte nicht! Ich glaube, mir wird schlecht. Ich muß spucken.« Völlig entkräftet erhob ich mich von der zerwühlten Lagerstatt und machte mich auf die Suche nach dem Bad.

Mein Lieblingspullover lag zerfetzt auf dem Boden auf einem unordentlichen Haufen zerknüllter Kleidungsstücke. Meine Strümpfe bestanden nur noch aus Maschen und Löchern, der Verschluß meines BHs war abgerissen. Als ich wieder aus dem Bad kam, klopfte Max auf die Couch neben sich und lächelte befriedigt. »Komm, Mädchen, leg dich hin«, sagte er. »Ich glaube, wir haben beide ein bißchen mehr abgekriegt, als wir erwartet hatten.«

»Was hattest du denn erwartet?« stöhnte ich und sank erschöpft auf die Couch.

»Na ja, ich habe dir eine kleine Dosis von einem Barbiturat gegeben, damit du dich richtig sexy fühlst«, erklärte er grinsend und inhalierte tief. Ich riß entsetzt die Augen auf. »Larry hat mir erzählt, daß er nicht mit dir geschlafen hat und du noch Jungfrau bist. Doch das hab' ich ihm nicht abgekauft . . . so umwerfende kleine Paradiesvögel von siebzehn Jahren wie du bleiben in dieser Branche nicht lange keusch, Baby. Na, wie hat's dir gefallen?« Er wandte sich zu mir und sah mir in das bleiche, tränenverschmierte Gesicht. Ich sah ihn verständnislos an. *Gefallen?* Ich fand es *widerwärtig* — soweit ich mich überhaupt daran erinnern konnte. Es war gräßlich — entwürdigend und demütigend —, noch viel schlimmer, als ich es mir nach den Warnungen meiner Mutter vorgestellt hatte. Ich konnte mir nicht vorstellen, daß es Frauen gab, die daran *Gefallen* fanden. Kein Wunder, daß manche Geld dafür verlangten. Was für ein Alptraum! Das nackte Grauen überfiel mich — doch erschöpft wie ich war, versank ich in einen wirren Schlaf.

Ich spürte vage, wie er sich wieder über mich hermachte, doch ich fühlte absolut nichts, nicht einmal Schmerzen. Ich kam mir abgrundtief schlecht, ausgenutzt und mißbraucht vor. Wie ein willenloses Opfer lag ich da. Er ließ nicht von mir ab. Kein Wunder, daß ›ficken‹ als unanständiges Wort galt.

Als ich wieder zu mir kam, war er gerade dabei, mir starken schwarzen Kaffee einzuflößen.

»Na komm schon, Mädchen«, drängte er. »Muß dich wieder bei Mama und Papa abliefern. Mußt du morgen arbeiten?« Ich nickte wie betäubt. Ich mußte um sechs Uhr im Filmstudio sein.

»Es ist schon nach drei«, verkündete er. »Na los schon, Mädchen, nun rappel dich mal auf und mach dich auf die Socken.« Das nackte Entsetzen packte mich. Meine Eltern würden noch auf sein und auf mich warten — wenn sie sich auch schlafend stellten. Wenn ich Schlag zwei Uhr nicht zu Hause war, würde Mami rastlos auf und ab gehen.

Max half mir beim Anziehen. Meine ehemals schönen Sachen waren nur noch Fetzen. Die Strümpfe konnte ich abschreiben. Ich zog sie nicht einmal mehr an. Auch mein Gesicht war eine Katastrophe, völlig verwüstet. Entsetzt starrte ich mein Bild im Spiegel der Puderdose an. Zerlaufenes Mascara, der Puder zusammengeklumpt, der Lippenstift verschmiert. Ich taumelte ins Badezimmer und wusch den ganzen Schmier mit Wasser und Seife ab. Meine Hände zitterten so, daß ich kaum Lippenstift auflegen konnte. Ich versuchte vergebens, mich zu kämmen. Ich durfte gar nicht daran denken, was geschehen war. Mir war immer noch entsetzlich übel, und mir wurde kalt vor Angst, wenn ich daran dachte, was meine Eltern mir erzählen würden.

Ich schwankte und war so wacklig auf den Beinen, daß Max mich die endlose Treppe hinunterführen mußte. Wir sprachen kaum. Er sah mich immer wieder lakonisch wie Robert Mitchum an, als er mich nach Hause fuhr.

»Bitte nicht vor dem Haus halten«, flüsterte ich verängstigt, als wir uns dem gestrengen viktorianischen Mietshaus näherten. »Ich steige lieber hier aus.« Er griff über mich hinweg und machte mir die Tür auf. »Seh' ich dich wieder, Baby?« fragte er und fuhr mir mit der Hand unter den Rock. »Natürlich«, hauchte ich am Ende meiner Kraft und schob hastig seine Hand weg. »Ich ruf' dich in den nächsten Tagen an«, versprach er, küßte mich noch flüchtig auf die Wange und brauste durch die verlassenen Straßen davon.

Ich stolperte ins Haus. Schon bevor ich den Schlüssel ins Türschloß gesteckt hatte, hörte ich das Telefon läuten und hörte erregte Stimmen.

Wir wohnten schon seit Jahren in dieser großen Parterrewohnung. Mühsam stieß ich die schwere Eichentür auf. Da kam meine Mutter auf mich zugeschossen und packte mich am Arm. »Dein Vater ist völlig außer sich!« fuhr sie mich an. »Wo bist du bloß gewesen? Ich habe überall herumtelefoniert. Warum kommst du so spät nach Hause?« Ich warf einen Blick auf die Standuhr in der Diele. Inzwischen war es tatsächlich halb vier. In einer Stunde würde ich schon wieder aufstehen müssen, um den Zug nach Ealing zu erwischen.

»Ich war mit Larry auf einer Party«, erklärte ich lahm und hoffte inständig, daß meine Stimme einigermaßen fest klang.

»Deine Mutter hat bei Laurence Harvey angerufen«, sagte mein Vater. Er war aus dem Schlafzimmer getreten und band den Gürtel seines rot-blau gestreiften Hausmantels zu. »Er hat gesagt, daß ihr heute abend gar nicht verabredet wart und er keine Ahnung hat, wo du bist. *Wo* hast du also gesteckt?«

Wenn mein Vater mich so anschrie, wurde mir eiskalt, und ich bekam weiche Knie. Ich hatte eine Todesangst, wenn er so wütend war. Er hat uns Kinder nie geschlagen oder überhaupt irgendwie körperlich gezüchtigt; aber oft kannte er sich nicht mehr vor Wut. Er war dann völlig außer sich und drohte, uns »grün und blau zu schlagen«, und wir waren fest davon überzeugt, daß er diese Drohung wahrmachen würde, wenn wir uns schlimm genug aufführten. Inzwischen glaube ich, es wäre besser gewesen, wenn er uns tatsächlich geschlagen hätte. Das hätte gar nicht so sehr schmerzen können wie die ständige *Drohung.*

»Larry hat sich schreckliche Sorgen gemacht«, berichtete Mami und spielte wieder einmal den Friedensengel. »Er hat ein paar Leute vom Studio angerufen, um zu fragen, ob du bei ihnen bist. Aber sie wußten auch nicht, wo du warst.«

»Wo bist du also gewesen?« fragte Daddy mit Donnerstimme. »Du sagst es uns besser, sonst kannst du die ganze Nacht hier stehen.«

Ich sah auf die Uhr und hätte ihnen am liebsten entgegengeschleudert: »Ich bin von einem dreiunddreißigjährigen, völlig degenerierten Filmstar mit Drogen vollgepumpt, mißbraucht und vergewaltigt worden und bin vor Ekel fast gestorben. Mami, du hast völlig recht gehabt — es ist widerlich und obszön, und ich werde es ganz bestimmt nicht wieder tun, das verspreche ich dir.«

Doch der Mut verließ mich, ich verpaßte meine Chance. In einer bühnenreifen Nummer versuchte ich es mit einem hysterischen Anfall. Manchmal klappte das. Ich mußte mich unbedingt hinlegen und dann baden, bevor ich in fünfundvierzig Minuten zu der zweistündigen Fahrt zum Studio aufbrach. Die Zeit wurde langsam knapp. »Ich war im Pub von Beryls Vater«, schluchzte ich in den Armen meiner Mutter. »Wir haben ein paar Gläser getrunken und sind dann in den Wood Green Jazz Club rübergegangen. Da haben wir ein paar Freunde getroffen. Mit denen sind wir dann nach Hause gegangen und haben Platten gehört. Es war so schön, daß ich gar nicht auf die Uhr geschaut habe. Vater, es tut mir leid.« Ich schluchzte herzzerreißend. Meine Schultern zuckten. Meine Mutter wiegte mich sanft in ihren Armen. Die Tränen waren echt. Ich war hochgradig erregt, völlig durcheinander. Ich war mißbraucht worden und kam mir entsetzlich schmutzig vor.

Mein Vater gab sich mit dieser gestammelten Erklärung zufrieden. Er schnauzte noch eine Weile herum und befahl mir, mich augenblicklich hinzulegen, ich sähe furchtbar aus, dann ging er wieder zu Bett. Mami brachte mich in mein Zimmer. Ich hätte mich ihr so gerne anvertraut. Ich war ungeheuer trostbedürftig und brauchte ihren Rat, aber bei meiner Mutter konnte man nie sicher sein, ob sie Dinge, die man ihr unter dem Siegel der Verschwiegenheit erzählte, nicht doch irgendwann ausplaudern würde. Es konnte durchaus sein, daß sie es meinem Vater oder einer ihrer Freundinnen erzählen würde. Außerdem wäre es ein furchtbarer Schock für sie, wenn ich ihr erzählte, was geschehen war. Es würde ihr nur wieder bestätigen, daß »Männer immer nur das Eine wollen«, und sie würde mir verbieten, Max wiederzusehen. Ich brauchte Zeit zum Nachdenken.

Ich gab ihr einen Gutenachtkuß und ließ mir ein Bad ein. Ich schrubbte mich gründlich, wusch mir die Haare, putzte mir zehn Minuten lang die Zähne. Dann zog ich Jeans, einen Pullover und meinen Dufflecoat an, und nachdem ich eine starke Tasse Pulverkaffee geschlürft hatte, schlich ich mich aus dem Haus und ging durch die dunklen, völlig verlassenen Straßen. Ich ging sehr schnell und war in fünf Minuten an der Baker Street. In den fünfziger Jahren konnte ein Mädchen noch ganz allein im Dunkeln durch London gehen, ohne befürchten zu müssen, überfallen und beraubt oder vergewaltigt zu werden. Und da ich in dieser Nacht schon vergewaltigt worden war, konnte mir wohl kaum noch was passieren.

Als ich in der Bahn saß, betrachtete ich mein Gesicht im Spiegel. Ich versuchte, mir darüber klarzuwerden, ob ich mich verändert hatte. Ein Arbeiter in einem mit Farbflecken übersäten Overall starrte mich an. »Ob er mir wohl ansieht, daß ich keine Jungfrau mehr bin?« dachte ich bei mir. Mein

Gesicht sah aus wie immer — völlig unverändert —, ich hatte zwar dunkle Ringe unter den Augen, aber das lag daran, daß ich eine schlaflose Nacht hinter mir hatte. Ich sah jung und verwundbar aus. Doch ich hatte das Gefühl, daß ein Kapitel meines Lebens abgeschlossen war. Ich fühlte mich nun nicht mehr wie ein junges Mädchen, doch auch noch nicht wie eine Frau.

Ich erzählte einer älteren Freundin von dem schrecklichen Erlebnis. Sie war sehr um mich besorgt. »Hoffentlich bist du wenigstens nicht schwanger«, meinte sie. Ich erstarrte. Daran hatte ich noch gar nicht gedacht. Vorerst konnte ich nichts tun. Ich mußte an meine Freundin denken, die zu einem Kurpfuscher gegangen war, der sie furchtbar zugerichtet hatte. Die Angst peinigte mich und ließ mich nicht mehr los.

Den ganzen Tag arbeitete ich wie besessen. Am Ende dieses langen Arbeitstages wurde ich in ein zauberhaftes Goldlamékleid gesteckt, das Audrey Hepburn einst getragen hatte, und die Publicityleute nahmen mich mit in den Ciro Club, wo die alljährliche Weihnachtsfeier der Zeitschrift *Photoplay* stattfand, obwohl es erst Herbst war. Viele Stars waren gekommen, darunter auch Anthony Steel, der meine Schwester Jackie und mich im Sommer durch sämtliche Straßen von Cannes verfolgt hatte. Ich war ein paarmal mit ihm ausgegangen. Er war eigentlich ganz nett, doch er trank zuviel. Außerdem machte ich mir nicht viel aus älteren Männern.

Aber Max war eine Ausnahme, wie sich bald herausstellte. Zu meiner großen Verwunderung hatte er mich am Nachmittag im Studio angerufen und mich gefragt, ob ich für den Abend schon etwas vorhabe. Er wollte mich zum Abendessen einladen. Verwirrt wie ich war, nahm ich an. Nach der Weihnachtsparty ging ich also ins Caprice, ein sehr exklusives Theaterrestaurant. Dort trafen wir uns. Warum habe ich mich wieder mit ihm verabredet, obwohl das schauderhafte Geschehen der vergangenen Nacht mir noch ganz lebhaft vor Augen stand? Ich muß mich wohl geschmeichelt gefühlt haben, weil er mich wiedersehen wollte, obwohl er schon »alles bei mir erreicht hatte«, wie meine Mutter sich ausgedrückt hätte. Und ich wollte mir beweisen, daß ich nicht nur ein Sexualobjekt gewesen war, das ein Mann ganz nach Belieben benutzen und wieder wegwerfen konnte. Ich wollte von ihm nicht zurückgewiesen werden, nachdem er mich verführt hatte, und ich wollte ihm ebensowenig einen Korb geben. Er war schließlich ein *Star*! Ich würde nur dann den Sieg davontragen, wenn ich das Spiel ganz durchspielte. Daher tat ich, als habe es diese gemeinsame Nacht überhaupt nicht gegeben.

Er trug nicht allein die Schuld daran, mich traf zumindest eine Mitschuld. Was geschehen war, war nur auf meine grenzenlose Naivität zurückzuführen. Zunächst einmal hätte ich mich gar nicht mit ihm verabreden dürfen. Doch da das nun einmal geschehen war, hätte ich auf dem Absatz kehrt machen müssen, sobald mir klar wurde, daß ich mich in seiner Wohnung befand. Ich konnte den Tatbestand im Geiste so verdrehen, daß mich ganz allein die Schuld daran traf. Vor allem aber war ich immer noch sehr neugierig auf ihn. Was war dieser Schauspieler eigentlich für ein Mensch? Ich schwärmte schon so lange für ihn! Bei unserem Gespräch am Abend zuvor war nicht viel herausgekommen. Ich beschloß daher, noch einmal ganz von vorn anzufangen. Vielleicht würde unsere nächste Begegnung ergiebiger sein und mir mehr über ihn verraten. Den ›Country Club‹ würde ich jedenfalls *nicht* mehr betreten. Im Filmstudio war ich besonders elegant frisiert worden. Ich fand, daß ich hinreißend und ganz erwachsen aussah. Mir wurde bald klar, was für ein auffallendes Paar wir sein mußten; denn keiner der Gäste im Restaurant konnte sich an uns satt sehen. Maxwell Reed übertraf sich an diesem Abend selbst. Er hatte Sinn für Humor — eine Eigenschaft, die mich immer für Menschen eingenommen hat. Die Heiterkeitsausbrüche jagten sich an diesem Abend. Die vorige Nacht wurde mit keinem Wort erwähnt. Fast war es, als habe es sie nie gegeben. Max brachte mich nach Hause und benahm sich wie ein Gentleman, als er mich zum Abschied ganz behutsam küßte. Wahrscheinlich machte er sich schreckliche Vorwürfe wegen der vergangenen Nacht.

Von da an trafen wir uns regelmäßig, doch er versuchte eine ganze Weile nicht mehr, mir sexuelle Avancen zu machen. Es war, als wolle er seinen Fehler wieder ausbügeln.

Es folgte ein Monat, in dem wir uns fast ständig verabredeten und jede freie Minute miteinander verbrachten. Ich fühlte mich immer mehr zu ihm hingezogen — besser gesagt, ich verliebte mich in ihn. Doch ich hatte es nicht leicht mit ihm; denn er wurde immer launischer. Es gab Tage, an denen wir uns bestens amüsierten. Wir gingen ins Kino, ins Theater, oder wir tanzten die ganze Nacht hindurch. Dann war er plötzlich ohne ersichtlichen Grund drei oder vier Tage lang in der düstersten Stimmung, mürrisch, grob und ekelhaft, zähnefletschend, grausam, sadistisch — einfach unausstehlich. Ich verstand nicht, worauf dieser plötzliche Stimmungswechsel zurückzuführen war, doch ich fand mich damit ab; denn ich hatte starke Schuldgefühle, weil er mich ›entjungfert‹ hatte. Außerdem verdankte ich es ihm, daß der Traum meiner Jungmädchenjahre in Erfüllung gegangen war — ich ging mit Maxwell Reed, einem berühmten, gutaussehenden Filmstar. Wenn wir miteinander schliefen, biß ich die Zähne zusammen und ließ alles über mich ergehen. Die Sache langweilte mich. Ich empfand nicht das geringste dabei.

Damals sprachen die Mädchen noch nicht über Sex und dachten auch nicht allzuviel darüber nach. Die sexuelle Revolution der sechziger Jahre hatte noch nicht stattgefunden. Jetzt weiß ich, daß Max kein rücksichtsvoller, aufmerksamer Liebhaber war. Er hatte Spaß an gewissen Dingen, die ich einfach widerwärtig fand, doch ich duldete das alles, weil ich glaubte, in ihn verliebt zu sein und daß es damit seine Richtigkeit habe, daß es so und nicht anders sein *müsse*. Der Mann gab sich dem Genuß hin, die Frau litt dabei und ließ das Unvermeidliche über sich ergehen. Glücklicherweise stand die Couch, auf der wir uns für gewöhnlich liebten, dem Fernsehgerät gegenüber, das ständig lief. Wenn ich beim Beischlaf schon nichts empfand, so lenkte mich doch wenigstens das Fernsehprogramm ab. Das Groteske daran war, daß ich zu der Zeit als »Englands heißester Tip« galt. Angeblich war niemand so sexy wie ich. Ich war die englische Marilyn Monroe, Sophia Loren und Brigitte Bardot. Doch diese Vergötterung stieg mir nicht zu Kopf. Ich war unsicher wie eh und je, völlig verkrampft und frigide.

Ich konnte schon immer doppelt oder dreimal soviel schaffen wie ein Durchschnittsmensch. Ich verfüge über eine ungeheure Energie und freue mich täglich darüber, am Leben zu sein. Für ein junges Mädchen war das eine wahnwitzige, aufregende Zeit. J. Arthur Rank war an einem Siebenjahresvertrag mit mir interessiert, Hollywood hatte auch schon seine Fühler nach mir ausgestreckt. Alles ließ sich sehr gut an.

Schließlich kamen meine Eltern dahinter, daß ich mich ständig mit Maxwell Reed traf. Sie waren entsetzt. Doch Max beruhigte sie und versicherte ihnen, daß er mich nur in allen Fragen unterweise, die das Leben eines Stars so mit sich bringe. Er sei lediglich mein Mentor, aber nicht mein Geliebter — unsere Beziehung sei rein platonisch. So unwahrscheinlich das auch klingt, sie glaubten ihm. Ich bin nie wieder jemandem begegnet, der so überzeugend lügen kann.

Bald drang Max darauf, daß ich zu ihm ziehe. Der Gedanke erschien mir sehr verlockend. Seine Wohnung war gemütlich. Ich fühlte mich da sowieso schon wie zu Hause. Ich hatte all die Vorschriften und Regeln gründlich satt, denen ich mich bei meinen Eltern immer hatte fügen müssen. Ich mußte jede Nacht spätestens um eins zu Hause sein. Verspätete ich mich, so mußte ich das begründen können. Meine Eltern ließen kaum einen Grund gelten. Trotzdem erschien es mir noch verfrüht, mit Max zusammenzuleben. Obwohl er mir versichert hatte, er liebe mich, ahnte ich doch instinktiv, daß an unserer Beziehung etwas Grundlegendes nicht stimmte. Doch ich hätte nicht mit Sicherheit sagen können, ob ich ihn liebte oder ob mir nur der Gedanke gefiel, mit ihm zusammenzusein. Ich war ganz vernarrt in ihn, weil er Sinn für Humor besaß, blendend aussah und berühmt war. Doch es gab auch eine dunkle Seite an ihm, die mir Angst machte.

Manchmal hatte er heftige Rückenschmerzen. Dann krümmte er sich vor Qual. Aus unerfindlichen Gründen behauptete er, ich sei daran schuld. Er sprach jetzt immer häufiger vom Heiraten. Wegen meiner Eltern war es ausgeschlossen, daß wir einfach so zusammenlebten. Doch ich zögerte noch immer und war mir meiner Sache nicht sicher. Später lernte ich, daß ein Mann eine Frau erst wirklich begehrt, wenn sie sich ihm entzieht und Widerstand leistet. Meine Mutter hat bestimmt versucht, mir das klarzumachen.

Eines Tages hatte Max so starke Schmerzen, daß ihn der Arzt sofort ins Krankenhaus einwies. Am nächsten Tag erfuhr ich, daß sich bei Max ein Wirbel verschoben hatte und er höchstwahrscheinlich operiert werden mußte. Das war für uns beide sehr schlimm — vor allem aber für Max; denn nach der Operation stellte sich heraus, daß er im Unterleib nichts mehr fühlen konnte. Da war alles wie taub, empfindungslos geworden. Irgendwie empfand ich das als ausgleichende Gerechtigkeit; denn mir erging es für gewöhnlich an der gleichen Stelle ganz genauso!

Die Ärzte versicherten ihm, das ginge vorüber, bei der Operation seien ein paar Nervenenden abgetrennt worden. In ein paar Monaten sei das wieder verheilt. Doch Max verkraftete das nicht. Er versank in Depressionen, haderte mit seinem Schicksal und warf mir ständig vor, ich sei schuld an seiner Verletzung. Das war nun wirklich unfair, ich hatte ihn noch nie zum Beischlaf animiert. Ganz im Gegenteil — ich ließ nichts unversucht, um ihn davon abzubringen. Aber er ließ meine Argumente nicht gelten — ich war die Wurzel des Übels und schuld an den Komplikationen mit seiner Wirbelsäule. Natürlich schob er mir auch die Schuld daran in die Schuhe, daß die Filmangebote plötzlich ausblieben.

Er hatte seit Monaten nicht mehr gefilmt. Er raste und tobte und schrie mich an, und meine Schuld wuchs ins Unermeßliche. Langsam ging ihm das Geld aus, und für alles, was schiefging, machte er mich verantwortlich.

Jetzt war er ganz entschieden darauf aus, mich zu heiraten, doch ich hatte meine Zweifel und konnte mir nicht vorstellen, daß die Ehe lange gutgehen würde. Ich war ja erst siebzehn und trotz meiner äußeren Attribute geistig und gefühlsmäßig noch hoffnungslos unreif. Emotional war ich ständig hin- und hergerissen zwischen Verzückung und Verzweiflung. Dazwischen lag kaum eine Grauzone. Von der Liebe bis zum Haß führt oft nur ein kleiner Schritt, und auf dem gefährlichen Terrain bewegte ich mich nun mit Max. Unsicherheit, Verwirrung, Schuldgefühle waren meine täglichen Begleiter.

Wegen seines Unvermögens, seiner »Verstümmelung« kam Max nur noch durch Sadismus in Fahrt. Ich hatte solche Angst vor ihm, daß ich die Schläge und Perversionen, die er sich ausdachte, willig hinnahm. Er bestand darauf, daß ich für Polaroidnacktfotos posierte. Er hoffte, dadurch erregt zu werden. Unsere Beziehung war in einer neuen Phase angelangt. Je mehr er mich physisch quälte, desto erregter wurde er. Ich ertrug das alles klaglos, weil ich hoffte, daß es nur vorübergehend war und sofort aufhören würde, wenn er wieder etwas spürte. Er gab mir immer wieder zu verstehen, wie sehr er mich begehrte, wie schwer das alles für ihn sei und was er für Schmerzen habe. Es ist das Los einer Frau zu leiden. Das war der Wahlspruch meiner weiblichen Ahnen.

Ich wurde von der J. Arthur Rank Organisation unter Vertrag genommen. Ich war aufgeregt, denn ich war die erste Schauspielerin, mit der Rank einen Vertrag für mehr als ein Jahr abgeschlossen hatte. Sie machten sich sofort daran, mich aufzubauen. Jeden Tag trat ich zwecks Publicity irgendwo in Erscheinung, und alle paar Tage stand etwas über mich in der Zeitung — gut, schlecht oder sarkastisch.

So etwas konnte einem Teenager schon zu Kopf steigen. Max hatte angefangen, mich auf den Arm zu nehmen, indem er mir immer wieder versicherte, daß er und seine Freunde bei meinem Aussehen und meiner Jugend ein Vermögen mit mir verdienen könnten, wenn ich eine Luxuskurtisane würde; sie redeten fast ständig über Sex und rissen ihre Witze. Es ging fast immer um Frauen und Sex, wenn Max und seine Freunde zusammenkamen. Wann immer das Thema zur Sprache kam, wurde abträglich darüber gesprochen. Mir war schon lange klar, daß sie keine hohe Meinung von den Frauen hatten. Sie waren der beste Beweis für die These meiner Mutter, daß Männer »immer nur das EINE« wollten.

Da wir beide gerade nicht filmten, beschlossen wir, gemeinsam in *The Seventh Veil* im Theater aufzutreten. Max spielte einen überaus grausamen sadistischen Klavierlehrer. Er spielte diese Rolle dermaßen lebensecht und überzeugend, daß er mich in einer Szene, in der er mich zu terrorisieren hat, so wild und heftig über die Bühne schleuderte, daß ich noch tagelang überall blaue Flecken hatte.

Es gefiel mir, im Theater aufzutreten. Schade war nur, daß das immer nur eine Woche lang ging. Ich bekam ausgezeichnete Kritiken und begann mich nach einer geeigneten Bleibe im West End umzusehen.

Schließlich ging Max zu meinen Eltern, um sie um meine Hand zu bitten. Obwohl mein Vater sicher schon damit gerechnet hatte, war er sehr erstaunt, daß es nun tatsächlich dazu kam. Wir saßen alle vier befangen im Wohnzimmer unserer Wohnung. Es war nach dem Abendessen. Der Ton des Fernsehers war abgestellt, doch das Bild in Schwarzweiß flimmerte noch über den Bildschirm. Max und ich saßen nebeneinander auf dem mit grünem Samt bezogenen Sofa und tranken Tee aus Mamis besten rosa Tassen.

Wenn Max wollte, konnte er unwiderstehlich sein und alle um den Finger wickeln, er war eben ein guter Schauspieler. Meine Mutter hatte er schon herumgekriegt, doch an Daddy biß er sich die Zähne aus. Der war eine harte Nuß. Ihm mißfiel der Altersunterschied und die hohle Scheinwelt, in der sich Max bewegte. Ihm mißfiel einfach alles, was Max verkörperte. Er verbot mir, schon so jung zu heiraten — noch dazu einen Mann, der in seinen Augen gar nicht zu mir paßte. Da mischte ich mich endlich ein. »Wenn du mir nicht erlaubst, ihn zu heiraten, ziehe ich eben so zu ihm.«

Meine Eltern starrten mich entsetzt an. »Du mußt den Verstand verloren haben«, sagte mein Vater entrüstet. »Was sollen die Leute denn denken? Kannst du dir nicht vorstellen, was unsere Freunde dazu sagen würden? Du wärst in aller Munde, wärst das Stadtgespräch von London. Ihr *dürft* nicht zusammenleben, das lasse ich nicht zu!«

»Du kannst mich nicht daran hindern«, sagte ich trotzig.

»Joe, wir lieben uns«, fügte Max lammfromm hinzu. »Wir müssen unbedingt zusammensein, da bleibt uns keine andere Wahl.«

Meine Eltern waren ratlos. Ich glaube, insgeheim fand Mami das alles sehr romantisch, doch das wagte sie nicht zuzugeben, bevor Daddy sich entschieden hatte.

»Also gut«, sagte Daddy und zog heftig an seiner Player's. »Einverstanden — doch ich will euch etwas sagen, und das ist mein Ernst...« Er sah mich an, und ich bekam es wieder mit der Angst zu tun. Meine Knie wurden weich. »Seht zu, daß diese Ehe gutgeht«, er sah mich eindringlich an, »denn wenn sie auseinandergeht, bist du für mich gestorben.«

Ich sah Mami an. Sie wandte den Blick ab. Ich sah mich im Zimmer um. Überall auf dem Kaminsims und dem Sideboard standen Fotos von mir — im Ballkleid und im Badeanzug, mit meinem Bruder Bill und meiner Schwester Jackie. Wollte mein geliebter Daddy mich tatsächlich verstoßen, wenn diese Ehe auseinanderging?

»Das wär's dann wohl«, sagte mein Vater und stellte den Ton wieder an. »Elsa, mach uns doch noch eine Tasse Tee«, wandte er sich an meine Mutter. Damit war das Thema für ihn abgeschlossen.

Max und ich gingen so bald wie möglich. Wir fuhren zum Mandrake Club. Dort feierten wir unsere Verlobung. Nach außen hin war ich sehr glücklich — endlich von zu Hause weg und ein freier Mensch sein! Doch in meinem Innern tobte ein Tumult, und ich war von Zweifeln zerrissen.

Einer von Max' Lieblingssprüchen war: »Haß und Liebe sind miteinander verwandt.« Das kam mir zwar sehr seltsam vor, erklärte jedoch die zwiespältigen Gefühle, die ich für ihn hegte. Für mein ohnehin sehr schwach ausgeprägtes Ego war er reines Gift. Er fand mich zwar schön, äußerte sich aber unentwegt abfällig über das, was ich zur Unterhaltung beitrug. Über meine Schauspielkunst und Persönlichkeit. Oft riet er mir sogar: »Nimm mit, was du kriegen kannst, solange du noch was los hast; denn wenn du erst mal dreiundzwanzig bist, ist nichts mehr mit dir los. Dann bist du alt und ausgelaugt.« Dreiundzwanzig war offenbar die oberste Grenze für Max und seine Kumpane, wenn es um Frauen ging. War eine Frau älter, war sie für sie nicht mehr interessant. War ein »alter Besen«.

Einen Tag nach meinem Geburtstag heirateten wir in Caxton Hall — im Scheinwerferlicht der Öffentlichkeit. Eine Woche war vorausgegangen, in der ich mich allnächtlich in den Schlaf geweint hatte. Der Gedanke an eine Heirat entsetzte mich. Plötzlich sehnte ich mich zurück nach der Sicherheit und Geborgenheit der gemütlichen Wohnung, in der ich den größten Teil meiner Kindheit verbracht hatte. Ich hatte zwar Angst vor meinem Vater, aber vor Max zitterte ich noch viel mehr. Ich nahm acht Pfund ab, und in meinem weißen Hochzeitskleid sah ich sehr zerbrechlich aus. Meine Taille war beneidenswert schmal. Ich hörte ein paar Frauen in der Menschenmenge vor Caxton Hall sagen, ich sei zu mager. Endlich hatte ich erreicht, worum ich mich all die Jahre vergebens bemüht hatte. Kummer mußte wohl gut für die Figur sein.

Unsere Hochzeitsreise ging im Buick nach Cannes. Auf langen Autofahrten wurde ich immer schläfrig — außer wenn ich singen konnte. Ich hätte liebend gern geschlafen. Doch Max kniff und zwickte mich und schrie mich an: »Wach auf!« Ich versuchte, die Augen offenzuhalten, indem ich mir die Fotos von unserer Hochzeit ansah und die Artikel darüber las. Wie glücklich wir wirkten. Ich sah so erwachsen und selbstsicher aus, als ob ich mindestens einmal pro Jahr einen Filmstar zu heiraten pflegte.

»Kochen und putzen werde ich nicht!« lautete eine Schlagzeile. Offensichtlich war es ein Schock für die Leute, daß sich ein Mädchen gegen die traditionelle Rolle wehrte und es nicht als ihre Aufgabe ansah, eine Rüschenschürze zu tragen und ihrem Herrn und Gebieter schmackhafte Mahlzeiten vorzusetzen. »Ihre Einstellung zur Ehe ist mehr als unkonventionell«, erboste sich der Schreiber. »Sie will noch mindestens sieben oder acht Jahre lang keine Kinder haben — und sie will die ganze Zeit ihren Beruf weiter ausüben.«

Mit dieser Einstellung konnte man in den fünfziger Jahren noch eine Revolution entfachen. Den Frauen wurden Schuldgefühle eingeredet, wenn sie sich nicht voller Elan auf die Hausarbeit stürzten und sich nicht nach einem ganzen Stall voller Kinder sehnten. Ich hatte mir andere Ziele gesetzt. Wenn ich mich auch entschlossen hatte, schon so jung zu heiraten, so wollte ich mich doch nicht in die Rolle pressen lassen, die man den Frauen abverlangte.

Die Hochzeitsreise war ein Alptraum. Max zeigte sich auf einmal furchtbar eifersüchtig. Doch je reicher ein Mann war, desto weniger plagte ihn die Eifersucht. Oft schlug er sogar vor, »wir müssen nett sein zu dem Burschen«, um an sein Geld zu kommen. Als ein paar junge französische Fotografen am Strand Fotos von mir machen wollten, schleppte mich Max in unsere winzige Umkleidekabine am Strand des Carlton Hotels und schlug mich so fest ins Gesicht, daß ich das Gefühl hatte, sämtliche Zähne müßten herausfallen.

»Du gehörst jetzt mir!« schrie er so laut, daß die Damen, die auf der Terrasse des Carlton an ihrem Tee nippten, sicher jeder Wort verstanden. »Wage es nur nicht noch einmal, anderen Männern schöne Augen zu machen — außer wenn *ich* es dir erlaube!« Die Adern am Hals traten hervor, und seine Augen quollen aus dem Kopf. Ein tobender Irrer stand vor mir. Verängstigt preßte ich mich an die Wand. In meinem winzigen rosa Baumwollbikini kam ich mir nackt und schutzlos vor. Da sah ich mir den Mann, mit dem ich nun verheiratet war, endlich einmal gründlich an. Sein Haar war schwarz gefärbt und dauergewellt. Ich mußte es ja schließlich wissen. Er hatte mir beigebracht, ihm das Haar über dem Waschbekken im Bad seiner Wohnung zu färben. Seine Augenbrauen waren ebenfalls gefärbt, in den Wimpern hing zumeist Mascara. Heute war er nicht geschminkt, weil wir ja am Strand waren, doch er legte oft Make-up auf. Er trug lächerliche, winzig kleine weiße Shorts, schwarze Sandalen mit langen Riemen, die man bis zur halben Wade hochband. Auf seiner Brust baumelten drei schwere goldene Anhänger. In Südfrankreich heimste er mehr bewundernde Pfiffe ein als ich.

»Gottlob filme ich ab nächster Woche wieder«, dachte ich verzweifelt. Laut Vertrag bekam ich bei der Rank Organisation fünfzig Pfund pro Woche. Rank hatte mich sofort an die Columbia ausgeliehen. Ich sollte eine Rolle in Boccaccios *Decamerone* spielen. Die Außenaufnahmen wurden in Madrid und Segovia gedreht. Das würde mein erster amerikanischer Film sein. Ich konnte es kaum erwarten, wieder zu drehen.

Max beschloß, in Cannes zu bleiben und sich dort noch eine Woche zu amüsieren. Er hatte eine Millionärin kennen-

Großmama Henrietta Collins auf Tournee in Südafrika; obwohl sie bereits mit meinem Vater schwanger war, ließ sich diese frühemanzipierte Frau nicht davon abhalten, bis kurz vor seiner Geburt in Port Elizabeth weiterzutanzen.

Mein Vater Joe und Mutter Elsa und ›der Pate‹ Lord Lew Grade. Der Grund für den ängstlichen Blick meiner Mutter – ich wurde sieben Stunden später geboren.

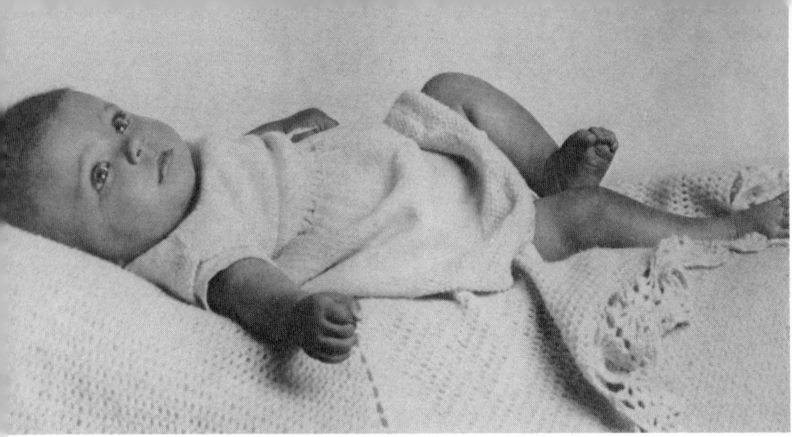

Oh, was für ein entzückendes Baby!

Mein Lieblingsbild von Papa und mir.

Mein Lieblingsbild von Mutter und mir.

Im Alter von sechs Jahren – ich träumte bereits damals davon, ein Star zu werden (oben). Mutter und ihre Kinder: Jackie, Bill und ich (unten).

Links: Mit fünfzehn durchlief ich meine Häßliche-Entlein-Phase. Rechts: Unter Vertrag bei Rank – mein erstes Fan-Foto. Unten: Als Starlet in ›Lady Godiva Rides Again‹. Es war eine winzige Rolle – ich hatte einen einzigen Satz zu sprechen.

gelernt, von der er sehr angetan war, und ihr erging es mit ihm ebenso. Er war also glücklich. Und wenn er glücklich war, war er auch nett zu mir. Er schlug und quälte mich nicht. Also war auch ich glücklich.

Doch im sonnigen Spanien war ich gar nicht zufrieden. Die Stars des *Decamerone* waren Joan Fontaine und Louis Jourdan. Drei oder vier Episoden aus Boccaccios Decamerone wurden verfilmt. In der einen Episode war ich die Zofe von Joan Fontaine, in einer anderen mußte ich zärtliche Liebesszenen mit Louis Jourdan mimen. Die Rank Organisation hatte darauf bestanden, daß ich den Part übernahm. Hätte ich mich geweigert, wäre ich vertragsbrüchig geworden, man hätte mir gekündigt. Es gab nicht viele Rollen für sexy aussehende Teenager, und Rank kassierte eine schöne Stange Geld dafür, daß ich an andere Filmgesellschaften ausgeliehen wurde. Ich ging dabei leer aus und bekam lediglich meine fünfzig Pfund pro Woche, Rank dagegen etwa 25 000 Dollar.

Max kam eine Woche später. Gleich fingen die Streitigkeiten wieder an. Diese ewigen Kämpfe setzten mir sehr zu. Ich wurde reizbar, war ständig schlecht gelaunt und konnte mich selbst nicht leiden. Ich bedauerte es kein bißchen, als es zurück nach London ging und ich eine Rolle in einem anderen Film übernahm.

Cosh Boy handelte von einer Gruppe Jugendlicher, die sich einen Jux daraus machten, Leute anzupöbeln, zusammenzuschlagen und zu berauben. Ich spielte Renée, die unschuldige Freundin des Bandenführers James Kenney. Der Film enthielt eine Liebesszene, die im Garten eines verwilderten Hauses spielt. Nach heutigen Maßstäben war die Szene so zahm, daß sie in einem Disneyfilm vorkommen könnte. In diesem Film wurde ich verführt, wurde schwanger und versuchte, mir das Leben zu nehmen. Die Geschichte eines Ladenmädchens – ein richtiges Melodram. Der Film kam sehr gut an. Die simulierten Sexszenen waren so heiß, daß es praktisch der erste englische Sexfilm wurde.

Max bekam auch endlich wieder eine Rolle. Der Film hieß *Toilers of the Sea*, der Regisseur war Raoul Walsh, und gedreht wurde in Jersey – genau die Art Piratenfilm, die ihm gefiel und die etwas einbrachte. Als Gegenspieler von Rock Hudson spielte er den Bösewicht. Auch das war ganz nach seinem Geschmack.

Bill Watts fragte mich, ob ich wieder eine Rolle im Q-Theater spielen wollte. Es ging um das Stück »Wir sind noch einmal davongekommen«, von Thornton Wilder, einer der großen amerikanischen Klassiker. Ich sollte die Rolle der Sabina spielen, des bösartigen Vamps, den Vivien Leigh ursprünglich dargestellt hatte. Ich fühlte mich geschmeichelt und war sehr aufgeregt. Endlich sollte ich eine wichtige Rolle in einem großen Stück spielen. Dann hatte ich vielleicht doch nicht ganz umsonst Schauspielunterricht genommen.

Das Q-Theater war für seine Neueinstudierungen bekannt, auf seiner Bühne stehen zu dürfen, galt als Ehre. Obwohl Max für die Rolle des sechzigjährigen Antrobus eigentlich noch viel zu jung war, wurde er ihr gerecht. Er legte eine Tonne Make-up auf und ließ sein schwarzgefärbtes Haar ergrauen.

Wir hatten für Rank gerade zusammen einen Film abgedreht, bei dem wieder Basil Deardn Regie führte. In dem Film *The Square Ring* spielte ich die Freundin von Max, und er warf mir ständig vor, ihn an die Wand zu spielen. Das Filmen war noch immer neu und ungewohnt für mich, ich hatte kaum Erfahrung. Ich wußte vieles noch nicht — und schon gar nicht, wie man jemanden an die Wand spielte. Aus Angst, sein Mißfallen zu erregen, war mir während der gemeinsamen Szenen immer sehr unbehaglich zumute.

»Wir sind noch einmal davongekommen« bekam ausgezeichnete Kritiken. Diese Rolle hatte mir weit mehr Freude gemacht als alle Filme, die ich bis dahin gedreht hatte. Ich hätte gern weiter Theater gespielt, aber zuerst mußte ich für Rank noch eine Rolle in einem hochdramatischen Film mit dem Titel *Turn the Key Softly* spielen.

Ich spielte eine junge Prostituierte, die wegen Ladendiebstahls im Kittchen gelandet war und sich nach ihrer Entlassung alle Mühe gibt, ein anständiger Mensch zu werden. Doch der berückende Glanz und die grellen Lichter im Westend sind eine zu starke Verlockung. Die Außenaufnahmen wurden mitten im Winter überall in London gemacht. Es war entsetzlich kalt, doch ich wurde in einen engen schwarzen Rock gesteckt, der bis zu den Hüften hinauf geschlitzt war. Dazu trug ich schwarze Strümpfe, Schuhe mit Knöchelriemchen, einen dünnen tiefausgeschnittenen Lurex-Pullover und eine gelbe Jacke mit kurzen Ärmeln. Die meiste Zeit war ich blaugefroren, und ich sehnte mich nach dem sonnenüberfluteten Kalifornien. Von dort wurde Bill Watts nämlich regelmäßig angerufen und gefragt, ob ich zu haben sei.

Rank ließ es nicht an Publicity für mich fehlen. Ich wurde als »Englands bestes verworfenes Mädchen« bekannt und hatte kaum mehr Zeit für mich. Abends kam ich zu Tode erschöpft von den Dreharbeiten in unsere Wohnung zurück, versuchte mich darin, etwas Eßbares auf den Tisch zu bringen und die Hausarbeit zu tun. Dann sank ich entkräftet ins Bett. Meine aufwieglerischen Statements halfen mir nichts. Max war ein hundertprozentiger Chauvinist und erwartete von mir, daß ich ihm allabendlich eine warme Mahlzeit servierte, ganz gleich, wie ich mich fühlte. Ich hatte zu parieren und zu wissen, wie man so was machte. Meine Mutter hatte mich nie in der Kochkunst unterwiesen; denn als Kind hatte ich neben der Schule noch so viele andere Interessen, daß sie mich nur mit Widerwillen davon abgehalten hätte. Ich hatte nicht die geringste Lust, kochen zu lernen, und war mir ganz sicher, daß ich das sowieso nie würde tun müssen. Aber Max bestand auf Fleischgerichten mit Kartoffeln. Da ich völlig ahnungslos war, brachte er mir die Grundbegriffe bei. Aber wenn es ihm nicht schmeckte, warf er den Teller mit dem Essen an die Wand.

Über dem Spülbecken in der Küche hing ein Spiegel. Ein ungepflegtes Wesen blickte mir daraus entgegen. Meine Züge erinnerten nicht einmal entfernt an das aufreizende, verführerische Antlitz, das Zeitungen und Zeitschriften zierte. Man konnte sich kaum vorstellen, daß ich beides war. Das Glamourgirl und dieses blasse verwahrloste Heimchen. Meine Ehe war ein Fiasko. Ich lebte in ständiger Angst vor seinen Launen, seinem jähen Stimmungsumschwung und seinen

Wutanfällen, doch ich brachte den Mut nicht auf, mich von ihm zu trennen. Wenn ich nicht filmte, nahm ich Sprechunterricht, Schauspielunterricht oder irgendwelche Stunden, die mich beruflich weiterbrachten. Mir war alles recht — wenn ich nur nicht nach Hause mußte.

Mehrmals traf ich mit dem italienischen Filmregisseur Renato Castellani zusammen. Er sollte *Romeo und Julia* verfilmen, und die Rank Organisation fand, ich sei die perfekte Julia! Aber weder Signor Castellani noch mir gefiel diese Aussicht. Ich hielt mich nicht gerade für eine Julia. Ich war ein ganz anderer Typ und hatte Rollen mit mehr Verve, widersprüchliche Gestalten immer vorgezogen. Castellani sah die Julia als vierzehnjähriges Unschuldslamm, doch das Studio blieb unnachgiebig. Er mußte mich testen, und das hat er auch getan.

Laurence Harvey war als Romeo ausersehen worden. Wir waren immer noch befreundet und mochten uns, doch selbst er mußte zugeben, daß ich für die Julia, die Castellani vorschwebte, einfach zu raffiniert aussah. Vor dem abschließenden Test kam Signor Castellani zu mir und stellte mir ein Ultimatum. »Sie werden sich die Nase operieren lassen müssen«, sagte er mit unüberhörbar italienischem Akzent. Ich glaubte mich verhört zu haben. »Was soll ich?« fragte ich ungläubig. »Giulietta, sie hat römische Nase! Sie haben Himmelfahrtsnase — ist nicht aristokratisch. Sie gehen zu gutem Schönheitschirurgen, er macht Ihnen römische Nase. Dann Sie spielen Giulietta!«

»Das darf doch nicht wahr sein! Wollen Sie mich auf den Arm nehmen?« jammerte ich und brach in hysterisches Gelächter aus, bis mir die Tränen kamen. Mir die Nase richten lassen, um eine Rolle zu bekommen? Vollig ausgeschlossen! Außerdem gefiel mir meine Nase. Für mich war die Sache gelaufen. Bill Watts wurde herzitiert. Der Italiener schrie und tobte, ich bekam einen hysterischen Anfall und weigerte mich strikt, meine Nase umformen zu lassen. Da gab sich Rank endlich geschlagen. Eine unbekannte Schauspielerin bekam die Rolle der Julia und wurde unter Vertrag genommen.

Edward Leggevie, einer der leitenden Herren der Fox in London, fragte mich, ob ich daran interessiert sei, nach Hollywood zu gehen und dort von der Fox unter Vertrag genommen zu werden. Was für eine Frage! Mein Herz tat einen Freudensprung. Ich hatte es nämlich langsam satt, ewig Probeaufnahmen und Tests für Rollen machen zu müssen, die ich dann doch nicht bekam. Wenn ich nach Hollywood ginge, würde Max auch Arbeit finden, nicht mehr so launisch sein und mich nicht so quälen. Unsere Ehe war inzwischen so unerträglich, daß mir jedes Mittel recht gewesen wäre, nur um aus London wegzukommen.

Zu der Zeit reiste Max zwischen Rom und London hin und her in der Hoffnung auf ein Engagement. Als er wieder einmal zurück war, schlug er vor, in unser Lieblingsrestaurant (mit Nachtklub) zu gehen.

Les Ambassadeurs war ungeheuer schick. Alle amerikanischen Schauspieler, Produzenten und Regisseure, die herüberkamen, fühlten sich da wie zu Hause. Das Mobiliar war untadelig und unaufdringlich, das Essen hervorragend, die Musik sehr heiter und gut zum Tanzen geeignet, wenn ich auch mehr an Jazz gewöhnt war und sie mir reichlich zahm erschien.

Ich saß in Gedanken versunken da und trank Pimms. Max schwatzte mit einem älteren Araber, der neben ihm auf der gepolsterten Sitzbank saß. Ich ignorierte die beiden. Max hatte die Angewohnheit, sich reichen älteren Männern zuzuwenden, die auf mich scharf waren. Eine ganze Weile unterhielten sie sich angeregt.

Ich sah fasziniert zu, wie Linda Christian und Edmond Purdom Cha-Cha-Cha tanzten. Da zog mich Max am Arm und stellte mich seinem Gesprächspartner vor. »Das ist Scheich Abdul Ben Kafir.« Der sah mich lüstern und verschlagen lächelnd an und zog mich mit den Augen aus. Ich trug eine tiefdekolletierte weiße Chiffonbluse und einen grünen Samtrock. Der Araber sah mich so erwartungsvoll an, daß mir allmählich aufging, was das alles zu bedeuten hatte.

»Wenn Sie mich bitte entschuldigen wollen, Scheich«, sagte Max aalglatt, »ich bin gleich wieder da. Will nur ein Tänzchen mit der kleinen Joanie aufs Parkett legen.« Er zog mich auf die Tanzfläche, und wir tanzten zu den Klängen von »From This Moment On«. »Zehntausend Pfund!« erklärte Max, und sein Gesicht leuchtete vor Stolz. »Er zahlt dir zehntausend Pfund für *eine Nacht!* Und ich darf sogar zusehen!«

»Entschuldige mal, Max«, entgegnete ich so kühl, wie ich nur irgend konnte, doch alles krampfte sich in mir zusammen vor Entsetzen, »du willst mir doch wohl nicht im Ernst vorschlagen, daß ich mit diesem widerwärtigen alten Kerl für Geld ins Bett gehe?«

»Du verdammte kleine Idiotin!« fauchte er und wirbelte mich ans andere Ende der Tanzfläche. »Überleg doch mal, zehn Riesen! Steuerfrei! Kapierst du überhaupt, was wir damit alles anfangen können? Wir können nach Hollywood gehen. Wir können in Florida Urlaub machen. Wir können uns sogar ein Landhaus kaufen. Du mußt jetzt langsam daran denken, deine Pluspunkte richtig einzusetzen und abzukassieren, Mädchen — wenn du weiter für zehn Pfund Sterling pro Woche im Theater auftrittst, haben wir wahrscheinlich nichts zu beißen, wenn wir alt und grau sind.«

Ich wollte protestieren, doch er ließ es gar nicht dazu kommen und drückte meine Arme fest und immer fester, bis mir die Tränen in die Augen stiegen. Ich mußte an mich halten, um nicht laut zu schreien. »Nur eine Nacht, Baby — das ist alles. Eine einzige Nacht mit Abdul, dann können wir zu allen sagen ›ihr könnt uns mal‹, und dann gehen wir nach Hollywood. Na, was sagst du dazu, Baby?«

Ich riskierte einen Blick in Abduls Richtung. Er nickte und grinste mich über sein Champagnerglas hinweg an. Seine Hängebacken wabbelten. Ich sah meinen gutaussehenden, abscheulichen Mann an und konnte die Tränen nicht mehr zurückhalten. »Niemals«, schrie ich. Linda und Edmond, die hinter uns tanzten, drehten sich erstaunt nach mir um. »Nie, nie werde ich so etwas tun! Niemals, hast du gehört? Pack deinen Scheich und geht beide zum Teufel!« Ich war außer mir und konnte mich nicht mehr beherrschen. Durch meinen Ausbruch herrschte plötzlich Grabesstille. Ich stürzte aus dem Klub, nahm ein Taxi und fuhr nach Hause. Das war für mich der rettende Strohhalm. Ich hielt es einfach nicht mehr aus. Es war mir ganz egal, ob mein Vater mich verstieß, weil es mir nicht gelungen war, eine gute Ehe zu führen. Es kümmerte mich in diesem Augenblick auch nicht, ob Max seine wiederholt ausgesprochene Drohung wahrmachen würde. Er hatte immer wieder behauptet: »Wenn du mich je verläßt, werde ich ein paar von den Jungs auf dich ansetzen, damit sie dein hübsches Gesichtchen mit einer Rasierklinge verunstalten.« All das zählte nicht mehr. Es ging mir nur noch darum, meine Selbstachtung zurückzugewinnen. Wenn ich jetzt keinen Schlußstrich zog, würde ich den Verstand verlieren. Es war der reine Selbsterhaltungstrieb.

Ich fuhr heim zu Mami.

3. Kapitel

Wir versuchten noch einmal kurz, uns zu versöhnen, doch es war völlig hoffnungslos. Nicht nur liebte ich ihn nicht mehr, er war mir inzwischen ausgesprochen zuwider. Sein Leiden hatte sich noch nicht gebessert, und seine sexuellen Neigungen arteten immer mehr in Sadismus und Perversionen aus. Meine Eltern waren überglücklich, mich wieder bei sich zu haben. Ich war wie erlöst und kehrte in mein vertrautes Zimmer zurück.

Mein Agent und die Herren von der Fox verhandelten immer hitziger. Bald ging es darum, mich aus dem Vertrag mit Rank loszukaufen. Ich mußte nach Rom, um dort in dem prunkvollen biblischen Epos *Land der Pharaonen* die verruchte Prinzessin Nellifer zu spielen. Das war der erste große amerikanische Film, in dem ich mitspielte. Regie führte Howard Hawks, einer der berühmtesten Filmregisseure Hollywoods.

Ich war mir darüber im klaren, welch ein Glück es für mich war, daß ich mich abgesetzt hatte. Ich stürzte mich mit fieberhafter Hektik in immer neue Fototests, Kostümproben und unterwarf mich willig Frisier- und Make-up-Tests. Prinzessin Nellifer war Ägypterin, eine böse, exotische Frau. Eine ganze Meute leicht erregbarer Kostümschneider, blasierter Haarkünstler und Make-up-Leute machten sich daran, einen linkischen Teenager in eine feurige ägyptische Göttin zu verwandeln. Mein Haar trieb die klapprige Friseuse schier zur Verzweiflung. Sie hatte Augen wie ein Luchs. Mein Haar war lang und dünn und strähnig. Es hatte so gar nichts mit den »herrlichen üppigen Flechten, die ihr über die Schultern hinabrieseln", gemein. So stand es im Drehbuch. So ungefähr jedes Haarteil und jede Perücke in Rom wurde an mir ausprobiert.

»Bist eben ein unscheinbares Ding«, säuselte die amerikanische Friseuse und stach mir wieder ihre mindestens acht Zentimeter langen Haarnadeln in den gemarterten Schädel.

Doch schließlich fand sie eine Perücke, die uns beiden gefiel. Sie reichte mir bis zur Taille, zwölf italienische Nonnen hatten sich dafür von ihrem Haar getrennt. Die Perücke war so schwer, daß ich den Kopf nur im Zeitlupentempo bewegen konnte. Damit sie mir nicht vom Kopf rutschte, wurde sie mit 47 Haarnadeln, 92 Klemmspangen und einer halben Flasche Toupéleim auf meinem Kopf befestigt.

In letzter Zeit wurde *Land der Pharaonen* oft spät abends gesendet oder in Nachtvorstellung gespielt. Wenn man mich dann für meine darstellerische Leistung in dem Film lobt, muß ich lachen, wenn ich an die Qualen denke, die ich bei den Dreharbeiten unter den Händen der Friseuse zu erleiden hatte. Davon ganz zu schweigen, daß ich jahrelang Komplexe wegen des »unscheinbaren Dings« hatte. Auch »Stecknadelkopf« oder »Nadelkissen« hatte mich diese Person genannt.

Rom war eine aufregende Stadt. »La dolce vita« war in vollem Gange. In aller Welt bekannte amerikanische Schauspieler und Schauspielerinnen schlenderten die Via Veneto entlang. Bildhübsche italienische Starlets mit rabenschwarzem Haar tranken Capuccino in den Straßencafés und hofften inständig, entdeckt zu werden. Es war eine überaus lebendige, heitere Atmosphäre. Es war Sommer, und ich verliebte mich.

Sydney Chaplin war der zweitälteste Sohn von Charlie Chaplin. Er war sehr groß, ein dunkler Typ und ziemlich gut aussehend. Er hatte schwarzes, lockiges, leicht angegrautes Haar und braune Augen, die die meiste Zeit belustigt dreinblickten. Er besaß einen unbändigen, skurrilen Sinn für Humor. Er war so umwerfend witzig, daß ich buchstäblich Tränen lachte.

Wir lachten den ganzen Tag und hörten erst in den frühen Morgenstunden auf, wenn wir schwankend Victor's Club oder das Number One verließen. Auch auf dem Weg in das gesetzte ruhige Hotel, in dem die meisten Schauspielerkollegen während der Dreharbeiten wohnten, kicherten wir ohne Unterlaß.

In den letzten Monaten des Zusammenlebens mit Maxwell Reed hatte ich wahrhaftig nichts zu lachen gehabt. Da war mir die Lebensfreude vergangen. Sydney war wie ein erfrischendes Glas Limonade in der Wüste. Ich hatte ein dringendes Bedürfnis nach Heiterkeit und Lebensfreude, nach ein wenig Spaß. Ich wollte meine blühende Jugend genießen und nonkonformistisch sein. Ich legte es zwar nicht darauf an, die Leute zu schockieren, doch Sydney scherte es nicht im geringsten, ob die Leute viel oder gar nichts von ihm hielten. Da ich ein Chamäleon war, wenn es um Männer ging, machte ich mir seine Einstellung den Mitmenschen gegenüber — dieses »ihr könnt mich alle mal . . .« vorübergehend zu eigen.

Zwei Wochen bin ich bis zum Morgengrauen aufgeblieben und habe mir Sydneys irre Monologe und hirnrissige Witze angehört. Dann sind wir sozusagen lachend ins Bett gefallen, wo wir uns noch hysterischer gebärdeten, falls das überhaupt möglich ist. Jemand, der mich einmal buchstäblich eine halbe Stunde durch mein Wohnzimmer gejagt hat, wobei ich versuchte, mich dem Zugriff dieses Humoristen zu entziehen, bis ich vor Lachen nicht mehr konnte, hat zu mir gesagt: »Als Liebhaber tauge ich vielleicht nicht viel, aber ich bin ein ›komischer Fisch‹.« Wenn das auch nicht ganz auf Sydney zutraf, so spielte er mir doch oft am Ende der Nacht eine komische Szene vor. Er nahm rein gar nichts ernst. Das wirkte ansteckend und kam mir nach einem qualvollen Jahr an der Seite von Max überaus gelegen.

Sein Lieblingswort war *Motherfucker*, für gewöhnlich auf *Mother* reduziert, und seine Sprache war so mit Flüchen und Schimpfwörtern durchsetzt, daß ich immer ganz erstaunt war, wenn ich eine Szene mit ihm spielen mußte und ihm ein ganz normaler Dialog über die Lippen kam. Doch manchmal mußte ich bei unseren gemeinsamen Szenen die Fingernägel schmerzhaft in die Handflächen graben, um nicht plötzlich loszukichern. Für Syd war das Leben ein einziger ungeheurer Spaß. Er trank, tanzte, scherzte und spielte gern. Die Schauspielerei nahm er auch nicht ernst. Ihm ging es lediglich darum, Geld zu verdienen. Ich hatte immer angenommen, er müsse ziemlich reich sein, da sein Vater sicher Multimillionär war, doch das war nicht der Fall. Er bekam einen kleinen Zuschuß, der aber bei weitem nicht zur Finanzierung seines irren Playboylebens ausreichte. Er besaß zwei teure Sportwagen — einen roten Ferrari und einen blauen Alfa Romeo und lebte praktisch aus zwei krokoledernen Koffern.

In den frühen Morgenstunden fuhren wir oft vom Strand von Ostia oder von Fregene mit 180 Stundenkilometern in die Stadt zurück — mit offenem Verdeck. Der warme Wind zerzauste mir das Haar, und die Bäume über uns verschmolzen zu einem Himmel aus grünem Laub. Wir lachten unentwegt. Es war das reinste Wunder, daß wir nie einen Unfall hatten. Wir verliehen dem Wort »unbekümmert« eine neue Bedeutung. Unser Leben spielte sich auf der Überholspur ab.

In der Rolle der Prinzessin Nellifer mußte ich viele verschiedene Kleider und Kostüme tragen, eines exotischer und aufreizender als das andere. Den Näherinnen der Scalera Studios ging die Arbeit nicht aus. Sie mußten Dutzende von Metern Goldlamé, Silberbrokat, Chiffon, Seide und Goldlitze zu prachtvollen Gewändern verarbeiten, die ich als ägyptische Königin tragen sollte. Doch was ich in der ersten Szene trug, war entschieden einfacher. Da trug ich einen Büstenhalter aus einem goldfarbenen Netzgewebe und dazu einen langen purpurfarbenen Brokatrock, der ziemlich tief auf meinen Hüften saß. Darüber einen Samtumhang, in den ich eingehüllt war, als ich dem Pharao als Geschenk überreicht wurde.

Doch mein unverhüllter Nabel wurde zum Problem. Mitte der fünfziger Jahre war die Zensur noch sehr streng. Galt ein Kostüm oder eine Szene als zu gewagt, so wurde die Szene einfach herausgeschnitten, und Filmmeter im Wert von vielen tausend Dollars landeten sozusagen im Papierkorb.

Mein Kostüm war so authentisch wie nur irgend möglich, doch laut Zensur durfte ich meinen Nabel nicht unverhüllt zeigen. »Bedecke ihn«, sagte Howard Hawks gereizt, als ich mich ihm zwecks endgültiger Genehmigung des Kostüms vorstellte. »Du mußt ihn irgendwie verdecken. Die Zensur hält Bauchnabel für etwas Obszönes«, schnaubte er entrüstet und kehrte dorthin zurück, wo er gerade drehte. Mayo, der Designer, ein leicht erregbarer Römer, zuckte die Achseln. *»Il censore è matto — completamente matto. Ma cosa facciamo adesso?«*

»Wie wäre es mit einem Pflaster?« scherzte ich. »Oder könnte man die Stelle nicht mit Plastilin zupappen? Das könnten wir einfärben, damit es nicht von meiner Haut absticht, und schon ist mein Nabel verschwunden, und ich sehe glatt wie eine Schaufensterpuppe aus!«

Sie sahen mich mitleidig an. Italiener wissen mit dem englischen Humor nichts anzufangen. »Aaah!« kreischte Mayo plötzlich aufgeregt. *»Mettiamo un bottone in sua piccola buca!«* Mein Italienisch war sehr lückenhaft. Das bedeutete so etwa: »Wir stecken einfach einen Knopf in ihr kleines Löchlein!« Sie hasteten zu ihren Schatztruhen und beförderten Dutzende von Knöpfen zutage — silberne, goldene und schließlich auch einen wunderschönen rubinroten. Mayo drückte ihn mir auf den Bauchnabel. Ich wand mich, denn das ist eine empfindliche Stelle. *»Bella!«* sagte Mayo stolz. *»Molto bella! Cara* — findest du nicht auch?«

Ich trat vor den Spiegel und betrachtete den kleinen Rubin, der mitten auf meinem Bauch glitzerte. Da war es aus mit meiner Selbstbeherrschung. Ich schüttete mich aus vor Lachen. Dabei platzte der mühsam befestigte Rubin durch die Erschütterung natürlich wieder ab und verschwand unter einer Nähmaschine. *»Losa c'è?«* ereiferte sich Mayo. »Wir müssen Klebstoff nehmen. Dann drücken wir ihn ganz fest rein, und er wird sicher halten. *Bellissimo — un effetto bellissimo!«* Ich mußte es über mich ergehen lassen, daß mir eine Tube Flüssigleim auf den Nabel geschüttet wurde, dann saß der Rubin fest und glitzerte verführerisch. Damit war der Zensur Genüge getan. Ich fand allerdings, daß dieser glitzernde Stein viel obszöner und erotischer war und erst richtig auf die Stelle aufmerksam machte, die unauffällig bleiben sollte; aber alle schienen zufrieden zu sein, und wir konnten mit dem Drehen beginnen.

Doch nachdem ich mehrere Wochen in Sydneys Gesellschaft verbracht und mich bei Alfredo mit *Fettuccini* und *Lasagne* vollgestopft hatte, wog ich acht Pfund mehr. Und ich war ja ohnehin eher drall gewesen. Auch Unmengen Rotwein und Likör schlugen sich nun in meinem Gewicht nieder. Als es an der Zeit war, die Szene noch einmal zu drehen, geriet ich in Verlegenheit. Man konnte mich ohne Übertreibung mollig nennen. Ich wußte, daß Howard Hawks nur Frauen mochte, die gertenschlank waren. Er hatte Lauren Bacall, Lisbeth Scott und Angie Dickinson entdeckt oder gefördert, und die sehen alle nicht gerade wie Ballons aus. Während die Szene noch einmal abgedreht wurde, zog ich ständig den Bauch ein, doch jedesmal, wenn ich die Muskeln anspannte, löste sich der gefürchtete Stein und rollte davon.

Howard Hawks raufte sich die Haare.

»Großer Gott — nehmt von mir aus Flugzeugleim. Mit irgendwas wird das verdammte Ding doch halten!« Dann wandte er sich vorwurfsvoll an mich: »Du hast schon wieder zugenommen. Ich habe dir doch vorige Woche im Vorführraum erst gesagt, daß du *fett* aussiehst. Hast du seitdem gefastet?«

»Gestern und heute habe ich nur drei hartgekochte Eier gegessen, Mr. Hawks«, log ich sehr überzeugend und mußte dabei an die Riesenportionen Spaghetti Bolognese und Zabaglione denken, die ich am Abend zuvor bei Alfredo vertilgt hatte.

»Na, dann ißt du vielleicht besser nur zwei hartgekochte Eier«, sagte er pikiert. »Prinzessin Nellifer darf nicht aussehen, als wäre sie im fünften Monat schwanger.« Er stürmte davon, und ich war wie erschlagen. Er hatte ja völlig recht. Da spielte ich die beste Rolle meiner ganzen Laufbahn und ließ mich dermaßen gehen. Ich war immer viel zu lange aufgeblieben, hatte nie genug Schlaf bekommen und hatte mich mit Pasta vollgestopft, vom Rotwein ganz zu schweigen. Vor der Kamera zeigte sich das dann alles. Ich schwor mir, mich ab sofort an die Kandare zu nehmen.

Da spielte ich die Rolle, nach der sich jede Schauspielerin alle zehn Finger belecken würde, und arbeitete mit einem der größten Filmregisseure der Welt und den besten Schauspielern zusammen, die man sich nur denken konnte. Und statt die Chance zu nutzen, führte ich mich auf wie ein albernes Schulmädchen. Ich wußte ganz genau, daß ich im Unrecht war. Ich gab das Trinken auf, versuchte, nicht einmal mehr an Pasta zu denken, und ging jeden Abend mit dem Drehbuch unter dem Arm ins Bett — und zwar schon um zehn Uhr.

Aber das war bei Syd gar nicht so einfach. Er zog auf jeden

Fall mit seiner Clique los — auch wenn ich im Hotel blieb und früh zu Bett ging. Da ich ihn liebte, wollte ich natürlich auch da sein, wo etwas los war — also bei ihm. Wenn ich wollte, daß er sich auch weiterhin für mich interessierte und mich begehrte, würde ich leben müssen wie er, mich seinem Lebensstil anpassen.

Auch Sydney hatte zugenommen, und als der Termin immer näherrückte, an dem unsere gemeinsamen Liebesszenen gedreht werden sollten, bemühten wir uns beide, nicht mehr so kalorienreich zu essen, um etwas abzunehmen. Sein Kostüm war noch viel kitschiger als meins. Er trug ein kleines beiges Filzkäppchen, das die Ohren freiließ, die nicht unbedingt das Schönste an ihm waren, ein langes Lendentuch aus reichverziertem Stoff und Schmuck aus Gold und Ebenholz, breit wie ein Kragen. Dazu sonderbare, spitze Schuhe. Um die Oberarme breite goldfarbene Reifen. Da wir immer mehr gegessen hatten, als uns guttat, quoll das Fleisch unter den Reifen hervor, was nicht gerade ein erhebender Anblick war. Ich trug ein rosa Chiffongewand mit tiefem Dekolleté. Es war mit schweren Schmucksteinen bestickt. Um den Oberarm trug ich einen engen Silberreif mit Rubinen, unter dem das Fleisch natürlich auch hervorquoll. Glücklicherweise klebte mir nicht auch noch auf dem Nabel ein Rubin.

Als ich mich um halb neun mit Sydney im Tonfilmatelier der Scalera Studios traf, sahen wir uns an und schütteten uns aus vor Lachen. »Wir sehen so aus, als besuchten Papa und Mama Meier den *Motherfucker* von Pharao«, entgegnete Syd, stolperte über seine spitzen Sandalen und verhedderte sich in seinem Maxirock. »Ruhe bitte! Achtung, Aufnahme!« rief der Regieassistent, und wir vermasselten die Szene, in der Trenah (also Syd) Prinzessin Nellifer seine Liebe gesteht.

Jeder Schauspieler zittert vor zwei Dingen, die zum Alptraum werden können. Es kann passieren, daß er auf der Bühne steht und seinen Text vergessen hat oder daß er seinen Text nicht sagen kann, weil er den unwiderstehlichen Drang verspürt, sich vor Lachen auszuschütten. So erging es Syd und mir an diesem Tag. Es war einfach gräßlich. So sehr wir uns auch bemühten, ernst zu bleiben — immer konnte bei irgendeiner Stelle dieser Szene einer von uns beiden nicht mehr an sich halten. Je wütender Howard Hawks wurde, desto schlimmer führten wir uns auf. Nachdem wir die Szene vier- oder fünfmal geschmissen hatten, geriet ich in Panik. Selbst das half kein bißchen. Ein Blick in Syds todernste Miene und auf seine Ohren, die so grotesk unter der eng am Schädel anliegenden Filzkappe hervorspitzten — und ich krümmte mich vor Lachen. Alles tat mir weh. Ich versuchte dann, wenigstens nicht laut herauszuplatzen, doch wenn Syd die fast übermenschliche Anspannung in meinen Zügen sah, war es auch mit seiner Selbstbeherrschung wieder aus. Langsam wurden wir hysterisch. Was für ein Alptraum! Zu allem Unglück war das auch noch ansteckend. Das halbe Filmteam fing schon an zu kichern, und wenn wir die todernsten Gesichter und die Verärgerung von Howard und den gesetzteren Filmleuten sahen, kriegten wir immer und immer wieder einen Lachanfall.

Schließlich gab Howard es auf und gab den Befehl, nicht weiterzufilmen. Er stauchte Sydney und mich richtig zusammen und kanzelte uns heftig ab. Er schickte uns weg. Doch zuvor machte er uns noch ernste Vorhaltungen. Er warnte uns und riet uns davon ab, uns weiterhin wie kleine Kinder zu benehmen. Damit holte er uns mit einem Schlag wieder auf den Boden der Tatsachen zurück.

Da beschloß ich, mich in Zukunft wirklich zusammenzureißen. Ich würde die überflüssigen Pfunde wieder loswerden und meine Arbeit ernster nehmen. Ich wollte mir nie wieder so eine Blöße geben und mein Gesicht verlieren.

Bevor ich nach Rom aufbrach, hatte ich in London noch versucht, die Scheidung einzureichen. Doch das ging nur, wenn man drei Jahre oder länger verheiratet war. Ich erreichte nur eine inoffizielle Trennung von Max, der zur gleichen Zeit wie ich in Rom war und in dem Film *Helen of Troy* mitspielte. Auch so ein historischer Schinken.

Als ich mich eines Tages am Strand von Fregene sonnte, fiel ein Schatten auf mich. Als ich aufsah, stand Max über mir. Braungebrannt, mit schwarzgefärbtem Haar und einer winzigen weißen Badehose. Er sah mich unheilverkündend an. »Ich muß mit dir sprechen.« Ich war mit einer ganzen Clique am Strand. Die taten alles, um ihn loszuwerden, doch Max ließ sich nicht vertreiben. »Wenn du nicht willst, daß ich dir hier eine Szene mache, kommst du besser sofort mit, damit wir uns aussprechen können«, drohte er mir. Widerstrebend folgte ich ihm an die Strandbar. »Du erinnerst dich doch sicher noch an die Fotos, die ich von dir gemacht habe«, sagte er leichthin und bot mir eine Zigarette an.

Und ob ich mich daran erinnerte! Es ist ja nichts Ungewöhnliches, daß Ehemänner Nacktfotos von ihren Frauen machen. Jedenfalls taten das viele unserer Freunde. Max hatte mich dazu gedrängt, nackt für ihn zu posieren, und hatte mir versichert, diese Fotos niemals auch nur einer Menschenseele zu zeigen. Trotzdem war mir gar nicht wohl dabei gewesen. Doch soweit ich mich erinnerte, waren diese Fotos eigentlich recht zahm. Ich trug ein Bikinihöschen und posierte übellaunig und gelangweilt auf dem Sofa mit dem Zebrafell. Nach heutigen Maßstäben waren diese Fotos ausgesprochen brav. »Ja, was ist denn mit den Fotos?« fragte ich, frech wie Oskar. »Eine italienische Zeitschrift ist daran interessiert und hat mir ein gutes Angebot gemacht. Die zahlen eine Menge Geld dafür. Das kann ich sehr gut brauchen.« Wieder dieses schiefe Robert-Mitchum-Lächeln mit halbgeschlossenen Lidern. Ich war wie betäubt vor Entsetzen. Etwas Mieseres konnte es ja wohl nicht geben. Wie hatte ich so einen erbärmlichen Kerl nur heiraten können? Ich konnte ihn kaum ansehen, so sehr widerte er mich an.

»Was verlangst du also von mir?« fragte ich eisig.

»Ich will alle Ringe zurückhaben, die ich dir während unserer Ehe geschenkt habe«, erklärte er liebenswürdig. »Den Ehering, den Verlobungsring und den mit dem Topas.«

»Die kannst du gerne wiederhaben«, versicherte ich ihm. »Ich lasse sie dir ins Hotel bringen.«

»Und den Scheck«, sagte er und versperrte mir den Weg, als ich wieder an den Strand zurück wollte. »Vergiß nicht, ihn zu unterzeichnen.«

Ich glaubte, mich verhört zu haben. Meinte er das wirklich

ernst? Während der letzten Monate hatte er mir mehrere völlig irre Briefe geschrieben, in denen er behauptete, mich zu lieben. In einem der Briefumschläge befand sich auch ein Blankoscheck, auf mein Privatkonto ausgestellt. Er hatte mich gebeten, den Scheck unterschrieben zurückzuschicken.

»Du weißt doch, daß ich kaum Geld habe«, protestierte ich. »Auf meinem Konto sind bloß ein paar hundert Pfund.«

»Entweder du bringst mir den Scheck und die Ringe bis morgen abend ins Hotel, oder ich verkaufe deine Fotos an die Zeitschrift. *Ciao,* Kleines!« Er schlenderte zur Bar zurück. Ich war wütend. Hatte dieser Mann denn überhaupt keine Moral? Man hätte meinen können, daß er zu einer Straßengang gehörte. Jedenfalls arbeitete er mit den gleichen Methoden. Vielleicht sollte ich mir die auch aneignen. Ich erzählte meiner Mutter, die zu Besuch gekommen war, alles. Ihr war Max inzwischen ebenso verhaßt wie mir; denn sie wußte, daß mir an seiner Seite nichts erspart geblieben war. Wir besprachen unsere Strategie mit Eddie Fowlie, dem Fachmann für Spezialeffekte bei dem *Pharao*-Film, einem guten Freund. Er erklärte sich bereit, Max die Ringe und den Blankoscheck am nächsten Abend ins Residence Palace Hotel zu bringen.

Mir blieb ja keine andere Wahl. Geld war mir nicht so wichtig, und an den Ringen hing ich nicht, doch es hätte sich katastrophal auf meine Karriere ausgewirkt, wenn diese Nacktfotos veröffentlicht worden wären. Es ging das Gerücht, daß Marilyn Monroe vor einiger Zeit nackt für Kalenderfotos posiert hatte.

Die Welt war puritanisch und sehr schnell damit bei der Hand, jeden zu verdammen, der im Scheinwerferlicht der Öffentlichkeit stand und keinen ›einwandfreien Lebenswandel‹ führte. Wenn der Twentieth Century Fox ein solcher ›Skandal‹ auch nur andeutungsweise zu Ohren kam, war an eine Karriere in Hollywood überhaupt nicht mehr zu denken. Inzwischen waren die Verhandlungen mit der Rank Organisation, bei denen es darum ging, mich aus dem Vertrag zu entlassen, im entscheidenden Stadium angelangt.

Mami und ich saßen in einem nahegelegenen Café und tranken nervös Cappuccino und Brandy, während Eddie bei

Max war, um die Fotos zu holen. Er kehrte triumphierend mit einem großen versiegelten Umschlag zurück. Ich riß ihn auf, da fielen zwölf 25 × 20 cm große Pin-up-Glanzfotos von Rank heraus!

»Was für ein Schuft! Dieses miese Schwein!« Ich war so aufgebracht, daß ich mich nicht einmal mehr in Gegenwart meiner Mutter zusammennehmen konnte. »Das ist ja wohl der niedrigste, dreckigste, hinterhältigste Trick, den man sich nur denken kann. Die verfluchten Fotos hat er immer noch.«

Mami und Eddie sahen sich hilflos an. »Ich gehe nochmal hin und schlage ihn zusammen«, sagte Eddie. Doch meine Mutter hielt ihn davon ab. »Nein, laßt mich erst mal mit ihm reden.« Sie ging zum Telephon. Ich kippte einen Brandy. Ich kannte meine Mutter kaum mehr. Wo hatte diese sanfte Frau plötzlich diese Energie und wilde Entschlossenheit her?

Als Mami zurückkam, zitterte sie vor Wut. »Er hat gesagt, die Fotos sind in London in einem Bankschließfach«, sagte sie empört. Ich war ungeheuer stolz auf sie. Es kam nicht oft vor, daß sie sich durchsetzte. Doch nun war sie zur Tigerin geworden, die ihr Junges beschützte.

»Ich habe ihm alle Schimpfworte an den Kopf geworfen, die mir eingefallen sind; aber er hat behauptet, er wolle die Fotos zur Erinnerung an dich behalten.«

»Ach, das ist ja wirklich reizend«, sagte ich erbittert. »Da kann er sie all seinen schmutzigen alten Ölscheichs zeigen und ihnen erzählen, was ihnen entgangen ist.«

»Jedenfalls hat er *mir* versprochen, daß er sie an niemanden verkaufen wird, der sie veröffentlichen könnte«, berichtete meine Mutter und lächelte tapfer. »Und ich fürchte, wir müssen ihm wohl oder übel glauben.«

»*Ihm* glauben? Daß ich nicht lache!« Ich kippte noch einen Brandy hinunter. »Er ahnt ja nicht einmal, was Ehrgefühl und Anstand ist.« Mami legte mir tröstend die Hand auf den Arm.

»Nimm's nicht so tragisch, Liebling. Ich bin sicher, daß wir jetzt nichts mehr von ihm hören werden.« Ich nickte zögernd, doch ich konnte mich des trüben Verdachts nicht erwehren, daß das letzte Kapitel meiner trostlosen Ehe mit Maxwell Reed noch nicht geschrieben war.

»Dreihundertfünfzig Dollar pro Woche«, verkündete John Shepbridge, und seine Augen strahlten vor Freude. »Na, Joanie, was sagst du dazu? Das ist ganz fantastisch für das erste Jahr.« »Nicht viel«, erwiderte ich zaghaft. Ich saß ›Gulasch‹, wie er liebevoll genannt wurde, an seinem auf Hochglanz polierten Walnußschreibtisch in seinem Haus in der Audley Street Nr. 16 in London gegenüber. Die blasse Sonne Londons schien durch die kleinen vergitterten Fenster herein. Silber und Porzellan erglänzten in seinem Wohnzimmer, das ihm zugleich als Büro diente. Ich war zu ihm gekommen, um mit ihm über den Vertrag mit der Fox zu sprechen. Die Rank Organisation hatte sich mit den fünfzehntausend Pfund einverstanden erklärt, mit denen die Twentieth Century Fox mich von dem Vertrag mit Rank entbinden wollte. Mit Gulasch, einem der Top-Manager der Künstleragentur ›Famous Artists Agency‹, wurde jetzt noch mein Gehalt ausgehandelt.

Mein Traum sollte in Erfüllung gehen. Ich hatte einen Siebenjahres-Exklusivvertrag mit der Twentieth Century Fox und würde nach Hollywood gehen. Dieses Angebot war gar nicht ohne. Ich hätte allen Grund gehabt, mich zu freuen. Doch ich freute mich nicht. Mein Mangel an Begeisterung war darauf zurückzuführen, daß jemand in diesem Augenblick wahrscheinlich in Paris in irgendeinem Bistro oder einem Nachtclub saß, Unmengen von Wodka in sich hineingoß und die Spielautomaten in Gang setzte.

Gulasch sah mich fragend an. Er wirkte leicht verärgert. »Was sagst du dazu, meine Liebe?«

»Ach, Gulasch, dreihundertfünfzig Dollar pro Woche ist nicht besonders viel. Das weißt du genausogut wie ich. Wenn die Fox bereit ist, der Rank Organisation soviel Geld zu zahlen, um mich unter Vertrag zu nehmen, ist sie sicher auch bereit, mir mehr dafür zu zahlen, daß ich die Vertragsbedingungen erfülle. Ich habe so an — sagen wir mal zwölfhundertfünfzig Dollar pro Woche gedacht.«

Ich hatte in einer Zeitschrift gelesen, daß diese Summe ein angemessenes Gehalt für einen jungen Schauspieler war, der einen Vertrag mit einer Filmgesellschaft abgeschlossen hatte.

Wenn man sich mit weniger zufriedengab, betrachtete einen die Filmgesellschaft eher als eine Art Kleindarsteller, und man kam dann nicht mehr so leicht an die Hauptrollen. Wenn ich auch Gott weiß was dafür gegeben hätte, nach Hollywood zu kommen, sah ich der Sache wegen meiner Affäre mit Sydney im Augenblick mit sehr zwiespältigen Gefühlen entgegen.

»Hast du den Verstand verloren?« fuhr Gulasch mich wütend an. Sein ungarisches Temperament ging mit ihm durch. »Da wirst du kein Glück haben. Soviel bekommst du nicht. Auf keinen Fall! In den Staaten bist du *völlig unbekannt.* Warum sollten sie ausgerechnet dir dreimal soviel bezahlen wie es sonst ihre Gewohnheit ist? Irre — völlig irre!« Er stampfte zornig durchs Zimmer und murmelte irgend etwas vor sich hin.

»Was soll ich Charlie bloß sagen?« fuhr er auf. »Jetzt redet er schon seit drei Monaten mit Darryl über dich. Es ist *sein* Verdienst, daß der Abschluß überhaupt zustandegekommen ist. Er wird ganz schön wütend sein.«

Charlie war Charles K. Feldman, der Chef von Famous Artists. Ein überaus geschickter, gerissener Geschäftsmann, mit dem man rechnen mußte. Ich wußte das, denn sein Einfluß auf Darryl Zanuck, Produktionsleiter bei der Fox, war groß. Er verließ sich ganz auf Feldman, der begeistert von mir war. Ihm verdankte ich also den Vertrag mit der Fox. Aber ich hatte auch erkannt, daß ich bei der Fox viel bessere Rollen bekommen würde, wenn sie mir pro Woche nicht nur so einen Hungerlohn zahlten. Selbst Kulissenschieber bekamen mehr als 350 Dollar pro Woche. Ich trieb ein riskantes Spiel, doch wenn ich verlor, konnte ich noch immer zu Syd nach Paris fahren oder auch nach Rom, wo mir Filmangebote gemacht worden waren.

»Ich bin dir und Charlie ja auch sehr dankbar für alles, was ihr für mich getan habt«, sagte ich steif. »Aber es geht schließlich um mein Leben, und darüber kann nur ich allein bestimmen. Ich verlange 1250 Dollar pro Woche. Wenn ich die nicht kriegen kann, lassen wir es lieber ganz sein.« Ich erhob mich. »Lieber Gulasch, ich fahre heute nacht noch nach Paris. Du kannst mich im Hotel Trémoille erreichen. Ruf mich an, sobald du etwas weißt.« Ich küßte ihn zum Abschied. Er zog resigniert die Augenbrauen hoch.

»Du verrücktes, kleines Mädchen«, sagte er. »Einen Mann, der gut im Bett ist, kannst du immer finden; aber einen solchen Vertrag bekommst du vielleicht nur einmal im Leben. Ich hoffe nur, daß du damit deine Karriere nicht ruinierst, Joanie.«

»Nein, bestimmt nicht«, versicherte ich ihm. »Um mit Joan Crawfords unsterblichen Worten zu sprechen: ›Mit einer Karriere kann man nachts nicht schmusen.‹ Ich finde diesen Ausspruch ungeheuer tiefschürfend. Ciao, Gulasch.« Ich trat auf die Audley Street hinaus. Und kam mir sehr erwachsen vor. Ich war zwar immer noch ein Teenager, doch ich wußte genau, was ich wollte. Diesmal würde ich mich nicht zu billig verkaufen.

Gleich nach meiner Ankunft in Paris fuhren Sydney und ich in seinem Ferrari nach Vevey am Genfer See. Sein Freund Adolph Green fuhr auch mit. Er mußte sich auf den engen Rücksitz quetschen. Die Fahrt über die tiefverschneiten Gebirgsstraßen war haarsträubend. Sydney raste wie ein Irrer. Doch wir amüsierten uns königlich. Ich war schon ganz aufgeregt und freute mich darauf, Sydneys Familie kennenzulernen, vor allem natürlich seinen legendären Vater, Charlie Chaplin.

Das Haus lag ganz einsam außerhalb des malerischen, kleinen Dörfchens Vevey, das so aussah, wie man die Schweiz von Postkarten her kennt. Es war ein imposantes, zweistöckiges Herrenhaus mit unglaublich vielen Zimmern. Diese vielen Zimmer wurden aber auch gebraucht; denn eine ganze Horde von Kindern, Kindermädchen, Dienstmädchen, Gärtnern und Sekretärinnen bevölkerte das Haus. Obwohl Chaplin senior in dem Ruf stand, knauserig zu sein, lebte er doch offenbar verschwenderisch. Er führte ein Leben im großen Stil. Zu dem Grundstück gehörten herrliche gepflegte Rasen, Blumenbeete und ein wunderschöner See, in dem die ganze Familie zu schwimmen pflegte — Charlie, seine entzückende schwarzhaarige Frau Oona, die mir wie eine Madonna vorkam, und ihre ganze Kinderschar. Ich fühlte mich sehr wohl in dieser beglückenden Atmosphäre. Zwar erinnerte mich Charlie irgendwie an meinen Vater, weil er ebenfalls den Patriarchen herauskehrte und streng und autoritär war. Doch er war auch warmherzig und menschlich, ungeheuer witzig und seltsamerweise sehr schüchtern.

Obwohl Charlie schon über sechzig war, zeugte er Kinder am laufenden Band. Charlie junior, der Älteste, war etwa dreißig. Das jüngste Kind war erst ein paar Monate alt. Oona bewunderte ich sehr. Wie sanft und ruhig sie mit den Kindern umging. Als ich mit den Kleineren spielte, fühlte ich zum erstenmal so etwas wie Muttergefühle in mir aufflackern. »Was für eine Wahnsinnsidee«, sagte ich mir, rief mich sofort zur Ordnung und setzte das Kind ab, mit dem ich gerade geschmust hatte. Es war dabei, sich das Gesicht mit nahrhafter Schweizer Schokolade vollzuschmieren. »Ich darf noch jahrelang nicht daran denken, Kinder in die Welt zu setzen. Ich habe ja noch das ganze Leben vor mir. Kinder! Igitt! *Quelle horreur!*«

Syd und ich blieben drei Tage bei den Chaplins, und ich lernte eine völlig neue Seite an ihm kennen. In Charlies Nähe war er viel zahmer und beherrschter, nicht entfernt so obszön und unflätig wie sonst. Unter einem Dach mit seinem Vater wünschte er keinerlei Intimitäten — ›romantische Anwandlungen‹ wie er sich ausdrückte.

»Aber warum denn nicht?« flüsterte ich. »Sein Zimmer liegt doch meilenweit entfernt.« »Großer Gott, ich weiß es auch nicht!« herrschte er mich an. »Ich käme mir dabei ganz komisch vor, ich fände es nicht richtig. Geht das denn nicht in deinen Kopf?« »Doch, ich verstehe das«, sagte ich und überlegte, wie ich mich wohl in einem solchen Fall verhalten würde. »Aber deine Eltern wissen doch, daß wir ein Zimmer teilen. Da werden sie ja wohl kaum glauben, daß wir die ganze Nacht Gin Rummy spielen. Und nach den vielen Kindern zu urteilen, die hier überall herumlaufen, scheinen deine Eltern ja auch nicht allzuoft Karten zu spielen.«

Ich war leicht pikiert. Wenn ich ihn auch verstand, fühlte

ich mich doch durch seine Reserviertheit irgendwie zurückgestoßen, und nach der mit Max verbrachten Zeit war mir das wahrhaftig nicht sehr lieb. Es gab mir einen Stich, und ich war richtig eifersüchtig, wenn ich an die Geschichten dachte, die Syd mir über sich selbst, seinen Bruder Charlie junior und seine Stiefmutter Paulette Goddard erzählt hatte. Charlie junior und Syd waren damals etwa dreizehn und vierzehn Jahre alt, Paulette kaum ein Dutzend Jahre älter. Manchmal sprangen sie am Morgen zu Paulette in das Bett mit der seidenen Bettwäsche und teilten das Frühstück mit ihr, während sie ihre Post durchging und telefonierte. Dann neckte sie die Jungen und schmuste ein wenig mit ihnen, und die beiden reagierten, wie starke junge Tiere reagieren würden. Sie erlagen ihrem Charme. Doch vollzogen sie den Akt nie, es kam nie zum letzten, wie mir Syd versicherte.

Da sich diese erregenden Dinge unter Charlie Chaplins Dach und noch dazu mit Charlies geschiedener Frau abgespielt hatten, begriff ich eigentlich nicht, warum Syd sich jetzt gar so sehr dagegen wehrte, die Schweizer Laken zu beflekken. Vielleicht war er im Grunde seines Herzens prüde — Leute, die viel fluchen, sind das oft.

Sobald wir wieder in Paris waren, begann eine schöne Zeit. Am Nachmittag standen wir oft in überheizten Cafés an den Spielautomaten, tranken Beaujolais und lachten. Später zogen wir dann durch die Nachtclubs, und das bis zum Morgengrauen. Ich fühlte mich so jung und aller Sorgen ledig. Ich genoß das Leben in vollen Zügen.

Als Gulasch mich dann anrief, um mir zu sagen, daß die Fox nicht nur mit meinen Bedingungen einverstanden war, sondern mich auch gleich in Kalifornien brauchte, fand ich das zwar herrlich, doch ich war auch irgendwie bestürzt.

Ich saß mit Sydney in einem winzig kleinen Restaurant auf dem Montmartre. Auf den Tischen rot-weiß karierte Decken, auf jedem flackerte eine Kerze, in der Luft hing ein Duftgemisch aus Knoblauch und Gauloises. Am nächsten Tag mußte ich nach London zurück, um zu packen und in die Staaten zu fliegen. Syd versuchte mich zu trösten. Meine Tränen tropften in den Wein. Wir liebten uns. Er versicherte mir, daß wir bald wieder zusammen sein würden. Sobald er Näheres über eine Rolle wußte, mit der er fest rechnete, würde er mir nach Los Angeles folgen. Er bat mich, mir keine Sorgen zu machen, es würde alles wieder gut. Ich hoffte, daß er recht behalten würde.

In London entstand gleich ein Riesenwirbel um mich. Meine Familie und meine Freunde scharten sich um mich. Fotografen erschienen, um Fotos von mir zu machen. Schneiderinnen brachten neuen Putz. Ich wußte kaum, wo mir der Kopf stand. Alles war schrecklich aufregend. Vor Beginn des Düsenzeitalters war ein Flug nach Übersee noch eine große Sache. Schon nach New York flog man über zehn Stunden. Schließlich hieß es Abschied nehmen — unter Tränen, tieftraurig und mit gespielter Fröhlichkeit. Ich umarmte meinen kleinen Bruder Bill, den ich eigentlich kaum kannte. Ich gab meiner fünfzehnjährigen Schwester Jackie einen Abschiedskuß. Wir fingen gerade erst an, uns näherzukommen, da mußte ich fort. Ich schlang die Arme um Daddy. Wer konnte sagen, wann wir uns wiedersehen würden? Und schließlich nahm ich Abschied von meiner geliebten Mutter, die ich erst jetzt allmählich verstand und an der ich mit immer größerer Liebe hing. Ebenso wie ich, bemühte sie sich verzweifelt, nicht zu weinen. Wir waren von Reportern und Fotografen umringt, die auf eine rührselige Story mit Fotos aus waren. Titel: »Englands schlimmes Mädchen geht nach Hollywood.«

Alle zwei oder drei Minuten hörten wir ein Flugzeug starten. Ich hüllte mich ganz fest in meinen nagelneuen, knöchellangen Nerz und bemühte mich, tapfer zu sein. »Ich schreibe euch jede Woche«, versprach ich, und meine Stimme brach. »Und ich besuche euch so oft ich kann. Schließlich sind es nur dreizehntausend Kilometer.« Vor der Zeit der Transatlantikflüge per Jet hörte sich das an wie eine Million Kilometer. Mein Flug wurde aufgerufen, und ich mußte gehen. Meine Familie und meine Freunde zurücklassen. Ich ließ das kalte puritanische England hinter mir, die englischen Landstraßen, die Pubs, das Theater, die Jazzclubs.

Mein ganzes Leben ließ ich da zurück. Ich war auf dem

Weg in ein fremdes neues Land. In eine völlig neue Umgebung. Dort würde ich mit Leuten zusammentreffen und zusammenarbeiten, die ich noch nicht kannte. Damit fing für mich ein neues Leben an. In Hollywood.

4. Kapitel

»In Hollywood wirst du gefallen«, hatte Gulasch mir versichert. »Die sind ganz wild auf Engländerinnen. Du wirst einen sensationellen Erfolg haben.«

Bekümmert dachte ich an diese Worte, als ich schon den siebten Abend ganz allein in meinem ganz in Orange und Gelb gehaltenen Hotelzimmer in Beverly Hills saß. Meine Tage waren dagegen so vollgepackt, daß mir gar keine Zeit zum Nachdenken blieb. Die Twentieth Century Fox summte vor Geschäftigkeit wie ein Bienenkorb, und ich eilte ständig zwischen der Garderobe und dem Friseur hin und her. Dann wurden endlos Standfotos von mir gemacht, und ich wurde immer wieder interviewt. Ich lernte sämtliche Produzenten und Besetzungsleute auf dem Filmgelände kennen, konnte mir aber ihre Namen nicht merken. Mittags saß ich dann in der Kantine, wo sich alles drängte und tummelte. Dort aß ich Thunfischsalat, eine für mich ganz neue Delikatesse. Mit weitaufgerissenen Augen beobachtete ich, wie die Stars dort ein- und aus gingen.

Bei der Fox standen viele Schauspieler unter Vertrag. Sie wirkten entweder aktiv an den vielen Filmen mit, die die Fox produzierte, oder sie trieben sich auf dem Filmgelände herum und taten, was auch ich tat: Sie ließen sich ständig bei so vielen Regisseuren und Produzenten wie nur irgend möglich sehen, wenn sie gerade neue Filmprojekte in Vorbereitung hatten. Dazu gehörten Susan Hayward, Rita Moreno, Debra Paget, Jeff Hunter, Robert Wagner, Gene Tierney, Joanne Woodward und viele andere. Ich hielt hoffnungsvoll jeden Tag aufs neue Ausschau nach dem Topstar der Fox: Marilyn Monroe. Doch sie zog es vor, ihre Mahlzeiten ganz für sich in ihrer Garderobe einzunehmen.

Obwohl die Fox viele Filme herausbrachte, waren diese in den letzten Jahren nicht gerade Kassenschlager gewesen. Darryl Zanuck hatte nicht mehr soviel zu sagen wie zur

Glanzzeit der Fox. Die Filme mit Marilyn Monroe, der Königin des Filmgeländes und Amerikas Pin-upgirl Nr. 1, waren für gewöhnlich Kassenschlager, doch in letzter Zeit hatte es öfter Ärger mit Miß Monroe gegeben, wenn sie sich zum Beispiel weigerte, eine Hauptrolle zu spielen. Die Fox hatte schon angefangen, zwei Mädchen aufzubauen, die einmal ihre Stelle einnehmen sollten, Jayne Mansfield und Sheree North. Freche unverschämte Reden ließen sie sich von niemandem bieten, auch nicht von Marilyn Monroe.

Gulaschs Prophezeiung schien sich nicht zu bewahrheiten; denn ich saß Abend für Abend mutterseelenallein in meinem Hotelzimmer. Mir war jämmerlich zumute. Das Telefon läutete zwar immer wieder, und ich wurde von Männern, von denen ich zwar schon gehört hatte, die ich aber nicht kannte, zum Abendessen eingeladen. So zum Beispiel von Nick Hilton, Bob Neal und Greg Bautzer, doch ich blieb Sydney treu und wartete voller Sehnsucht auf ihn.

Das Riesengebiet von Los Angeles und die so völlig unterschiedlichen Stadtteile setzten mich immer wieder in Erstaunen. Die Stadt schien kein Ende zu nehmen. Da war das schicke Beverly Hills, das herrliche Bel Air, das swingende, überaus lebendige Westwood, das schäbige Hollywood und die zahllosen Vororte am Stadtrand mit seltsamen Namen. Ich mietete mir einen Wagen und fuhr überall herum. Ich hatte noch nie so viele Drugstores und Tankstellen gesehen, aber sie sahen alle gleich aus.

Ich kannte eigentlich nur den Maskenbildner aus *Land der Pharaonen* und natürlich meine Agenten. Sie waren zwar sehr nett und luden mich zu sich nach Hause zum Abendessen ein, aber wirkliche Freunde hatte ich noch nicht gefunden. Die Gesellschaftsstruktur von Hollywood und Beverly Hills gründete sich auf Dutzende von ganz unterschiedlichen Cliquen. Zu der Zeit bestimmten vier- oder fünfhundert Menschen das gesellschaftliche Leben Hollywoods. Ich kannte keinen einzigen von ihnen.

Ich bekam eine Rolle in *The Virgin Queen*. Das waren farbenprächtige Szenen, in denen es um die erdichtete Romanze zwischen Königin Elizabeth I. und Sir Walter Raleigh ging. Die furchterregende, legendäre Bette Davis spielte Elizabeth, Richard Todd war Sir Walter Raleigh. Ich bekam die Rolle von Elizabeths naiver Hofdame, die Sir Walter Raleigh liebt und ein Kind von ihm erwartet – zum großen Kummer der Königin. Es sah ganz danach aus, als müsse ich wieder einmal ein gefallenes Mädchen spielen, doch in diesem Film trug ich keine schäbigen abgerissenen Kleider, sondern Reifröcke und stilechte Prachtgewänder, die der elisabethanischen Zeit bis ins kleinste Detail nachempfunden waren.

Mit diesen Kostümen gab man sich größte Mühe. In der Kostümabteilung der Fox saßen Tag und Nacht Dutzende von Näherinnen, Schneiderinnen, Putzmacherinnen und Modistinnen. Nicht einmal in den nobelsten Pariser Modehäusern wird soviel Zeit und Mühe auf die Details verwandt, wie es bei den großen Filmgesellschaften zu ihren Glanzzeiten der Fall war. Jedes Kostüm war ein Kunstwerk. Ein Kleid war über und über mit Tausenden von winzigen Zuchtperlen bestickt und mit kostbarer Brüsseler Spitze besetzt. Jede Perle war mit der Hand aufgenäht. Bei manchen der Prachtgewänder waren sechs oder sieben Anproben nötig, und ich mußte stundenlang Modell stehen, bis jede Naht bis auf einen halben Zentimeter genau saß. Da durfte ich natürlich um nichts in der Welt auch nur ein einziges Pfund zunehmen. Denn dann mußten alle Nähte an der Taille und am Mieder mühselig wieder aufgetrennt werden. Dann war die nächste Anprobe fällig, und das Kleid wurde geändert, bis es wieder wie angegossen saß. Nachdem ich das ein paarmal mitgemacht und überstanden hatte, kaufte ich mir eine Waage und achtete von da an eisern auf mein Gewicht. Bei den Anproben war ich immer sehr ungeduldig. Ich gähnte, streckte und kratzte mich, trieb diese hingebungsvollen Kostümschneider mit meiner Zappelei zur Verzweiflung.

Bette Davis flößte mir Furcht ein. Wenn nicht gefilmt wurde, ging ich ihr tunlichst aus dem Weg. Ich war schon gewarnt worden. Es hieß von ihr, sie sei auf hübsche junge Schauspielerinnen nicht gut zu sprechen. Sie pflegte sie mit beißendem Hohn zu überschütten und nahm kein Blatt vor den Mund. Daher hielt ich es für besser, mich gar nicht erst blicken zu lassen. Ich war noch immer ziemlich verunsichert, was meine schauspielerischen Fähigkeiten anging. In den Kritiken über meine in England gedrehten Filme war immer nur von meinem Aussehen und meinem Sex-Appeal die Rede, haarklein wurde über mein Liebesleben berichtet, meine Maße wurden genannt, und sogar was ich zum Frühstück aß, war viel interessanter als mein Verstand oder meine Darstellungskunst. Die riesige Publicityabteilung hatte mir nahegelegt, keinesfalls über irgendwelche strittigen Themen zu sprechen (Politik, Religion, Todesstrafe etc.). In meinem Vertrag stand eine Klausel, die besagte, daß ich mich moralisch einwandfrei zu verhalten habe. Das hieß also, daß ich vertragsbrüchig würde, wenn ich irgend etwas tat, wodurch ich mir den Zorn der »Töchter der Amerikanischen Revolution« oder irgendeiner anderen Organisation zuzog, die einfach gegen alles waren und damals in Amerika erschreckende Macht besaßen. Wohlstand, wohin man nur sah, doch hatte Amerika die Nachwehen der McCarthy-Ära noch nicht überwunden. Alle bemühten sich, gute, saubere, aufrechte, patriotische und loyale Amerikaner zu sein. Nicht der leiseste Verdacht durfte aufkommen, daß sie dem Kommunismus vielleicht nahestanden. Sie wollten nicht als subversive Elemente gelten.

Schließlich kreuzte Sydney auf. Wir mieteten eine kleine, steril möblierte Wohnung am Beverly Glen Boulevard, nur vier Minuten von der Fox entfernt, und richteten uns häuslich ein. Es galt als sehr gewagt, ganz offen zusammenzuleben. Ich war ja immer noch mit Max verheiratet. Wir bemühten uns, das nicht an die große Glocke zu hängen und es vor allem vor den Schnüffelschwestern, den Klatschkolumnistinnen Hedda Hopper und Louella Parsons, geheimzuhalten.

Meine Rolle in *The Virgin Queen* war Schwerarbeit. Ich gab mir die größte Mühe. An meinen drehfreien Tagen mußte ich Reitunterricht nehmen. Das war ein schreckliches Erlebnis; denn Pferde machten mir Angst. Außerdem mußte ich ständig zu Anproben, Essen und Fotoaufnahmen. Es nahm und nahm kein Ende.

Für Syd war das sicher nicht einfach. Er lebte mit einem Mädchen zusammen, das nicht nur die Miete zahlte, sondern auch vollbeschäftigt war. Er bekam hingegen keine Rolle und hatte auch nichts in Aussicht, also stürzte er sich auf das Golfspiel, spielte Karten und sah fern. Und zwar in dieser Reihenfolge. Nur auf eines stürzte er sich viel zu selten — auf mich.

Er hatte sich geändert. Vielleicht lag das daran, daß er so weit von seinem geliebten Europa und von seinen Freunden getrennt war. Amerika lag ihm einfach nicht. Da gab es keine gemütlichen Eckkneipen und Cafés, wo er den Tag verbringen, Kaffee trinken und obszöne Geschichten vom Stapel lassen konnte. Keine netten Bistros in der Nachbarschaft, wo kräftige rotgesichtige Männer mit schwarzen Baskenmützen Absinth kippten und die Spielautomaten betätigten. Er hatte seinen Ferrari nicht zur Verfügung. Es gab keine Nachtclubs, in denen er bis fünf Uhr früh herumsitzen konnte und in denen bis in die frühen Morgenstunden etwas los war. Und dann kam noch hinzu, daß er keine Arbeit hatte. Kein Wunder, daß mein gutaussehender, fast immer lachender Geliebter langsam verzagte.

Sydney gehörte zu Gene Kellys Freundeskreis, einer Reihe anregender, intellektuell brillanter Menschen. All diese Leute schüchterten mich schrecklich ein. Sie waren zwar reizend zu mir, doch ich kam mir wie ein Außenseiter und Eindringling vor. Ich war noch keine zwanzig. Es war erst drei Jahre her, seit ich in England meinen ersten Film gedreht hatte, und jetzt bewegte ich mich zwischen diesen Menschen hier in Hollywood. In Genes Haus am Rodeo Drive im Stil von Cape Cod fühlte ich mich ganz besonders wohl. Ich beobachtete die Runde und nahm alles in mich auf. Ich wollte meine Kenntnisse auf jedem nur möglichen Gebiet erweitern. Um mein Wissen war es nicht gerade gut bestellt. Ich hatte zwar viele Schulen besucht, doch die letzte schon mit fünfzehn verlassen. Ich merkte an allen Ecken und Enden, daß mir jede Bildung fehlte. Ich wollte so gern dazugehören und fühlte mich doch wie ein kleines Mädchen, das die Nase an die Schaufensterscheibe einer Süßwarenhandlung preßt, ein kleines Kind, das keinen Zugang zum Gelobten Land hat.

Eines Abends fiel mir bei Kelly eine schwer einzuordnende Blondine auf, die auf dem Sofa bei der Hausbar saß. Da niemand Notiz von ihr nahm, ging ich zu ihr und sprach sie an. Es kam nämlich nicht oft vor, daß ich auf jemanden stieß, der noch scheuer war als ich. Sie trug ein seidig glänzendes weißes Kleid aus Strickstoff, ärmellos und ziemlich tief ausgeschnitten. Sie trug darunter keinen Büstenhalter, was Mitte der fünfziger Jahre noch als gewagt galt. Ihr kurzes Blondhaar war nicht sehr sorgfältig frisiert. Sie war auffallend hübsch und kaum geschminkt. Kaum zu glauben, daß das Marilyn Monroe war, wie sie leibte und lebte. Sie schien ganz ohne Begleiter auf die Party gekommen zu sein, doch ihr Mentor, Milton Greene, schlich um sie herum.

Sie schien erleichtert zu sein, daß jemand sie ansprach. Wir unterhielten uns über Astrologie, und dabei stellte sich heraus, daß wir beide unter dem gleichen Sternzeichen geboren waren — Zwillinge. Mein langes Haar gefiel ihr. Ich trug es einfach offen und hatte ein Pony. Mit dieser Frisur trieb ich die Coiffeure bei der Fox immer zur Verzweiflung. Sie versuchten immer wieder, mich dazu zu bringen, daß sie mir eine modische Kurzfrisur verpassen durften. Es war faszinierend, sich mit der weltberühmten Monroe zu unterhalten, dem legendären Sexsymbol und Idol von Millionen. Sie war ein hübsches, aber schüchternes Mädchen, mit Komplexen behaftet und voller Mißtrauen ihren Mitmenschen gegenüber. Sie verabschiedete sich zeitig, und ich fragte mich, ob wir uns auf dem Filmgelände der Fox wohl je wieder über den Weg laufen würden. Wie sich herausstellte, wurde Marilyn im Filmstudio so von der Außenwelt abgeschirmt, daß ich sie nie wiedersah.

Die Fox hatte sie eigentlich für die Starrolle in einem Film über Stanford White, Harry K. Thaw und Evelyn Nesbit ausersehen, deren Dreiecksverhältnis um die Jahrhundertwende einen Skandal ausgelöst hatte, doch Marilyn hatte es abgelehnt, die Rolle zu spielen. Wohlweislich, denn Evelyn sollte siebzehn oder achtzehn Jahre alt sein, und Marilyn war etwa dreißig, wenn sie auch phantastisch aussah. Der Film wurde trotzdem gedreht. Er sollte *The Girl in the Red Velvet Swing* heißen. Ein heißer Konkurrenzkampf entbrannte auf dem Filmgelände. Man gab sich Spekulationen darüber hin, wer wohl die Glanzrolle der Evelyn Nesbit bekommen würde.

Von mehreren Schauspielerinnen wurden Probeaufnahmen gemacht. Sobald ich *The Virgin Queen* abgeschlossen hatte, wurde auch ich getestet. Ich machte mir keine große Hoffnung im Hinblick auf die Rolle; denn eine der wichtigsten Voraussetzungen war, daß Evelyn Nesbit von einer Amerikanerin gespielt wurde, während ich noch immer mit einem ziemlich starken britischen Akzent sprach. Vor dem Test übte ich mich eifrig in amerikanischer Aussprache. Ich wappnete mich mit Geduld. Doch das Ergebnis ließ nicht lange auf sich warten. Ich las die Nachricht eines Morgens im *Hollywood Reporter* und erstickte fast an meinem Brötchen. »Collins soll Nesbit spielen.« Ich wußte mich vor Freude nicht zu fassen. Die weibliche Hauptrolle in einem Film der Twentieth Century Fox zu spielen, die zu ihren aufwendigsten Produktionen gehören sollte, war eine einmalige Chance für eine junge Engländerin, die erst vor knapp vier Monaten unter Vertrag genommen worden war.

Hektisch stürzte ich mich in die Vorbereitungen zu diesem Film. Evelyn hatte bei der Tanzgruppe im Floradora Theater angefangen, da mußten zwei komplizierte Nummern eingeübt werden. Ich hatte zwar schon als Kind Tanzunterricht gehabt, doch es war ungeheuer anstrengend, mit Berufstänzern zu konkurrieren. Wir übten die Tänze am Vormittag ein, und nach einer kurzen Mittagspause ging es in die Kostümabteilung, wo ich nach und nach die 27 Kostüme anprobierte, die ich als Evelyn Nesbit tragen mußte. Dann hatte ich zwei Stunden Sprechunterricht bei Jeff Hunter. Ich mußte meinen britischen Akzent loswerden und mich mit der amerikanischen Sprechweise vertraut machen. Die Fox hatte Jeff eigentlich als Schauspieler unter Vertrag genommen und ihn dann aus unerfindlichen Gründen dazu ausersehen, mir Sprachunterricht zu erteilen. Es war furchtbar schwer, sich die knappe englische Sprechweise abzugewöhnen und gedehnter zu sprechen. Ich sah ein, daß das im Endeffekt nur überzeugend klingen würde, wenn ich auch privat umschaltete. Ich machte mir so nach und nach eine gedehntere Sprechweise zu eigen, ein Mittelding zwischen englisch und amerikanisch, schwenkte jedoch sofort wieder um, wann immer ich nach England kam.

Richard Fleischer führte die Regie bei diesem Film, Ray Milland sollte den Architekten Stanford White spielen, Farley Granger Harry K. Thaw, den zügellosen Playboy. Ich war auch bis dahin schon der Ansicht gewesen, völlig überlastet zu sein, doch das war noch gar nichts im Vergleich zu dem, was jetzt kam. Die Publicityabteilung war angewiesen worden, Stories über mich an die Presse zu geben. Ich war schließlich noch relativ unbekannt, und die Twentieth Century Fox wollte sichergehen, daß mein Name dem amerikanischen Publikum ein Begriff war, bevor *The Girl in the Red Velvet Swing* anlief. Jetzt blieb mir nicht mal mehr die Mittagspause. Die Presse stellte mich als ein Zwischending zwischen Dame Edith Evans und Rita Hayworth hin. »Die Dame ist gefährlich«, ereiferte sich *Motion Picture.* Ich wurde mit allen möglichen Beinamen belegt: Das Paket aus England nannte man mich. Bohemienne im Grunde ihres Herzens. Die italienische Zeitschrift *Oggi* nannte mich die schmollende Pantherin. Das gefiel mir ganz besonders.

Ich wurde verleumdet, verhöhnt, kritisiert. Die unwahrscheinlichsten Lügen wurden über mich verbreitet, und mein relativ normales Leben wurde schändlich und skandalös genannt. Ganz plötzlich stand ich in in dem Ruf, eine lüsterne Sexbombe zu sein, die nur ihrem Vergnügen nachging, die über Leichen ging und darauf aus war, Ehen zu zerstören. Die Ehefrauen in Beverly Hills mußten laut Pressemeldungen ständig davor zittern, daß ich meine grünen Augen auf ihre Männer warf. Neunundneunzig Prozent davon war glatt erfunden. Das hatten sich die Schreiberlinge aus den Fingern gesogen. Ich hatte zwar immer ganz unverblümt gesagt, was ich dachte, und Diplomatie war nie meine Stärke gewesen, doch die ungeheuerlichen Dinge, die jetzt über mich kursierten, setzten sogar die Publicityabteilung der Twentieth Century Fox in Erstaunen. Da stand ich nun auf einmal in dem Ruf, der freien Liebe zu frönen, eine Rebellin zu sein, und es war schwer, damit zu leben.

Eines Abends stürmte das elektrisierende, schwer zu fassende Bündel Energie aus England, ein Gewinn für Hollywood und ein Verlust für England, nach der Arbeit in das winzige Apartment, um sich aufgeregt für die erste Vorführung der *Virgin Queen* vor der versammelten Presse zurechtzumachen.

»Das Bad ist jetzt frei!« rief ich Syd zu, der auf dem orangefarbenen Wohnzimmersofa lag und Die drei Musketiere las. »Ach, weißt du, Schätzchen, ich bin völlig erledigt. Ich glaube nicht, daß ich mitkommen kann«, rief er zurück, ohne auch nur den Kopf zu heben. »Erledigt? Wovon denn bloß?« Ich betrachtete mich aufgebracht im Schlafzimmerspiegel, während ich mein Haar mit dem Handtuch trockenrieb.

In letzter Zeit war er nur noch kaputt und erledigt. Von Mittag an bis fünf Uhr nachmittags spielte er Golf, dann trank er igendwo mit seinen Saufkumpanen, und die Nächte schlug er sich mit Pokern um die Ohren, obwohl er sich den Einsatz eigentlich kaum leisten konnte. Er war ein ausgesprochener Partylöwe und glänzte überall, doch sobald wir wieder zu Hause waren, verfiel er in Depressionen. Wie hatten wir früher gelacht, wenn wir allein waren. Wo war unsere Unbeschwertheit und Ausgelassenheit geblieben? »Ach, es muß doch ein Vergnügen sein, die ganze Zeit mit Sydney zu verbringen«, säuselte ein blondes Starlet neidvoll, während wir uns auf der Damentoilette in einem Haus in Bel Air die Näschen puderten und die Locken kämmten. Sydney saß währenddessen an der Bar und ließ ein Feuerwerk an Gags los. »Sicher«, dachte ich verbittert, »aber nur, wenn er ein größeres Publikum hat.«

Vor kurzem war ein neuer Freund zu uns gestoßen, der über den gleichen beißenden Humor und Witz wie Sydney verfügte, aber etwas zurückhaltender war. Wenn er da war, konnte man ganz sicher sein, daß keine Langeweile aufkam. Er hieß Arthur Loew junior und war der Sproß einer der ganz großen Familien der Filmindustrie. Marcus Loew, sein Großvater, hatte Metro-Goldwyn-Mayer ins Leben gerufen, und Adolph Zukor, sein Großvater mütterlicherseits, zählte zu den respekteinflößendsten und erfolgreichsten Gestalten der Filmbranche. Arthur befaßte sich ein bißchen mit dem Schreiben von Drehbüchern und der Produktion von Features für MGM, doch er war nicht richtig bei der Sache. Er galt als reicher Playboy, der schöne Starlets zu Premieren und Partys begleitete und ein Leben in Saus und Braus führte.

Wir mochten ihn beide sehr, und als mir Sydney vorschlug, mit Arthur zu der Vorführung zu gehen, war ich etwas besänftigt. Vor kurzem hatte ich Arthur mein Herz ausgeschüttet und mit ihm über die Probleme gesprochen, die ich mit Syd hatte. Er hatte aufmerksam zugehört und war voller Mitgefühl gewesen.

Nach der Filmvorführung für die Presse aßen wir im La Cienega Steakhouse zu Abend, ich saß neben Arthur, trank Whisky sour und rauchte eine Chesterfield nach der anderen. Da begann ich, mich Arthur sehr nahe zu fühlen. Er war ungeheuer feinfühlig. Das versuchte er durch eine ganz legere Haltung und respektlose Witze zu kaschieren. Er sah, in welchem Dilemma sich Sydney befand. Sydney war ein junger Schauspieler ohne Engagement und ohne Rollen, der von einer noch jüngeren Schauspielerin, deren Stern im Aufsteigen war, praktisch ausgehalten wurde.

Sydney und ich hatten uns eigentlich kaum je viel zu sagen gehabt. Tiefe Gefühle waren zwischen uns nie zur Sprache gekommen. Wir stritten uns nicht einmal. Unsere Beziehung, die uns anfänglich beiden soviel Spaß gemacht hatte, zersetzte sich erschreckend schnell, weil uns eigentlich kaum etwas verband. Wochenlang lagen acht Hosen, zehn Pullover und eine Unmenge schmutziger Socken auf einem Stuhl, und der Berg wuchs ständig an. Ich verlor kein Wort darüber, obwohl es mich entsetzlich störte. So tief war die Kluft zwischen uns geworden. Ich versuchte, ihn dazu zu bringen, daß er sich um Rollen bemühte, doch er machte keinerlei Anstalten, sich nach Arbeit umzusehen. In einer Stadt, in der man die Gelegenheit beim Schopfe fassen muß, saß er untätig zu Hause herum und wartete darauf, daß das Telefon klingelte.

Arthur und ich sprachen und sprachen. Ich war richtig ausgehungert und hatte das Gefühl, als hätte ich monatelang mit niemandem mehr geredet. Ich hatte natürlich zugehört, geklatscht, gekichert, doch es war ganz ungewohnt für mich, ein intensives Gespräch über Gefühle und Emotionen zu führen. Arthur ging zum Psychiater, schon jahrelang. Obwohl er noch nicht einmal dreißig und sehr reich war, hatte auch er es nicht immer leicht gehabt. Seine Eltern hatten sich beide mehrmals scheiden lassen. Mit seiner Mutter, Mickey Loew, verstand er sich zwar gut, doch am meisten fühlte er sich zu seinem Onkel Gerald hingezogen, der in Arizona lebte. »Eines Tages schmeiße ich diesen ganzen albernen Produzentenkram hin und kaufe mir eine Farm in Arizona. Dort werde ich dann Viehzüchter«, verkündete er. »Wie langweilig«, dachte ich bei mir. Aber laut sagte ich: »Das muß herrlich sein.«

Wir verliebten uns ineinander — oder bildeten wir uns das nur ein? In glücklichen Jugendtagen sagte man »Ich liebe dich« ebenso leicht dahin wie »Reich mir doch bitte mal das Salz«. Die Gefühle, die ich fast ein Jahr lang für Syd gehegt hatte, übertrug ich im Laufe von ein paar Wochen auf Arthur.

Sydney mußte nach Portland in Oregon, um dort einen Western mit Jeff Chandler zu drehen. Ich besuchte ihn dort und blieb ein paar Tage. Bei der Gelegenheit schenkte ich ihm reinen Wein ein, und wir trennten uns ohne Bitterkeit. Ich bin eine große Befürworterin der Monogamie — natürlich nur zu einem bestimmten Zeitpunkt. Ich finde, es ist sehr schwer, längere Zeit bis über beide Ohren verliebt zu sein. Ob das nun drei Monate, drei Jahre oder fünfzehn Jahre anhält. Irgendwann kommt zwangsläufig der Zeitpunkt, da läßt die Erregung nach, und wenn einen dann nichts Stärkeres verbindet als die sexuelle Anziehungskraft, geht die Beziehung in die Brüche. Nur wenn man wirklich gut zusammenpaßt und sich in jeder Beziehung versteht, kann man die Grillen eines wankelmütigen Herzens überwinden.

Von Arthur dazu ermuntert, ging ich dreimal in der Woche zum Psychiater, um herauszufinden, wer und wie ich war. Gleichzeitig versuchte ich, mich als Schauspielerin zu vervollkommnen und geriet in einen entsetzlichen Wirbel. Die Fox hatte sich in den Kopf gesetzt, einen ›Star‹ aus mir zu machen. Ich fing an, das Wort zu hassen. Denn es besagt, daß man unerreichbar ist. Stars haben vollkommen zu sein. Sie werden verehrt und angebetet. Sie müssen aussehen, handeln und sich kleiden, als seien sie unsterblich. Wenn ich an das Leben dachte, das Elizabeth Taylor und Brigitte Bardot führten, taten mir die Frauen leid, die nicht einmal ins Drugstore an der Ecke gehen konnten, ohne daß sich ein Menschenauflauf um sie bildete. Was auch immer sie tun, steht sofort in sämtlichen Schund- und Revolverblättchen. Wer kann schon ein normales Leben führen, wenn er als Star auf Schritt und Tritt bewacht wird? Man ist unfrei wie ein Kettenhund. Und man steht ständig unter Druck, weil man gezwungen ist, dem Kassenerfolg seines letzten Films entsprechend zu leben. Die Klatschkolumnisten lauern auf Runzeln und Fältchen im Gesicht. Es ist sehr ungesund und reines Gift für Herz und Verstand, von Jasagern umgeben zu sein. Ein Star steht so unter Druck, wie Privatmenschen es sich kaum vorstellen können.

Man muß schon eine sehr starke Persönlichkeit sein, um ein Star zu werden, ein Star zu bleiben und sich dabei noch selber treu zu bleiben. Paul Newman ist einer der wenigen, die ich kenne, der es verkraftet hat, mehr als fünfundzwanzig Jahre lang ein Star zu sein, ohne sich dabei auch nur das Geringste zu vergeben. Aber es hat Dutzende von Stars gegeben, die fest an ihre Unangreifbarkeit und ihre immerwährende Beliebtheit glaubten. Die hat das Publikum dann fallenlassen. Aus ihnen sind tieftraurige, verbitterte, mitleiderregende Menschen geworden, die sich dem Suff ergeben, zu Drogen gegriffen oder sich hektisch in Liebesabenteuer gestürzt haben.

Durch meine Sitzungen beim Psychiater lernte ich begreifen, daß das nicht mein Ziel war. Ob man Schlagzeilen machte oder nicht, war gar nicht wichtig. Ich wollte arbeiten, ich wollte *leben* und mein Leben genießen, ohne einem Publikum verpflichtet zu sein, vor dessen Wankelmut und Unbeständigkeit die Stars ständig zitterten.

Ich mietete eine günstig gelegene kleine Wohnung am Olive Drive ganz in der Nähe vom Sunset Strip. Da hatte ich es nicht weit zu Ciro's und den Mocambo Nightclubs. Arthur Loews Haus am Miller Drive war nur einen Steinwurf weit entfernt. Ich arbeitete praktisch jeden Tag und jeden Samstagvormittag. Die Dreharbeiten zu *The Girl on the Red Velvet Swing* waren noch nicht abgeschlossen. Ich hatte kaum noch Freizeit, bei jeder Einstellung mußte ich untadelig aussehen. Das bedeutete, daß ich vor und nach jeder Aufnahme wieder gekämmt, mit Haarspray besprüht, mit Schmachtlocken versehen, gepudert und geschminkt wurde. Wenn ich mich einmal etwas zu heftig bewegte und eine Locke nicht mehr richtig saß, hieß es sofort »Schnitt«, und die ›Bergungsmannschaft‹ stürzte sich auf mich. Lächelte ich einmal zu breit, bekam ich das gefürchtete Wort gleich wieder zu hören. »Schnitt. Joanie, Schätzchen, du darfst nicht so breit lächeln, da sieht man ja dein Zahnfleisch.« Oder: »Das Scheinwerferlicht spiegelt sich auf deinen Zähnen.« »Joanie, grinse doch ein bißchen dezenter. Weißt du, Süße, wenn du so grinst, sieht das aus, als wolltest du Fliegen fangen.« Wenn ich nicht ganz genau auf der Markierungslinie stand, fiel das Scheinwerferlicht nicht millimetergenau auf mich, und mein Gesicht war nicht vollkommen ausgeleuchtet. »Schnitt. Bitte noch einmal.« Mit der Zeit bekam ich Angst, zu tief zu atmen. Dann hätten sie sich wahrscheinlich darüber beklagt, daß sich meine Brust zu stark hob und senkte.

Hinzu kam noch, daß die Kostüme, die ich in diesem Film zu tragen hatte, zwar atemberaubend aussahen, für mich aber eine einzige Qual waren. Ich trug zum Beispiel ein authentisches Korsett, das meine Taille einschnürte, bis ich aussah wie ein Stundenglas. So hatte eine Frau um 1900 eben auszusehen. Darüber trug ich dann mehrere Spitzenunterröcke mit unendlich vielen Rüschen und darüber schließlich eins der siebenundzwanzig Gewänder. Die hatten alle mehr Korsettenstangen, als eine Sardine Gräten hat. Auch in den Kragen waren kleine Stangen. Wenn ich den Kopf zu sehr senkte oder auf die Seite legte, stachen die mich in den Hals. Auf meinem Kopf saß eine ungeheure schwarze Perücke, wunderschön, aber entsetzlich schwer. Sie war mit neunzig Haarnadeln auf meinem Kopf befestigt und an der Stirn und seitlich vom Gesicht sogar mit Kleister festgeklebt. Manchmal saß auf der Perücke auch noch ein enormer Hut, mit Hahnen- oder Straußenfedern oder mit Blumen und langen wehenden

Bändern bestückt. Der Hut wiederum war mit mehreren tödlichen Hutklammern an der Perücke befestigt. Jeden Morgen dauerte es allein anderthalb Stunden, diese Perücke zu frisieren und auf meinem Kopf zu befestigen. Das Make-up und Körper-Make-up nahm weitere fünfundvierzig Minuten in Anspruch. Jeder Zentimeter Haut, den die Kamera möglicherweise erhaschen würde, wurde geschminkt. Hinzu kam noch das entsetzlich heiße Scheinwerferlicht. Außerdem war die *echte* Evelyn Nesbitt Thaw ständig zugegen und beobachtete mich mit Adleraugen. War es da ein Wunder, daß ein Nervenbündel aus mir wurde?

Mrs. Thaw war eine Dame in den Siebzigern, und von ihrer einstigen Schönheit war nicht einmal mehr der blasseste Schimmer vorhanden. Sie hatte lediglich sehr schönes graues Haar. Ich suchte in ihren Zügen immer wieder nach Spuren ihrer einstigen Schönheit, doch vergebens. Sie griff gern zur Flasche und trank Gin. Dann knabberte sie Cashew-Nüsse, um die Fahne zu vertreiben. Doch das gelang ihr nicht. Wenn ich mich ihr auf mehr als dreißig Zentimeter näherte, wehte mir ihr Atem ins Gesicht, und ich wurde ganz benommen.

Sie gab mir immer wieder zu verstehen, daß ich genau aussah wie sie als junges Mädchen, als ihr New York zu Füßen lag. Sie zeigte mir fantastische Gemälde und Fotos aus ihrer Glanzzeit. Ich fand das furchtbar deprimierend. Sie war einmal eine der strahlendsten Schönheiten der Welt gewesen. Nun war sie eine völlig verarmte, schwatzhafte alte Frau. Was für ein grausames Schicksal! Schön geboren zu werden, ist fast so viel Wert wie Reichtum. Daraus läßt sich in der Jugend Kapital schlagen. Doch die Schönheit vergeht, und so gesehen verarmt man mit zunehmendem Alter. Ich dankte dem Himmel dafür, daß ich mich nicht besonders schön fand. Wenn ich reifer wurde, würde ich hoffentlich größeren Wert auf mein Innenleben als auf meine äußere Erscheinung legen, die im Augenblick reichlich überbetont wurde.

An drehfreien Tagen fuhr ich in alte Jeans und zog mir irgendein Hemd über. Ich schminkte mich überhaupt nicht und machte mir kaum die Mühe, mein Haar zu bürsten. So strolchte ich durch die Supermärkte, die Billigläden und die

Drugstores, wo ich mich sehr gern aufhielt. England war so asketisch gewesen. Amerika war ein Schlaraffenland. Das Studio war nicht gerade begeistert davon, daß das Glamourgirl, das sie lancierten, aussah wie ein armes Flüchtlingsmädchen, und die furchterregende Hedda Hopper kritisierte mich scharf. Sie schrieb in ihrer Klatschspalte: »Sie sieht aus, als hätte sie sich mit einem Schneebesen gekämmt.«

Ich brachte es einfach nicht fertig, auch noch schick auszusehen, wenn ich nicht arbeitete; wenigstens an meinen drehfreien Tagen wollte ich ganz ich selbst sein.

Wer zu der Zeit irgendwie zerzaust und unordentlich herumlief, galt als Bohemien und Sonderling. Marlon Brando und James Dean waren mit die ersten, die sich dem Establishment widersetzten. Sie handelten sich alle beide große Bewunderung, aber auch Verachtung ein.

James Dean war ein faszinierender junger Mann, der gleich durch seinen ersten Film ›Jenseits von Eden‹ zum Superstar geworden war. Er spielte den vor sich hinbrütenden verstörten Jungen, dem sein Bruder immer vorgezogen wird und der dem Geheimnis um seine Mutter auf die Spur zu kommen sucht, so überzeugend, daß alle voll des Lobes waren. Die jungen Leute der fünfziger Jahre machten ihn zu ihrem Idol, und er schwamm sehr schnell auf den Wogen der Popularität. Im Anschluß an seinen ersten Film spielte er die Hauptrolle in »Denn sie wissen nicht was sie tun«. Das Drehbuch stammte von Arthurs Vetter Stewart Stern. Gleich nach Abschluß der Dreharbeiten zu diesem Film spielte James Dean die Hauptrolle in der Mammutproduktion ›Giganten‹.

Während der Dreharbeiten zu diesem Film lernte ich ihn kennen, besser gesagt, wir sahen uns zum ersten Mal bei einer kleinen Dinnerparty im Valley. Ich war wie hypnotisiert von seinen Augen. Seine Augen waren von einem tiefen, durchdringenden Blau. Von einem Augenblick zum anderen konnte der finster brütende Blick aus ihnen verschwinden und einem mutwilligen Ausdruck Platz machen. Für einen Filmschauspieler war er ziemlich klein. Er war blond und hatte ziemlich langes, gewelltes Haar. Er machte einen sehr schüchternen Eindruck und preßte ständig die Hand seiner

Freundin, eines fantastisch aussehenden, aus der Schweiz stammenden Starlets namens Ursula Andress. Sie stand bei der Paramount unter Vertrag. Sie hatte eine fabelhafte Figur und die kürzesten Haare, die ich bei einem Mädchen je gesehen hatte. Sie waren ein auffallendes Paar und trugen beide Levis und T-Shirts.

Wir trafen James Dean dann öfter im Haus von Oscar Levant, ein geistreicher, grüblerischer Pianist, bekannt für seinen raschen Witz und zündenden Humor. Ich hatte eine Ponyfrisur, die meine Augen fast verdeckte. Einmal trug ich eine ziemlich tief ausgeschnittene Bluse. Oscar nahm mich in Augenschein und bemerkte: »Joan gewährt mir tiefen Einblick. Nur ihre Stirn hat sie mir noch nicht gezeigt!«

Eines Abends aßen wir mit Freunden im Don the Beachcomber, einem polynesischen Restaurant in Hollywood, das für seine unglaublich starken Südseedrinks auf Rumbasis bekannt ist. Nach drei oder vier Navy Grogs fühlte ich mich herrlich unternehmungslustig. Als Jimmy fragte, wer eine Fahrt mit ihm in seinem nagelneuen roten Porsche machen wolle, meldete ich mich gleich. Arthur, der meine Launen für gewöhnlich klaglos hinnahm, zog mich beiseite und bat mich, auf die Fahrt mit Jimmy zu verzichten. »Er fährt wie ein Irrer«, sagte er sehr ernst. »Und nach vier von diesen ›Zombies‹ oder was wir da getrunken haben, ist das viel zu gefährlich.«

»Ach, sei doch kein Spielverderber«, kicherte ich. »Komm, Jimmy. Laß uns eine kleine Spritztour machen. Die werden staunen, wie schnell wir bei Oscars Haus sind.« Wir sprangen in Jimmys glänzenden roten Porsche. Er war furchtbar eng und roch nach neuem Leder, aber er war wirklich wunderschön. Jimmy legte den ersten Gang ein. Das Getriebe protestierte heftig, als wir mit quietschenden Reifen in den Hollywood Boulevard einbogen. Die zehn Minuten, die wir bis Beverly Hills brauchten, ernüchterten mich gründlich. Mein Schwips war wie weggeblasen. Jimmy fuhr nicht nur schnell, sondern grob fahrlässig.

Der Sommerwind wehte durch die offenen Wagenfenster herein, aus dem Radio erklang klassische Musik. Es war unbeschreiblich schön.

Doch langsam wurde ich nervös. »Willst du nicht doch lieber etwas langsamer fahren?« fragte ich ihn, als wir mit etwa hundertzwanzig Stundenkilometern den Strip entlangbrausten und einem Zusammenstoß mit anderen Wagen oft nur um Haaresbreite entgingen. Er sah mich grübelnd und zugleich belustigt an. »Angst?«, fragte er. »Ich und Angst? Nein, das nicht. Ich möchte nur nicht gerne sterben, bevor ich auch nur einundzwanzig bin.« Ich schluckte nervös und hoffte inständig, daß ein Wunder geschehen und ein Streifenwagen der Polizei auftauchen würde. »Das Gute an diesen Wagen ist, daß sie so sicher sind«, behauptete Jimmy und überholte gekonnt eine Blondine mit gefärbtem Haar in einem Cadillac. Er quetschte sich gerade noch rechtzeitig hinter einen langsam fahrenden Ford. »Diese Wagen sind gebaut wie Panzer. Sie haben die besten Motoren und das beste Getriebe. Damit kann man sich ganz sicher fühlen.«

Er ließ sich noch weiter über die Vorteile und Pluspunkte seines Spielzeugs aus, bis wir mit quietschenden Bremsen vor dem Haus der Levants hielten. »Also vielen Dank, Jimmy«, sagte ich und stieg mit wackligen Knien aus. »Und wenn ich mal ganz schnell zum Flughafen muß, rufe ich dich an.«

»Tu das«, sagte er, steckte sich eine Zigarette an und lächelte mir schläfrig zu. Meine Furchtsamkeit amüsierte ihn ganz offensichtlich. »So, nun wollen wir mal Oscar besuchen.« Ich folgte ihm ins Haus und schwor mir, nie wieder zu ihm in irgendein Fahrzeug zu steigen. Als Arthur eine Viertelstunde später kam, mußte ich zugeben, daß er recht gehabt hatte. »Wenn er weiter so verrückt fährt, bringt er sich noch eines Tages um!« sagte ich.

Ein paar Monate später war ich im Plaza in New York, um für *The Virgin Queen* die Werbetrommel zu schlagen. Da wurde eindringlich an der Tür geklingelt, und ich wachte auf. Es war erst acht Uhr früh. Noch ganz benommen wankte ich zur Tür. »Ich bin es, Arthur«, sagte jemand angespannt. Ich machte auf. Draußen stand Arthur mit aschgrauem Gesicht. Wortlos reichte er mir die *New York Times*. Dann trat er ein und ließ sich auf das Sofa sinken. Fassungslos vor Entsetzen las ich: »James Dean bei Autounfall umgekommen.« Der rote Porsche wurde ihm zum Schicksal. Mit vierundzwanzig Jahren starb er am Steuer seines Wagens.

An einem Freitagabend betraten Arthur und ich das Chasens, eines meiner Lieblingsrestaurants. Am nächsten Tag hatte ich frei, ich durfte mir also eine richtige Eßorgie gönnen. Ich freute mich auf Krabbencocktail und Steak Diane und all die Köstlichkeiten, für die Chasens so bekannt ist. Auf der Treppe vor dem Restaurant lagen ordentlich gestapelt Zeitungen. Eine Schlagzeile auf der ersten Seite der *Los Angeles Times* stach mir gleich ins Auge: »Schauspieler verklagt Schauspielerin auf 1250 Dollar Unterhalt pro Monat«, rief der Zeitungsjunge.

»Ach, Liebling, kauf mir doch die Zeitung. Ich möchte wissen, wer das ist«, zwitscherte ich.

Sobald wir in unserer Nische saßen, blätterte ich die Zeitung auf der Suche nach der entsprechenden Notiz oder dem Artikel durch. Da starrte mir mein eigenes Gesicht aus der Zeitung entgegen. Mit einem breiten Grinsen.

»Großer Gott, das darf doch nicht wahr sein!«, stöhnte ich gequält. Der Oberkellner starrte mich verwundert an. Dann nahm er lächelnd die Bestellung für die Drinks entgegen. Er hob die Augenbrauen um den Bruchteil eines Zentimeters und ignorierte meinen Ausbruch.

»Lieber Himmel, jetzt will mich der Mistkerl auch noch belangen. Was soll ich denn bloß tun?« jammerte ich.

Arthur nahm mir die Zeitung aus der Hand und las den Artikel laut vor. »Der Schauspieler Maxwell Reed hat heute von London aus angekündigt, daß er seine Frau, die Schauspielerin Joan Collins, wegen einer Unterhaltszahlung von 1250 Dollar pro Monat vor Gericht bringen will. ›Ich weiß, daß das ungewöhnlich ist‹, sagte Reed (34), ›aber ich habe seit über einem Jahr keine Arbeit und bin praktisch mittellos. Meine Frau ist seit neun Monaten in Hollywood. Sie verdient eine Menge Geld, und ich finde, sie ist mir etwas schuldig...‹«

Wir sahen uns an. Arthur lächelte und klopfte mir besänftigend auf die Hand.

»Armes Kind«, sagte er spielerisch. »Hat dir deine Mami

nicht gesagt, daß alle Männer schlecht sind?« Immer wenn es schlimm stand, machte Arthur Witze, doch mir war jetzt nicht danach. Daß Männer ihren Frauen bzw. Exfrauen Unterhalt zahlen müssen, war ja an der Tagesordnung; aber ich hatte noch nie davon gehört, daß eine Frau dazu herangezogen worden war.

Meine Eltern hatten mir Artikel über Max geschickt, die in englischen Zeitungen erschienen waren. Alle besagten ungefähr das gleiche.

»Ich habe sie entdeckt. Durch mich hat sie Erfolg gehabt. Ich habe sie geliebt. Doch sie hat mich verlassen, um nach Hollywood zu gehen. Und ich bekomme keine Rollen mehr.« Eine Zeitung brachte neben einer besonders widerwärtigen Geschichte ein Foto von Max, auf dem er versucht, demütig und bescheiden zu wirken. Und das im Kaschmirpullover, stark geschminkt, mit viel Mascara an den Wimpern und einem großen Foto von mir, das er an die Brust drückt. Da jammert er seiner verlorenen Liebe nach und beklagt seine Armut. Und da wundert er sich noch, warum ihm niemand Arbeit gibt! Es konnte einem richtig übel werden, doch ich war so beschäftigt, daß ich keine Zeit hatte, die Scheidung einzureichen. Wie Scarlett O'Hara beschloß ich, »morgen darüber nachzudenken«.

Doch nichts konnte mich davon abhalten, mein Essen zu genießen. Wir griffen herzhaft zu und besprachen dabei, wie man in einem solchen Fall am besten vorging. Gegen Ende des Abends fühlte sich mein Gesicht glühend heiß an. Mein Rücken und meine Schultern waren mit Pöckchen, fast schon Beulen übersät. Komisch, dachte ich, das müssen wohl die Nerven sein. Doch ich zerbrach mir nicht den Kopf darüber.

Ich bekam meine erste »Erwachsenen«-Rolle. In den bisherigen Filmen hatte ich immer Mädchen gespielt — eigensinnig, verwöhnt, verdorben, straffällig geworden oder sexy. Die Rolle der Crystal in *The Opposite Sex* dagegen war absolut kein Mädchen. Crystal war ein Vollweib und ein Biest. Sexy, scharfsinnig und boshaft — in abgeschwächter Form schon fast eine Alexis Carrington.

MGM hatte mich für diese Rolle von der Twentieth Century Fox ausgeliehen. Es geht um den Kampf der Frauen in Sachen Sex, Männer, Wegschnappen der Ehemänner, Klatsch, Verleumdung und Biestigkeiten. Crystal war das größte Biest von allen. Sie genoß ihr schändliches Tun. Sie ist in dem Film ein Showgirl, das eine Liebschaft mit June Allysons Ehemann hat und das noch prahlerisch in alle Welt hinausposaunt.

Obwohl es gar keine besonders große Rolle war, enthielt sie doch ein paar pikante, sehr aufreizende Szenen. June stellt mich in meiner Garderobe zur Rede und wirft mir vor, ein Verhältnis mit ihrem Mann zu haben. Ich ignoriere sie und lege weiter gelassen mein knappes Bühnenkostüm ab. Während ich mich umziehe, redet sie auf mich ein und wird immer wütender. June war klein und zierlich und benahm sich stets wie eine Lady, deshalb machte ich mir auch weiter keine Gedanken darüber, daß sie mich nach dem folgenden Dialog ohrfeigen mußte:

June: »Falls Sie sich übrigens für Steven ankleiden, würde ich an Ihrer Stelle lieber etwas anderes anziehen. So etwas Offenherziges ist nicht sein Geschmack.«

Crystal: »Wenn Steven nicht gefällt, was ich anhabe, ziehe ich es aus!« Da holte sie aus und schlug zu. Mit ihren winzigen Fäusten schlug die kleine June zu wie Muhammad Ali! Mir war, als hätte mich eine Dampfwalze niedergewalzt. Irgend etwas fiel mir aus dem Gesicht und schlug klappernd zu Boden. Meine Zähne! Oh, Gott, das durfte doch nicht wahr sein! Ich wagte gar nicht hinzusehen. Mein Schädel dröhnte. Die Ohrfeigen hatten auch meine Ohren in Mitleidenschaft gezogen. Ich hörte keinen Laut mehr. Ich sah Sterne vor den Augen flimmern, torkelte zu einem Stuhl und brach zusammen. »Schnitt — um Himmels willen, aus!« schrie David Miller, der bei dem Film Regie führte.

»Was zum Teufel ist denn da passiert?« June brach in Tränen aus und sank gleich auf den nächsten Stuhl. Make-up-Leute und Garderobieren stürzten gleich mit Riechsalz auf mich zu.

Ich tastete vorsichtig meinen Mund ab. Meine Zähne waren gottlob noch alle da, aber was war denn dann heruntergefallen? Die Garderobiere kam dem Geheimnis auf die Spur. Sie hob die Rheinkieselohrringe auf, die sich durch Junes kräftigen Schlag gelöst hatten. Aber es konnte nicht weitergedreht werden. Auf meinen beiden Wangen zeichnete sich der vollkommene Abdruck einer winzigen Hand ab! So war ich zwar nicht fürs Leben, aber doch für zwei oder drei Tage gebrandmarkt. Erst dann verblaßten die Spuren. June tat das ganz entsetzlich leid, und sie war schwerer zu beruhigen als ich. Doch als die Szene im Vorführraum gespielt wurde, zeigte sich glücklicherweise, daß die Schläge nicht noch einmal gedreht werden mußten — sie wirkten sehr überzeugend!

Wenige Tage nach dieser Szene platzte ein junger Mann mitten in die Dreharbeiten hinein.

»Joan Collins?« fragte er anklagend.

»Ja«, stammelte ich nervös und machte dem Regieassistenten ein Zeichen, diesen Wahnsinnigen hinauszukomplimentieren, bevor er mir etwas antun konnte.

»Aus!« schrie David. »Aus! Was zum Teufel ist denn hier eigentlich los? Wer ist dieser Trottel?«

»Wenn Sie bitte hier unterschreiben wollen«, sagte der Trottel und reichte mir eine Vorladung, die ich meinem Gatten Maxwell Reed verdankte. In solchen Dingen konnte man sich ganz auf ihn verlassen. Ungläubig las ich das Papier, und drei Regieassistenten beförderten den hämisch grinsenden Zustellungsbeamten ziemlich unsanft hinaus.

Maxwell Reed brachte mich vor Gericht und bestand darauf, daß ich die von ihm geforderte Unterhaltszahlung von 1250 Dollar leistete. Es war eine gerichtliche Verfügung eines Richters vom Gerichtshof in Los Angeles. Ich mußte etwas unternehmen. Und zwar schnell.

Der Anwalt Fred Leopold war auf Scheidungen spezialisiert. Er riet mir zu zahlen. Ich hatte einen Siebenjahresvertrag, der mir im ersten Jahr 1250 Dollar pro Woche garantierte. Meine Einkünfte sollten alljährlich steigen, bis auf 5000 Dollar im siebten Jahr. Der Anwalt machte mir klar, daß Max später vielleicht noch viel mehr Geld von mir verlangen und bekommen würde, wenn ich mich jetzt nicht mit ihm einigte.

Ich war außer mir. Seine Behauptung, er habe mich ›entdeckt‹ und nach Hollywood geschickt, war eine glatte Lüge. Ich glaubte, vor seiner Rachsucht sicher zu sein, doch es kam immer wieder vor, daß ich mitten in der Nacht aus einem grauenhaften Alptraum hochschreckte. »Irgendwann einmal wirst du dich in Sicherheit wiegen, Baby. Doch dann wirst du eines Nachts um eine dunkle Ecke biegen. Da wird plötzlich einer von den ›Jungs‹ vor dir stehen und dir dein hübsches kleines Gesichtchen so zurichten, daß dich nie wieder jemand ansehen will.«

Schweißgebadet fuhr ich hoch. Es war erschreckend, lag aber durchaus im Bereich des Möglichen, daß er mir so etwas Grauenhaftes antat. Er kannte in London weiß Gott genügend kleine Ganoven. Und jetzt war er nach Los Angeles gekommen, um hier Arbeit zu bekommen und Geld aus mir herauszuholen.

Ich zog sicherheitshalber in Arthurs Haus am Miller Drive. Red Leopold riet mir sehr davon ab; aber ich hatte solche Angst, daß ich unbedingt einen Menschen in meiner Nähe wissen mußte, wenn ich nachts von Alpträumen geplagt hochschreckte.

Die Scheidung kostete mich über 10000 Dollar. Das war für mich ein Vermögen. Ich mußte die Fox um einen Vorschuß bitten, denn über eine solche Summe verfügte ich nicht, obwohl ich keineswegs verschwenderisch lebte. Leopold hatte Max dazu gebracht, sich mit einer einmaligen Zahlung zufriedenzugeben, nachdem er ihn und seine Anwälte davon überzeugt hatte, daß ich nicht so reich war, wie sie angenommen hatten. Ich überließ ihm auch das Geld, das sich noch auf unserem gemeinsamen Konto in London befand, und die Anwaltskosten (seine und meine) beliefen sich auf über 4000 Dollar. Für die mußte ich allein aufkommen. Der Richter des Obersten Gerichtshofs von Los Angeles schien sich über diese Regelung zu wundern. Er rief mich in den Zeugenstand und nahm mich zehn Minuten lang ins Kreuzverhör. Er wollte von mir wissen, warum ich diesem anscheinend kerngesunden, noch relativ jungen Mann eine solche Summe zahlte. Ich flehte ihn um die Scheidung an, damit ich Maxwell Reed für immer los war. Offensichtlich widerstrebend erfüllte der Richter meinen Wunsch. Als freier Mensch verließ ich den Gerichtssaal. Ich war älter, weiser und ärmer geworden — und den Männern gegenüber mißtrauischer und feindseliger.

Die warnenden Worte meiner Mutter fielen mir wieder ein. »Die Männer wollen immer nur das eine. Sie benutzen ein Mädchen und werfen es weg, sobald sie es satt haben.«

Obwohl mir eine innere Stimme sagte, daß das lächerlich war, stand ich der Sache mit zwiespältigen Gefühlen gegenüber. Ich dachte: ›Sie hat ja recht damit. Mami hat völlig recht. Ich brauche nur daran zu denken, wie mein Vater sie behandelt hat. Und wie Max mit mir umgesprungen ist. Und Sydney hat sich auch nicht viel aus mir gemacht. Und wie steht's mit Arthur?‹

Ich sah Arthur an, der sich auf dem bequemen Sofa seines Hauses im Stil einer Ranch hoch in den Hügeln über Hollywood ausgestreckt hatte. Er war auch nicht besser als die anderen. Er besaß mich. Ich lebte mit ihm zusammen in seinem Haus. Meine Kleidung bezahlte ich selbst. Er hatte mir allerdings ein paar Schmuckstücke geschenkt. Wenn ich nach London flog, zahlte ich meine Flugtickets selbst. Ich war jung, schön, begehrenswert und hatte Erfolg. Warum sollte er all das umsonst bekommen? Er war jung, reich und gutaussehend. Groß, blond und schlank. Er hatte eine Adlernase und einen überwältigenden Sinn für Humor. Ich mochte ihn. Wir hatten viel Spaß miteinander. Ich war nicht in Liebe zu ihm entbrannt. Es war nicht die große Leidenschaft, die uns miteinander verband, wir hegten eher zärtliche Gefühle füreinander.

Er hatte einen Film mit dem Titel *The Rack* produziert, in dem Paul Newman die Hauptrolle spielte. Newman unterhielt sich gerade mit Arthur. Die beiden lümmelten sich auf das Sofa, tranken Bier und erzählten sich Witze und Anekdoten, über die sie sich wie Schuljungen amüsierten. Es waren viele Freunde da, wie an den meisten Abenden. Arthur war sehr gastfreundlich. Immer waren mindestens acht bis zehn Leute zum Abendessen da. In einer Woche sollte ich nach London fliegen, um dort eine Rolle in einem Film zu übernehmen. Die

Meinem ersten Ehemann, Maxwell Reed, aß ich aus der Hand, aber nicht lange!

Meine erste größere Rolle in ›I Believe in You‹ mit Laurence Harvey. Ich war von ihm zutiefst beeindruckt.

In ›The Praying Mantis‹ spielte ich eine meiner ersten ›männerverschlingenden‹ Rollen.

Man nannte mich ›Britanniens Antwort auf Ava Gardner‹.

Oben: Meine erste Hauptrolle.
Rechts: Oh, diese Kleider von damals!
Unten: Mein Gesicht in den fünfziger Jahren.

Als Darryl F. Zanuck mich sah, brachte er mich sofort nach Hollywood! Darryl hatte eine Schwäche für Frauen, aber bei mir hatte er kein Glück.

In Howard Hawks ›Land of the Pharaohs‹ (Land der Pharaonen). Der verschreckte Blick kommt daher, daß ich meinen Bauch ständig einziehen mußte.

›Verliebt in Rom‹ mit Sydney Chaplin, dem Sohn von Charlie.

Klatschkolumnisten machten schon Andeutungen, daß wir bald heiraten würden. Warum auch nicht? Die Idee war gar nicht so schlecht.

Als alle Gäste gegangen waren, brachte ich das Thema zur Sprache.

»Sollen wir auch mit anderen ausgehen, solange ich weg bin?« fragte ich ganz beiläufig und goß Cognac in zwei große Cognacschwenker, von denen ich ihm einen reichte. Er sah mich fragend an. »An wen hast du denn gedacht? Vielleicht an Richard Burton?« Burton sollte neben mir in *Sea Wife* spielen.

»Burton ist doch verheiratet«, erklärte ich kategorisch. »Nein, ich wollte dich nur daran erinnern, daß wir drei Monate getrennt sein werden. Das ist eine lange Zeit.«

»Aber ich besuche dich doch in Jamaica«, unterbrach er mich.

»Das weiß ich doch«, sagte ich ungeduldig und versuchte, zur Sache zu kommen. »Aber was hältst du davon, wenn ich auch mit anderen Männern ausgehe? Wie stehst du dazu?«

»Es wäre mir lieber, wenn du das nicht tätest«, erklärte er kurz und bündig und trank seinen Cognac aus. Für ihn war das Thema damit abgeschlossen.

»Aber wie willst du das verhindern, Arthur? Wenn du nicht willst, daß ich auch mit anderen Männern ausgehe, wie wollen wir das handhaben?«

Er rutschte an meine Seite und verschlang seine langen knochigen Finger mit den meinen. »Ich bin mir einfach nicht sicher, ob ich dir so lange treu bleiben kann.«

Ich war fassungslos. »Soll das heißen, daß du vorhast, herumzubumsen?«

»Die Königin von England spricht aus dir«, konterte er trocken. »Nein, mein Engel, ich *will* nicht herumbumsen, wie du dich auszudrücken beliebst, aber sollte in den zwölf Wochen, die wir getrennt sein werden, ein weibliches Wesen auftauchen, das, wie soll ich sagen, meine Libido entfacht — so könnte es immerhin sein, daß ich versucht bin — nun ja — herumzubumsen.« Er sah mich herausfordernd an. »Das bedeutet aber nicht, daß ich dich nicht liebe, Baby.« In diesem Augenblick wirkte er unglaublich jungenhaft.

»Eben, was bedeutet schon ein kleiner Fick unter Freunden«, sagte ich sarkastisch und entzog ihm meine Hand. »Hast du denn gar keine Selbstbeherrschung?«

»Weißt du was?« Er zog mich an sich und legte mir den Arm um die Schultern. »Wir wollen es so halten: Wenn es uns gelingt, uns während deiner Abwesenheit treu zu bleiben, sollten wir uns verloben, wenn du wieder da bist.« Er wollte mich küssen, doch ich wandte das Gesicht ab. Sein Kuß traf mich aufs Ohr.

Ich sprang auf und drückte meine Zigarette richtig gewalttätig aus. »Oky, Arthur, das ist eine phantastische Idee! Dann versuch mal, mir treu zu bleiben. Und ich werde *versuchen,* auch dir treu zu sein. So, ich gehe ins Bett.«

Wutschnaubend ging ich nach oben. Wie konnte er es wagen, mir sozusagen eine Probezeit aufzuerlegen? Was glaubte er denn, wen er vor sich hatte? Ein Satz meines Vaters fiel mir ein: »Warum soll man denn den ganzen Kuchen kaufen, wenn man gratis ein Stück davon haben kann?«

Ich war wütend und fühlte mich gedemütigt. Ich war zutiefst verletzt und wollte ihn auch leiden sehen.

Die Twentieth Century Fox wollte *Sea wife* nach einem Bestseller drehen, der von einer Nonne handelte, die zusammen mit drei Männern auf eine unbewohnte Insel verschlagen wird; daß ich nun eine Nonne spielen sollte, stellte nicht nur die bisher höchsten Anforderungen an meine schauspielerischen Fähigkeiten, sondern war auch in den Augen vieler Leute eine der schlimmsten Fehlbesetzungen, seit Lana Turner eine Vestalin gespielt hatte.

Roberto Rosselini, der unbeständige und hochbegabte italienische Filmregisseur, der nicht nur durch seinen schönen Film ›*Rom,* offene Stadt‹, sondern auch durch seine vulkanartige Affäre und anschließende Eheschließung mit Ingrid Bergman bekannt geworden war, hatte ausgerechnet mich für die Rolle des ›Unschuldslamms‹ ausersehen, nachdem er sich eine Filmrolle von *The Girl in the Red Velvet Swing* angeschaut hatte. Er hatte offenbar erkannt, daß sich unter der Perücke, den Kostümen und der Schminke ein naives, verwundbares junges Mädchen verbarg. Rosselini war ein starrsinniges, voreingenommenes Genie. Er ließ sich bei seinen Filmen von niemandem hereinreden. Dies sollte sein erster amerikanischer Film sein, und er war fest entschlossen, den Film ganz so zu machen, wie er es für richtig hielt.

Die Fox erklärte sich praktisch mit allem einverstanden, nur mit einem nicht. Sie wollten Richard Burton, der ›Biscuit‹ spielte, um keinen Preis gestatten, die Nonne ›Sea wife‹ zu küssen. Rosselini hielt das aber für einen wesentlichen Bestandteil der Story und bestand auf der Liebesszene.

Die Fox war strikt dagegen, daß es zwischen Burton und mir auf der Leinwand auch nur zu den leisesten Annäherungsversuchen kam. Erstens würde ihnen die Zensur da sowieso einen Strich durch die Rechnung machen, und außerdem würden sämtliche katholischen Frauenvereine auf die Barrikaden steigen und in Zukunft womöglich *alle* Filme der Fox boykottieren. Es war daher verständlich, daß sie sich wegen Signor Rosselinis Kußszene Sorgen machten.

Das war meine geringste Sorge, als ich in London ankam und mich einer Schar von Presseleuten gegenübersah, die sich vor Lachen die Seiten hielten bei dem Gedanken, daß ausgerechnet ›Englands schlimmstes Mädchen‹ eine Nonne spielen sollte. Vor meinem Abflug aus Kalifornien hatte Arthur den Film umgetauft in ›Ich habe eine Nonne gebumst!‹ Das Frevlerische, Gotteslästerliche daran hatte unser kleines Grüppchen sehr amüsiert.

In London bereitete ich mich zwei Wochen auf den Film vor, indem ich alles über den Katholizismus las, was ich nur in die Finger bekam. Ich besuchte die Nonnen in einem kleinen Kloster in Chelsea. Ich unterhielt mich stundenlang mit ihnen und achtete auf ihr Verhalten, ihre Manieren, ihr ganzes Auftreten. Es waren lauter reizende Frauen und Mädchen, die einen inneren Glanz und Reichtum ausstrahlten, der sie ganz zu durchdringen schien. Manche verfügten sogar über einen wilden unbändigen Sinn für Humor, und ich mußte meine vorgefaßte Meinung gründlich revidieren. Bis dahin hatte ich in Nonnen immer nur überaus fromme Betschwestern gesehen. Doch sie waren dem Leben durchaus zugewandt.

Die üblichen Kostümproben fanden statt. Ungeschminkt, mit kurzem Haar und im Nonnenhabit sah ich wirklich ganz so aus, wie es Rosselini sofort intuitiv erfaßt hatte. Ich war die personifizierte Unschuld.

Ich mußte mich in zwei Drehbücher vertiefen. Das eine war die von der Fox genehmigte Version, in der sich Biscuit und Sea wife nicht physisch zueinander hingezogen fühlen. Das andere war Rosselinis viel interessantere Geschichte einer jungen Novizin, die das Gelübde noch nicht abgelegt hatte und noch nicht endgültig ins Kloster gegangen war. Als sie gezwungen ist, längere Zeit mit einem attraktiven, leidenschaftlichen Mann auf einer einsamen Insel zu leben, gerät sie in eine schreckliche Gefühlsverwirrung. In Rosselinis Drehbuch verlieben sich die zwei sehr heftig ineinander und lassen sich auch miteinander ein. Da würden sich ein paar heiße Liebesszenen wohl kaum vermeiden lassen.

Nach unserer ersten kurzen Begegnung und den Probeaufnahmen in London war Rosselini nach Jamaica geflogen auf der Suche nach den geeigneten Drehorten für die Außenaufnahmen. Dort blieb er dann mit Drehbuch Nr. 2. Er blieb unnachgiebig. Nur dieses Drehbuch würde er verfilmen.

Als die Schauspieler und die Crew in Jamaica eintrafen, saß Signor Rosselini in Klausur in seiner Suite im Jamaica Inn. Wir packten unsere Koffer aus und warteten auf den ersten Drehtag. Uns waren Gerüchte zu Ohren gekommen, wonach es zwischen den obersten Bossen der Fox in Los Angeles und Rosselini zu ernsthaften Zerwürfnissen gekommen sein sollte. Die Regieassistenten versicherten uns immer wieder, am nächsten oder übernächsten Tag sei Drehbeginn, doch die Tage verstrichen, ohne daß etwas geschah. Alle saßen nur herum, gingen schwimmen, tranken starke Rum-Drinks, spielten Poker, und natürlich blühte der Klatsch. Stets wurde das Neueste durchgehechelt. Wir verbrachten herrliche sonnige Urlaubstage, und das auf Kosten der Fox.

Nach vier Tagen wurde ein Zettel unter der Tür meiner Suite durchgeschoben. »Film ›Sea Wife‹, erster Drehtag, Außenaufnahmen Schiffswrack, Regisseur Bob McNaughton.«

»Bob McNaughton? Wer ist denn das?«

Ich stürzte in Burtons Suite nebenan, um von ihm zu erfahren, was hier eigentlich gespielt wurde. Er saß mit seiner hübschen walisischen Frau Sybil beim Tee, und sie spielten Scrabble. Er ließ sich durch meine Aufgewühltheit nicht aus der Ruhe bringen und bestätigte mir, was ich und die ganze Crew schon befürchtet hatte. Die Fox bestand auf ihrem Drehbuch. Und Rosselini war nicht bereit, auch nur einen Schritt von seiner Version abzuweichen. Es war wirklich eine ausweglose Situation. Rosselini wurde gefeuert. Statt Zeit und Geld in einen anderen Regisseur zu investieren, hatte die Fox die Zügel einem Mann aus den eigenen Reihen übergeben. Bob McNaughton rangierte eigentlich unter ›Produktionsleiter‹.

Ein Produktionsleiter sollte also nun Regie führen. Ich war entsetzt. Ich hatte mich darauf gefreut, unter der Regie des sagenhaft begabten Rossellini spielen zu dürfen, der dafür bekannt war, daß er das Beste aus den Schauspielern herausholte und der in meinen Augen ein Magier der Leinwand war. Das war ein Schlag ins Kontor! Damit war für mich jede Chance vertan, sensationell zu spielen. Obwohl ich mir durchaus zutraute, diese Rolle gut zu spielen, wußte ich genau, daß ich den ganz besonderen Anstoß brauchte, den nur ein wirklich guter Regisseur einem Schauspieler vermitteln kann, damit dessen Darstellung lebensecht wirkt. In meinem Fall wäre das sogar ganz besonders wichtig gewesen, weil alle nur darauf lauerten, daß ich eine Bauchlandung machte. Ein Mann wie Bob McNaughton! Der arme Kerl würde schon genug damit zu tun haben, sich mit der Technik vertraut zu machen, da würde er wohl kaum noch Zeit haben, mir die Hilfe zuteil werden zu lassen, die ich brauchen würde.

So wurde dieser Film nur einer unter vielen, im Grunde genommen ein nichtssagendes Machwerk. Burton ließ das völlig kalt. Er erfüllte damit nur den letzten seiner vielen Filmverträge mit der Fox und fand weder das Drehbuch noch seine Rolle besonders gut. Seine Einstellung dazu konnte man mit den Worten umreißen: »Das Geld mitnehmen und abhauen.« Ich fand das deprimierend. Er war schon Millionär und hatte klugerweise in allen möglichen Steuerparadiesen investiert. Er war einer der ersten Schauspieler, die sich in der Schweiz ansiedelten. Obwohl er ein berühmter und erfolgreicher Filmschauspieler war, galt seine wahre Liebe noch immer dem Theater. Er konnte es kaum erwarten, nach New York zu kommen, wo er eine Theaterrolle spielen sollte.

Burton war etwa dreiunddreißig Jahre alt, hatte dichtes hellbraunes Haar, ausgeprägte Züge, die man nicht so schnell vergaß, und hypnotische blau-grüne Augen, mit denen er einen eindringlich ansah. Seine Stimme war überwältigend, ganz tief und volltönend, dazu geschaffen, *Hamlet* und alle Stücke Shakespeares zu deklamieren. Doch seine Haut ließ sehr zu wünschen übrig. Er hatte jahrelang in Kohlenbergwerken in Wales gearbeitet. Infolgedessen waren seine Schultern und sein Rücken von tiefen Narben durchfurcht und mit Pusteln, Mitessern und wie mit kleinen Kratern übersät.

Ich hatte ihn schon seit Jahren bewundert. Als Schulmädchen hatte ich ihm vor dem Queens Theatre aufgelauert, um ein Autogramm von ihm zu ergattern. Oben von der Galerie aus hatte ich wie gebannt seiner Stimme gelauscht und jede seiner Bewegungen verfolgt. Er begeisterte mich so, daß ich ihm sofort geschrieben und ihn um ein Autogramm gebeten hatte. Das bekam ich auch prompt, von ihm selbst unterschrieben: »Vielen Dank für Ihren Brief. Mit den besten Wünschen, Richard Burton.« Dieses hochgeschätzte Andenken wanderte sofort in das Album mit den Autogrammen, die mir heilig waren. Und jetzt spielte ich neben diesem Vorbild schauspielerischer Leistung.

Der Ruf, ein Schürzenjäger zu sein, eilte ihm stets voraus. Obwohl er verheiratet war, ging das Gerücht, daß er Affären nicht abgeneigt war. Darüber wurde ganz offen diskutiert. Er verlor wirklich keine Zeit und machte keinen Hehl daraus, was für Absichten er in bezug auf mich hegte.

Ein paar Tage nach Drehbeginn schwammen wir während der Mittagspause zusammen zu einem kleinen Floß etwa 300 Meter von der Küste entfernt hinaus. Im Bikini, ungeschminkt und mit ganz kurzem Haar sah ich kerngesund und gänzlich unverdorben aus. Ich streckte mich auf dem Floß aus und schloß die Augen, ganz erschöpft von dem Schwimmen. Die glühende Sonne Jamaicas saugte das Salzwasser auf meiner Haut auf. Ich war glücklich. Die Dreharbeiten machten Spaß, und Bob McNaughton war sehr nett. Arthur hatte mir schon mehrere Briefe geschrieben, in denen er mir ewige Liebe, Anbetung und absolute Treue schwor. Er behauptete, mich schrecklich zu vermissen. Ich war ständig der Sonne ausgesetzt. Das war ganz nach meinem Geschmack, denn ich bin eine heillose Sonnenanbeterin und bin auf Jamaica herrlich braun geworden. Auch auf dem Floß hatte ich nichts im Sinn, als in der Sonne zu liegen und braun zu werden. Da fühlte ich, wie Burton sanft über mein nasses Haar strich.

»Hat Ihnen schon einmal jemand gesagt, wie reizend Sie mit dieser Kurzhaarfrisur aussehen?« fragte er und ließ seine Hand wie zufällig auf meinen Hals hinuntergleiten.

»Und ob«, erwiderte ich und schob seine Hand entschlossen fort. Blinzelnd sah ich zu ihm auf. Seine verwirrenden, grünen Augen waren ganz dicht über mir.

»Mr. Rossellini fand zum Beispiel, daß ich mit kurzem Haar fantastisch aussehe. Und Arthur, mein *Freund,* findet das auch.« Mußte ich noch deutlicher werden? Das würde ihn ja wohl abkühlen.

»Ach ja, richtig, Sie sind ja mit dem Erben der Loew-Millionen liiert, nicht wahr?« meinte er belustigt. Er ließ sich durch meine Einwände nicht abschrecken.

»Ja. Er ist schrecklich eifersüchtig. Ihn überkommt die Mordlust, wenn er glaubt, daß sich jemand an das heranmacht, was ihm gehört.« Ich blinzelte durch meine tropfnassen Wimpern, um zu sehen, wie das auf ihn wirkte.

»Was ich nicht weiß, macht mich nicht heiß, meine Liebe«, deklamierte er dramatisch und preßte seine salzigen Lippen auf meinen fest geschlossenen Mund. Ich biß die Zähne zusammen und ließ mich von ihm küssen. Es ist überaus frustrierend für einen Mann, wenn ein Mädchen unter seinem Kuß zum Eisblock erstarrt.

»Sei doch nicht so verkrampft«, flüsterte er und machte sich an den Trägern meines Bikinioberteils zu schaffen. »Hier sieht uns doch niemand.«

»Ich bin absolut nicht verkrampft«, erklärte ich ihm fröhlich. »Ich liege hier völlig entspannt in der Sonne und denke an *Arthur*!«

Da lachte er und legte sich neben mich auf das Floß. Ich drehte den' Kopf und sah ihn an. Von seiner schlechten Haut abgesehen war er sehr attraktiv. Doch in der Hotelsuite wartete seine Frau sehnsüchtig auf ihn, und ich dachte nicht im Traum daran, mich mit einem verheirateten Don Juan einzulassen. Er sah mich an, und wir lächelten beide.

»Ich kriege Sie schon noch, Miß Collins", meinte er leichthin. Er hatte erkannt, daß dies nicht der richtige Augenblick war. Daher erzählte er mir in allen Einzelheiten, wie er die Schauspielerinnen erobert und verführt hatte, die auf der Bühne und im Film seine Kolleginnen gewesen waren.

»Das ist ja faszinierend«, hauchte ich bei seiner endlosen Tirade über die Begierde und Intrigen in den Kulissen, Garderoben oder eleganten Boudoirs.

»Und die Frauen sind tatsächlich *immer* schwach geworden?«

»Immer«, bestätigte er triumphierend. »Selbst wenn sie anfänglich nicht unbedingt entgegenkommend waren.« Er sah mich bedeutsam an. »Na, wir wollen mal abwarten, was jetzt passiert«, sagte ich. Der dritte Regieassistent machte uns wie wild vom Strand aus Zeichen.

»Die Außenaufnahmen dauern für uns beide noch acht Wochen; aber ich habe noch nie Gefallen daran finden können, einer Sammlung einverleibt zu werden." Ich sprang in die warme Karibik und schwamm zum Strand zurück, wo sich die Crew gerade zur nächsten Szene bereitmachte. Burton folgte mir. Wir scherzten und unterhielten uns zwanglos, bis wir wieder festen Boden unter den Füßen hatten. Es war wirklich zu komisch! Der große Richard Burton war nicht nur ein Schürzenjäger, er sammelte auch Skalps! Da machte es erst richtig Spaß, *nicht* zu seiner Sammlung zu gehören.

Nachdem er noch einmal versucht hatte, seinem Ruf gerecht zu werden und mich für sich zu gewinnen, fand er andere weibliche Wesen, mit denen er sich trösten konnte. Manche waren ja sehr attraktiv, doch manche waren — grob gesagt — potthäßlich! Einmal sah ich ganz früh am Morgen eine ältere, schon fast zahnlose Eingeborene, eine Angestellte des Hotels, aus seinem Zimmer kommen. Sie wirkte sehr zufrieden. Als ich ihn am gleichen Tag noch nach ihr fragte, gab er offen zu, daß er ein Techtelmechtel mit ihr hatte. Da lagen wir nebeneinander auf dem Bauch im warmen Sand und warteten darauf, daß die Crew fertig wurde.

»Richard, ich glaube, Sie würden es selbst mit einer Schlange treiben, wenn sich die Gelegenheit dazu böte«, sagte ich lachend.

»Da müßte sie aber schon einen Rock tragen, Liebling«, konterte er sofort. »Es müßte eine weibliche Schlange sein.«

Ich schrieb immer noch an Arthur, und auch er schrieb mir öfter Briefe. Er beteuerte in seinen Briefen immer wieder, er benehme sich geradezu vorbildlich und sei mir treu geblieben. Er behauptete, die Abende entweder vor dem Fernseher zu verbringen oder mit seinen Freunden. Ich glaubte ihm kein Wort. Es war unwahrscheinlich, daß er mir von seinen Affären berichten würde.

Während der letzten Woche der Dreharbeiten auf Jamaica kam er an. Am ersten Abend aßen wir zusammen mit einer ganzen Gruppe von Filmleuten, und Arthur sprühte geradezu vor Lebendigkeit. Er war so witzig und unterhaltend, daß wir uns die ganze Nacht vor Lachen bogen.

Während der Woche, die er da war, waren wir kaum je allein. Wir kamen gar nicht dazu, über unsere Zukunft zu sprechen.

Schließlich waren die Außenaufnahmen abgeschlossen. Ich nahm tränenreich von Arthur Abschied. Ich mußte noch ein paar Wochen zu Dreharbeiten nach London, und er mußte nach Los Angeles zurück. Auf dem Flug nach London fühlte ich mich wirklich hundeelend. Mir lag sehr viel an ihm, wenn es auch nicht die ganz große Liebe und Leidenschaft war. In der einen Woche, die wir gemeinsam auf Jamaica verbracht hatten, waren unsere ureigenen Gedanken und Gefühle nicht einmal zur Sprache gekommen. Wir hatten uns nur amüsiert und die ganze Zeit gelacht. Jetzt war ich traurig und weinte fast um uns.

Es war Sommer, doch in England war es, wie nicht anders

zu erwarten, kalt und regnerisch. Trotzdem zog ich glücklich wieder in mein Zimmer in Harley House und ließ mich von meiner Mutter verwöhnen. An drehfreien Tagen brachte sie mir morgens Rührei und Tee ans Bett. Dann setzte sie sich zu mir, und wir unterhielten uns. Wir kamen uns in dieser Zeit näher, als wir uns während meiner Kindheit je gewesen waren. In der vertrauten Umgebung fühlte ich mich wieder wie ein Kind. Jackie war zwar in mein Zimmer eingezogen, als ich nach Hollywood ging, doch Mutter hatte meine Habseligkeiten aufbewahrt und wieder im mein Zimmr gebracht; denn Jackie hielt sich zur Zeit in Los Angeles auf.

Arthur hatte mir geschrieben. »Ich wünschte, ich könnte dir sagen und zeigen, wie sehr ich dich liebe; aber wenn wir zusammen sind, bringe ich es aus unerfindlichen Gründen einfach nicht fertig, dir meine wahren Gefühle zu zeigen. Dann spiele ich die ganze Zeit den Witzbold, statt dir mein Herz zu offenbaren. Auch in Jamaica hat es ausgesehen, als sei es meine Hauptaufgabe, die ganze Crew zu unterhalten und nicht, dir nahe zu sein. Jedenfalls werde ich mich von jetzt an dazu *zwingen,* wenn es nicht anders geht . . .«

In diesem Ton ging es weiter. Wie schade, daß es ihm so schwerfiel, mir seine Liebe zu zeigen. Es machte mich traurig, daß ich mich ausgerechnet in einen Mann verliebt hatte, der sich dazu *zwingen* mußte, mir seine Gefühle zu offenbaren.

Nachdem *Sea wife* abgedreht war, hatte ich ein paar Wochen frei. Danach ging es wieder in die Karibik, wo *Island In The Sun* gedreht wurde. Arthur war nicht gerade begeistert davon, daß ich schon wieder zu Außenaufnahmen fort mußte, nachdem wir fast drei Monate getrennt gewesen waren. Doch mir blieb keine andere Wahl. Ich stand bei der Twentieth Century Fox unter Vertrag. Daher hatte sie das Recht, vierzig Wochen pro Jahr über mich zu bestimmen und mich zu verfrachten, wohin es ihr paßte.

Island In The Sun war ein Bestseller von Alec Waugh, der ein brisantes Thema behandelte. Darryl Zanuck wollte den Film selbst produzieren und hatte ein Riesenaufgebot an

Stars herangezogen für die Geschichte der Rassenprobleme zwischen Schwarz und Weiß in der Karibik.

Vierzehn Stars sollten bei diesem Film mitwirken. Darunter James Mason, Joan Fontaine, Harry Belafonte, Dorothy Dandridge, Stephen Boyd und Michael Rennie. Es versprach ein hochexplosiver, stark umstrittener Film zu werden. Und zudem der erste amerikanische Film, in dem Liebesszenen zwischen Schwarzen und Weißen gezeigt wurden. Die Zensoren wurden schon nervös.

In *Island In The Sun* ging es nicht nur um die Rassenmischung, es liefen auch noch drei oder vier verschiedene Love Stories nebeneinander her. Es ging bei allen um die Rassenproblematik. Ende der fünfziger Jahre war das noch ein heißes Eisen und eigentlich tabu. Ich spielte ein Mädchen, das feststellen muß, daß seine Großmutter eine Negerin war und ›farbiges Blut‹ in seinen Adern floß. Dieser beschönigende Ausdruck besagte, daß ein Mensch zu einem Viertel schwarz war. Als Darryl Zanuck bekanntgab, daß er den Roman verfilmen wolle, war das eine Sensation. Ein Aufschrei der Entrüstung erhob sich. Über dieses Thema sprach man nicht. Daß Schwarze und Weiße beiderlei Geschlechts sich ineinander verlieben und miteinander schlafen konnten, galt als undenkbar und schockierend. Viele Staaten verkündeten sofort, daß sie nicht gestatten würden, daß der Film in diesen Staaten lief. Es kam zu erregten Debatten. Mr. Zanuck und Robert Rossen saßen oft in ihren winzigen Hotelzimmern und versuchten immer noch, die Zensoren von ihren strikten Forderungen abzubringen.

Wieder heiße Tage in den Tropen und wildromantische Nächte. Unter den britischen Filmleuten ist man sich darüber einig, daß man sich kaum einen schöneren Drehort vorstellen kann als die Insel Barbados, wo die Außenaufnahmen zu *Island In The Sun* gemacht wurden. Der amerikanische Regisseur Robert Rossen, der jahrelang auf McCarthys schwarzer Liste gestanden hatte, arbeitete wieder. »Er war vor allem durch den preisgekrönten Film ›Der Mann, der herrschen wollte‹ bekannt geworden. Er war ein gestrenger Zuchtmeister und eine zäher Bursche, aber ganz professionell. Von den

Schauspielern und auch von der Crew erwartete er, daß sich ihm alle bedingungslos fügten. Er bestand auf striktem Gehorsam.

Der Produzent, der kleine, Zigarren schmauchende Darryl Zanuck, war mir dabei behilflich gewesen, daß die Fox mich unter Vertrag genommen hatte. Er war einer der Mächtigsten der Filmbranche, mit einer Schwäche für Frauen. Frauen waren tatsächlich sein schwacher Punkt. Jahr um Jahr hatte er eine ganze Reihe von Affären mit begabten und weniger begabten Schauspielerinnen gehabt. Seine derzeitige Geliebte war nicht mit zu den Außenaufnahmen gekommen, und so dauerte es nicht lange, da hatte er ein Auge auf mich geworfen. Eines Nachmittags begegneten wir uns auf dem Gang im Hotel. Mit einer blitzschnellen Bewegung packte er mich und preßte mich gegen die Wand. Die Zigarre noch immer in der Hand, versuchte er mich von seiner Ausdauer, seiner Überlegenheit und seinen Talenten als einer der besten Liebhaber der Welt zu überzeugen.

»Bevor du mich nicht gehabt hast, hast du gar nichts gehabt«, brummelte er. Sein Atem stank nach Zigarrenrauch, als er versuchte, seinen Mund mit dem grauen Oberlippenbart auf den meinen zu pressen.

»Glaube mir, ich habe den Größten und Besten. Und ich bin unermüdlich. Ich halte Tag und Nacht durch.« Ich schüttelte mich und versuchte freizukommen. Doch obwohl er kleiner war als ich, war er ungeheuer kräftig, ein mächtiger Mann in mehr als einer Hinsicht. Ich war wie ein Käfer an die Wand gespießt. Daß ich mich freizukämpfen suchte, hielt ihn nicht davon ab, einen Strom von lüsternen Worten über mich zu ergießen.

»Warum verschwendest du deine Zeit mit diesen Bürschchen?« krächzte er heiser, als ich den Kopf so weit wie möglich abbog. »Diese Arthur Loews und Nicky Hiltons haben keine Ahnung, was du brauchst. Du brauchst einen richtigen Mann.«

Großer Gott! Da kam er doch wahrhaftig mit dieser alten Leier an! Ich dachte schon, mir würde nichts anderes übrigbleiben, als ihm mein Knie in die Leistengegend zu rammen.

Doch zu meinen Glück tauchte in diesem Moment Dorothy Dandridge mit einem Maskenbildner auf, und ich entfloh. Ich schwor einen heiligen Eid, Mr. Z. in Zukunft aus dem Weg zu gehen.

Harry Belafonte war mir natürlich sofort aufgefallen. Ich war einfach überwältigt von seiner fantastischen äußeren Erscheinung. Während der ersten Wochen der Außenaufnahmen waren Schauspieler und Crew zu einer Cocktailparty im Hotel zusammengekommen. Wir sollten uns kennenlernen und uns möglichst auch mögen. Damit bahnte sich schon an, daß sich Paare für die Zeit der Dreharbeiten zusammenfanden. Schauspieler sind ein unbeständiges Völkchen. Sie kommen sich sehr schnell nahe, wenn sie bei Außenaufnahmen aufeinander angewiesen sind, doch wenn die letzte Klappe gefallen ist, trennen sie sich meistens wieder.

Ich unterhielt mich auf der Cocktailparty mit Joan Fontaine, doch ich ließ dabei Harry Belafonte nicht aus den Augen. Die ganze Zeit beobachtete ich ihn von weitem. Es war eine schamlose Untertreibung, ihn nur dunkelhäutig, groß und gutaussehend zu nennen. Sein schwarzes Haar war ganz kurzgeschnitten, seine Haut karamellfarben, und er war (und ist) etwa 1,85 groß. Er war schlank und muskulös. Die enge, elfenbeinfarbene Hose und das grellrote, bis zum Nabel hinunter offene Hemd brachten seine gute Figur so richtig zur Geltung. Er unterhielt sich angeregt mit James Mason und Dorothy Dandridge und lachte, ein wohlklingendes sonores Lachen, das unmittelbar aus seinen Eingeweiden zu kommen schien. Er warf den Kopf zurück und lachte schallend. Die westindischen Kellner, die sich mit Tabletts mit Rumgetränken, Platten und gegrillten Shrimps und anderen Delikatessen durch die Menge drängten, lächelten jedesmal, wenn ihr Blick auf Harry Belafonte fiel. Für sie war er einer der ihren, einer der das große Los gezogen hatte, und wenn er auch nicht von Barbados stammte, so waren seine Lieder doch der Inbegriff all dessen, was Westindien verkörperte. Er war ihr Held.

Unsere Blicke trafen sich. Er lächelte und kam auf uns zu.

»Hi!« begrüßte er uns und streckte uns mit einem wohligen Lächeln die Hand hin.

Joan Fontaine erwiderte seinen Gruß ganz gelassen. Ich dagegen war regelrecht sprachlos, was bei mir nicht oft vorkam. Joan Fontaine und Harry Belafonte unterhielten sich über ihre Rollen in dem Film.

Ich konnte den Blick nicht von seinen warmen, braunen Augen und seiner aristokratischen Nase losreißen. In der Tat, ein Bild von einem Mann. Das war den Frauen überall im Land in den letzten Jahren klargeworden. Durch Konzerte, Auftritte in Nachtklubs und Schallplatten war er rasch berühmt geworden. Angesichts dieser geballten Ladung Sex-Appeal bekamen Frauen aller Altersgruppen weiche Knie. Auch ich war keine Ausnahme von dieser Regel. Schönheit bei Männern hatte ihre Wirkung auf mich noch nie verfehlt. Doch sein Ruf war nicht sehr gut. Es klingt verwegen, doch seine Devise schien zu sein: mitnehmen, was man kriegen kann, und wieder fallenlassen. Es gefiel mir zwar, von einem Mann geliebt zu werden, doch Männern gegenüber, die sich ihrer sexuellen Anziehungskraft allzusehr bewußt sind, war ich immer mißtrauisch. Es kam noch hinzu, daß ich infolge meiner streng konservativen Erziehung Angst vor den Auswirkungen einer Affäre mit einem Schwarzen hatte. So etwas tat man einfach nicht. Ich wandte mich zum Gehen, doch da nahm er meinen Arm und sah mir in die Augen.

»Wo wollen Sie denn hin?« erkundigte er sich, und seine Augen funkelten belustigt.

»Ach, ich, hm, ich habe ein paar von den Kameraleuten versprochen, mit ihnen zu Abend zu essen«, stammelte ich. Von seiner Hand auf meinem bloßen Arm strahlte eine Hitze aus, die mich erregte. Er sah zu der Gruppe von drei oder vier der englischen Kameramänner hinüber, die ich schon von *Sea wife* her kannte und mit denen ich mich gut verstand. Sie beobachteten uns und warteten die weitere Entwicklung ab. Daß es weitergehen würde, erschien in diesem Augenblick schon unvermeidlich. Ohne den Griff um meinen Arm zu lockern, sah er sie an, dann wieder mich. Jetzt wirkte er erst recht erheitert. Unglaublich, diese Selbstsicherheit.

»Und absagen können Sie nicht?« Seine Stimme klang heiser und aufregend, überaus sexy. Und sie ließ keinen Zweifel aufkommen.

»Ganz recht«, bestätigte ich, ganz lässig, wie ich glaubte, doch mein Blick strafte meine Worte Lügen. Ich war wie hypnotisiert. Ich nahm seine Hand von meinem Arm, sonst hätte mein Körper mich verraten. »Wir essen zusammen und dann spielen wir Poker.«

»Aha, es wird gepokert. Das hätte ich mir denken können. Die englischen Ladys spielen ja alle so furchtbar gern Spielchen.«

Der Funke war übergesprungen. Wir wußten es beide, und Joan Fontaine war es auch nicht verborgen geblieben. In einem Meer von Chiffon rauschte sie davon.

»Na schön, dann werde ich Sie gehen lassen — vorerst«, sagte er bedeutungsvoll und gönnte mir ein strahlendes, vielsagendes Lächeln. Ich errötete unter meiner Sonnenbräune.

»Da ich keine Spiele spiele — auf ein andermal«, verabschiedete er sich. Mit der Geschmeidigkeit einer Raubkatze glitt er davon. Ich war rot geworden wie ein Schulmädchen. Zitternd und völlig aus dem Gleichgewicht geraten, stand ich da und sah ihm nach.

Ich gesellte mich zu meinen Landsleuten, die nichts unversucht ließen, um mir deutlich zu verstehen zu geben, daß dieser sagenhafte Mann als Schürzenjäger par excellence galt. Er sollte unter anderem seinen Ehrgeiz darein setzen, mit so vielen schönen Frauen zu schlafen, wie er nur finden konnte. Nichts als erbärmlicher Klatsch, dachte ich verärgert.

»Na, komm schon, Joanie, Liebes«, sagte Ginger, ein Kameramann, als er mich düster in mein Glas starren sah. »Kopf hoch, Mädchen. Fang um Himmels willen nichts mit dem an. Du bist doch unsere kleine Kameradin. Wir wollen nicht, daß unserm Mädchen jemand wehtut.«

Ginger hatte völlig recht. Ich durfte gar nicht daran denken, mich mit Harry Belafonte einzulassen. Es würde über mich geklatscht, ich würde sehr zu leiden haben und wäre zu allem Überfluß auch noch der Lächerlichkeit preisgegeben. Mein Herz schlug stürmisch, wenn ich an ihn dachte, doch mein

Verstand sagte mir, daß Belafonte für mich nicht in Frage kam.

Harry und ich traten zwar nie in der gleichen Szene auf, doch da wir alle im selben Hotel wohnten, kreuzten sich unsere Wege oft. Ich sah ihn beim Frühstück, beim Mittagessen und beim Abendessen. Er lächelte siegesgewiß und verführerisch. Er warf mir immer wieder Blicke zu und wartete darauf, daß ich den ersten Schritt tat. Ich war weiß Gott nicht abgeneigt, doch ich hatte Angst.

Ich ging ihm eine Woche lang aus dem Weg. Am darauffolgenden Sonntag veranstaltete Darryl Zanuck einen festlichen Brunch für Schauspieler und Crew. Hundertfünfzig Leute versammelten sich um die Tische, die schier brachen unter all den Köstlichkeiten der Karibik. Ich saß ausgerechnet neben Harry Belafonte. Seine körperliche Nähe und innere Ausgeglichenheit machten mich so nervös, daß ich nichts herunterbrachte und eine Zigarette nach der anderen rauchte.

»Joan Collins, Sie sind mir aus dem Weg gegangen«, konstatierte er nonchalant, während er Papaya und Melone löffelte. »War das Pokern denn so aufregend?«

»Ich habe gerade eine Glückssträhne«, konterte ich und steckte mir mit zittrigen Händen die nächste Zigarette an.

»Sie gestatten?« sagte er, nahm mir die Zigarette aus dem Mund und drückte sie im Aschenbecher aus. Da merkte ich, daß ich das falsche Ende angezündet hatte und der angesengte Filter brannte. Nicht gerade das souveräne Verhalten, das man von einer jungen Schauspielerin auf dem Weg nach oben erwartet.

Ginger winkte mir vom Nebentisch her zu. Er und all die anderen Freunde genossen die Szene sichtlich. Zum Teufel mit den Kerlen, dachte ich erbost. Aufdringliche Wichtigtuer, in alles müssen sie sich einmischen! Ich gehörte ihnen schließlich nicht. Sie sorgten sich um mich, als sei ich Rotkäppchen in den Fängen des bösen Wolfs. Ich nahm mir vor, Harrys anregende Gesellschaft zu genießen und ›die Jungs‹ mir ihrem albernen Gekicher zu ignorieren.

Belafonte war ein unterhaltsamer Gesprächspartner. Er war witzig, interessant und warmherzig, und wir waren so ins Gespräch vertieft, daß wir die Platten mit kreolischem Huhn, gegrillten Shrimps, Hummern, braunem Reis und exotischen Früchten kaum anrührten. Die Unterhaltung plätscherte zwar leicht dahin, doch unterschwellig kam zum Ausdruck, daß wir uns sehr zueinander hingezogen fühlten. Darryl Zanuck saß uns gegenüber und kaute auf einer mächtigen Zigarre herum. Er trug winzige, blau-weiß gestreifte Shorts und ein passendes Hemd, das nicht zugeknöpft war. Sein hervorquellender Bauch, mit grauem Haar dicht bewachsen, war für jedermann sichtbar. Gelegentlich sah er uns durchdringend an. Er schien sich zu fragen, wie harmlos unser Gespräch war. Ich lächelte ihn mit Unschuldsmiene an, um ihn zu beruhigen und ihm zu verstehen zu geben, daß wir über jeden Tadel erhaben waren. Er konnte ja mein unbestrumpftes Bein so nahe neben dem muskulösen Bein meines Tischnachbarn nicht sehen.

Eines wurde mir beim Essen mit meinem schönen Freund bald klar — er war smart und cool. Es wäre ihm nicht eingefallen, sich einer Frau aufzudrängen, wie Zanuck es tat. Warum sollte er auch? Die Frauen scharten sich um *ihn.* In der Hotelhalle konnte ich immer wieder mitansehen, wie die Frauen beim Anblick seiner hohen sinnlichen Gestalt zu zittern anfingen und wackelige Knie bekamen. Er trug meistens enge Hosen und ein bis zur Taille offenes Hemd. Ihm war durchaus bewußt, welche Wirkung er auf Frauen hatte. Er wußte auch, daß alle Schauspieler und die gesamte Crew lauernd beobachteten, wie sich die Dinge zwischen ihm und mir entwickelten. Noch waren sie nicht auf ihre Kosten gekommen. Ich wollte nicht, daß bei den Dreharbeiten ständig über mich geklatscht wurde, und es gefiel mir auch nicht, daß alle Welt erfahren würde, was doch nur die Beteiligten etwas anging. Ich mußte mir sagen, daß wir jetzt auf dieser zauberhaften Insel in den Tropen nichts miteinander anfangen durften, so sehr ich das auch bedauerte. Nachdem ich ihn mir aus dem Kopf geschlagen hatte, wandte ich mich wieder dem Pokern zu. Er richtete sich danach und ließ mich in Ruhe.

Gegen Ende der Dreharbeiten machten wir eines Nachts einen Spaziergang am Strand entlang. Alle Szenen mit Harry

Belafonte waren abgedreht. Er mußte früher fort, weil er auf Konzertreise ging. An diesem Abend hatte im Hotel wieder eine Party stattgefunden. Wir waren beide hinausgegangen, um frische Luft zu schnappen. Es war heiß, und das Licht des Vollmonds hüllte alles in einen silbrigen Glanz. Ich trug ein reichbesticktes, strahlendweißes, schulterfreies Baumwollkleid, in dem meine tiefbraune Haut besonders gut zur Geltung kam. Ich zog meine Sandalen aus und ging ganz dicht am Wasser entlang, so daß die kleinen Wellen, die auf den Strand schlugen, meine Füße überspülten. Auch Harry Belafonte war ganz weißgekleidet. In dem silbrigen Mondlicht müssen wir ausgesehen haben, als hätten wir die gleiche Hautfarbe.

Ich war traurig, daß er fort mußte. Wir hatten zwar nur wenig Zeit miteinander verbracht, doch es war nur den Umständen und den strengen moralischen Prinzipien jener Zeit zuzuschreiben, daß uns nicht mehr verband als eine oberflächliche Bekanntschaft. In den Augen unserer Zeitgenossen gehörte es sich einfach nicht, daß wir uns miteinander einließen.

Er war ein kluger empfindsamer Mann. Warum sollte da seine Hautfarbe eine Rolle spielen?

»Dann werde ich Sie wohl nicht wiedersehen«, sagte ich leise, nachdem wir eine ganze Weile schweigend am Strand entlanggegangen waren. Er erwiderte nichts darauf, doch er blieb stehen und sah mit geistesabwesendem Gesicht angespannt zum Himmel hinauf. Ich kniete nieder, um ein paar kleine Muscheln aufzusammeln, die wie ungeschliffene Gemmen überall im Sand verstreut lagen. Harry Belafonte blickte übers Meer. Wie er da so im Licht des Mondes stand, erinnerte er an eine Statue aus Bronze. Eine leichte Brise war aufgekommen, und sein weißes Hemd umflatterte ihn. Es ging etwas so Atavistisches und Machtvolles von ihm aus, und sein Schweigen wog so schwer, daß ich wie verzaubert war und zu schweben glaubte. Die ganze Szene war irgendwie surrealistisch. Ich hielt mich zurück, weil ich in diesem Augenblick auf keinen Fall in seine Privatsphäre eindringen durfte. Also las ich weiter Muscheln auf, bis er sich mir ganz plötzlich wieder zuwandte. Er war wie umgewandelt — lachte, scherzte, zog mich hoch und sagte:

»Sehen Sie?« Er zeigte auf den Mond. »Der steht da oben schon zwei Milliarden Jahre oder länger. Wir kümmern ihn nicht im geringsten.« Er wandte sich mir zu, umschloß mein Gesicht mit beiden Händen und sagte: »Ich werde im April in Los Angeles sein. Im Grove. Komm hin.« Das war weder eine Einladung noch ein Befehl, sondern eine unumstößliche Tatsache. Ich würde dasein.

Und ich war da. Die Eröffnungsvorstellung im Coconut Grove war ausverkauft. Ein Großteil der Prominenz von Los Angeles war gekommen, um sich dem Magnetismus zu überlassen, der von diesem Manne ausging, und sein Können zu bewundern. Harry Belafonte war inzwischen in ganz Amerika berühmt. Er war der erste Künstler, von dem über eine Million Langspielplatten verkauft worden waren. Man nannte ihn ja nicht umsonst den ›König des Calypso‹. Erst vor kurzem hatte er in einem riesenhaften Stadion in New York sämtliche Rekorde gebrochen. Sein Aufstieg zu einem der ersten schwarzen Filmidole war unaufhaltsam. Mit samtener Stimme interpretierte er Calypso-Songs und Spirituals gefühlvoll, leidenschaftlich und kraftvoll. Das Publikum lag ihm zu Füßen.

Das Studio hatte mich aufgefordert, die Vorstellung zu besuchen. Ich hatte Belafonte noch nie vor mehr als ein paar Leuten auftreten sehen. Eigentlich immer nur so aus dem Stegreif, wenn nach den Dreharbeiten in der Karibik ein paar Leute zusammengekommen waren. Daher war ich jetzt sehr gespannt auf ihn. Er enttäuschte mich nicht. Auf der Bühne wurde es dunkel. Ein Scheinwerfer ging an und richtete sich auf Harry Belafonte, der im Calypsorhythmus seiner Erkennungsmelodie hereingetänzelt kam — lässig, voller Selbstvertrauen, verwegen und mit einem Hauch von Arroganz.

Seine Ausstrahlung schien zu besagen: »Ihr werdet einen Narren an mir fressen, sobald ihr mich seht.« Er war sich seiner Anziehungskraft, seines Magnetismus ganz sicher. Die meisten Frauen waren überwältigt. Ich war wie verzaubert. Ich trug ein tief dekolletiertes schwarzes Kleid aus Atlasseide.

Ich hatte schwarze Samtschleifen in meinem hochaufgetürmten, lockigen Haar. Die weiße Nerzstola, die ich um die Schultern trug, fiel vorne auf und gewährte tiefen Einblick. Meine nagelneuen Diamentohrringe von Aspreys sprühten Funken. Ich wußte, daß ich hinreißend aussah. Das fand Harry Belafonte auch. Ich sah es ihm deutlich an, als unsere Blicke sich trafen.

Als die Vorstellung zu Ende war und der Applaus nach mehreren Zugaben mir noch in den Ohren klang, bahnte sich eine Elitegruppe von Ehrengästen ihren Weg durch die Korridore des alten Hotels Ambassador. Die sogenannte ›Stargarderobe‹ war genaugenommen das Hotelzimmer des Stars; denn das Management war zu knauserig, um beides zu gewährleisten. Harry Belafonte war der Held des Tages und wurde von allen angehimmelt. Matronen mit toupiertem Haar kreischten hysterisch, umdrängten ihn von allen Seiten und stießen sich gegenseitig die Ellbogen in den Leib, um näher an ihr Idol heranzukommen. Smarte Herren, tadellos gekleidet, lauerten ihm auf, um Verträge mit ihm auszuhandeln. Doch sie mußten warten, weil die Weiberhorden ihn umringten.

Ein Kellner reichte Dom Perignon. Ich hielt mich im Hintergrund und trank ein Glas Champagner. Ich dachte nicht daran, mich unter diese Wahnsinnigen zu mischen. Er erblickte mich und lächelte mir zu.

Ich hob mein Glas zum Gruß. Die Party würde offensichtlich noch ein Weilchen dauern, und ich hatte keine Lust, bis zum großen Finale auszuharren. Als meine Gruppe startbereit war, ging ich zu ihm, wie es die Pflicht gebot, küßte ihn auf beide Wangen und murmelte etwas wie »Auf Wiedersehen, Liebling, du warst himmlisch«. Mir war es ernst damit. Wir sahen uns ein letztesmal in die Augen. Sogleich sprang der Funke über, und ich brannte lichterloh. Auf dem Weg zurück in meine kleine Wohnung schwieg ich. All meine Gedanken galten ihm.

Tieftraurig flog ich nach New York zurück. Ich fühlte mich völlig verwaist. Nie wieder würde ich mich in Gegenwart eines Mannes so wohl fühlen können, dachte ich. Diese Wärme, diese vertrauensvolle Atmosphäre, diese Freundlichkeit. Statt dessen mußte ich in das mörderische, aufreibende Hollywood zurück, wo ich vor Hedda, Louella und den Studiobossen Kotau machen mußte, wo ich mich kleiden und benehmen mußte, wie man es von mir erwartete. Die Zeitungen lauerten ja nur auf einen Fehltritt, um Klatschgeschichten über mich verbreiten zu können. Auch im Hinblick auf eine Heirat mit Arthur Loew hatten sie sich Spekulationen hingegeben. Wir waren fast fünfzehn Monate zusammengewesen, doch die Beziehung kühlte allmählich ab. Wir sahen uns zwar hin und wieder, doch wir gingen auch mit anderen aus.

Ich wollte mehr als ein Verhältnis, das man fast platonisch nennen konnte. Ich hatte erkannt, wie wichtig Sex war. Viele Menschen fanden es schockierend, wenn eine Frau zugab, daß sie am Sex Gefallen fand und ihn für die natürlichste Sache der Welt hielt.

Ich bin auch dafür geächtet und kritisiert worden, daß ich mein Privatleben in vollen Zügen genießen wollte. Wenn ich auf Partys oder in Nachtclubs gehen und mich amüsieren möchte, bin ich doch nicht schlechter als Miß X, die allabendlich mit einem hartgekochten Ei und einem Buch von Stanislawski vor sich zu Hause herumsitzt und vielleicht nicht gerade berückend aussieht. Es ist schon immer so gewesen, daß man viel eher als ernsthafte Schauspielerin gilt, wenn man nicht besonders aussieht. Zu Beginn einer Karriere ist Schönheit unbedingt ein Pluspunkt. Ich weiß natürlich, daß ich es vor allem meinem Aussehen verdanke, daß ich in Hollywood gelandet bin. Doch nach ein paar Jahren in der Branche ist Schönheit eher ein Hindernis als ein Vorteil. Die Leute wollen einfach nicht einsehen, daß eine schöne Frau auch eine gute Schauspielerin sein kann.

Ich dachte nicht daran, zu verkümmern und verhärmt auszusehen, nur um meine schauspielerischen Fähigkeiten unter Beweis stellen zu konnen. Dazu werde ich mich niemals bereitfinden. Ich bin natürlich froh, daß ich gut aussehe, und es macht mir Freude, mich gut anzuziehen. Doch es amüsiert mich immer, daß es mir die Leute ausgesprochen übelnehmen, daß ich heute noch so aussehe.

»Wie *machen* Sie das bloß?« fragen sie pikiert. Am liebsten würden sie hinter meinen Ohren nach verräterischen Narben suchen. Manche fragen auch: »Gibt es da irgendeinen Zaubertrick? Es muß doch einen Grund dafür geben, daß Sie immer noch so jung aussehen. Verraten Sie mir doch, wie Sie das machen.«

Die Wahrheit ist, daß es da kein Geheimnis gibt. Ich genieße mein Leben und versuche, nicht frustriert und verbittert zu sein und niemandem etwas zu neiden. Ich bemühe mich, glücklich zu sein und sorgenfrei zu leben. Das war nicht immer leicht.

Nachdem ich in einem Jahr drei Filme abgedreht hatte, flog ich zu einem Kurzurlaub nach Acapulco. Arthur und ich hatten uns zu Silvester endgültig getrennt.

Wir tanzten auf der Neujahrsparty bei Charles Lederer zu sanfter einschmeichelnder Musik. Wir waren nicht gerade in rosiger Stimmung. Wir stritten uns verbissen, aber in gedämpftem Ton, damit das Aufgebot an Gästen nichts von unserer hitzigen Debatte mitbekam. Doch den folgenden Dialog haben sie sicher mitangehört:

Arthur: »Du bist eine gräßliche Nervensäge!«

Ich: »Und du langweilst mich im Bett.«

Damit war alles gesagt. Unsere Wege trennten sich.

Ich blieb vier Wochen in Acapulco und wurde so braun, daß ich aussah wie eine Mexikanerin. Im Wasserskifahren konnte mir bald niemand mehr etwas vormachen.

Ich verabredete mich immer öfter mit Nick Hilton, einem sehr bekannten Playboy, dem ersten Mann von Liz Taylor und Sohn von Conrad Hilton, der die große Hotelkette besaß. Nick sah gut aus, doch das ausschweifende Leben, das er führte, war nicht spurlos an ihm vorübergegangen. Er hatte dunkles Haar, dunkle Augen und eine fabelhafte Figur. Er galt als einer der größten Playboys von Hollywood. Er hatte zwar ein eigenes Büro und war auch irgendwie für seinen Vater in der Hotelbranche tätig, doch er zog es vor, seine Zeit mit Mädchen, auf der Rennbahn oder in Nachtclubs zu verbringen. Da ich nicht darauf aus war, mich ernsthaft mit einem Mann einzulassen, teilte er seine Zeit monatelang zwischen Natalie Wood und mir auf. Ich hatte nichts dagegen.

Nick war ein Sexualprotz. Obwohl er einen unwahrscheinlichen Verschleiß an Frauen hatte, war er ein gläubiger Katholik. Auf seinem Nachtschränkchen lag stets ein Rosenkranz. Daneben eine enorme Anzahl von Pillendosen, Fotomagazine, pornografische Bücher, Coca-Cola-Flaschen, ein Kruzifix und ein Revolver. Er lud den Revolver gern mit Platzpatronen und machte sich einen Spaß daraus, mitten in der Nacht an die Zimmerdecke zu schießen — zum Entsetzen seiner Nachbarn am Doheny Drive, die dann in Panik gleich die Polizei anriefen.

Obwohl er erst Anfang dreißig war, schien es nichts zu geben, was er noch nicht gesehen und noch nicht getan hatte. Er war schon überall gewesen und konnte praktisch jedes Mädchen haben. Er war schon völlig verbraucht. Er sprach mit Südstaatenakzent und war ein fanatischer Rassist.

Die Söhne reicher Männer haben es nicht leicht. Einen reichen Vater zu haben, läuft fast auf das gleiche hinaus, wie ein schönes Mädchen zu sein. Alles wird einem gleich in die Wiege gelegt. Man braucht selber gar nichts mehr zu tun. Alles ist vorhanden. Man braucht nur zuzugreifen: Das Geld, die Macht, die Mädchen, die schnellen Wagen, ein Leben, von dem andere nur träumen können — nichts kostet auch nur die geringste Mühe. Doch Arthur hat schließlich eingesehen, daß ihn sein Geld nicht glücklich machen konnte. Er zog auf eine Ranch in Arizona und fing ein neues Leben an. Er ist Viehzüchter geworden, hat geheiratet und zu sich selbst gefunden. Auch Syd Chaplin hat sich aufgerappelt und hat ein paar Jahre lang Erfolg am Broadway gehabt.

Doch der arme Nicky hat es leider nicht geschafft, zu sich selbst zu finden. Er starb ein paar Jahre später an einer Überdosis Rauschgift.

5. Kapitel

»Kannst du in drei Tagen nach Tokio fliegen?« Das Klingeln des Telefons hatte mich jäh aus einem tiefen, traumlosen Schlaf gerissen. Meine vielen buntgeblümten Kissen und das Bettuch waren ganz verkrumpelt, meine Kehle ausgedörrt von zuviel Wein und viel zu vielen Zigaretten.

»Verdammt.« Ich tastete all den Kram auf meinem Nachttisch nach meinen Augentropfen ab. Ein Weinglas fiel hinunter. Auf dem Tischchen türmten sich Drehbücher, Zeitschriften, eine Uhr, Kleenex, ein Foto meiner Eltern in einem antiken Silberrahmen, Diamantohrringe und eine Perlenkette, die ich achtlos hingeworfen hatte. Auch ein überquellender Aschenbecher fehlte nicht.

Ich schob den Aschenbecher unter einen Stapel Scripts. Die erkaltete Asche roch einfach ekelhaft, und ich hatte einen fürchterlichen Kater. Ich bemühte mich, meine Gedanken zu ordnen. Die Augentropfen taten ihre Wirkung.

»In drei Tagen — das ist völlig ausgeschlossen. Bis dahin werde ich nicht fertig«, krächzte ich und zog die Laken bis zum Hals hoch. Ich hätte viel darum gegeben, wenn mir jemand Kaffee, frisch gepreßten Orangensaft und Rosinenbrötchen gebracht hätte. Was hätte ich nicht alles getan, um mir eine Haushälterin leisten zu können, die unter einem Dach mit mir wohnte. Leider hatte mich mein Manager davon überzeugt, daß ich mir keine leisten konnte. Und das, obwohl ich inzwischen 2000 Dollar pro Woche verdiente, in einem halben Dutzend Filmen die Hauptrolle gespielt hatte und regelmäßig die Titelseiten von Zeitschriften in aller Welt zierte. Ich war eben ein Gebrauchsgegenstand. Ein junger aufregender Gebrauchsgegenstand, der sich gut verkaufte. Das verstanden meine Arbeitgeber auszunutzen. Sie hetzten mich von Film zu Film. Leider fielen diese Filme weit mehr durch rein visuelle Schönheit und herrliche Drehorte auf als durch Qualität und Realismus.

Mein Agent hatte vollstes Verständnis für meine Zweifel, blieb aber fest. In den zweieinhalb Tagen, die mir noch bis zum Abflug blieben, mußte ich mein Leben ordnen, so gut es eben ging. In beruflicher Hinsicht hatte ich nicht viel zu melden. Wenn ich rebellierte, wurde ich auf Eis gelegt. Und ohne Arbeit gab es auch kein Geld. Dann durfte mir nicht einmal eine andere Filmgesellschaft Arbeit geben, und das Fernsehen galt als das allerletzte. Ich lebte relativ bescheiden.

Ich sank erschöpft in die geblümten Kissen zurück (ich erwachte eben gern auf einer Blumenwiese) und dachte an Japan — die Erinnerung an zwei wundervolle Drehorte noch ganz frisch im Gedächtnis. Ich war nicht wild auf eine Reise in den Orient.

Ich hatte noch nie eine solche Menschenmenge gesehen wie die, die Robert Wagner, Edmond O'Brien und mich bei unserer Ankunft in Tokio am Flughafen begrüßte. Tausende von hysterisch kreischenden und rufenden Japanern aller Altersgruppen gerieten bei unserem Anblick völlig aus dem Häuschen. Selbst Robert Wagner, der schon als Teenager ein Filmstar gewesen war, staunte nicht schlecht. Die Japaner waren ja schon immer begeisterte Kinofans. In einem Blitzlichtgewitter aus Tausenden von Nikon-Kameras zwängten wir uns durch die Massen. Die Höflichkeit der Japaner fiel mir auf. Sie haben so gute Manieren, daß sie sich wortreich entschuldigen, während sie einen schieben und bedrängen.

Das Drehbuch war indiskutabel. Der Film hieß *Stop-over Tokyo*. Er wurde von uns sofort umbenannt in *Stop Schauspielkunst*. Robert Wagner war zwar sehr nett und liebenswürdig, doch er war gerade frisch verlobt mit Natalie Wood. Den größten Teil seiner Freizeit verbrachte er mit seinen Eltern in seiner Suite. Oder er rief Natalie in Los Angeles an. Seine Telefonrechnung muß astronomisch hoch gewesen sein, denn er rief sie mindestens einmal täglich an. Die Crew, mit der ich bei den Außenaufnahmen für gewöhnlich viel zusammen war, bestand in diesem Fall nur aus Männern über fünfzig, die sich begierig in die Welt des Vergnügens stürzten. Sie suchten Etablissements auf, in denen sie von Geishas verwöhnt und wie Lords behandelt wurden. Diese feingliedrigen winzigen Geschöpfe schienen in ein anderes Jahrhundert zu gehören. Sie trugen prächtige Kimonos in leuchtenden Farben, dazu natürlich Obis. Ihre winzig kleinen Füße steckten in weißen Baumwolltabis. Die Gesichter waren weiß gepudert, die Lippen karminrot bemalt. Den krönenden Abschluß bildeten große, schwere, glänzend schwarze Perücken. Ich beneidete die Japanerinnen nicht um das Leben, das sie führten. Die meisten waren immer noch Anhängsel ihrer Männer. Für die war es selbstverständlich, jeden Abend mit Freunden ins Bad, in Etablissements mit Geishas oder ins Restaurant zu gehen. Das war für Frauen tabu. Sie durften sich solche Vergnügungen nicht gönnen. Die wenigen Male, die ich mit ein paar Filmleuten ein Restaurant oder einen Nachtclub besuchte, kam ich mir neben diesen exquisiten kleinen Frauen plump und linkisch vor, und die Männer machten keinen Hehl daraus, daß sie den Orientalinnen den Vorzug gaben.

Zu der Zeit war die Befreiung der Frau erst ein schwacher Schimmer am Horizont. Ich betrachtete mich als emanzipierte Frau. Ich schlief, mit wem ich wollte und wann es mir paßte. Dadurch wurde ich zur Zielscheibe schmutziger Witze, grober Beleidigungen und Anzüglichkeiten. In den Augen der meisten Menschen machte mich diese Lebensweise zum Flittchen. »Freie Liebe« nannte man das. Es galt als *shocking*. Durch meine Vorliebe für gutaussehende, interessante und anregende Männer machte ich mich in den oberen Rängen der Filmindustrie ziemlich unbeliebt — bei den Produzenten, Regisseuren, Studiobossen und anderen großen Tieren. Es behagte ihnen nicht, daß ich mich mit *ihnen* niemals einließ. Der Gedanke, mit irgendeinem fetten, alten, häßlichen und reichen Mann ins Bett zu gehen, um eine Rolle zu bekommen oder um schneller aufzusteigen, war mir unerträglich. Wenn ich mit fünf Männern in einer Woche ins Bett gehen wollte, die ich wirklich mochte und die mir sehr gefielen, so tat ich das. Das war aufregend, war ein Vergnügen und machte nicht dick!

Eines Abends in Tokio läutete das Telefon. Es war ein Mann namens Charles. Wir hatten uns in Los Angeles kennengelernt. Als er mich zum Abendessen einlud, nahm ich dankbar an. Ein neues Gesicht war mir in meinem derzeitigen Zustand mehr als willkommen.

Für den Abend mit ihm wählte ich ein Kleid aus rosarotem und goldfarbenem Brokat, hochgeschlossen, mit Stehkragen, wie es die Chinesinnen trugen. Der Rock war bis zu den Hüften hinauf geschlitzt. So gewandet konnte ich mich überall sehen lassen — in einem ruhigen Bistro und auch in einem Nachtclub. Doch auf das, was Charles mir nach dem Abendessen vorschlug, war ich nicht vorbereitet. Wir betraten einen kleinen Nachtclub mit gedämpftem Licht und nahmen dicht vor der Bühne, die zum Tanzen viel zu klein war, auf dicken weichen Kissen auf dem Boden Platz.

Geboten wurde eine Sex-Show — live! Erotik in Reinkultur. Ein erstaunlich schönes junges Mädchen im heiratsfähigen Alter betrat die Bühne splitterfasernackt. Sie hatte sich das Schamhaar abrasiert und machte sich daran, sich mit einem länglichen Massagestab zu bearbeiten. Nach einer Weile kamen zwei junge Männer in ihrem Alter hinzu. Das Mädchen, eine der größten Verrenkungskünstlerinnen, die ich je gesehen habe, kniete nieder, bog den Rücken und beugte den Kopf in einem Winkel von 90 Grad. Während einer der Männer sie rasch wie ein Karnickel vögelte und ihre Brüste knetete. An dem anderen vollführte sie zur gleichen Zeit eifrig und gekonnt Fellatio. All das spielte sich ohne einen Laut ab. Von irgendwoher erklang geheimnisvolle Lautenmusik. Mein Begleiter atmete keuchend.

»Das ist ja sagenhaft!« flüsterte er erregt, und seine Hand landete sanft wie Schmetterlingsflügel auf meinem entblößten Oberschenkel.

»Ist das nicht fantastisch?« stöhnte er und begann an meinem linken Ohrläppchen zu knabbern und zu saugen. Die Szene hatte ihn so richtig scharf gemacht.

»Ob sie wohl auch kochen kann?« meinte ich flüsternd und schob sachte seine Hand von meinem Bein.

»Wen interessiert das schon?« murmelte er und sah mit lüsternem Blick auf die Bühne. Inzwischen hatte sich noch ein Paar zu den drei jungen Leuten gesellt. Diese fünf nahmen nun jede nur erdenkliche Position ein. Das war wie ein Blick in eine Schlangengrube. Ich fing an, wie eine Irre zu kichern. Am komischsten waren die völlig hingerissenen, geilen Touristen im Publikum. Sie verschlangen die Akteure mit den Blicken. Je mehr sich die jungen Leute auf der Bühne wanden und verrenkten, desto mehr amüsierte mich das. In meinen Augen war dieser Exhibitionismus nicht die Spur erotisch oder aufregend. Ich war hoffnungslos romantisch veranlagt. Ich fand es viel aufregender, wie sich Montgomery Clift und Elizabeth Taylor in »Ein Platz an der Sonne« küssen.

Doch Charles geriet beim Anblick dieser kopulierenden Verrenkungskünstler immer mehr in Fahrt. Seine Glut wurde immer mehr angefacht. Bald war er völlig aus dem Häuschen. Vor meinem Hotelzimmer angelangt, mußte ich dann meine ganze weibliche List und sämtliche Tricks zu Hilfe nehmen, um ihn loszuwerden, ohne daß es böses Blut gab. Vielleicht stimmte irgend etwas nicht mit mir, weil ich bei dieser Gruppensex-Demonstration nichts empfand, für die die Leute viel Eintrittsgeld bezahlten. Charles war ein attraktiver Mann. Wenn man bedenkt, daß ich fünf Wochen ganz allein in Japan festsaß und mich zu Tode langweilte, war es doch eigentlich sonderbar, daß mein sexueller Appetit durch diese Porno-Show nicht angeregt worden war. Sie hatte genau die gegenteilige Wirkung gehabt. Damit hatte Charles bestimmt nicht gerechnet. Die meisten Frauen wären daraufhin wahrscheinlich mit Freuden mit ihm ins Bett gehüpft und hätten sich — von der Porno-Show stimuliert — stundenlang mit ihm verlustiert, leidenschaftlich und erfindungsreich. Doch ich hatte das Gefühl, daß sich die Leutchen beiderlei Geschlechts durch diesen Auftritt sehr viel vergaben. Es war würdelos und ekelhaft. Sie wurden ausgenutzt, und für mich wog die Erniedrigung weit schwerer als das Vergnügen, das vermutlich sowieso nur vorgetäuscht war.

Der Liebesakt ist schließlich kein Sport, bei dem man Zuschauer braucht, sagte ich mir und stieg allein ins Bett, wie schon seit fünfunddreißig Nächten. Jetzt hält er mich vermutlich für eine fürchterliche Spießerin, dachte ich noch bevor mir die Augen zufielen und ich von lauter Nackten träumte, die sich zwischen Vipern und Königsschlangen wanden.

6. *Kapitel*

Ich hatte mir eigentlich eingebildet, schon öfter verliebt gewesen zu sein. Doch alles bisher Dagewesene verblaßte völlig gegen das, was ich erlebte, als ich mich Hals über Kopf in George Englund verliebte. Ich kannte ihn, seine Frau und seine stetig wachsende Kinderschar, seit ich nach Amerika gekommen war. Ich hatte ihn bei Gene Kelly kennengelernt. Er war zusammen mit Sydney Chaplin auf der Militärakademie gewesen und war ein guter Freund von Arthur Loew. Er war mit Cloris Leachman verheiratet, die in den siebziger Jahren ein Fernsehstar wurde. Cloris war hübsch, liebenswürdig und neurotisch. Sie war eine hingebungsvolle Gattin und widmete sich inbrünstig der Aufzucht ihrer Kinder.

Wir hatten die gleichen Freunde. Das Ehepaar Englund, Sydney Chaplin und ich waren zusammen in Palm Springs und Tijuana gewesen. Ich wußte zwar, daß sie sich ziemlich oft in die Haare gerieten, war aber immer der Meinung gewesen, daß ihre Ehe wie die meisten Ehen war — nicht gerade großartig, aber auch nicht zerrüttet. Ich hatte George schon immer für einen klugen attraktiven Mann mit einem unglaublichen Sinn für Humor gehalten, aber das war auch schon alles. Verheiratete Männer waren für mich tabu, und das erst recht, wenn ich auch mit den Ehefrauen befreundet war. Es wäre einfach unfair gewesen, mich mit ihren Männern einzulassen.

Als ich nebenbei erwähnte, daß ich nach New York und nach Chicago mußte, um den Film *Stop-over Tokyo* vorzustellen, erzählte mir George, er werde zur gleichen Zeit in New York sein. Er schlug mir vor, mich zum Abendessen einzuladen, wenn wir beide einmal frei sein sollten. Wie es der Zufall wollte, wohnte er genau wie ich im Plaza. Als er mich an diesem denkwürdigen Abend abholte, ahnte ich noch nicht, daß damit ein traumatischer, emotionsgeladener, wirrer Lebensabschnitt eingeleitet wurde.

Rückblickend glaube ich sagen zu können, daß die seelischen Tiefs die Hochstimmung bei weitem überwogen, doch man ist mit Blindheit geschlagen, und der Verstand setzt aus, wenn man leidenschaftlich und bis zum Wahnsinn in jemanden verliebt ist. An unserem ersten gemeinsamen Abend war George, wie immer, von erlesener Eleganz. Er galt als einer der bestgekleideten Männer der Stadt, und in Modefragen konnte ihm niemand etwas vormachen. Abgesehen davon sah er auch noch schandbar gut aus. Er war 1,85 m groß, hatte grüne Augen und hellbraunes Haar, das sich schon etwas zu lichten begann. Das war aber auch sein einziger Makel. Während des Essens kam mir immer klarer zu Bewußtsein, daß ich nicht nur den Freund, sondern auch den Mann in ihm sah.

George orderte zum Boeuf Wellington einen Mouton Rothschild Jahrgang 53. Nach dem Essen tranken wir Calvados und lauschten der Musik im Stil der dreißiger Jahre. Was der Pianist an diesem Abend spielte, zählte hinfort zu meinen Lieblingsmelodien. Manche sang er leise mit, er kannte auch den Text der ausgefallensten Songs.

Nach dem Essen spazierten wir Hand in Hand durch die verlassenen New Yorker Straßen. Dampf stieg von den Bürgersteigen auf. Im Plaza angekommen, begleitete er mich bis zu meinem Zimmer. Mein Herz klopfte zum Zerspringen. Wie war es nur möglich, daß man sich beim Abendessen in jemanden verliebte, der zwei Jahre lang nur ein guter Freund gewesen war? Offensichtlich gab es so etwas. Es war wie ein Vulkanausbruch. Ich fühlte mich so hilflos. Ich war ihm hoffnungslos verfallen.

In den nächsten drei Tagen konnte ich immer nur an ihn denken. Wir verbrachten jede freie Minute miteinander. An einem frostigen Sonntag im Herbst spazierten wir mit glänzenden Augen durch den Central Park. Ich war völlig weggetreten und schwebte im siebten Himmel. Ich weigerte mich, die Dinge so zu sehen, wie sie waren, und zu bedenken, welche unlösbaren Probleme wir durch unsere Liebschaft heraufbeschworen hatten. George hatte nicht nur eine Frau, sondern auch drei Söhne. Sie waren alle noch klein — zwei, vier und sechs Jahre alt.

George versicherte mir immer wieder, seine Ehe sei schon seit Jahren hoffnungslos zerrüttet. Seine Frau und er seien nur um der Kinder willen zusammengeblieben. Was für eine Platitüde! War das nicht die gebräuchlichste Ausrede? Doch George brachte das so überzeugend vor, daß ich nicht an seinen Worten zweifelte. Er hatte einen so großen Einfluß auf mich, daß ich nicht einmal gezögert hätte, splitterfasernackt im Rockefeller Center Schlittschuh zu laufen, wenn er mich darum gebeten hätte.

Unseren letzten Abend in New York verbrachten wir wieder in »Billy Reed's Little Club«, der von da an für mich immer ›unser Lokal‹ sein sollte. Beim Aperitif fing ich an zu schnüffeln, beim Essen brach ich in Tränen aus, beim Nachtisch und beim Kaffee schluchzte ich herzzerreißend. Allmählich stiegen Schuldgefühle in mir auf. Doch aufgeben konnte und wollte ich ihn nicht. Da wußte ich noch nicht, daß mir einundzwanzig Monate bevorstanden, die eine einzige Qual für mich waren.

Caprice Caprone Yordan war meine beste Freundin. Sie war eine schöne Frau, schwarzhaarig, sehr kultiviert und von erlesener Eleganz, verheiratet mit Philip Yordan, einem sehr produktiven Drehbuchautor und Produzenten. Cappy und ich standen uns sehr nahe. Wir vertrauten uns fast alles an. Da Philip fast ständig arbeitete, hatte sie sehr viel freie Zeit. Sie bewohnten eine riesengroße, planlos gebaute spanische Hacienda im Benedict Canyon. Cappy hatte meistens eine ganze Schar von Freunden bei sich zu Gast. Sie verteilte freizügig Ratschläge und ließ alle an ihren Erfahrungen teilhaben. Doch sie würzte alles mit einer starken Dosis Astrologie.

»Rate mal, in wen ich mich verknallt habe?« entfuhr es mir. Gleich am ersten Morgen in Los Angeles war ich zu ihr geeilt. Caprice aalte sich noch wohlig im Bett, lag auf seidenen Laken und spitzenbesetzten Kissen und hatte ein Frühstückstablett mit knusprigen Croissants, Marmelade und Kaffee vor sich. Auf der Bettdecke aus rosa Seide lagen elf Bücher über Astrologie.

»Hoffentlich ist er reich«, meinte meine Freundin. »Es ist langsam an der Zeit, daß du an einen reichen Mann gerätst.«

»Er ist nicht nur nicht reich, sondern auch verheiratet«, klagte ich. »Auf Geld bin ich nicht versessen, das weißt du ja wohl. Aber daß er verheiratet ist, macht mir sehr zu schaffen.« In düsterer Stimmung verschlang ich ein Croissant mit Honig.

Cappy sah mich mißbilligend an. Sie war wie eine ältere Schwester und wußte, was in mir vorging.

»Verheiratet und auch noch arm! Na, fantastisch, du hast es also wieder mal geschafft, mein Liebes. Aber ich will nicht erst lange herumraten. Wer ist es, und unter welchem Sternzeichen ist er geboren?« Sie griff nach einem der Bücher über Astrologie und sah mich fragend an.

»Es ist George Englund«, platzte ich heraus. »Ich bin *wahnsinnig* verliebt in ihn — und er in mich. Das behauptet er jedenfalls.« Einen kurzen Moment war ich von Zweifeln geplagt.

»Was bist du doch für ein Dummchen«, sagte Cappy. »Er ist nicht nur ein Krebs«, eifrig konsultierte sie ihr Buch, »er wird sich auch *ewig* an dich klammern und dich nie wieder aus den Fängen lassen. Seine Frau wird ihn *nie* aufgeben. Worauf hast du dich da eingelassen, Joanie?«

»Daran ist jetzt nichts mehr zu ändern«, stöhnte ich und schnappte mir in meiner Hilflosigkeit noch ein Croissant. »Ich kann ihn nicht aufgeben. Es ist direkt unheimlich. Als hätte er mich verzaubert oder hypnotisiert. Cappy, was soll ich bloß tun? Ich muß *ständig* an ihn denken, ich kann einfach nicht anders!«

Sie sah mich mitleidig an, griff nach einem Block und stellte Berechnungen an. Sie war in Windeseile fertig. »Er paßt natürlich hervorragend zu dir«, lautete ihr Kommentar. Ich hatte ihr inzwischen das ganze Frühstück weggegessen. »Bei ihm sind Mond und Venus im gleichen Haus wie bei dir. Alles weist darauf hin, daß zwischen euch völlige Übereinstimmung herrscht. Aber er wird seine Frau und die Kinder *nie* verlassen, Joan. Er ist schließlich ein Krebs. Was der mal in den Klauen hat, gibt er nicht wieder her. Und seine Frau ist ebenso veranlagt.« Sie schob das Buch weg. »Du weißt doch, daß sie ihm am liebsten die Füße küssen würde. Sie betet ihn an. Am besten siehst du zu, daß du so bald wie möglich wieder eine Rolle bekommst und versuchst, ihn zu vergessen.«

Ich bemühte mich, den Rat meiner weisen Freundin zu beherzigen; aber gerade jetzt wo ich unbedingt arbeiten wollte und mußte, lag plötzlich eine Durststrecke vor mir. Ich saß auf dem trockenen. Die Fox bezahlte mich zwar regelmäßig jede Woche, hatte jedoch im Augenblick keine geeignete Rolle für mich. Doch auf dem Filmgelände kursierte das Gerücht, daß wieder mal eine neue Version von *Kleopatra* geplant sei und daß ich wahrscheinlich dazu ausersehen sei, die Rolle der sagenhaften Königin vom Nil zu spielen.

George und ich sahen uns vier- oder fünfmal pro Woche. Wir aßen in abgelegenen Restaurants zu Mittag, meistens in Flughafennähe. Die Düsenmaschinen waren oft so laut, daß wir uns kaum verständigen konnten. Gelegentlich kam er auch zum Abendessen in meine kleine Wohnung. Bis zur letzten Minute wußte ich nicht genau, ob oder wann ich ihn sehen würde, weil er ständig etwa siebenundvierzig verschiedene Projekte zur gleichen Zeit laufen hatte. Er war ein Hansdampf in allen Gassen. Ich ging zwar auch mit anderen Männern aus, doch das blieb immer rein platonisch. Ich verabredete mich immer erst mit anderen, wenn ich ganz sicher war, daß er keine Zeit für mich haben würde. Es war die Hölle. Ich war die »Nebenfrau«, das hätte ich mir nicht träumen lassen. Am meisten litt ich, wenn er versprochen hatte, um acht Uhr da zu sein, und erst um zehn oder elf Uhr oder auch gar nicht auftauchte. Dann rief er nur kurz an: »Tut mir leid, Baby, ich schaffe es heute abend einfach nicht mehr. Ich melde mich morgen wieder bei dir.«

Dann fühlte ich mich hundeelend und ging todunglücklich zu Bett. Ich gab mir die größte Mühe, ihn zu begreifen und mich nicht aufzuregen. Anfänglich fiel mir das gar nicht so schwer, doch als Woche um Woche verging, ohne daß er sein Versprechen wahrmachte, sich von seiner Frau zu trennen, wurde ich immer deprimierter.

Zu seinem großen Kummer versuchte ich, mich auch für andere Männer zu interessieren, doch keiner konnte ihm das Wasser reichen. Kein anderer Mann war so charmant, sah so gut aus und war eine solche Persönlichkeit. Und wie sie im Bett waren, versuchte ich erst gar nicht herauszufinden. Auf dem Gebiet war er ganz gewiß unschlagbar. Wenn ich zwei Tage durchlitten hatte, an denen wir uns nicht sehen konnten, machte er das in ein paar Stunden wieder wett. Dann war ich wie verzaubert und fand, es lohne sich.

George war ungeheuer eifersüchtig — der Krebs läßt nichts mehr aus den Klauen. Wann immer ich mit einem möglichen Rivalen ausging, der natürlich kein Rivale war, nahm er mich hinterher wütend stundenlang ins Kreuzverhör.

Wir stritten uns, daß die Fetzen flogen, doch das endete immer damit, daß wir uns wieder versöhnten. Ich schwamm auf einer Woge des Glücks.

Zu der Zeit war Marlon Brando sein bester Freund. Marlon betete ihn an. Er eiferte ihm nach, was seine Ausdrucksweise und seine Eigenheiten anging. Ihm imponierte Georges Talent, Geschichten zu erzählen, und die Spur Überheblichkeit, die er Menschen gegenüber an den Tag legte, die nicht auf der gleichen Wellenlänge waren. Am Telefon konnte man ihre Stimmen oft gar nicht unterscheiden. Marlon sprang häufig ein, wenn wir ins Restaurant, ins Theater oder zu Filmvorführungen gingen. Dann wurden wir alle drei fotografiert. Doch wenn das Foto in der Presse erschien, waren nur Marlon und ich darauf zu sehen. »Marlon Brando macht die Stadt mit englischer Schauspielerin unsicher«, hieß es dann in der Regenbogenpresse. Oder: »Brando und Joan geben sich ein Stelldichein. ›Wir sind nur gute Freunde‹, bekannte Miß Collins.« Sie ahnten ja nicht, wie recht sie damit hatten.

Marlon war unersättlich in seinem Interesse an Menschen. Was ging in ihnen vor? Warum handelten sie so und nicht anders? Was hielten sie von der Welt im allgemeinen und von anderen Menschen, ihren Gefühlen, Feststellungen und Sehnsüchten? Wann immer Leute irgendwo zusammenkamen, fühlte sich Marlon sofort zu dem ruhigsten Menschen hingezogen, der auf ein ungeübtes Auge langweilig wirken mochte. Dann unterhielt er sich stundenlang lebhaft und angeregt. Er verstand es meisterhaft, das geknickte Veilchen wieder zum Erblühen zu bringen und das Mauerblümchen aus der Reserve zu locken. Sein Interesse war keineswegs geheuchelt, sondern ganz aufrichtig. Die picklige junge Frau, die besser in eine Bibliothek als in ein Boudoir gepaßt hätte, interessierte ihn tatsächlich. Er stellte solchen Mädchen dann kluge und ganz aufrichtig gemeinte Fragen, die er sich genau überlegt hatte. Die Mädchen gingen immer mehr aus sich heraus, bis sie vor unseren Augen regelrecht erblühten. Mit selbstsicheren, strahlenden Partybesuchern hatte Marlon nichts im Sinn. Mit denen unterhielt er sich nur selten oder überhaupt nicht. Doch mit dem männlichen oder weiblichen Gast, der sein Interesse erregt hatte, zog er sich in die entfernteste Ecke des Raumes zurück. Da saßen sie sich Auge in Auge gegenüber, so eifrig ins Gespräch vertieft, daß sie von dem Wirbel ringsum nichts mehr wahrnahmen.

Marlon war immer auf der Suche nach der Wahrheit, nach dem Menschen hinter der Maske, den wahren Gefühlen hinter der Fassade. Wenn er seine durchdringenden blauen Augen auf jemanden richtete, gab es kein Entkommen. Die Stunde der Wahrheit war da. Selbst Menschen, die ein Muster an Selbstbeherrschung waren und sich nie jemandem anvertrauten, öffneten vor Marlon Brando ihre Schleusen, und alles sprudelte hervor. Marlon war einfühlsam und verständnisvoll, er teilte Freud und Leid mit denen, die sich ihm anvertrauten. Er ist ein so hervorragender Schauspieler, weil er ein ganz aufrichtiger Mensch ist und jede Rolle lebensecht und überzeugend spielt. Das konnte man Ende der fünfziger Jahre nicht von vielen Schauspielern behaupten. In den fünfziger und sechziger Jahren konnte bei den Schauspielern von Intensität und Tiefe des Gefühls keine Rede sein. Nur James Dean und Montgomery Clift machten da eine Ausnahme.

Marlon Brando hat Pionierarbeit geleistet. Al Pacino, Robert de Niro und Richard Gere sind in seine Fußstapfen getreten. Die Ära des »Personality«-Schauspielers geht dem Ende zu. Denkende und fühlende Menschen haben das Szepter übernommen. Das Wort »Filmstar« ist ihnen verhaßt. Sie drücken den Gestalten, die sie darzustellen haben, den Stempel ihrer Persönlichkeit auf.

Marlons Neugier beschränkte sich nicht auf die Leute, die er auf Partys kennenlernte, sie erstreckte sich auch auf den Inhalt der Kühlschränke seiner Freunde. Es wäre viel zu milde ausgedrückt, zu behaupten, daß er gerne ißt. Eßbares wurde wie von einem unsichtbaren Vakuum blitzschnell in seinen Schlund hineingesogen. Einmal diskutierten wir über die Vor- und Nachteile eines »Vomitoriums« im Haus. Zur Zeit der alten Römer gab es diese Räume, in die sich der wohlhabende Römer nach zwei oder drei Gängen eines allzu üppigen Mahls zurückzog und alles wieder von sich gab. Dann pflegte er zur Tafel zurückzukehren, um sich noch vier oder fünf Gänge einzuverleiben. Und so oft es nötig wurde, schaffte er sich im Vomitorium Erleichterung.

Die Vorteile dieser Methode waren für diejenigen von uns, die gerne aßen (also auch für mich), nicht von der Hand zu weisen. Manchmal bediente sich Marlon dieser seltsamen Methode der Gewichtskontrolle, wenn er für eine Rolle schlank sein mußte. Ich habe das niemals fertiggebracht. Was mußte es für eine Freude sein, sich ein Essen mit vier Gängen, den entsprechenden Wein und hinterher Likör einzuverleiben, ohne daß man am nächsten Morgen beim Blick auf die Waage zurückfuhr!

George und ich erwischten Marlon eines Abends in meiner Wohnung dabei, wie er sich den letzten Happen einer Riesenpackung Vanille- und Pfirsicheis zu Gemüte führte. Die zwei leeren Packungen auf dem Tisch zeugten von seinem gesunden Appetit.

Er hatte den Löffel noch im Mund. Wir waren ihm auf die Schliche gekommen wie einem kleinen Jungen. Er war natürlich schuldbewußt, doch gelang es ihm, den Eindruck von *savoir faire* zu erwecken, obwohl ihm Eis auf das T-Shirt tropfte.

George war genau der Mann, den ich mir immer erträumt hatte. Abgesehen davon, daß er verheiratet war, war er der ideale Mann für mich. Es war zwar schrecklich, wie er mich behandelte, doch ich fand mich damit ab. Es heißt ja immer, Liebe mache blind. Das traf auf mich in vollem Maße zu. Ich sah ihn durch eine rosarote Brille.

»Ich lasse mich von Cloris scheiden«, verkündete er eines

Tages unumstößlich. Da war unsere Liaison schon drei oder vier Monate alt. »Wir werden zwar wegen der Kinder noch eine Weile unter demselben Dach wohnen — natürlich in getrennten Schlafzimmern«, fügte er hastig hinzu als er die Wut in meinen Augen aufblitzen sah.

Ich war begeistert. So ging mein unbewußter, stets unterdrückter Wunsch, meiner Mami meinen Daddy wegzunehmen, nun in der Beziehung zu George in Erfüllung.

Um seine wiedergewonnene Freiheit zu feiern, flogen wir nach Eleuthera, einer der abgelegensten und romantischsten Inseln in der Karibik. Da war nichts als das grüne Meer mit seinen Schaumkronen, weißer Strand und unser kühles blaues Zimmer. Doch George war unzufrieden. Er war ständig gereizt, ganz durcheinander und geistesabwesend.

»Warum nur?« klagte ich, als ich an dem herrlichen weißgoldenen Strand saß, paradiesische Schönheit ringsum. »Warum um alles in der Welt mußt du jetzt an Cloris und die Kinder denken?« Ich warf mich in meinem weißen Bikini in den feinen Sand und fing an zu schluchzen. Wie war es nur möglich, daß er jetzt an Frau und Kinder denken konnte — mit meinem schlanken, sonnengebräunten Körper vor Augen? Was fehlte mir denn noch, daß er bei mir keine Erfüllung fand? Obwohl ich regelmäßig zum Psychiater ging, war ich nicht imstande zu erkennen, daß die Schuld nicht nur bei mir lag. Ihn drückten schlimme Schuldgefühle, weil er Frau und Kinder im Stich gelassen hatte. Dadurch, daß er so von mir besessen war, goß er ständig Öl ins Feuer. Unser Inselparadies entpuppte sich als Desaster. Drei Tage rangen wir auf diesem paradiesischen Eiland miteinander und stritten uns fast ohne Unterlaß, dann flogen wir in die Staaten zurück und nahmen unsere Charade wieder auf.

»Dollink, ich kenne einen wundervollen Mann, der ganz *verrückt* nach dir ist.« Zsa Zsa Gabor biß in einen knusprigen Shrimp und sah mich aufmerksam an. »Was willst du mit diese — diese schreckliche verheiratete Idiot? Dollink, diese Mann ist nichts für dich.« Wir aßen bei Romanoff. Zsa Zsa war mit guten Ratschlägen bei der Hand. Ihre Juwelen glitzerten in der Mittagssonne. Ich trug eine dunkle Sonnenbrille, um die Verwüstungen zu verbergen, die die nachts vergossenen Tränen angerichtet hatten. Ich versuchte trotzdem, das Spielchen mitzuspielen und mich so zu verhalten, wie man sich verhielt, wenn man mit einer Freundin zum Mittagessen ging.

In der vergangenen Nacht hatte ich den richtigen Riecher gehabt. Als gegen elf Uhr eine sterbenslangweilige Fernsehsendung zu Ende war und der Nachrichtensprecher auf dem Bildschirm erschien, dämmerte mir blitzartig die Erkenntnis, daß es im Hause der Englunds gar kein zusätzliches Schlafzimmer gab! Ohne nachzudenken sprang ich in meinen Wagen und sauste nach Westwood. Vorsichtig bog ich in die kleine Straße hinter dem zweistöckigen weißen Haus ein und beobachtete, was im Hause vorging. Das Haus hatte drei Schlafzimmer und wurde von sechs Leuten bewohnt — George und Cloris, ihren drei Söhnen und der Haushälterin. Die Sache war ja sonnenklar! Die drei Jungen belegten das eine Schlafzimmer, die Haushälterin das zweite, und in dem größten nächtigten Mr. und Mrs. Englund. Den Rest der Geschichte kann man sich leicht ausmalen. Und wie um meine These zu beweisen, betraten die beiden Hauptakteure meiner Rührgeschichte das Schlafzimmer. Während sie sich auszogen, unterhielten sie sich angeregt. Von Entsetzen gepackt, gab ich Gas und bog hastig in den Wilshire Boulevard ein. Dann machte ich mit quietschenden Reifen kehrt und fuhr noch einmal langsam durch die kleine Straße. Ich lauerte den beiden auf, um ganz sicher zu gehen. Ja, er war es. Es war unverkennbar sein 1,85 m großer, braungebrannter Körper, jetzt nur noch mit einer blauen Unterhose bekleidet. Von lebhaften Gesten begleitet besprach er irgend etwas mit seiner Frau. Sie trug ein hauchzartes, orangefarbenes Nachthemd und war ohne Schuhe gut 25 cm kleiner als er. Mir brannten Tränen in den Augen, als ich meinen schrecklichen Verdacht bestätigt sah. Er hatte mich belogen. Er betrog mich — mit seiner Ehefrau!

Von »getrennten Schlafzimmern« konnte gar keine Rede sein. Ich bezweifelte auch, daß sie über ihre bevorstehende

Scheidung sprachen. Ich sah ein überaus bequemes, riesengroßes Bett, ein Ehepaar von zweiunddreißig Jahren mit drei Kindern, seit sieben Jahren verheiratet, drauf und dran, miteinander ins Bett zu gehen.

Ich trat so fest auf das Gaspedal wie ich nur konnte und schoß blind vor Tränen davon. Auf dem Sunset Boulevard hielt mich die Polizei an.

Ich war so überstürzt aus der Wohnung gerannt, daß ich keinerlei Ausweispapiere bei mir hatte — nicht einmal Geld.

»Okay, Lady, wo ist Ihr Ausweis?« fragte der kaugummikauende Polyp gereizt. Daß meine Augen in Tränen schwammen und ich völlig verzweifelt war, schien er nicht zu merken. Ich hielt es für das Beste, schleunigst mein vornehmstes Englisch auszukramen. »Ich bedaure unendlich, Officer — aber ich kann mich gar nicht erinnern, die Papiere in mein Reticule gesteckt zu haben, als ich meine Wohnung verließ.«

Ich schluchzte auf. Mit dem ›Reticule‹ hatte ich wohl ein bißchen übertrieben. Dieses Wort aus der viktorianischen Zeit hatte er garantiert noch nie gehört. Trotzdem hatte mein Sprüchlein seine Wirkung nicht verfehlt. Ich wußte ja, daß die echte, elitäre, blaublütige englische Redeweise den Amerikanern großen Respekt einflößte. Auch dieser Polizist machte da keine Ausnahme. Statt mich mit aufs Revier zu nehmen, was seine Pflicht gewesen wäre, da ich die Höchstgeschwindigkeit überschritten hatte, erbot er sich galant, mich auf dem Motorrad zu meiner Wohnung zu eskortieren, damit ich meinen Führerschein holen konnte. Wäre ich dagegen im Revier gelandet, hätte der Computer garantiert ausgespuckt, daß ich eine ganze Reihe von Strafmandaten noch nicht gezahlt hatte. Womöglich hätte ich sogar die Nacht im Polizeigefängnis verbringen müssen.

»Ach, die amerikanischen Polizisten sind einfach wundervoll«, hauchte ich verschämt. Inzwischen war ihm aufgefallen, daß auf meinen Wangen Tränen trockneten, daß eine verzweifelte Engländerin mehr Schwierigkeiten machen würde als ihr Yankee-Gegenstück. Daher überließ er mich meinem Schicksal.

Und jetzt saß ich mit Zsa Zsa beim Mittagessen und

hörte ihr grimmig zu — mehr denn je entschlossen, dieses katastrophale Verhältnis zu beenden.

»Dollink, er ist wundervoll«, säuselte Madame Gabor und warf ihre wohlfrisierten blonden Locken zurück. Bei dem Gedanken, Amor zu spielen, trat ein geradezu überirdischer Glanz in ihre blauen Puppenaugen. Normalerweise haßte ich Verabredungen mit unbekannten Männern wie die Pest. Ich wollte nicht im dunkeln tappen. Und Männer, die bekannte Filmschauspielerinnen kennenlernen wollten, waren meistens widerliche Kerle. Doch ich ließ sie weiterreden, vertilgte, was nur hineinging, und trank dazu soviel Wein wie nur irgend möglich — um meinen Kummer zu betäuben.

»Er heißt Raphael Trujillo — du hast doch sicher schon von ihm gehört?« Sie sah mich fragend an. Ich schüttelte den Kopf. Ich hatte Spinat und Specksalat im Mund. Zsa Zsa seufzte. Frauen wie sie schienen sämtliche Staatsoberhäupter, Premierminister und Industriemanager aller kleineren Länder der Welt sehr gut zu kennen. Durch mein Verhältnis mit George und die ständigen Sitzungen beim Psychiater war mein Interesse an der Weltpolitik abgeflaut. Zsa Zsa unterrichtete mich und ließ nichts aus, doch ich hörte nur ganz am Rande zu.

»Sein Vater ist natürlich Präsident der Dominikanischen Republik, und«, sie flüsterte mir mit verschwörerischer Miene ins Ohr, »er wird auch manchmal *El Jefe*, der Anführer, das Oberhaupt, genannt oder auch ›Der Caligula der Karibik‹.« Jetzt fiel mir ein, daß ich schon über ihn gelesen hatte. Es war ihm zwar gelungen, die verzweifelte wirtschaftliche Situation in seinem Land etwas zu bessern, als er im Jahre 1930 an die Regierung kam, doch er hatte keine Opposition geduldet. Andersdenkende wurden eingesperrt, gefoltert oder sogar hingerichtet. Er regierte sein Land mit unnachgiebiger Härte, verbreitete Angst und Schrecken. Er terrorisierte sein verängstigtes unglückliches Volk und beutete es schamlos aus.

Doch Zsa Zsa tat die Greueltaten des Vaters mit einer lässigen Handbewegung ab und erzählte mir von dem Sohn. Er spielte Polo und war ein guter Freund von Zsa Zsas Intimus Porfirio Rubirosa. Er hatte seine kurze Militärzeit in Fort Leavenworth in Kansas gerade hinter sich gebracht. Nun war er General Raphael Trujillo. »... Und...«, schloß Zsa Zsa triumphierend, »er ist neunundzwanzig, nicht verheiratet, sieht *sehr* gut aus, ist unbeschreiblich reich und kann es kaum erwarten, dich kennenzulernen. Na, was sagst du dazu, Dollink?« Ich dachte nach, während ich mir das Essen munden ließ. Warum eigentlich nicht? Wenn auch sein Vater ein Diktator war, hieß das ja noch lange nicht, daß auch der Sohn ein Übeltäter sein mußte.

»Kommst du auch mit?« fragte ich Zsa Zsa, die mich ansah wie eine Henne ihr allererstes Ei.

»Ach, Dollink, leider geht das nicht — ich kann im Augenblick nicht nach Palm Beach. Ich mache eine Show.«

»Palm Beach!« Ich schnappte nach Luft. »Von Palm Beach war überhaupt nicht die Rede. Schließlich sind wir hier in Beverly Hills. Ich fliege doch nicht 6000 km weit, um mich mit einem Mann zu treffen, den ich nicht mal kenne!«

»Aber Dollink«, schmeichelte sie, »sein Boot liegt jetzt dort vor Anker. Er hat zehn Tage oder so geschäftlich in Palm Beach zu tun. Er kann da jetzt nicht weg.« Sie senkte die Stimme zu einem verschwörerischen Flüstern. Ihr Blondschopf kam ganz nah. Der Duft von Arpège stieg mir in die Nase. Sie hatte ihre falschen Wimpern blau getuscht. »Du kannst doch diesen gräßlichen George sicher ein paar Tage entbehren.« Sie lächelte geheimnisvoll, lehnte sich befriedigt zurück und nippte an ihrem Chablis. Ihre Mission war zwar damit nicht beendet, doch zumindest hatte sie mir die Botschaft überbracht.

»Ausgeschlossen, Zsa Zsa.« Ich schüttelte heftig den Kopf und steckte mir eine Zigarette an. »Es kommt überhaupt nicht in Frage, daß ich über 6000 km zurücklege, nur um einen Kerl kennenzulernen, der nett und reich ist. So nett und reich kann er gar nicht sein, daß ich das auf mich nehme!«

»Aber Dollink, du hast mir doch erzählt, daß du nächste Woche sowieso zur Uraufführung deines Films nach New York fliegst. Von New York aus ist es doch nur ein Katzensprung nach Palm Beach. Er wird dir natürlich sein Flugzeug schicken.« Auch beim Dessert lag sie mir ständig mit Trujillo in den Ohren. Doch ich konnte mich nicht für die Idee begeistern. Außerdem mußte ich nach Hause. George hatte sich für halb vier angesagt. Er verspätete sich zwar immer und unbedingt, doch ich war immer da. Heute war es besonders wichtig, daß ich pünktlich war. Ich hatte ein Hühnchen mit ihm zu rupfen.

Ich jagte zum Shoreham Drive zurück. Es war ein wunderschöner, sonniger Tag, doch mich überlief ein Frösteln. George erschien glücklich um vier Uhr, braungebrannt wie immer und blendend aussehend. Er trug einen untadeligen Anzug mit Schottenkaro, in dem jeder andere Mann vulgär ausgesehen hätte. Doch er hätte in diesem Aufzug auf der Titelseite von *Gentleman's Quarterly* erscheinen können. Ich versuchte mich zu erinnern, ob er mir je etwas geschenkt hatte, wenigstens Blumen, doch mir fiel nichts ein. Nur sich selbst hatte er mir zum Geschenk gemacht. Ob das wohl genügte?

Unser übliches Nachmittagsritual bestand darin, daß wir uns küßten, ein Weilchen schwatzten und dann miteinander ins Bett gingen; aber an diesem Nachmittag war ich nicht in Stimmung. Ich wollte nur reden. Und ich brauchte einen Drink. Es würde nicht leicht sein, dieses Thema anzuschneiden. Er ließ sich auch einen Wodka mit Tonic geben und setzte sich mir gegenüber in den Lehnsessel. Er hatte sein Jackett ausgezogen, sich bequem zurückgelehnt und die Arme hinter dem Kopf verschränkt. Zufrieden lächelnd sah er mich an. Ich war sein Eigentum, gehörte ganz ihm, war seine kleine Prinzessin im Elfenbeinturm. Seine nagelneuen Schuhe glänzten in der Nachmittagssonne, seine goldenen Manschettenknöpfe blitzten auf. Es erfüllte mich mit boshafter Befriedigung, daß zumindest ein Manko nicht zu übersehen war. Auf seiner Stirn bildeten sich langsam kleine Geheimratsecken. »Geschieht ihm ganz recht«, dachte ich verbiestert. »Ich hoffe, daß er bald *völlig* kahl ist.« Ich kippte den Wodka in einem Zug hinunter und kam direkt zur Sache. »Du hast behauptet, daß ihr in getrennten Schlafzimmern schlaft, Cloris und du, aber ich glaube dir nicht.« Ich starrte ihn an und hoffte wider besseres Wissen, daß er mir glaubhaft versichern würde, ich sei einer Wahnvorstellung erlegen.

Er hielt meinem Blick stand und leerte sein Glas ebenfalls. Ein schmerzhafter Ausdruck trat in sein Gesicht. Er steckte sich eine Zigarette an. Mein Gott, er rauchte doch sonst *nie.* Was war nur los mit ihm? Gestehe, George. *Gib zu,* daß du mit deiner Frau geschlafen hast. Laß nur all die alten Phrasen vom Stapel, die Ehemänner auf Lager haben. *Sie* war da, du nicht. Ich habe die ganze Zeit nur an dich gedacht. Es ist nur ein einziges Mal passiert. Sie hat es gewollt, aber ich konnte einfach nicht... Sag doch etwas, *irgend etwas.* Um halb fünf sitzt du da, rauchst eine Zigarette und siehst aus, als sei Pearl Harbor gerade bombardiert worden. Gib's doch endlich zu, erzähle mir alles. Ich werde Tränen vergießen, und dann gehen wir miteinander ins Bett und vertragen uns wieder. All das ging mir blitzschnell durch den Kopf, während er dasaß, rauchte und mich unverwandt anstarrte.

»Cloris ist schwanger«, verkündete er schließlich. »Joanie, wir haben nur ein einziges Mal miteinander geschlafen, und schon ist sie wieder schwanger.« Ich war wie betäubt. Schwanger? Das war doch völlig ausgeschlossen. Oder nicht? Sie hatte doch schon drei Kinder, immer im Abstand von zwei Jahren geboren.

»Wie... ich meine warum... wann?« Ich konnte nicht weitersprechen. Ein dicker Kloß von der Größe einer Faust saß mir im Hals. Den konnte ich nur mit Wodka hinunterspülen. Schweigend goß ich Smirnoff pur in unsere Gläser, und George berichtete, wie das passiert war.

An einem Nachmittag vor sieben oder acht Wochen, als George gerade bei mir war, hatte Cloris plötzlich vor der Wohnungstür gestanden, die Tür mit den Fäusten bearbeitet und getobt wie eine Wahnsinnige. »George ist da drin — ich weiß, daß er da drin ist!« hatte sie gekreischt. »Er soll rauskommen! O Gott! Wie konntest du mir das antun, George!« Und dergleichen mehr. Ein hochdramatischer Auftritt, Hysterie in Reinkultur. Wir setzten uns furchtsam im Bett auf. George machte mir ein Zeichen, mich ruhig zu verhalten, als ich an die Tür gehen und Cloris versichern wollte, daß George nicht bei mir war.

Nach fünf oder zehn Minuten fingen die Nachbarn an, sich

zu beklagen. Sie wurde hinauskomplimentiert. Sie weinte und klagte noch immer. Ich hatte einen richtigen Schock; denn ich hatte nicht geahnt, daß außer Cappy und Marlon noch jemand von unserem Verhältnis wußte; aber Gerüchte verbreiten sich in Hollywood wie mit Urwaldtrommeln. Offenbar war Cloris zu Ohren gekommen, daß der Cadillac ihres Mannes mehrmals in der Woche im Shoreham Drive stand. George behauptete steif und fest, daß sie zu der Zeit tatsächlich getrennt schliefen. Er habe auf der Couch in seinem Arbeitszimmer genächtigt. Sozusagen eine Trennung auf Probe. Er wollte versuchen, sich über seine Gefühle klarzuwerden. Doch als er an diesem Abend nach Hause zurückkehrte, empfing sie ihn mit Tränen, Hysterie und Selbstmorddrohungen. Um mich zu schützen und ihr zu beweisen, daß er nichts mit mir habe, sah er sich gezwungen, mit Cloris zu schlafen. Nur dieses eine Mal — mit dem Erfolg, daß sie nun schwanger war.

»Dann wirst du also bald vier Kinder haben«, sagte ich mit Grabesstimme. Ich griff nach der Wodkaflasche und leerte sie auf einen Zug. Dann warf ich sie mit aller Kraft durchs Zimmer. Sie krachte hinter seinem Kopf ins Fenster, und gleich darauf war alles mit Scherben übersät. George sprang überrascht auf. Ich packte einen Aschenbecher und warf ihn in ein anderes Fenster, dann ein Glas, dann ein Kissen — was ich in die Finger bekam. Dabei schluchzte ich herzzerreißend und stammelte zusammenhangloses Zeug. »Das ist *mein* Baby, das sie kriegt — es sollte meins sein — wie konntest du sie wieder schwängern! Sie hat doch schon drei Kinder. Ich hätte dieses Baby mit dir haben sollen! Es ist meins — meins — meins!« Ich hatte völlig die Beherrschung verloren und wußte nicht mehr, was ich tat. Er versuchte, mich zu beruhigen. Er wußte, daß mir physische Gewaltanwendung im höchsten Maße zuwider war, da ich nie jemanden geschlagen hatte. Daher signalisierte ihm dieser Ausbruch, daß ich kurz vor dem völligen Zusammenbruch stand.

Ich ließ mich nicht von ihm anfassen. Mir tat alles weh, und meine Kehle war vom Schreien ganz ausgedörrt. Alles, was ich monatelang in mir aufgestaut hatte, brach sich jetzt Bahn.

Monatelang hatte ich mich mit Geduld gewappnet, hatte gehofft, hatte mich damit abgefunden, daß er immer zu spät kam, hatte seine Lügen und Betrügereien hingenommen, doch jetzt konnte ich einfach nicht mehr. Hätte ich eine Pistole besessen, hätte ich ihn womöglich sogar erschossen — ein »Verbrechen aus Leidenschaft«. Ich hatte gar nicht gewußt, daß sich ein solcher Zorn in mir angestaut hatte. Es war wie ein Dammbruch. Die Schleusen öffneten sich. Das Quentchen Zynismus in mir beobachtete den Ausbruch höchst interessiert, vielleicht kam mir diese Erfahrung als Schauspielerin bei künftigen Rollen einmal zugute. »Gut gemacht«, sagte mir eine innere Stimme bewundernd, »eine fantastische Vorstellung, meine Liebe!« Nie wieder habe ich so einen ohnmächtigen Zorn und eine solche Verzweiflung empfunden, nie wieder einen solchen Kummer gehabt wie an diesem sonnigen Nachmittag in North Hollywood — bis meine Tochter Katyana etwa zwanzig Jahre später von einem Wagen angefahren wurde und auf der Intensivstation zwischen Leben und Tod schwebte.

George ging erst nach Stunden. Ich muß ihm allerdings zugute halten, daß er diesen Zusammenbruch mit mir durchgestanden hat und nicht von meiner Seite gewichen ist. Schließlich war ich so erschöpft, daß ich in einen tiefen Schlaf versank, der mir endlich Vergessen schenkte. Als George um neun Uhr auf Zehenspitzen aus der Wohnung schlich, ließ er mich als hilfloses Wrack zurück — groggy, zu Tode erschöpft, vollkommen durchgedreht. Trotzdem schwelten in mir atavistische Rachegelüste.

Am nächsten Tag rief ich Zsa Zsa an. »Ich fliege heute abend nach New York«, berichtete ich betont munter. »Richte deinem Freund Trujillo doch bitte aus, daß er mich im Plaza erreichen kann.«

Sie hatte gar nicht einmal so unrecht gehabt, was Trujillo anging. Er war ein blendend aussehender Lateinamerikaner mit glänzend schwarzem Haar und olivfarbener Haut. Seine Manieren waren unnachahmlich, und es war ganz augenscheinlich, daß er mich bewunderte. Wir speisten auf seiner fürstlichen Yacht, der *Angelica,* inmitten von Accessoires, die sich nur die Allerreichsten leisten können. Ein handgesticktes weißes Organdytischtuch zierte die lange Tafel. Goldenes Geschirr, goldenes Besteck, Gläser aus herrlichem bernsteinfarbenem venezianischem Glas. Und ein Meer von Blumen — Orchideen, Lilien und üppige tropische Pflanzen. Es gab Kaviar im Überfluß, erlesenen Wein und exquisites Essen. Es war eine wunderschöne, milde Nacht. Wir lagen vor der Küste von Palm Beach. Der Vollmond spiegelte sich im Wasser. Die Wellen schlugen sachte an das Boot.

Abgesehen von der etwa achtköpfigen Crew und der Band befanden sich auch noch Gäste an Bord, Angehörige der oberen Gesellschaftsklasse von Palm Beach, Trujillos Hofstaat und seine ›Adjutanten‹ aus der Dominikanischen Republik. Die Gespräche waren albern, das übliche Jet-Set-Geschwätz über Partys, Städte, Gegenden und Leute. Ein paar von den Gästen kannte ich, mir war das ziemlich gleichgültig. Es tat mir gut, wieder einmal in Gesellschaft eines Mannes zu sein, der mich ganz offensichtlich hinreißend fand, der mich mit Komplimenten überschüttete und mir jeden Wunsch von den Augen ablas. ›Dein Wunsch ist mir Befehl‹, schien seine Haltung auszudrücken. War das eine Wohltat, nachdem ich mich vergebens so sehr um George bemüht hatte.

Wir tranken auf dem Oberdeck Kaffee und Cognac. Die ferne Küste zeichnete sich gegen den stahlblauen Himmel deutlich ab. Die Palmen wogten sachte in der leichten Brise, und der Calypso erinnerte mich an die Außenaufnahmen in der Karibik. Wir tanzten zusammen. Mir war ganz wirr im Kopf. Ich fühlte mich herrlich unbeschwert, denn ich hatte einen ordentlichen Schwips. Ich hatte in der Nacht zuvor kaum ein Auge zugetan. Der Gedanke, daß George nun wieder Vater werden würde, quälte mich unaufhörlich. Ich wollte in mein Hotel in Palm Beach zurück und eine Woche nichts als schlafen. Ich war völlig übermüdet und sagte das auch Raphael, doch er bestand darauf, daß ich die Nacht in der Luxuskabine an Bord seiner Yacht verbrachte, die für mich vorbereitet worden war.

Warum eigentlich nicht? Ich war jung, ledig und völlig ungebunden. Ich konnte zwar an nichts anderes denken als an meine Affäre mit George und meine Bindung an ihn, doch sie schien ja zum Scheitern verurteilt zu sein. Warum sollte ich da die Nacht nicht mit diesem attraktiven, fremden Mann verbringen, der mich behandelte wie ein kostbares Juwel? Ich war noch nie mit einem Mann ins Bett gegangen, wenn mich nicht eine wilde Leidenschaft oder Liebe dazu verleitet hatte. Doch diesmal bestimmten geistige und physische Erschöpfung mein Handeln. Außerdem war ich dankbar dafür, daß mir jetzt der Trost zuteil wurde, den ich monatelang hatte entbehren müssen. Ich war George über ein Jahr treu gewesen, doch er hatte mich hintergangen. So würde unsere Liebesaffäre also enden. Auf einer herrlichen Yacht unter dem nächtlichen Himmel von Florida mit dem Sohn des Präsidenten der Dominikanischen Republik.

Im Herbst wußte ich in New York bald kaum mehr, wo mir der Kopf stand. Interviews, Fototermine, offizielles Pressegabelfrühstück, Auftritte als Gaststar in Fernsehsendungen. Die Partysaison fing wieder an. Ende August fingen die New Yorker wieder an, ihre Lieblingsrestaurants und Clubs aufzusuchen, nachdem sie den Sommer in St. Tropez oder auf den griechischen Inseln verbracht hatten. Ich war jetzt stolze Besitzerin eines herrlichen Brillantcolliers, ein Geschenk von Trujillo. Es war am Tage meiner Rückkehr nach New York eingetroffen, ein besonders schönes Schmuckstück in Form von sieben oder acht Blumen von etwa fünfundzwanzig Karat. Ich versuchte, mich mit Trujillo in Verbindung zu setzen, um es ihm zurückzuschicken, doch von seinen ›Adjutanten‹ erfuhr ich, daß er bereits nach Santo Domingo zurückgekehrt war und zutiefst gekränkt wäre, wenn ich dieses »Zeichen seiner Hochachtung« nicht von ihm annähme. Es wäre »ein Affront«, teilten sie mir frostig mit.

Als ich mit Cappy Yordan in Beverly Hills telefonierte, war sie ganz entsetzt, daß ich das Collier nicht behalten wollte. Zsa Zsa war der gleichen Ansicht. »Dollink, für ihn ist das wie ein Blumenstrauß für andere Männer. Er ist doch so reich!« spöttelte sie. Also entschloß ich mich, das Collier zu behalten. Man muß zeigen was man hat, war einer von Cappys Wahlsprüchen. Das tat ich denn auch.

Es war das erste wirklich wertvolle Schmuckstück, das ich je bekommen hatte. Arthur Loew hatte mir trotz der vielen Millionen, die seine Familie besaß, nur kleine goldene Anstecknadeln und Ringe mit ein paar kleinen Diamantsplittern von einem Viertel Karat geschenkt. Nick Hilton stand nicht gerade in dem Ruf, Frauen gegenüber besonders großzügig zu sein, nachdem er an Elizabeth Taylor geraten war. Was für ein Jammer, dachte ich, daß ich ausgerechnet das einzige wertvolle Schmuckstück von einem Mann geschenkt bekommen habe, mit dem mich kaum etwas verband. Sicher, er war nett, charmant und gutaussehend; aber ich hatte nicht den Wunsch, ihn wiederzusehen.

Diese eine Woche Publicityrummel endete abrupt, als ich nach Los Angeles zurückbeordert wurde, um einen neuen Film zu drehen. Nick Hilton, mit dem ich mich wieder verabredet hatte, und ein anderer Mann hatten sich eines Nachts im Plaza fast um mich geschlagen. Es war höchste Zeit, daß ich New York den Rücken kehrte. Ich wollte mich wieder in die Arbeit stürzen.

Ich hatte geglaubt, mit George Englund endgültig fertig zu sein. Doch ich hatte mich geirrt.

Am Tag nach meiner Rückkehr nach Los Angeles bekam ich eine rote Rose mit einem Kärtchen »Verzeih mir, G.« Wer der Absender war, lag klar auf der Hand. Ich versuchte, mir einzureden, daß mich das nicht mehr berührte, und begab mich eiligst zu Kostümproben für den Film *Rally Round the Flag Boys* ins Filmstudio. Ich mußte mir jedoch eingestehen, daß ich fast übermütig und voller *joie de vivre* war. War das wirklich auf den Text auf dem Kärtchen zurückzuführen?

Als ich mich gerade mit Charles Le Maire beriet, der die Garderobe entwarf, die ich in *Rally* tragen sollte, rief mich mein Auftragsdienst an.

»Mr. Cunningham hat heute dreimal angerufen«, hieß es, weil ich immer wieder fragte: »Hat Mr. Cunningham angerufen?« Und meine Enttäuschung nicht verhehlen konnte, wenn das nicht der Fall war. Mr. Cunningham war am Telefon der Deckname für George.

Mein Herz setzte einen Schlag aus. Den Verstand hat man

In Hollywood entstanden Hunderte von Pin-up-Fotos. Hier in der Pose als ›schmollender Panther‹.

Mein erster Hollywood-Film ›The Virgin Queen‹ (Die jungfräuliche Königin). Ich war nicht gerade Bette Davis' liebste Hofdame.

Auf einer Party in Hollywood mit Arthur Loew jr. Zu meinen Füßen Errol Flynn.

Der Film ›The Girl in the Red Velvet Swing‹ (Das Mädchen auf der roten Samtschaukel) von 20th Century-Fox brachte mir so viel Publicity, daß ich auf das Titelbild von Life kam.

An MGM für den Film ›The Opposite Sex‹ (Das schwache Geschlecht) ausgeliehen, spielte ich meine erste Rolle als richtige Frau. Ich war ein richtiges Biest, das ironischerweise den Namen Christal trug.

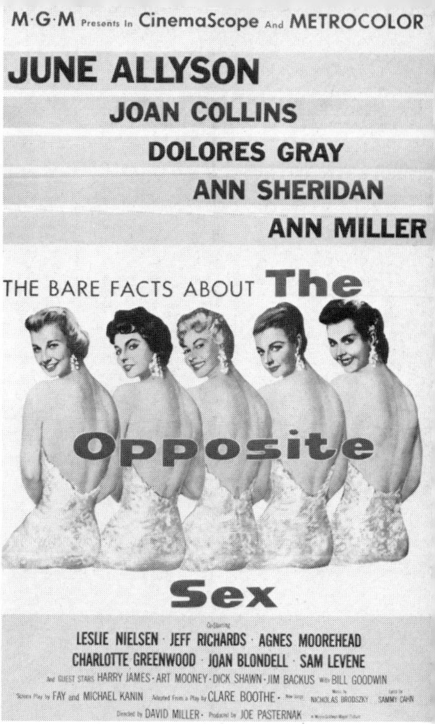

Oh, wie schrecklich, drei Tage lang in diesem Schaumbad zu sitzen, und das kurz vor meiner Scheidung.

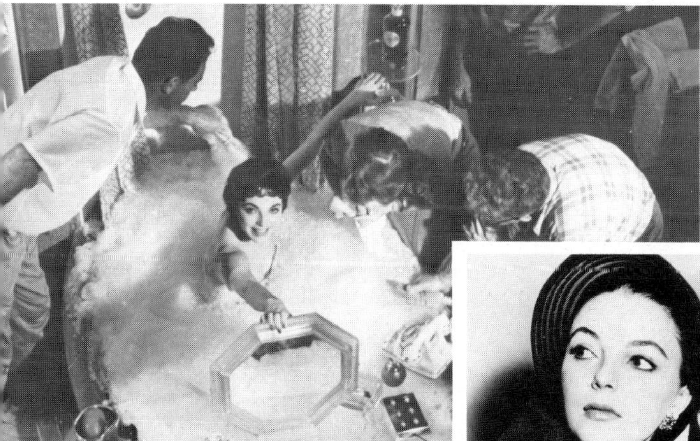

Meine Schwester Jackie begleitete mich zum Gericht in Santa Monica, wo meine Scheidung von Maxwell Reed rechtskräftig wurde.

0n ›Seawife‹ (Treibgut der Leidenschaft) spielte ich eine Novizin, die mit Richard Burton auf eine verlassene Insel verschlagen wurde. Wir durften uns in diesem Film nicht küssen.

Auf Barbados mit dem wunderbaren Harry Belafonte für Dreharbeiten zu ›Island in the Sun‹ (Heiße Erde).

Drei Männer mußten das Pferd in ›The Bravados‹ (Bravados) halten, damit ich für die Nahaufnahme möglichst gelassen aussah. Es sollte so aussehen, als wäre ich im Sattel geboren.

in der Gewalt, das Herz aber nicht — so ist es jedenfalls bei mir.

»Wenn er noch mal anruft, richten Sie ihm bitte aus, daß ich in der Kostümabteilung bin«, sagte ich und besprach mit Charles weiter die Garderobenfrage. Doch ich war viel zu aufgeregt, um mich konzentrieren zu können. George rief schon nach zehn Minuten an. »Ich möchte drei Dinge klarstellen, bevor du etwas sagst«, stammelte er hastig. »Ich liebe dich, du fehlst mir sehr, und wer zum Teufel ist Peter Theador oder wie er heißt?« Ich kicherte. Ich konnte einfach nicht anders.

»Wir sind nur gute Freunde.« Ich lachte und strich mit den Fingern über die antike Brillantbrosche, die mir Peter zum Abschied geschenkt hatte. In letzter Zeit entpuppten sich alle Männer, die mir über den Weg liefen, als Weihnachtsmänner. George mußte mich nicht lange bitten, damit ich mich bereit erklärte, ihn zu treffen. Er machte mich neugierig, als er mir verkündete, er habe gute Nachrichten, die für uns beide sehr von Nutzen wären. Ich bestand jedoch darauf, daß wir uns im La Scala trafen. Was hatten wir noch zu verbergen, da doch zwischen uns alles aus war?

»Cloris hat eine Fehlgeburt gehabt«, deutete er an. »Ein paar Tage nachdem du nach New York geflogen bist, ist das passiert. Wir hatten uns fast nur noch gestritten.« Er hielt inne, um einen Schluck Wodka zu trinken. Ich hing an seinem Munde.

»Wir haben beschlossen, uns scheiden zu lassen. Ich habe schon einen Anwalt aufgesucht, und . . .« Er trank noch einen Schluck. Ich beugte mich vor und traute meinen Ohren nicht.

». . . und ich bin in ein Apartmenthaus am Wilshire Boulevard gezogen, das Beverly Comstock. ›Boulevard der fehlgeschlagenen Träume‹«, zitierte er und berief sich damit auf die Tatsache, daß es in der Gegend von Westwood am Wilshire Boulevard Dutzende von Hotels gab, in denen frisch geschiedene oder getrennt lebende Männer Unterschlupf fanden, während ihre Anwälte mit den Frauen um den Besitz, die Häuser, Cadillacs, die Gemälde und das Sorgerecht für die Kinder kämpften. Die Frauen bekamen ohnehin meistens alles. Dagegen war das, was mir nach meiner Scheidung von

Maxwell Reed geblieben war, der reinste Witz. In der Gegend um den Wilshire Boulevard wohnten aber auch eine Unmenge Stewardessen, Fotomodelle und Schauspielerinnen. Ein Paradies für Singles.

»Und was spiele ich dabei für eine Rolle?« fragte ich.

»Du spielst bei mir die Hauptrolle, das ist doch ganz klar. Ich will damit sagen, daß ich dich liebe. Liebst du mich denn überhaupt noch?« Das hätte er schon an meinem anbetenden Blick erkennen können. »Wenn das alles über die Bühne gegangen ist, können wir vielleicht . . .« Er trank von seinem Wodka. Es fiel ihm offensichtlich schwer, es auszusprechen, doch es mußte sein. Er lächelte sein jungenhaftes Lächeln. »Kannst du dir vorstellen, die Stiefmutter von drei kleinen Jungen zu sein?«

Es war zu schön, um wahr zu sein. Endlich hatte er sich zu mir bekannt. Ich war der glücklichste Mensch auf Erden. Wir bestellten eine Flasche Dom Perignon, um diesen freudigen Anlaß zu feiern. Während wir uns noch zuprosteten, teilte er mir mit, seine Anwälte hätten ihm geraten, sich nicht mit einer Frau allein in der Öffentlichkeit sehen zu lassen. Und schon gar nicht mit mir. Cloris überlege sich, ob sie mich nicht als Scheidungsgrund angeben solle. Im Jahre 1958 herrschten noch strenge moralische Grundsätze. Ein Skandal war dem Ruf eines Schauspielers oder einer Schauspielerin so abträglich, daß seine Karriere gefährdet war. Mir war klar, daß ich ebensoviel zu verlieren hatte wie George. Wir vereinbarten, äußerste Diskretion walten zu lassen, bis seine Scheidung durch war.

Wir trafen uns in obskuren Restaurants am Strand oder im Valley. Manchmal verabredeten wir uns auch mit Marlon Brando und seiner rassigen Freundin Rita Moreno aus Puerto Rico. Diese Schauspielerin hatte man auf einen ganz bestimmten Typ festgelegt — auf die ›Hitzkopf‹-Rollen, doch in Wirklichkeit war sie die Treue selbst und kniete anbetend vor Marlons Schrein. Er war ihr Abgott, doch er behandelte sie so, daß sie nie wußte, wo sie bei ihm dran war. Ihre stürmische Affäre hielt acht Jahre. Während dieser Zeit trennten sie sich mehrmals und fanden sich doch immer wieder. Die

Affäre gipfelte darin, daß sie eine Überdosis Pillen nahm, die sie fast das Leben kostete. Ich hatte vollstes Mitgefühl mit ihr. Marlon hatte auch Eheprobleme mit seiner indischen Frau Anna Kashfi, die er immer von allem fernhielt. Ich glaube, Marlon ist nie mit einer Blondine gegangen. Er mochte nur Exotinnen. Jetzt bereiteten sich Marlon und George auf einen gemeinsamen Film mit dem Titel »Der häßliche Amerikaner« vor. Ich hoffte, daß George in sich eine Seelenverwandtschaft mit Marlon entdecken und mich in der Rolle von Marlons Frau sehen würde.

Leider war das nicht der Fall. Aber ich spielte endlich einmal eine Rolle, die mir wirklich lag und die mir Spaß machte: die der witzigen, gefallsüchtigen, zügellosen Angela in *Rally Round the Flag Boys.* Die Fox hatte ursprünglich vorgehabt, Jayne Mansfield die Rolle des aufregenden jungen Vamps spielen zu lassen, der mit einem langweiligen Geschäftsmann verheiratet ist, in einer Kleinstadt lebt und alles tut, um Paul Newman zu verführen und Joanne Woodward abspenstig zu machen. Doch Joanne und Paul machten dem Regisseur Leo McCarey klar, daß Jayne Mansfield für die Rolle der Angela viel zu vulgär und nuttenhaft sei. Sie müsse doch immerhin eine Spur von Klasse und einen koboldhaften Sinn für Humor haben. Sie brachten ihn dazu, mir die Rolle zu übertragen. Sie waren wirklich gute Freunde, und ich wußte ihre Loyalität zu schätzen. Es gibt nur wenige Schauspieler, die sich so dafür einsetzen, daß ihre Freunde Rollen bekommen; aber die Newmans waren da immer sehr großmütig und haben alles getan, um die Menschen, die sie mochten, nach Kräften zu unterstützen. Ich habe diese Rolle sehr gern übernommen. Die Dreharbeiten haben Spaß gemacht. Doch wie die meisten meiner Filme, so war auch dieser weder bei der Kritik noch finanziell gesehen ein Erfolg. Leo McCarey war ein berühmter und sehr beliebter Regisseur, aber inzwischen war er alt geworden und irgendwie kraftlos. Er hatte seinen Sinn für Komik, den er in den dreißiger Jahren in so reichem Maße besessen hatte, eingebüßt.

Mein Liebesleben war mehr als romantisch. Es war eine wahre Freude, mit den Newmans zusammenzuarbeiten, und ich durfte endlich einmal mein komödiantisches Talent zeigen, das so lange brachgelegen hatte. Die Kritiken waren glänzend, doch manche Kritiker gaben auch ihrer Verwunderung darüber Ausdruck, daß eine attraktive Frau, die als sexy galt, auch ein ausgesprochen komisches Talent besitzen sollte. Ich durfte erfinderisch sein, wie es mir bis dahin noch nie vergönnt gewesen war. In der urkomischen Szene, in der Paul und ich uns betrinken und ich ihm beizubringen versuche, wie man Cha-Cha-Cha tanzt, waren wir wahnsinnig komisch. Wir mußten den ganzen Tag lachen, in jeder Szene, von morgens bis abends. Ständig rann mir Mascara über die Backen hinunter, und wir wurden so hysterisch, daß wir schon loswieherten, wenn wir uns nur sahen. »Angela — immer und überall würde ich dieses Gesicht erkennen«, stöhnte Paul, schon ganz schwach vor Lachen — mein Hinterteil vor Augen. Ich beugte mich hinunter, den Po hochgereckt und schnappte nach Luft. Bei diesem Text fiel ich in mich zusammen wie ein Ballon, bis ich am Boden lag. Der nächste Schnitt, und Paul schwang buchstäblich am Kronleuchter hin und her, während ich mich vor Lachen kaum mehr auf den Beinen halten konnte und mich an eine Säule klammerte.

In den fünfeinhalb Jahren, die ich bei der Twentieth Century Fox unter Vertrag stand, waren alle Filme finanziell gesehen ein Desaster. Wirklich deprimierend, besonders für die Aktionäre. Darryl Zanuck hatte mit der Produktion direkt immer weniger zu. Buddy Adler war jetzt Leiter des Filmstudios, und was er auch anfaßte — nie kam etwas dabei heraus. Um diese Zeit beschloß die Filmgesellschaft, einen teuren Kassenhit herauszubringen, Kleopatra, die Geschichte einer *femme fatale,* wie sie im Buche steht. Und für die Rolle der faszinierenden Schlange vom Nil hatte man die Anwärterin aus Großbritannien, die ›schmollende Pantherin‹ Joan Collins, ins Auge gefaßt. Doch die Filmgesellschaft und Produzent Walter Wanger wollten mich so, wie ich war, unter keinen Umständen akzeptieren. Zuerst mußte ich durch eine harte Schule gehen. Ich mußte lernen, mich zu bewegen, zu laufen und zu sprechen wie die Königin von Ägypten. Spezialisten in der Kunst des Schreitens und der Körperhaltung wurden hinzugezogen, um mich auf jede nur erdenkliche Art zu verfeinern. Ich mußte schlanker werden, Es hieß, ich sei bei meinem Gewicht zu kurvenreich für die Rolle der Kleopatra. Als Elizabeth Taylor die Rolle dann spielte, war sie auch nicht gerade eine Elfe.

Ich hielt strengste Diät, ich trieb Gymnastik. Ich brachte Stunden im Schminkraum zu, wo mir Whitney Snyder die ungewöhnlichsten und kunstvollsten Muster aufs Gesicht praktizierte. »Ich weiß ja, daß sie schräggestellte Augen hatte, aber ist das nicht etwas übertrieben?« Aus dem Spiegel starrten mich erstaunt aufgerissene, grüne Augen an, die von der Nase bis zur Schläfe mit schwarzem und purpurfarbenem Eyeliner eingefaßt waren. Silbertupfen hoben den Eyeliner noch hervor. Das blauschwarze Haar einer Perücke wallte mir auf die Schultern herab. Das Kostüm, das ich bei den Probeaufnahmen tragen sollte, war nicht weniger erstaunlich.

Eine gefältelte Toga aus blaßlila Chiffon, die in Höhe der Schenkel endete. Dazu silberne Riemchensandalen, die bis zum Knie hochgeschnürt wurden. Ich befürchtete, davon schon in jungen Jahren Krampfadern zu bekommen. Ein winzig kleines Bikinioberteil, von dem Flitter, Ringe und aller mögliche Kram in verschiedenen Rosarot- und Silbertönen herabbaumelte. Ein ungeheures Halsband, fast schon ein Kragen aus Silber mit Amethysten, drückte mir schier die Kehle zu und machte es mir fast unmöglich, den Kopf zu bewegen. Riesige silberne Ohrringe baumelten hin und her und verfingen sich ständig in der Perücke.

Das Kostüm wurde vervollständigt durch Armreifen, die vom Handgelenk bis zum Ellenbogen reichten und aus massivem Silber waren. Dazu trug ich neun oder zehn schwere Ringe, die alle Schlangen symbolisierten. Die Krönung bildete ein mich umwogender Umhang aus purpurfarbenem Samt mit Silberlamé. Der war an dem schweren Halsschmuck befestigt und so lang, daß ich mich darin zu verfangen und zu strangulieren drohte, wenn ich nicht auf der Hut war. In dieser verführerischen Aufmachung humpelte ich auf Bühne 16, um den wahrscheinlich gräßlichsten Text zu sprechen, der je geschrieben worden ist.

Ich gab mir wirklich Mühe. Walter Wanger und Co. harrten geduldig aus. Wenn der erste Text nicht allzu gut ausfiel, lag das vielleicht daran, daß das Kostüm nicht passend für die Rolle war. Wiederholung. Wieder und wieder. Ich stand drei Tests in drei verschiedenen Gewandungen durch, eine so abscheulich wie die andere. Die Rolle der Kleopatra war sehr begehrt, ich wußte, daß sie mir sozusagen auf den Leib geschrieben war. Natürlich wurden auch andere Schauspielerinnen in Erwägung gezogen, und natürlich reckte schließlich die Couch im Besetzungsbüro ihr entsetzliches Haupt. Spyros Skouros, ein älterer Grieche, war Aufsichtsratsvorsitzender bei der Twentieth Century Fox. Er sprach bei der Besetzung von Kleopatra das entscheidende Wort. Er sagte dieses Wort. Zu mir und immer, immer wieder. Anrufe, eindeutige Angebote, plötzliche Überfälle und Verfolgungsjagden rund um seinen Schreibtisch. Er kann nicht recht bei Trost sein, dachte ich, und entzog mich seinen Klauen. Er könnte mein Großvater sein.

Doch mit griechischer Beharrlichkeit fuhr er fort, mir Avancen zu machen. Auge um Auge, Zahn um Zahn, mit ihm ins Bett, um die Rolle zu bekommen. Nein, danke, Großpapa, wirklich kein Bedarf. Ich versuchte, mich so behutsam aus der Affäre zu ziehen, wie es unter diesen Umständen eben möglich war. Griechen nehmen es einem sehr übel, wenn man sie abweist. Doch er ließ es sich nicht nehmen, mich immer wieder anzurufen, um mich darauf hinzuweisen, wie abträglich es meiner Karriere sei, daß ich ihm kein bißchen entgegenkommen wolle.

Das war für meine Beziehung zu George nicht gerade von Vorteil. Er übernachtete jetzt mehrmals pro Woche bei mir. Dadurch war er gezwungen, diese Telefongespräche mit anzuhören. Und da er mich als sein Eigentum betrachtete, wurde er sehr wütend ob der Dreistigkeit des alten Griechen. George war maßlos eifersüchtig. Ich brauchte nur einmal den Botenjungen freundlich anzulächeln, da schwoll ihm gleich der Kamm, und er fuhr mich an: »Warum hast du . . .« »Wie konntest du nur . . .« »Warum mußt du immer . . .« Ich kannte das schon in- und auswendig und wurde allmählich ein

Nervenbündel. Hin und wieder bekam ich Nesselfieber, besonders wenn ich Hummer oder Shrimps gegessen hatte. Mein Arzt machte mehrere Tests und stellte schließlich eine Allergie gegen Schalentiere bei mir fest. Er riet mir sehr davon ab, je wieder welche zu essen.

Das war ein ziemlicher Schlag für mich, denn ich mochte sie furchtbar gern.

Gegen Ende der Dreharbeiten von *Rally Round the Flag Boys* gab ich eine kleine Dinnerparty. Obwohl ich oft auf Partys ging, war ich es nicht gewöhnt, selbst welche zu geben, und ich war sicher, daß die meisten Freunde, die sich in meiner bescheidenen Wohnung drängten, eine noblere Kulisse bei ihren Lustbarkeiten gewohnt waren. Ich flatterte völlig verunsichert umher und spielte die perfekte Gastgeberin vor Leuten wie Paul Newman, Joanne Woodward, Sammy Davis und noch etwa zwanzig anderen. Dabei floß eine Menge Whiskey.

La Scale lieferte die Speisen. Ich hatte die Speisenfolge sorgfältig zusammengestellt, das Essen konnte sich wirklich sehen lassen. Doch ich hatte nicht an meine Allergie gedacht. Nach einem Teller Huhn Sinatra mit Risotto verfärbten sich meine Wangen flammendrot. Auf meinem Hals und meinen Schultern erschienen dicke Quaddeln. Und breite Wülste. »Mein Gott, du siehst aus wie ein Pudding aus Nierenfett«, lachte eine meiner englischen Freundinnen. Ich stürzte ins Bad. Aus dem Spiegel starrte mir ein feuerrotes geschwollenes Gesicht entgegen. Verschreckte grüne Augen in einem Meer geplatzter Äderchen. Die Augenlider aufgedunsen. Dr. Sellers hatte mir gesagt, ich könne ihn zu jeder Tages- und Nachtzeit anrufen, wenn mich diese Allergie wieder heimsuchen sollte. Nun war es soweit. Ich raste ins Schlafzimmer, wo mein Telefon stand. Sammy Davis sprach ganz ernsthaft in den Hörer. Er hielt sich das andere Ohr zu, um den Partylärm auszuschalten. »Kim, Baby, du weißt doch, wie sehr ich dich mag — was die Zeitungen schreiben, kümmert mich einen Dreck, Baby . . .« Ich unterbrach ihn mitten im Satz. »Sam — ich muß ganz dringend telefonieren — bitte!« Er hatte meine flehentliche Bitte überhört und setzte seinen Monolog fort: »Natürlich nicht, Baby — wie kann dich dieser Mistkerl Harry bloß so herumstoßen und so schlecht behandeln . . .«

»*Bitte,* Sammy!« Da blickte er auf und schnappte nach Luft. »Was ist denn mit deinem Gesicht passiert, Mädchen?« Ich riß ihm den Hörer aus der Hand, keuchte atemlos: »Tut mir leid, Kim!« und wählte Al Sellars Nummer. Inzwischen umringte mich eine Gruppe besorgter Gäste. Sie begriffen nicht, wie sich ihre hinreißende Gastgeberin in so kurzer Zeit hatte verwandeln können. Ich spürte, wie sich mein Gesicht mit Quaddeln überzog, und erklärte Sellars atemlos, was mich befallen hatte. »Kommen Sie sofort her«, befahl er.

»Ich fahr dich hin« erbot sich Stanley Donen, der ganz verängstigt war. »Schnell!«

Ich hatte nur noch einen Wunsch, mich davonzuschleichen, meiner Party und den stieren Blicken meiner Gäste zu entgehen. Ich raffte ein Halstuch an mich, und wir stürzten aus dem Haus. Ich konnte nicht mehr frei atmen.

»Das darf doch nicht wahr sein"« Stanley sah mich starr vor Entsetzen an, als er meinen rasselnden Atem hörte. Er beschleunigte auf 150 km/h und scherte sich nicht mehr um rote Ampeln. Das war der beste Beweis dafür, daß mein Zustand äußerst kritisch war. Sprechen konnte ich nicht mehr, und das Atmen fiel mir immer schwerer. Mit dem Tuch über dem Gesicht lehnte ich mich ganz zurück, damit mich niemand mit dieser Maske des Grauens sah. Ich war ganz sicher, daß es mit mir zu Ende ging.

»Ich sterbe . . .« , keuchte ich.

»Du schaffst es, Mädchen — du kommst schon durch.« Stanley wollte mich trösten, doch ein Blick in sein Gesicht verriet mir, was wirklich in ihm vorging. Er war wie gelähmt vor Angst. Während ich dem nahen Tod ins Auge blickte, befahl mir eine innere Stimme, das Tuch unbedingt auf dem Kopf zu lassen, damit den Leuten mein furchterregender Anblick erspart blieb. »Flott leben, jung sterben, einen schönen Leichnam abgeben.« Das sagt Humphrey Bogart in dem Film *Knock On Any Door.* Ich hatte flott gelebt, der Tod war schon ganz nah, doch eine schöne Leiche gab ich ganz bestimmt nicht ab.

Hoffentlich lande ich im Krematorium, bevor irgend jemand sieht, was aus mir geworden ist, dachte ich noch. Dann verwirrten sich meine Gedanken, und ich fiel in Ohnmacht. Ich bekam noch mit, daß mich eine Krankenschwester auffing. Erleichtert sank ich ihr in die Arme. Noch während ich durch den Gang geschoben wurde — jawohl, ein Rollstuhl stand für mich bereit —, gab mir Sellars eine Spritze in den Arm, und ich hörte ihn wie aus weiter Ferne sagen: »Wahrscheinlich muß ich eine Tracheotomie machen.« Das hat mir noch gefehlt, dachte ich, ein Röhrchen im Hals. Macht sich im Film bestimmt phantastisch — falls ich überhaupt am Leben bleibe und wieder auf der Kinoleinwand erscheine.

Mein Körper reagierte augenblicklich auf die Spritze, die mir die Schwester noch in der Eingangshalle gegeben hatte. Als wir im Sprechzimmer anlangten, fiel mir das Atmen immerhin schon etwas leichter, und der Ballon, der einmal mein Gesicht gewesen war, nahm an Umfang ab, als habe jemand die Luft herausgelassen.

Der Tod ließ sein junges Opfer diesmal ungeschoren. Mein Astrologe hatte mir versichert, ich würde immer im letzten Augenblick gerettet werden — ganz gleich, ob vor dem sicheren Tod, dem finanziellen Ruin oder allzugroßer Gefühlsduselei. Ich war überglücklich, mein wahres Gesicht wieder auftauchen zu sehen. Stanley Donen konnte es einfach nicht fassen, daß es auf der Schwelle zum Tode meine Hauptsorge gewesen war, zu verhindern, daß mich jemand so häßlich zu sehen bekam. So eitel und verunsichert ist eine junge Schauspielerin, deren Arbeitgeber, einer Filmgesellschaft, es ausschließlich darum geht, immer und unbedingt die Illusion perfekter Schönheit aufrechtzuerhalten. Selbst auf der Schwelle des Todes durfte ich in Gegenwart anderer nicht schlecht aussehen.

George kehrte von seiner neunzehnten Reise in den Orient zurück, wo er nach geeigneten Drehorten für Außenaufnahmen gesucht hatte. Todesmutig beschlossen wir, eine wichtige Filmparty gemeinsam zu besuchen.

In dem großen Privatsaal im Obergeschoß von Romanoff erstrahlte alles in festlichem Glanz, und die Gespräche plätscherten munter dahin. *Tout Hollywood* war da. Alle von Buddy Adler bis zu Darryl F. Zanuck hatten sich in ihren Sonntagsstaat geworfen und sich uneingedenk des nächsten Tages vorgenommen, sich nichts entgehen zu lassen.

Ich trug das Collier, das mir Trujillo geschenkt hatte. In meinem trägerlosen weißen Seidenkleid und den Brillantohrringen, die ich mir in London von der Gage für *Island In The Sun* gekauft hatte, sah ich hinreißend aus. George und ich waren ein attraktives Paar. Inzwischen wußten mehrere Leute auf der Party, wie wir zueinander standen. Es war richtig aufregend, mit ihm ausgehen zu können und das Gefühl zu haben, daß wir zusammengehörten. Er hatte mir erst am Vortag versichert, daß wir bald verheiratet sein würden. Schon allein bei dem Gedanken wurde mir abwechselnd heiß und kalt vor Aufregung. Es war ein herrlicher Abend. Endlich durfte ich mich vor aller Augen zu dem Mann bekennen, den ich liebte, mit ihm tanzen, ihn berühren, ihm in die Augen sehen, und ich brauchte nicht so zu tun, als fühlte ich mich in der Gesellschaft eines anderen wohl.

»Ist das das Collier, das dir Trujillo geschenkt hat?« Ich glaubte nicht richtig gehört zu haben. Eine meiner Freundinnen, die einzige außer Zsa Zsa und Cappy, die davon wußte, plumpste neben uns auf die gepolsterte Bank und störte George und mich bei unserem Tête-à-tête. Damit war es jetzt natürlich aus. Ich hätte heulen können.

»Nnnein, das ist aus dem Schmuckfundus«, stammelte ich. Aus dem Augenwinkel sah ich meinen George die Nüstern blähen. Sein Mißtrauen war sofort erwacht.

»Es sieht aber genau wie das Collier aus, das du mir beschrieben hast«, plapperte meine Freundin in aller Unschuld drauf los und neigte sich zu mir herüber, um es genauer zu betrachten.

»Hm, na ja, heutzutage wirkt der Modeschmuck oft täuschend echt.« Glücklicherweise erschien in diesem Augenblick ihr Mann und holte sie zum Tanz. Mit puterrotem Gesicht wandte ich mich George zu. Ich starrte verängstigt in seine wütenden braunen Augen.

»Trujillo?« Das klang so bedrohlich, daß mir eisige Schauer

über den Rücken jagten. Noch vor wenigen Augenblicken war ich vor Seligkeit erschauert.

»Trujillo? Darf ich fragen, was das zu bedeuten hat?« Seine Stimme klang jetzt noch bedrohlicher. Seine Hand hatte sanft auf meinem Knie geruht. Jetzt wurde sie zum Folterinstrument. Es hatte keinen Sinn, etwas abzustreiten. Meine flammendroten Wangen und das funkensprühende Collier hätten mich Lügen gestraft. Ich war entlarvt, meinem treulosen Liebhaber untreu gewesen . . . Stockend, stammelnd und mit versagender Stimme beichtete ich alles. Mir blieb nichts erspart. Jede Einzelheit zog er mir aus der Nase. Sein Gesicht war wutverzerrt, obwohl er sich die größte Mühe gab, sich zu beherrschen. Meiner taktlosen Freundin war inzwischen klargeworden, was für einen *Fauxpas* sie begangen hatte. Sie gab mir durch den Saal durch Zeichen und Grimassen zu verstehen, wie leid es ihr tat, mich so bloßgestellt zu haben. Inzwischen war so manchem klargeworden, daß wir Streit miteinander hatten.

»Du elendes Flittchen!« zischte mir George wütend ins Ohr. »Du bist ja schlimmer als eine miese kleine Nutte, die an der Straßenecke steht!« Er krallte die Finger noch fester in mein Knie. Ich zuckte wie unter einem Hieb zusammen. Der Schmerz und die Demütigung trieben mir die Tränen in die Augen. Ich konnte nicht verhindern, daß sie sich selbständig machten und mein sorgsam aufgetragenes Augen-Make-up ruinierten. Schon bald durchzogen häßliche graue Streifen auch noch mein zartrosa Wangenrouge. Ein gräßlicher Fluch kam über Georges Lippen. Er riß mir das Collier vom Hals und schleuderte es quer durch den Raum — zum großen Erstaunen mehrerer Damen, die das beobachtet hatten und für die Brillanten immer die besten Freunde einer Frau gewesen waren. Dann stürmte George hinaus und überließ es mir, vor den Augen von *tout Hollywood* auf Händen und Knien durch den Saal zu rutschen und mein Collier, das in seine Einzelteile zersplittert war, wieder zusammenzusuchen.

Meine Freundin und noch ein paar andere machten sich mit mir auf die Jagd nach den kostbaren und doch so sinnlosen Steinen, ohne die bestimmte Frauen nicht auszukommen schienen. Zu denen gehörte ich ganz gewiß nicht. Schon allein die Versicherungssumme für dieses Schmuckstück war zu hoch. Das Privileg, dieses bißchen Glitzerkram auf den Partys der ›oberen Zehntausend‹ zur Schau zu stellen zu dürfen, war mit der Szene, die mir George gemacht hatte, und mit meiner Demütigung entschieden zu teuer bezahlt. Ich wußte, daß viele ältere Ehefrauen von Produzenten, Regisseuren und Executives mit mir nicht einverstanden waren. Sie sahen sich wegen meines sogenannten ›lockeren Lebenswandels‹ durch mich bedroht. Seltsamerweise herrschte eine paradoxe doppelbödige Moralvorstellung. Es galt als ganz in Ordnung, wenn ein Mädchen mit sämtlichen Besetzungschefs, Agenten und Produzenten ins Bett ging, um eine Rolle zu bekommen und die Erfolgsleiter Stufe um Stufe zu erklimmen. Doch wenn eine Frau ausschließlich mit Männern ins Bett ging, weil ihr das Freude machte, war sie gebrandmarkt und galt als billig und frivol.

Ein paar dieser würdigen Matronen, die diese traurige Szene in dem eleganten Restauraunt mitangesehen hatten, dachten jetzt bestimmt befriedigt, daß ich mir das selber zuzuschreiben hatte. Es gehörte sich ja auch nicht, ein Verhältnis mit einem verheirateten Mann zu haben.

Wir blieben bis drei Uhr früh und sortierten die Einzelteile des Colliers auf den Tisch, legten sie aneinander wie ein Glitzerpuzzle. Es war in etwa 150 Stücke zersprungen, doch keiner der Brillanten selbst war verlorengegangen. Das Collier war zwar kaputt, aber man konnte es wieder reparieren lassen. Auch die Kellner beteiligten sich an der Schatzsuche, und schließlich hatten wir alle Einzelteile wieder beisammen. »Sobald es repariert ist, kommt es in den Tresor«, schwor ich mir. »Diesen Ärger ist es ganz bestimmt nicht wert.«

Natürlich versöhnten George und ich uns wieder. Wie immer. Mir kam es schon bald vor, als täten wir nichts anderes, als uns zu streiten und uns wieder zu versöhnen. Wir entschuldigten uns beide. Er dafür, daß er mir vor aller Augen eine so abscheuliche Szene gemacht hatte, und ich dafür, daß mich die Begierde übermannt und ich ihn betrogen hatte, wo seine Frau doch schwanger war. Ein paar Wochen verlief alles in schönster Harmonie. Dann fingen die Zeitungen an, das Thema Trujillo auszuschlachten.

»Geschenke für die Mädchen«, verkündeten marktschreierisch die Schlagzeilen in der Regenbogenpresse. »Brillanten für Kim Novak und Joan Collins«, hieß es an anderer Stelle. »Noch ein Wort, und ich verklage sie«, zeterte Zsa Zsa. Erschreckende und farbenprächtige Storys von Sünde, Sex und teurem Schmuck machte die Runde in Hollywood. Die Druckpressen liefen heiß.

Als im Kongreß über Auslandshilfe für die Dominikanische Republik abgestimmt wurde, meldete sich ein Abgeordneter zu Wort und fragte, ob die Republik wirklich auf Hilfe angewiesen sei. Der junge Trujillo habe zwar Frau und sechs Kinder, habe aber über sechs Millionen Dollar in der Tasche gehabt, die nur aus dem amerikanischen Hilfsfonds stammen konnten. Mit Hilfe dieses Geldes habe er verschiedene bekannte Filmschauspielerinnen mit Geschenken überschüttet. Die Liste war wirklich eindrucksvoll. Zsa Zsa Gabor: 1 Chinchillamantel im Wert von $ 8500; 1 Mercedes- Benz im Wert von $ 5500. Kim Novak (von der er jetzt behauptete, er liebe sie und habe vor, sie zu heiraten — und das trotz seiner sechs Kinder): 1 mit Brillanten und Perlen besetzter Ring im Wert von $ 3500; 1 Paar Brillantohrringe im Wert von $ 1500; 1 Mercedes-Benz (die Automarke hatte es ihm augenscheinlich angetan) im Wert von $ 8500. Und trotz der schwachen Abwehr ›No comment‹ gab Joan Collins schließlich alles zu, nachdem sie es vor der Presse halbherzig abgestritten hatte: 1 Brillantcollier im Wert von $ 10000.

Zsa Zsa schwang sich zu Trujillos und ihrer eigenen Verteidigung auf, als der Kongreßabgeordnete ihr vorhielt, die »teuerste Kurtisane seit Madame Pompadour« zu sein. Mil ihrem unverwüstlichen Humor konterte sie: »Ich bin im falschen Jahrhundert geboren. Ich hätte eine simple Schlampe aus Madame Pompadour gemacht.« Eins zu null für Ungarn.

Auch Kim Novak trat für Trujillo ein. In der Regenbogenpresse waren Fotos von ihnen erschienen, die sie händchenhaltend zeigten. »Er ist ein wunderbarer Mensch und ein Gentleman durch und durch. Er macht seinem großen Vater

Ehre, der alles für sein Land tut, was in seiner Macht steht. Er ist ein Botschafter des guten Willens.« Das war die Stimme Polens.

Die britische Mitspielerin hatte sich zwar widerstrebend zur Existenz des Schmuckstücks bekannt, weigerte sich aber kategorisch, über diesen Mann und alles, was ihn anging, auch nur ein einziges Wort zu verlieren. Ich wünschte mir nichts sehnlicher, als endlich im Zusammenhang mit Trujillo keine Schlagzeilen mehr zu machen. Das erreichte ich am ehesten, wenn ich nichts verlauten ließ.

Doch durch die Publicity erhielten Georges Verärgerung und Eifersucht wieder neue Nahrung. Es gab Szenen über Szenen und Tränen über Tränen. Immer wieder versöhnten wir uns. Da flammte meine Allergie wieder auf. »Das ist die ständige Anspannung«, beteuerte mein Arzt. »Das halten die besten Nerven auf die Dauer nicht aus. Sie sollten verreisen, bis sich die Wogen wieder geglättet haben.«

Ich flog wegen einer Fernsehsendung nach New York. Als ich an einem wunderschönen Nachmittag die Madison Avenue entlangspazierte, stieß ich auf einen fantastischen Laden. Er hieß ›Jolie Gabor — Schmuck‹.

Diese Schmuckboutique quoll förmlich über von Schmuck, der täuschend echt aussah. In Wirklichkeit war das alles nur Glas, Kiesel und künstliche Edelsteine, jedoch so hervorragend gemacht, daß es aussah wie Brillanten, Smaragde, Perlen und Rubine. Überall in dem Laden hingen Fotos von den drei Gabor-Schwestern und ihrer Frau Mutter. Alle sahen blendend aus und trugen Jolies Schmuckkreationen, die sie selbst entwarf. An diesem Nachmittag war Madame Gabor senior höchstpersönlich da. Ein Traumgebilde in einem hauchzarten beigen Kleid, mit Perlen behängt. Sie duftete betörend. Mein Minderwertigkeitskomplex überfiel mich mit aller Macht. In meinem grauen Faltenrock, den flachen Schuhen und dem schwarzen Polohemd wirkte ich wie ein linkisches College-Girl.

Madame Gabor war offenbar davon überzeugt, daß jemand, der gekleidet war wie ich, bestimmt nichts kaufen, sondern sich nur umsehen würde. Als ich auf ein ›Brillant‹-Collier in einem der Schaukästen wies, zeigte sie es mir betont gleichgültig.

»Für Ihre Mutter, meine Liebe?« fragte sie mit heiserer Stimme und dem gleichen ungarischen Akzent, mit dem auch Zsa Zsa sprach.

»Nein, für mich!« Erregt untersuchte ich das Collier. Unglaublich! Es war fast identisch mit dem Schmuck, den Trujillo mir geschenkt hatte. Ein Gedanke nahm Form an.

»Wieviel kostet es?«

»Hundertfünfundzwanzig Dollar«, sagte Madame Gabor. Sie war erstaunt, daß die vermeintliche Studentin soviel Geld für etwas ausgab, das im College nun wirklich fehl am Platze war. Wenn ich nicht geschminkt und einfach gekleidet war, konnte man mich für siebzehn oder achtzehn halten.

»Ich bin eine Freundin Ihrer Tochter«, erklärte ich, als ich den Scheck ausfüllte. Ich zeigte ihr meinen Ausweis.

»Ach so!« Sie lächelte und wunderte sich nicht mehr, bei Zsa Zsa war alles möglich. Wer konnte wissen, was sich unter dem Sackpullover, dem Faltenrock und hinter der Unschuldsmiene verbarg?

»Ich wünsche Ihnen viel Erfolg damit, Darlink«, sagte sie und reichte mir das Päckchen. »Sie werden damit wundervoll aussehen. Wenn Sie entsprechend gekleidet sind«, fügte sie hastig hinzu.

»Vielen Dank, Madame«, säuselte ich und trat beschwingt auf die sonnige Madison Avenue hinaus. George würde staunen. Wir aßen in einem urgemütlichen Bistro am Strand von Malibu bei Kerzenlicht zu Abend. Es war ein wunderschöner Abend — ein wenig kühl, der Mond eine winzige Sichel, das Meer dunkel und glatt. Der Sand knirschte leise unter unseren Füßen, als wir Hand in Hand am Strand entlangspazierten. Ich hatte ganz allein eine Flasche Liebfraumilch geleert. Mir war ein wenig schwindlig, und ich war ziemlich nervös. Wir waren jetzt genau ein Jahr zusammen. Das war für uns ein Grund zum Feiern, wenn wir uns auch in diesem Jahr mehrmals getrennt und wiedergefunden hatten. Ich wußte immer noch nicht, woran ich bei ihm war. Doch jetzt würde ich eine Trumpfkarte ausspielen.

»Liebling«, girrte ich. »Du hast dich doch wegen dieses Colliers so furchtbar aufgeregt.« Ich legte ihm einen Finger auf die Lippen, damit er keine Einwände erheben konnte. »Nein, Liebling, sag jetzt bitte nichts. Ich sehe ein, daß es idiotisch war, so ein Geschenk von einem Manne anzunehmen, den ich kaum kannte.« Wieder setzte er zum Sprechen an, doch ich ließ ihn nicht zu Wort kommen. »Und weil ich dich so sehr liebe, werde ich jetzt etwas tun, wonach wir beide dieses Thema hoffentlich *nie* wieder zur Sprache bringen werden.«

Ich fischte das Collier aus der Tasche. Die Brillanten glitzerten im Mondenschein, und ich schwenkte sie vor seinen Augen. »Siehst du, George, mein Liebling, deine Liebe bedeutet mir mehr als alle Brillantcolliers der Welt.« Ich schleuderte Jolie Gabors Meisterwerk im Wert von hundertfünfundzwanzig Dollar in die Fluten, wo es augenblicklich versank.

George war baß erstaunt. »Lieber Himmel, Schatz, du hast den Fischen gerade zehntausend Dollar zum Fraß hingeworfen.«

»Ja, ich weiß«, sagte ich lammfromm. »Dafür hast du den Oskar verdient«, lobte mich meine innere Stimme. »Ich liebe dich so sehr, daß ich nicht will, daß je wieder irgend etwas zwischen uns steht.«

Tiefgerührt von dieser edlen Geste, zog er mich in die Arme und küßte mich leidenschaftlich. Es war eine schändliche, heimtückische List, und ich war nicht stolz darauf, doch ich hoffte, daß damit der Fall Trujillo ein für allemal abgeschlossen war.

Das war er auch. Doch schon eine Woche später entdeckte ich ihn in einem Wagen am Beverly Drive in leidenschaftlicher Umarmung mit der blonden Frau eines fantastisch aussehenden italienischen Sängers, der im Fernsehen auftrat. Da wußte ich, daß sich eine Katastrophe anbahnte.

Am nächsten Tag suchte ich ihn unangemeldet in seinem Büro auf und stellte ihn zur Rede. Er stritt einfach alles ab. Er war ein glänzender Lügner. Ich hatte schon erlebt, wie er seine Frau belog. Fast hätte er mich überzeugt, doch so ganz gelang ihm das nicht. Ich rief die Frau des Sängers in Palm Springs an: »Meine Liebe, Sie sind nicht vorsichtig genug. Lassen Sie die Finger von George Englund, oder ich erzähle es Ihrem Mann, das können Sie mir glauben«, versicherte ich ihr eiskalt. Sie stotterte herum, sie weinte und gab schließlich alles zu. Angewidert legte ich den Hörer auf.

Entwickelte ich mich langsam zu einer verbiesterten Megäre? Waren die Umstände so, daß das nicht ausbleiben konnte?

Das Telefon läutete.

Mein Agent war am Apparat.

»Kannst du reiten?« fragte er.

»Natürlich nicht«, erwiderte ich gereizt. »Ich habe eine Todesangst vor Pferden.«

»Dann wirst du es lernen müssen«, verkündete er mir. »Du spielst neben Gregory Peck eine Rolle in einem Western. In zwei Wochen ist Drehbeginn in Mexiko. Sieh zu, daß du morgen früh um neun auf der Ranch der Fox in Santa Monica bist. In zehn Tagen mußt du nach Mexiko. Lern also ganz schnell reiten.«

»Aber ich *fürchte* mich so vor Pferden«, jammerte ich. »Was ist, wenn ich nicht reiten lerne?«

»Dann wirst du auf Eis gelegt. Ich weiß, daß du dir das nicht leisten kannst«, meinte mein Agent gleichmütig. »Nun reiß dich mal am Riemen, Mädchen.« Er legte auf.

Ich sank aufs Bett und starrte die Zimmerdecke an. Ich in einem Western! Die britische Bombe im Sattel — wirklich ein Witz! Die Sache hatte nur ein Gutes — ich kam endlich aus der Stadt heraus und weg von George. Er hatte mich in seiner Gewalt wie Svengali seine Trilby. Ich gab mich darüber keinen Illusionen hin. Es erschreckte mich, doch es gefiel mir auch. Hatte ich einen Hang zum Masochismus? Mein Psychiater erklärte mir, ich sei immer noch darauf aus, Daddy zu erobern, indem ich versuchte, einen Keil zwischen George und seine Frau zu treiben, doch ich war der Ansicht, daß viel mehr dahintersteckte. George übte eine so starke Anziehungskraft auf mich aus, daß man sie mit der Faszination, die ein Vater auf seine Tochter ausübt, kaum vergleichen konnte. Wenn alles zwischen uns in Ordnung war, fühlte ich mich so unendlich wohl bei ihm und war mit ihm so glücklich wie noch nie zuvor mit einem anderen Mann. Dann waren wir wirklich ›eins‹. Ich hatte nie gedacht, daß es das wirklich gibt.

Ich glaube, jemanden zu lieben — ganz gleich, ob es ein Liebhaber, ein Verwandter oder ein Freund ist — bedeutet, ihn so zu akzeptieren, wie er ist, und nicht zu versuchen, ihn nach seinen Wünschen umzuformen oder ihm das Image aufzuzwingen, das einem vorschwebt. Wenn man liebt, ist man glücklich, wenn der andere tut, was ihn glücklich macht — selbst wenn das bedeutet, daß man nicht ständig zusammen sein kann. Daher ließ ich George völlige Freiheit — weit mehr, als die meisten Frauen ihren Partnern zugestehen würden. Ihn plagten noch immer Zweifel und Schuldgefühle, was die Scheidung anging. Na schön — ich würde versuchen, das zu verstehen und ihm zu helfen.

Ich gab mich unentwegt Grübeleien über meine Herzensangelegenheiten hin. Mein armer Po schmerzte fürchterlich von den zwei Wochen Reitunterricht. Zum festgesetzten Termin ging es in die Wildnis von Mexiko, wo in dem primitiven kleinen Dorf Moralia der Film *Bravados* gedreht wurde. Schon wieder zu Außenaufnahmen unterwegs. Ich begann mich allmählich zu fragen, ob ich je mehr als zwei oder drei Monate an einem Ort verbrachte. Ich führte das reinste Zigeunerleben. Ich sah mich in der feuchten kleinen Hütte aus Luftziegeln um, in der Insekten herumkrabbelten. Das sollte nun sieben Wochen lang mein Zuhause sein.

Das Drehbuch zu *Bravados* war gut, der Regisseur, der barsche, tyrannische Henry King auch, die Rollen waren mit einem Aufgebot hervorragender Stars besetzt: Gregory Peck, Henry Silva, Stephen Boyd, Albert Salmi, Lee van Cleef. Meine Rolle gereichte mir nicht gerade zur Ehre. Ich hatte eine arrogante, zähe Amerikanerin zu spielen, die eine Ranch besaß und sich im Sattel wie zu Hause fühlte. Ich sollte aussehen, als sei ich im Sattel geboren und mit dem Pferd verheiratet. Doch ich hatte das Gefühl, dieser Rolle ganz und gar nicht zu entsprechen. Ich kam mir unbeholfen und völlig fehl am Platze vor.

Pflichteifrigst war ich zwei Wochen lang jeden Morgen in

bequemen Jeans und T-Shirt mit Henry, Albert und Stephen auf der Ranch der Fox ganz stur und in starrer Haltung immer im Kreis herumgeritten. Auf einem lammfrommen kleinen Pferd mit Namen Dulcie. Diese Stute war so temperamentvoll wie ein alter Schuh und vom Alter her wahrscheinlich reif für die Leimfabrik. Jetzt war ich in starre, schwarze Jodhpurs gezwängt und in Reitstiefel, die so eng waren, daß ich meine Zehen schon bald nicht mehr spürte. Ich trug ein weißes Rüschenhemd mit Halskrause, schwarze Stulpenhandschuhe und einen schwarzen Stetson, schräg aufgesetzt. Darunter natürlich eine schwere Perücke. Man führte mich zu dem Pferd, das ich in dem Film reiten sollte. Stellen Sie sich eine Mischung zwischen einem Drachen und einem starken Dieselmotor vor, und Sie haben Pancho. Ein schwarzer Hengst in der Blüte seiner Jahre. Glänzend und reißend, ein herrliches, aber gefährliches Tier! Vier rauhe Pferdeknechte halfen mir trotz meines Protests in den Sattel. Unter mir fühlte ich die Kraft pulsieren, die in diesem Tier steckte.

Pancho wußte natürlich ganz genau, wie nervös ich war. Besser gesagt, halbtot vor Angst. Ich beugte mich vor und fuhr ihm behutsam über die Schnauze, um ihm zu zeigen, daß ich ihn mochte. Ich hielt ihm zwei große Zuckerstücke hin. Er biß mir fast die Hand ab. Erschrocken zog ich sie zurück. Pancho schnaubte und warf seine mächtige schwarze Mähne zurück. Er begann zu tänzeln, legte einen Steptanz mit den Hufen hin. Dieses Monstrum war kaum mehr zu halten. Es wollte all den Fremden zeigen, wer der Boß war. Mir war das augenblicklich klar gewesen. Ich beugte mich vom Pferd und flehte meinen Reitlehrer und die Helfer an, mich nicht im Stich zu lassen und unbedingt in der Nähe zu bleiben. Pancho stellte die Ohren auf, wandte den Kopf zur Seite und wieherte höhnisch. Er hatte alles mitangehört. Ich hätte schwören können, daß der Gaul ganz genau wußte, wie furchteinflößend er auf mich wirkte.

»So, nun entspann dich mal, Schätzchen. Pancho spürt deine Nervosität«, murmelte mein rauher Lehrer, der schon seit fünfzig Jahren fast unentwegt im Sattel saß. Er zwinkerte mir aufmunternd zu.

»Bitte bleibt alle bei mir, bis Henry ›Action‹ ruft«, zischte ich den vier lakonischen, wettergegerbten alten Rancharbeitern zu. Die amüsierten sich natürlich königlich über die verängstigte englische Miß, die starr vor Angst im Sattel des bösartigsten Pferdes von Mexiko saß.

Im Laufe der Dreharbeiten kamen Pancho und ich uns kein bißchen näher. Sobald er meine Nähe spürte, bäumte er sich auf. Er rollte die Augen und entblößte seine gelben Zähne zu einem sadistischen Willkommenslächeln. Ich bat um ein Double. Wenigstens für die Szenen, in denen ich nicht in Großaufnahme erschien. Murrend gab sich der Regisseur geschlagen, obwohl er ein Verfechter des Realismus war und sich gar nicht vorstellen konnte, daß es Menschen gab, die Pferde nicht liebten, sondern Angst vor ihnen hatten. Doch er fand sich höchstwahrscheinlich aus künstlerischen und nicht aus altruistischen Gründen dazu bereit. Ich hatte innerhalb von zwei Wochen etwa zehn Pfund zugenommen. Das Entsetzen und die Langeweile hatten mich der Freßgier in die Arme getrieben. Im Hotel gab es jeden Abend Torte mit Pekannüssen. Der Koch fühlte sich geschmeichelt, weil ich seine Künste so zu schätzen wußte, und entsprach meinem Wunsch gern, wenn ich ihn bat, mir die Reste aufzuheben. Damit zog ich mich dann in mein einsames Hotelzimmer im mexikanischen Stil (Holiday Inn vorfabriziert, aber eben mexikanisch) mit der von der Decke baumelnden 15-Watt-Birne zurück, stellte den Plattenspieler an und schlemmte. Ein Stück nach dem anderen stopfte ich in mich hinein. Ich kam mir vor wie bei einer römischen Freßorgie. Wenn ich endlich satt war, schlief ich vor Erschöpfung ein, von Alpträumen geplagt. Furchterregende Pferde mit grauenhaften roten Augen grinsten mich an und waren drauf und dran, mich mitsamt ihren Heuballen zu verschlingen. Am nächsten Morgen stopfte ich die Pekantorten-Überreste zusammen mit dem Script in meine Tasche und vertilgte sich im Laufe des Vormittags als kleinen Snack. Nachdem ich zehn Tage so geschwelgt hatte, bekam die Garderobiere den Reißverschluß meiner ohnehin sehr engen Hose kaum mehr zu. Ständig platzten Nähte auf. Die mußte sie dann wieder nachnähen. Sie fragte mich, ob ich schwanger sei. Das war ich natürlich nicht, doch ich verstand sehr gut, warum sie und der Rest der Crew annahmen, daß ich mindestens im dritten Monat sei. Mein Taillenumfang betrug jetzt 68 cm. Vor zwei Wochen war ich noch gertenschlank gewesen und hatte eine Wespentaille von 55 cm gehabt. Unter meinem pausbäckigen Gesicht ließen sich meine fotogenen Wangenknochen nicht einmal mehr ahnen, und mit meinen prallen Brüsten konnte ich Marilyn Monroe Konkurrenz machen.

Meine mitternächtlichen Freßorgien blieben natürlich nicht unbemerkt. Der Regisseur beschloß, mich beim Reiten so oft wie möglich zu doublen, in der Hoffnung, daß ich mich dann entspannen und nicht mehr so viel essen würde. Selbst Pancho wurde gedoubelt! Eines Morgens schlug Pancho aus und rächte sich an meinem Reitlehrer dafür, daß man ihn um das Vergnügen gebracht hatte, mich jeden Morgen in Angst und Schrecken zu versetzen. Er schlug so kräftig aus, daß er dem armen Reitlehrer den Knöchel gleich dreifach brach. Von da an hatten alle einen höllischen Respekt vor diesem edlen Biest. Meine These, daß Pferde gefährlich sind, hatte sich somit bewahrheitet.

Ich schlemmte nachts nicht mehr, sondern spielte statt dessen Karten. Man stellte mir ein liebenswürdigeres Pferd, Adonis, zur Verfügung. Da entwickelte ich plötzlich ungeahnte Fähigkeiten als Reiterin und ließ mich kaum mehr doubeln. Laut Drehbuch mußte ich an der Seite von Gregory Peck drei Tage auf der Suche nach einem entführten Mädchen durch die Wildnis reiten. Dabei sah ich aus wie eine perfekt geschminkte und frisierte Hollywood-Schauspielerin auf einem Pferd aus der Requisitenkammer. Die enge Reithose und gutsitzende Bluse, ganz zu schweigen von der schweren Perücke, wirkten alles andere als lebensecht. Im Jahre 1959 galt Realismus bei Schauspielerinnen noch als sehr unattraktiv. Sie sollten Göttinnen sein. Unnahbar, steril, aus Plastik. Daß das Publikum schönen Filmschauspielerinnen kein Schauspieltalent zutraute, lag sicher auch daran, daß die Kostümberater, Haarkünstler und Make-up-Spezialisten in ihrem Übereifer jeden Ansatz dazu schon im Keim erstickten. Wir sahen aus wie wächserne Schaufensterpuppen. In dem Film *The Bravados* gelang es mir, einigermaßen natürlich auszusehen, indem ich mir zum Beispiel das sorgfältig frisierte Haar wieder zerzauste und Strohhalme hineinsteckte, doch gemessen an den heutigen Normen sah ich immer noch unglaublich gepflegt aus.

Bis die Szene gedreht wurde, in der Gregory Peck und ich Seite an Seite rasend schnell und gekonnt tagelang nebeneinander herreiten, hatte ich noch kaum ein Wort mit ihm gewechselt. Er war sehr scheu und zurückhaltend. Die meiste Zeit verbrachte er zurückgezogen mit seiner attraktiven Frau Véronique, einer Französin. Die übrigen Schauspieler und natürlich auch ich hatten großen Respekt vor ihm. Er war ein berühmter Filmstar. Er wirkte streng und ernst und schien sich nicht im geringsten für seine Kollegen zu interessieren.

Er sah phantastisch aus, war groß, sehnig und hatte ein schon fast klassisches Profil. Seine kräftig geformte Nase bewahrte ihn davor, ein wirklich schöner Mann zu sein. Als wir so lange nebeneinander herreiten mußten, entdeckte ich, daß sein vermeintliches Desinteresse nur auf seine Schüchternheit zurückzuführen war. Er fühlte sich nicht wohl in Gegenwart von Fremden. Ich erkannte bald, daß er sehr viel Sinn für Humor hatte. Er wußte, daß mich das Reiten ängstigte, und nahm Rücksicht darauf. Doch am letzten Tag spielte er mir übel mit. Da ließ er keine Gnade walten, sondern ritt so schnell, daß mir der Hintern noch nach einer Woche wehtat. »Los schon, Collins!« flüsterte er so laut es eben möglich war, ohne daß die Toningenieure es hörten. Wir galoppierten schneller und immer schneller am Rande eines tiefen Canyons entlang. Adonis brauchte nur einen Huf falsch aufzusetzen, und ich würde in den Abgrund stürzen. «Von den Engländerinnen heißt es doch immer, daß sie reiten können«, sagte er in gespieltem Zorn und gab seinem Pferd die Sporen, daß es noch schneller dahinflog. »Jetzt kannst du es ihnen allen endlich einmal zeigen. Beweise ihnen, daß du eine gute Reiterin bist!« Er galoppierte davon, daß mir der Luftzug fast den Stetson vom Kopf riß. Ich drückte ihn mir, wie Peck, ganz fest auf den Kopf, bis ich kaum mehr etwas sah. Es war ein

Erlebnis. Ich beherrschte dieses dahinrasende Muskelpaket unter mir und hatte plötzlich keine Angst mehr. Es war ein herrliches Gefühl, so dahinzufliegen. Ich fühlte mich frei und stark, empfand eine tiefe Freude.

Der Kamerawagen konnte kaum Schritt mit uns halten. Niemand hatte damit gerechnet, daß Peck so schnell galoppieren würde, und mir hatten sie erst recht nicht zugetraut, daß ich da mithalten konnte und meinem Pferd auch noch die Sporen gab, um noch schneller dahinzujagen. Selbst als Henry ›Schnitt‹ schrie, galoppierten wir weiter und entschwanden. Als wir hörten, wie der Regieassistent uns mit jammervoller Stimme aufforderte, unsere Positionen wieder einzunehmen, lachten wir beide schallend. Wir brachten unsere Pferde zum Stehen. Verwundert nahm ich zur Kenntnis, daß eine glänzende Reiterin aus mir geworden war, und galoppierte zum Ausgangspunkt zurück.

»Vielen Dank, Greg!« rief ich über meine Schulter zurück. Diesmal jagte ich ihm davon!

»Wofür denn?« rief er zurück.

»Dafür, daß Sie mich von der Angst vor Pferden geheilt haben. Das ist Ihnen tatsächlich gelungen.«

»Nicht der Rede wert, Madam«, rief er galant.

Ich kann noch immer nicht von mir behaupten, eine Pferdenärrin zu sein, doch ich verdanke es Gregory Peck, daß ich jetzt zumindest im Sattel sitzen kann, ohne gleich ein Nervenbündel zu sein.

7. Kapitel

Ich saß mit Barbara und Mort Viner im ›La Scala‹, trank Rotwein und war ganz verzagt. Meine Verbindung mit George schleppte sich jetzt schon über ein Jahr dahin. Er hatte sich schon sechs- oder siebenmal von seiner Frau getrennt, war aber immer wieder zu ihr zurückgekehrt. Er lebte auch jetzt wieder von ihr getrennt und hatte mir geschworen, daß er sich nach seiner Rückkehr aus dem Orient endgültig von ihr scheiden lassen wolle. In meinen Augen der reinste Zynismus. Meine Liebe zu George war einem Gefühl der Resignation gewichen. Es waren so viele Hindernisse zu überwinden, und George hielt nie, was er versprach.

Ich hatte während dieses Jahres öfter Ärger mit der Fox bekommen, weil ich Rollen ablehnte, die mir nicht lagen. Daraufhin hatte mich die Fox zeitweilig ausgeschlossen. Anfang 1959 bereitete ich mich gründlich auf die Rolle der *Kleopatra* vor, doch trotz wiederholter Probeaufnahmen machte ich mir keine große Hoffnung mehr. Ich ertränkte meine Sorgen in Chianti und machte mich über meine Cannelloni her. Da bemerkte ich, daß mich der junge Mann am Nebentisch unentwegt anstarrte.

Als ich seinen Blick erwiderte, der immer kühner wurde, hob er sein Glas und trank mir schweigend zu. Ich errötete und sah rasch wieder weg. Wenn man in Hollywood in einem Restaurant mit einem attraktiven Fremden flirtet, konnte man Ärger bekommen. Der hatte mir gerade noch gefehlt. Trotzdem konnte ich nicht widerstehen und riskierte noch einen Blick. Das war Barbara nicht entgangen. Sie sagte: »Der Junge, der dich ständig anstarrt, ist Shirley McLaines Bruder. Ich glaube, er heißt Warren.« Ich sah ihn mir genauer an, ohne daß er das merkte. Er mochte etwa einundzwanzig sein. Er hatte blondes, leicht gewelltes Haar, das er etwas länger trug, als es gerade modern war, ein kantiges Kinn wie Clark Kent, mit einem Grübchen, wie Kirk Douglas es hat. Seine Augen waren ziemlich klein und schimmerten grünlich. Er hatte ein entzückendes kleines Näschen und einen sehr sinnlichen Mund. Da er gar nicht weit entfernt saß, fiel mir gleich auf, daß er unter dem gleichen Hautproblem litt wie ich als Teenager: unter Pusteln. Er trug ein blaues Brooks-Brother-Hemd und eine Tweedjacke. Mein Interesse war erwacht. Er gefiel mir, denn er wirkte so verletzlich.

»Wer ist denn das Mädchen, das er bei sich hat?« fragte ich Mort. Mort war Agent bei MCA und kannte alle Leute. »Das ist Henry Fondas Tochter Jane«, erklärte er. »Sie ist hier, um neben Tony Perkins in einem Film mitzuspielen, in dem es um Basketball geht. Es ist ihr erster Film.« »Sind sie verbandelt?« erkundigte ich mich betont gleichmütig und trank einen Schluck. Mort betrachtete mich amüsiert. »Aha, Joanie hat ein Auge auf ihn geworfen, stimmt's?« »Also wirklich, Mort, kann ich mich denn nicht ganz harmlos nach jemanden erkundigen, ohne daß alle Welt gleich denkt, ich hätte ein Auge auf ihn geworfen?«

In letzter Zeit brauchte ich einen Mann bloß anzusehen, und die Leute dichteten mir schon einen Flirt an. Weil niemand wissen sollte, daß ich eine Affäre mit George hatte, war ich viel mit anderen Männern ausgegangen, und die Klatschspalten waren voll von meinen vermeintlichen »neuen bzw. neuesten Liebschaften«. Die Klatschtanten konnten ja nicht ahnen, daß ich nur mit anderen Männern ausging, um zu vertuschen, an wem mir wirklich etwas lag.

»Sie ist ziemlich hübsch«, bemerkte ich, nachdem ich Jane unter die Lupe genommen hatte. »Aber sie hat ein zu rundes Gesicht. Ob sie wohl fotogen ist?« »Wegen ihrer Wangenknochen wird schon etwas unternommen«, sagte Barbara. »Sie geht zu dieser Frau im Valley, weißt du. Die wird schon damit fertig werden, sie vollbringt ja wahre Wunder.« Ich sah zu Jane Fonda hinüber. Sie war tatsächlich hübsch. Sie wirkte so frisch, so sauber und gesund, und sie sah ihrem Vater sehr ähnlich. Sie war blond und hatte langes kräftiges Haar. Sie hing an Warrens Mund. Die beiden waren das ideale, durch und durch amerikanische Paar. Ich wandte mich wieder meinen Cannelloni zu, und wir wechselten das Thema. Aus dem

Augenwinkel sah ich, daß Warren mich gelegentlich verstohlen ansah, doch ich erwiderte seine Blicke nicht.

Bald hatte ich den jungen Mr. Beatty ganz vergessen. Ich war vollauf beschäftigt. Ich probte täglich bei der Fox mit Candy Barr. In dem Film *Seven Thieves* spielte ich eine Stripperin, und Candy, eine der besten Stripperinnen von Amerika, gab mir Unterricht! Zwei bis drei Stunden täglich zeigte sie mir, wie man sich als Stripperin bewegt und wie man tanzt, wie man sich dreht und wendet. Wie man sich die Handschuhe, das Kleid und die Strümpfe so aufreizend und sexy wie nur irgend möglich auszieht. Wir hatten sehr viel Spaß dabei. Candy war ein Mädchen, das mit beiden Beinen auf der Erde stand. Sie hatte eine aufregende Figur und ein Gesicht wie ein Engel. Sie war gerade erst zu einer längeren Gefängnisstrafe verurteilt worden, weil man eine winzige Menge Marihuana bei ihr gefunden hatte. Doch niemand wäre bei ihr darauf gekommen, daß dieses Damoklesschwert über ihr hing. Sie war so unbeschwert und ausgelassen, daß wir uns königlich amüsierten, als sie mir beibrachte, wie man einen sinnlichen Striptease aufs Parkett legt.

Ich brauche wohl kaum noch zu sagen, daß Bühne 6, wo wir die Nummern probten, bald der Hauptanziehungspunkt des ganzen Filmgeländes war. Es war erstaunlich, wie viele Agenten, Drehbuchautoren, Produzenten und Leute von der Crew an Bühne 6 vorbeimarschierten, wenn sie unterwegs zu Bühne 4 oder 5 oder auf dem Weg in die Kantine waren. Sie trödelten herum, sie blieben stehen und sahen zu, wie Candy mich instruierte. Uns machte das nichts aus — ganz im Gegenteil. Eine ehrliche Reaktion der Zaungäste konnte mir nur nutzen, und den Männern schien es zu gefallen. Candy Barr war eine gestrenge Lehrmeisterin. Ich war jeden Abend ganz erschöpft. Strippen sieht so einfach aus, aber es ist ganz schön anstrengend.

John Foreman rief mich an und lud mich zu einer Party ein, die Debbie Power in ihrem Haus gab. Ich war hundemüde und hatte keine Lust. Doch John ließ nicht locker. Widerstrebend gab ich schließlich nach. Doch es fiel mir nicht ein, mich in Schale zu werfen. Die Filmgesellschaft nahm den Hippielook bei mir stirnrunzelnd zur Kenntnis. Ich trieb keinen großen Aufwand, und so gelang es mir auch nicht, chic auszusehen. Ich hatte es sogar geschafft, auf Louella Parsons Liste der »10 am schlechtesten gekleideten Frauen« zu stehen. »Heute abend werde ich diesem schlechten Ruf mal alle Ehre machen«, dachte ich. Ich zog Bermudas aus grauem Flanell, graue Kniestrümpfe, Turnschuhe und ein grünes Hemd aus meinem Kleiderschrank und band mein Haar zu einem Pferdeschwanz zusammen. Ich legte kein Make-up auf. Ungeschminkt gefiel ich mir am besten.

Debbie Power war die junge Witwe von Tyrone Power. Es hieß, sie werde in Kürze meinen Exfreund Arthur Loew heiraten. Als wir eintrafen, war ihr Haus schon voller Leute. Das übliche, buntgemischte Völkchen, das sich die Zeit mit Trinken, Klatsch und Gesprächen über Kassenerfolge vertrieb. Ein Abend wie so viele andere. Ich ging umher, unterhielt mich hier und da mit ein paar Leuten und wünschte, ich wäre nicht gekommen. Die Gäste machten Bemerkungen über meine Aufmachung. Sie schienen amüsiert. Das machte mir wiederum Spaß. Zuweilen fiel ich ganz gern aus dem Rahmen. Doch den Konventionen beugte ich mich auch ganz gern. Ich war ein Zwilling, das ließ sich nicht verleugnen.

»Der Pianist ist wirklich ausgezeichnet«, sagte ich zu John. »Wer das wohl sein mag?« John überragte die meisten anderen Gäste um Haupteslänge. Er warf einen Blick auf den Mann am Klavier und meinte: »Ich glaube, das ist Warren, der Bruder von Shirley McLaine. Ich weiß nicht, wie er mit Nachnamen heißt.« Ach, er ist auch da, dachte ich. Was für ein fantastischer Pianist. Wenn er als Schauspieler keinen Erfolg hat, kann er sich seinen Lebensunterhalt immer noch damit verdienen, daß er in einer Cocktail-Lounge auftritt. Er spielte abwechselnd im Stil von Errol Garner, George Shearing und Oscar Peterson. Ich war fasziniert, trat näher, hörte zu und sah ihn dabei an. Er bemerkte mich und lächelte mir zu, war aber ganz in sein Spiel vertieft. Als John und ich nach ein paar Stunden gingen, saß Warren noch immer glücklich am Klavier und spielte.

Der nächste Tag war ein Sonntag, ein herrlicher, strahlender Tag. Ich eilte an den Strand, um in der Sonne zu liegen. Als ich zurückkam, erfuhr ich vom Antwortdienst, daß Warren Beatty sechsmal angerufen und darum gebeten hatte, ich solle ihn im Chateau Marmont anrufen. Ich war überrascht. Wir hatten kein einziges Wort miteinander gewechselt. Trotzdem war es ihm irgendwie gelungen, meine Telefonnummer in Erfahrung zu bringen. Während ich noch kopfschüttelnd am Telefon saß, läutete es wieder, und eine sanfte Stimme sagte: »Guten Tag. Hat man Ihnen ausgerichtet, daß ich mehrmals angerufen habe?« Er hatte seinen Namen nicht genannt. An Minderwertigkeitskomplexen litt er ganz bestimmt nicht. Er hatte nicht daran gezweifelt, daß ich ihn erkennen würde.

»Ja, hat man mir ausgerichtet«, erwiderte ich lebhaft. »Sie müssen viel Geld haben. Ein Anruf aus dem Cheteau kostet 25 Cents.« Er kicherte leise und fragte mich: »Wollen wir heute abend zusammen essen?«

»Gut, wir können uns in Beverly Hills treffen.« Ich wollte nicht, daß er mich zu Hause abholte, damit er und der Mann, mit dem ich vorher noch auf eine Cocktailparty gehen würde, sich nicht über den Weg liefen.

»Gut, dann treffen wir uns um acht Uhr an der Ecke Rodeo und Santa Monica«, sagte er. »Ich kann es kaum erwarten.« Sonderbarerweise ging es mir genauso. Das wunderte mich. Ich war ganz aufgeregt bei dem Gedanken, mit diesem Mann essen zu gehen, den ich nur vom Sehen kannte, mit dem ich noch kaum ein Wort gesprochen hatte.

Nach der Cocktailparty zog ich mich in aller Eile um. Jeans und ein T-Shirt erschienen mir angemessener als ein elegantes Kleid. Ich bürstete mein Haar durch und entfernte einen Teil des Make-ups. Warren Beatty war offensichtlich ein paar Jahre jünger als ich. Da wollte ich nicht gekünstelt oder aufgetakelt wirken.

An der Kreuzung, an der wir uns verabredet hatten, erwartete er mich in einem Mietwagen. Ich schloß meinen Wagen ab und ging zu ihm.

»Essen Sie gern mexikanisch?« fragte er, nachdem wir uns begrüßt und einander gründlich unter die Lupe genommen hatten. Er sah viel besser aus, als ich angenommen hatte. Aus seiner Pubertät, die noch nicht lange zurückliegen konnte, hatte er zwar ein paar Pickel zurückbehalten, doch er hatte wunderschöne Hände und klare, grün-blaue Augen, wenn sie auch ziemlich klein waren.

»Ich habe an die Casa Escobar gedacht, dort sind die Margaritas ausgezeichnet.«

»Das klingt gut«, sagte ich gutgelaunt.

Wir tranken zahllose Margaritas, aßen und konnten nicht aufhören zu reden — oder uns anzusehen. Er war nach Hollywood gekommen, um hier Karriere zu machen. Er hatte sich ein Repertoire angeeignet, war im Fernsehen kein Unbekannter mehr und hatte Probeaufnahmen gemacht bzw. ein paarmal vorgesprochen — eben das übliche, was alle jungen Schauspieler tun. Er war ein Widder und hatte am 30. März Geburtstag — genau wie Sydney Chaplin. Ich hatte schon immer eine Schwäche für Widder-Männer gehabt. Ich interessierte mich zwar erst seit kurzem so richtig für Astrologie, doch ich wußte, daß ein Zwilling mit ganz bestimmten Tierkreiszeichen besser harmoniert als mit anderen. Zum Zwilling passen am besten Widder, Waagen und Wassermänner.

Wir unterhielten uns und lachten miteinander, bis das Restaurant schloß. Da war es schon nach Mitternacht. Er fuhr mich zu meinem Wagen zurück und sagte, er wolle hinter mir herfahren, um ganz sicherzugehen, daß ich wohlbehalten zu Hause ankam.

Meine Wohnung lag knapp einen Kilometer von Chateau Marmont entfernt, wo Warren wohnte. Als ich so durch die verlassenen Straßen von Beverly Hills fuhr, überlegte ich, ob ich ihn noch auf ein letztes Glas heraufbitten sollte. Natürlich war mir klar, was das unter Umständen nach sich ziehen konnte. Ich war schließlich kein harmloses kleines Mädchen mehr. Wenn ich ihn auf einen Drink hereinbat, konnte er das als Aufforderung zu weiteren Dingen betrachten. Und ich war ja schon in einen verheirateten Mann verliebt, wenn auch unglücklich. Wenn ich Warren hereinbat, war das ein folgenschwerer Entschluß, der nicht nur bedeutete, daß ich George gegenüber nicht loyal war.

Warren gefiel mir sehr. Sein Verstand imponierte mir. Sein Humor gefiel mir, und ich unterhielt mich gern mit ihm. Er war ein faszinierender Gesprächspartner. Doch auch physisch fühlte ich mich sehr zu ihm hingezogen.

Ich wog das ›Für‹ und ›Wider‹ gegeneinander ab, bis mir der Schädel brummte. Ich wußte einfach nicht, wie ich mich verhalten sollte. Doch als ich in die Tiefgarage fuhr, nahm er mir die Entscheidung ab. »Ich komme mit herauf«, verkündete er und stellte seinen Wagen hinter meinem ab. »Zu einer Tasse Kaffee.« Die Weichen waren gestellt.

Wir wurden unzertrennlich. Wir hatten auch, abgesehen von der unglaublich starken physischen Anziehungskraft, sehr viel gemeinsam. Wir blieben nächtelang auf und unterhielten uns, lachten miteinander und konnten nicht genug davon bekommen, den Geist und Körper des Partners zu erforschen. Am nächsten Tag wankte ich dann erschöpft ins Studio. *Seven Thieves* war noch nicht abgedreht. Warren rief mich zwanzigmal am Tag an. Es fiel uns unsagbar schwer, auch nur für ein paar Stunden getrennt zu sein. Jede freie Sekunde verbrachten wir miteinander. Die neue Liebschaft setzte sie alle in Erstaunen. »Ist er nicht etwas zu jung für dich?« fragte mich Cappy eines Tages. Warren und ich hatten den ganzen Tag engumschlungen am Strand verbracht. »Er sieht aus wie ein Siebzehnjähriger, und wie erträgst du diese Pickel nur?«

»Aber Cappy, ich bitte dich! So jung ist er gar nicht mehr. Er ist einundzwanzig, und ich bin bloß ein paar Jahre älter. Begreifst du nicht, daß mir gar nichts Besseres hätte passieren können? Ich muß mich endlich von George befreien, und mit Warren an meiner Seite ist das lange nicht so schwer.«

»Aber Liebes«, wandte sie ein, »er besitzt doch keinen Penny. Er hat keinen Erfolg, er ist ein völlig unbekannter Schauspieler. Wahrscheinlich betrachtet er dich als Sprungbrett zum Erfolg.« Die gute Cappy, meistens hatte sie ja wirklich recht. Doch diesesmal ignorierte ich ihren Rat.

»Blödsinn!« sagte ich grob. »Endlich macht mich jemand glücklich. Was *ich* empfinde ist ihm wichtig. Er interessiert sich für meinen Verstand, für meinen Beruf, und er vermittelt mir Selbstvertrauen. Was spielt es da für eine Rolle, daß er arm und nicht erfolgreich ist? Er ist ein fantastischer Schauspieler. Er wird seinen Weg schon machen. Darauf kannst du dich verlassen.«

Cappy hatte ihre Zweifel, doch sie wußte genau, wann es keinen Sinn mehr hatte, mich von etwas abbringen zu wollen.

»Hast du es George schon beigebracht?« fragte sie.

»O Gott, Cappy. Ich weiß nicht, wie ich es ihm sagen soll. Er ist mit Marlon in Hongkong, und jedesmal wenn er angerufen hat, war ich außer Haus.«

»Du mußt ihm ein Telegramm schicken«, sagte sie mit fester Stimme. »Das bist du ihm schuldig. Seit drei Wochen steckst du fast ständig mit diesem Warren zusammen. George kommt sowieso dahinter, sobald er wieder hier ist. Du mußt vorbauen und ihm ein Telegramm schicken.«

Widerstrebend machte ich mich an den Text für das Telegramm. Obwohl Warren und ich eine leidenschaftliche Liebesaffäre hatten, fiel es mir sehr schwer, mit meinem verheirateten Geliebten zu brechen, mit dem ich fast ein und ein halbes Jahr zusammengewesen war. Sicher, er hatte sich mir gegenüber oft ausgesprochen gefühllos verhalten; aber ich verstand natürlich, daß ihm seine Ehe und die drei Kinder sehr zu schaffen machten. Es war ja eben mein Problem, daß ich *seine* Probleme allzugut verstand.

»Es ist aus mit uns«, schrieb ich. »Liebe einen anderen. Sorry. Alles Gute, J. C.« Ich zeigte Cappy den Text. »Wie findest du das?«

»Fürchterlich«, erwiderte sie. »Aber immer noch besser als nichts. Telegrafiere ihm das.«

Zwei Tage später kehrte er aus dem Orient zurück und rief mich sofort an. Er war so charmant und sprach so überzeugend, daß ich wieder schwach zu werden drohte. Schauer überliefen mich. Er konnte nicht glauben, daß ich mich in einen anderen Mann verliebt hatte. Wo wir einander doch soviel bedeuteten. Er würde sich scheiden lassen, dann wären wir für immer vereint. Wie oft hatte ich das schon gehört! Dank seiner Überredungskunst erklärte ich mich bereit, mich am folgenden Nachmittag mit ihm auf einen Drink zu treffen.

»Du bist es mir zumindest schuldig, mir ordentlich ›Adieu‹ zu sagen«, meinte er. »Du kannst mich nicht mit einem albernen Telegramm abspeisen.«

Als ich Warren verriet, daß ich mich mit George verabredet hatte, war er furchtbar eifersüchtig. »Und wie lange wirst du bleiben?« fragte er gereizt.

»Ach, es wird höchstens eine Stunde dauern«, versicherte ich ihm leichthin. »Wir sind es uns doch schuldig, daß wir uns wie zivilisierte Menschen benehmen und als Freunde auseinandergehen.«

»Wahrscheinlich wirst du feststellen, daß du ihn liebst und nicht mich«, nörgelte er.

»Nein, ganz bestimmt nicht«, ich zog ihn in die Arme und versuchte ihn zu beruhigen. »Da irrst du dich gewaltig. Du hast keinen Grund, an meiner Liebe zu dir zu zweifeln.«

Ich traf mich also mit George. Mein Herz schlug stürmisch, ich war drauf und dran, eineinhalb Jahre meines Lebens einfach wegzuwerfen. Ich war auf dem besten Weg, Daddy wegzuschicken! Ich wollte mich von 15 Monaten Elend, Unglück, Eifersucht und Hysterie distanzieren, doch das bedeutete auch, auf die Vertrautheit, den intellektuellen Widerhall und den ungeheuren Spaß zu verzichten, den wir miteinander gehabt hatten. Vielleicht würde ich mich nie wieder so gut mit einem Mann verstehen.

Er bestellte mir Pimms und kam gleich zur Sache. Er wußte alles über Warren. »Er ist doch noch ein Junge«, meinte er noch belustigt. »Wie kannst du, eine kultivierte Frau von vierundzwanzig, dich für so einen Grünschnabel interessieren?« Ich wollte Einwände erheben und ihn darauf hinweisen, daß Warren schon fast zweiundzwanzig war, doch er ließ mich gar nicht erst zu Wort kommen: »Hör mal, Joanie, ich weiß ja, daß dieses Jahr sehr schwer für dich gewesen ist. Ich sehe ein, daß ich mich wie ein Schwein benommen habe, und ich verstehe diesen kleinen Seitensprung. Ich verstehe dich, und es soll alles vergeben und vergessen sein, wenn du ihn jetzt fallenläßt und zu mir zurückkehrst . . .«

Er lag mir mit immer neuen Argumenten in den Ohren. Er bestellte weitere Pimms. Er war sehr clever. Was er sagte, faszinierte mich. Ich wurde schwankend. Vielleicht hatte er ja recht. George war ein erwachsener Mann, Warren dagegen noch ein Junge. George verfügte über sehr viel Lebenserfahrung. Warren war zwar ausgesprochen intelligent, ja er besaß sogar einen messerscharfen Verstand, doch er war noch unerfahren, naiv und unbeholfen. Meine guten Vorsätze gerieten ins Wanken. Ich war ja so schwach! Und so dumm. Nach all den Lügen, die mir George schon aufgetischt hatte und nach all den Versprechungen, die sich nicht erfüllt hatten, glaubte ich ihm immer noch!

Ich sah auf meine Uhr. Schon acht! Wir hatten uns drei Stunden unterhalten und miteinander getrunken! »Ich muß gehen.« George erhob sich ebenfalls, warf zehn Dollar auf den Tisch und folgte mir zum Parkplatz hinaus. Als ich versuchte, den Wagen aufzusperren, faßte er mich an den Schultern. »Du hast eine Woche Zeit, dich zu entscheiden, zu wem du gehörst.« Das war für ihn schon ein großes Zugeständnis. Er beugte sich über mich und küßte mich. Es war ein überaus leidenschaftlicher Kuß, den ich sehr genoß. Viel zu sehr.

»Auf Wiedersehen«, stammelte ich und sank zitternd auf den Fahrersitz. Großer Gott, war es denn möglich, daß ich zwei Männer liebte?

»Ich rufe dich morgen an. Ich weiß, daß du es nicht leicht hast, Liebling. Aber vergiß nicht, was uns miteinander verbindet, und daß das Leben für uns erst richtig anfängt, wenn ich geschieden bin.«

Ich bog in den belebten Sunset Strip ein. In mir tobte ein Tumult. Warren war nicht in meiner Wohnung. Er erschien nach fünf Minuten. Wutentbrannt. »Ich habe euch beobachtet«, tobte er und warf sein Jackett und seine Brille auf das Sofa. »Ich habe mitangesehen, wie ihr auf dem Parkplatz mit einander geschmust habt!« Er gab sich Mühe, bedrohlich dreinzublicken, und kam auf mich zu. Da stolperte er über einen Hocker. Ohne Brille war er praktisch blind!

»Wir haben nicht geschmust«, sagte ich hilflos und ziemlich beschwipst. »Er hat mich nur zum Abschied geküßt, das ist alles.«

»Aber selbstverständlich!« fauchte er. Er war zwei Stunden

lang blind vor Wut und Eifersucht um den Pub herumgefahren. Wir stritten uns die ganze Nacht hindurch. Wir schrien, kreischten und brüllten uns an, warfen uns Verwünschungen und Anschuldigungen an den Kopf, und jeder schwor dem anderen, ihn zu lieben, obwohl wir uns dessen gar nicht mehr so sicher waren. Wir durchliefen die ganze Gefühlsskala, wie es nur Schauspielern gegeben ist. Meine Unentschlossenheit trieb ihn zum Wahnsinn, doch mich selber auch. Ich wollte tun, was für mich am besten war, doch da war ich mir eben nicht sicher. Liebte ich Warren wirklich? Liebte ich ihn genug?

Am nächsten Tag mußte ich schon ganz früh zu den Dreharbeiten an *Seven Thieves* erscheinen. Es ging um eine Szene mit Rod Steiger, die im Casino von Monte Carlo spielte. Ich war ein Wrack. Ich hatte kaum geschlafen, und meine Augen waren vom Weinen geschwollen. Der Mann, der mich schminkte, vollbrachte das reinste Wunder an mir. Ich wurde in ein enges schwarzes Abendkleid aus Seidenatlas gezwängt, mein Haar im Nacken zu einem Knoten gewunden. Brillantohrringe wurden mir angesteckt, und ich sah wie neu aus. Doch das täuschte. Spielen konnte ich nicht. Der Text war mir entfallen, ich blieb ständig stecken. Das war mir noch nie passiert. Beim Film war man ja an emotionsgeladene Schauspielerinnen gewöhnt, doch jetzt platzte Henry Hathaway der Kragen. Je wütender er wurde, desto weniger konnte ich mich konzentrieren. Ich brach zusammen und stürzte völlig aufgelöst und tränenüberströmt davon.

Mittags erschien Warren, um mit mir in der Kantine zu essen. Ich sagte ihm, daß ich um halb sechs einen Termin beim Psychiater hätte und danach hoffentlich klarer sehen würde.

Auf der vertrauten braunen Couch versuchte ich, meine Lage zu analysieren. Ich war keinem etwas schuldig. Es wäre unsinnig, mich für George zu entscheiden, nur weil ich schon so viel Zeit in ihn ›investiert‹ hatte. Es zählte nur, ob er mich glücklich machen konnte. Die meiste Zeit war ihm das nicht gelungen. Wenn Warren der Mann war, der mich glücklich machen konnte, sollte ich mich für ihn entscheiden. Eine Stunde lang wurde das Unterste zuoberst und das Innerste nach außen gekehrt. Ich sollte mich von meinem Vater freimachen — denn den verkörperte der verheiratete Mann. Aber konnte ich diese anderthalb Jahre einfach aus meinem Leben streichen, wo ich so kurz vor dem Ziel meiner Wünsche stand? Oder vielleicht doch nicht? George hatte mich schon so oft belogen. Vielleicht war das jetzt auch nur wieder eine Lüge. Die Entscheidung war gefallen. Mein Entschluß stand fest. Ich verließ die Praxis von Dr. Greenleigh und ging wie befreit zu meinem Wagen. Jemand tippte mir auf die Schulter. George. Voller Selbstvertrauen und gestärkt von der einen Stunde, die ich mit Hilfe des Arztes einen tiefen Blick in mein Innerstes getan hatte, schaffte ich endlich Klarheit. »Ich liebe dich. Und wie! Daran wird sich vermutlich nie etwas ändern. Du bist der klügste, interessanteste Mann, der mir je begegnet ist; aber ich war nicht glücklich mit dir. Ich möchte zur Abwechslung einmal glücklich sein. Und zwar nicht irgendwann einmal, sondern jetzt. Deshalb habe ich mich für Warren entschieden. Er liebt mich, und er erscheint mir im Augenblick als die bessere Lösung. Wir harmonieren sehr gut. Du kannst mich nicht davon abhalten, bei ihm zu bleiben.« Er verlegte sich aufs Bitten und ließ nichts unversucht, mich umzustimmen. Doch ich ließ mich nicht erweichen. »Ich hoffe, wir werden trotzdem immer gute Freunde sein«, sagte ich; es war mir ernst damit. Ich ging.

An diesem Abend feierten Warren und ich zusammen mit seiner Schwester Shirley McLaine im La Scala. Wir schworen uns ewige Liebe und Treue. Wir waren inzwischen fast einen Monat zusammen und nichts trübte unser Glück.

In der darauffolgenden Woche flog er nach New York, weil die Proben zu William Inges *A Loss of Roses* begannen. Das war eine große Chance für ihn. Monatelang hatte er darauf gewartet. Er spielte einen gequälten jungen Mann mit Ödipuskomplex, der sich in eine viel ältere Frau verliebt. Die Rolle war gewichtig genug, um damit aufzufallen und womöglich für den Film entdeckt zu werden. Denn im Gegensatz zu mir zog Warren den Film dem Theater vor.

Im November war *Seven Theives* dann abgedreht. Ich nahm die Mitternachtsmaschine nach Washington, wo *Loss of Roses* gerade aufgeführt wurde. Die Kritiker überschlugen sich nicht gerade vor Begeisterung. Ich war hundemüde, die Dreharbeiten waren sehr anstrengend gewesen. Außerdem hatte ich zwischendurch schon ständig Kostümproben und Fototests für den nächsten Film einschieben müssen. Ich sollte bald eine Rolle in »Söhne und Liebhaber« nach dem Roman von D. H. Lawrence spielen.

Als ich die endgültige Drehbuchfassung für »Söhne und Liebhaber« bekam, lasen wir sie beide und beschlossen, daß ich ablehnen würde. Warren fand nicht nur die Handlung wenig attraktiv, er wollte nicht, daß ich nach England ging und ihn allein ließ. Wäre der Film eine Komödie gewesen, hätte ich die Rolle wahrscheinlich übernommen. Ich hatte der Fox schon immer in den Ohren gelegen, damit sie mich öfter in Lustspielen einsetzte, aber die komischen Rollen wurden alle an andere Schauspielerinnen vergeben. Also rebellierte ich — obwohl ich wußte, daß ich dadurch finanziell große Einbußen erleiden würde. Im Jahr zuvor hatte ich zwei Rollen abgelehnt, und beide Filme hatten sich als Reinfälle erwiesen. Während der Dauer der Dreharbeiten für die beiden Filme wurde ich nicht nur nicht bezahlt, ich durfte auch keine andere Rolle übernehmen. Da ich inzwischen vierzig Wochen im Jahr 2500 Dollar pro Woche verdiente, war das in finanzieller Hinsicht wirklich ein Opfer, doch es behagte mir immer weniger, daß ich bei meiner Karriere kaum ein Wörtchen mitzureden hatte.

Jetzt entschied Warren über meine Karriere. Er kehrte damit die rechthaberische, herrschsüchtige Seite des Widders heraus.

Nach der Jahreswende kehrten wir nach Kalifornien zurück. Wir mieteten ein kleines Studio-Apartment im Chateau Marmont, einem ziemlich heruntergekommenen und schäbigen Apartmenthotel, das aber als sehr chic galt. Dort wohnten zumeist arbeitslose Schauspieler aus New York, die hofften, hier Verbindungen anknüpfen zu können und Rollen zu bekommen. Meine Finanzen stimmten wieder. Probeaufnahmen für einen Western mit dem Titel *Big River, Big Man* standen bevor.

Die sonnigen Winter- und Frühlingstage in Kalifornien vergingen rasch. Wir gingen oft ins Aware Inn, aßen Gesundheitsburger und tranken Karottensaft. Warren war ein Gesundheitsfanatiker und versuchte, mich vom Rauchen und Trinken abzubringen.

Er bemühte sich sehr um die Hauptrolle in Elia Kazans *Splendour in the Grass*, zu dem sein Freund William Inge das Drehbuch geschrieben hatte. Dazu mußte er dreihundertundfünfzigmal am Tag telefonieren. Zweihundertundfünfzigmal mit seinem Agenten, fünfundzwanzigmal mit William Inge, der alles Menschenmögliche tat, um Elia Kazan dazu zu bringen, daß er sich Warren einmal ansah. Und mindestens fünfundzwanzigmal am Tag rief er mich an, ganz gleich, wo ich mich aufhielt. Inzwischen hatte er zahlreiche Freunde und Kollegen, mit denen er ebenfalls liebend gern telefonierte. Das Telefonieren zählte zu seinen Lieblingsbeschäftigungen. Er brauchte nicht einmal ein Telefonbuch. Die wichtigen Nummern, die er ständig wählte, wußte er alle auswendig.

Doch das Telefonieren kam erst an zweiter Stelle. Am allerliebsten frönte er der Liebe. Er war unersättlich. Drei- oder viermal täglich, und das jeden Tag, war bei ihm nicht ungewöhnlich. Er war sogar imstande, dabei zu telefonieren. Ich hatte gehört, daß die Potenz der Männer ihren Höhepunkt erreicht, wenn sie zwischen siebzehn und dreiundzwanzig Jahren alt sind. Bei Warren traf das wahrhaftig zu. Und er wurde erst in achtzehn Monaten dreiundzwanzig Jahre alt! Ein Mann wie er war mir noch nie begegnet. Während der ersten Monate mit ihm genoß ich seine Liebeskraft, doch nach einer Weile kam ich mir vor wie ein Sexualobjekt.

An einem Sonntagmorgen schwankte ich zu Tode erschöpft die Treppe hinauf, um eine Freundin zu besuchen, die ebenfalls Schauspielerin war. Warren schlief noch tief und fest. Auch darin war er Experte. Meine Freundin war seit sieben Jahren glücklich mit einem gutaussehenden Superstar und Idol von Millionen verheiratet. »Ich fürchte, ich halte das nicht mehr lange aus«, stöhnte ich, sank auf die Couch und steckte mir eine Zigarette an. Die brauchte ich jetzt wirklich. Warren sah das gar nicht gern. »Er hört überhaupt nicht mehr auf — er ist wie ein wildes Tier, das ist schon nicht mehr normal. Das muß an all den Vitaminen liegen, die er ständig zu sich nimmt.«

Meine Freundin lächelte und reichte mir eine Tasse Kaffee. »Genau wie mein Mann«, sagte sie stolz.

»Was, nach all den Jahren, die ihr schon zusammen seid?« rief ich ungläubig aus.

»Aber sicher! Es wird sogar immer besser.«

»Besser ... o Gott!« Ich lehnte mich zurück und inhalierte tief. »In ein paar Jahren werde ich ganz verbraucht aussehen.«

»Joan, wenn ich dir einen Rat geben darf«, sagte meine Freundin herzlich, »dann weise ihn nicht ab. Sei immer bereit und sieh zu, daß du Spaß daran hast. Wenn du dich nämlich nicht daran hältst, kann es leicht passieren, daß er sich anderen Frauen zuwendet.«

»Ich darf gar nicht daran denken!« stöhnte ich. Eifersucht stieg in mir auf. Ich nahm mir ihre Warnung zu Herzen, und er durfte seiner Lieblingsbeschäftigung nachgehen, sooft es ihm paßte. Und es kam, wie es kommen mußte.

»Ich glaube, ich bin schwanger«, gestand ich ihm eines Tages. Er bereitete gerade in der Küche eine seiner Gesundheitsmixturen zu. Er hörte auf, Bananen in Scheibchen zu schneiden und Weizenkeime dazuzugeben, nahm seine Brille ab und starrte mich an. Ohne Brille war er sehr kurzsichtig. Ich hätte gern gewußt, warum er mich nicht sehen wollte. »Schwanger?« fragte er verwirrt wie ein kleiner Junge. »Wie ist denn das passiert?«

»Vielleicht war's der Butler«, sagte ich sarkastisch, »oder es war eine unbefleckte Empfängnis.«

»Aber das ist ja furchtbar«, sagte er, setzte die Brille wieder auf und starrte mich an, als hätte er mich noch nie zuvor gesehen. »Schrecklich!« Er schluckte sieben oder acht Vitamin-E-Tabletten.

»Ich weiß«, erwiderte ich kleinlaut. »Es tut mir leid.« Ich fühlte mich hundeelend, und mir stand lebhaft vor Augen, wie es meiner Freundin auf der Schauspielschule ergangen war. Sie war zu einer Engelmacherin in Ladbroke Grove gegangen und an der Abtreibung fast gestorben. Infolge dieser Metzelei würde sie nie Kinder haben können. Ich wollte vermeiden, daß es mir ebenso erging. Ich war zwar jetzt noch nicht bereit, Mutter zu werden, doch eines Tages würde der Mutterinstinkt in mir erwachen. Dann wollte ich selbst entscheiden können, ob und wann ich Kinder haben wollte.

Wir überlegten, was wir tun konnten. Anfang der sechziger Jahre war das Wort Abtreibung noch ein Schimpfwort. Sex im übrigen auch, und so zusammenzuleben wie Warren und ich, galt als sehr gewagt. Aber natürlich bestand die Möglichkeit, ein Kind abtreiben zu lassen. Ich hatte erst vor kurzem eine Freundin und ihren verheirateten Geliebten nach Tijuana, der schäbigen mexikanischen Grenzstadt, begleitet. Zusammen mit dem Mann hatte ich versteinert vor Entsetzen die Schmerzensschreie meiner Freundin mitanhören müssen, denn der mexikanische ›Arzt‹ betäubte sie nicht einmal, als er den Eingriff vornahm.

Es schauderte mich, wenn ich nur daran dachte. Natürlich konnten wir heiraten. Aber ich hielt nichts von so einer überstürzten Hochzeit. Die wenigen Male, die dieses Thema zur Sprache gekommen war, waren wir uns darüber einig gewesen, daß wir beide noch viel zu jung und unreif für eine Ehe waren. Außerdem besaß Warren praktisch keinen Penny und war ungeheuer ehrgeizig. Daß er schon mit zweiundzwanzig Jahren eine so feste Bindung einging, war einfach undenkbar. Eine Ehe kam also nicht in Frage. Und ein Baby erst recht nicht. Es gab also nur eine einzige Lösung.

Warren rief einen Freund in New York an. In New York war man Abtreibungen gegenüber etwas nachsichtiger. Wir hatten gehört, daß sie dort ganz professionell vorgenommen wurden, ohne daß die Frau dabei ihre Gesundheit aufs Spiel setzte. So etwas wie in Ladbroke Grove oder Tijuana kam für mich natürlich nicht in Frage. Der Freund traf die nötigen Vorkehrungen. Warren mußte nach New York, um sich auf die Rolle in *Splendor in the Grass* vorzubereiten. Ich folgte ihm ein paar Tage später.

Ganz früh am Morgen des Tages, an dem es geschehen sollte, erwachte ich angstschlotternd aus einem fürchterlichen Alptraum, den ich immer wieder hatte. Auf dem Höhepunkt des Grauens stand Maxwell Reed mit einem Messer vor mir. Sein Gesicht war eine Maske der Grausamkeit, sein Blick der eines Wahnsinnigen. »Jetzt wirst du so zermetzelt und zugerichtet, daß dich kein Mensch je wieder ansehen wird!« schrie er völlig außer sich. Er hob das bluttriefende Messer und stach damit wie wild auf mein Gesicht ein. Schreiend fuhr ich hoch.

»Was ist denn, was hast du?« fragte Warren, noch ganz benommen. Ich heulte haltlos. Der böse Traum hatte mich noch immer in den Klauen.

»Ich stehe das nicht durch«, schluchzte ich, denn mein Traum hatte sich in einer Arztpraxis abgespielt. »Ich kann es nicht, ich bringe es einfach nicht fertig. Bitte, Warren, zwing mich nicht, da hinzugehen. Ich habe solche Angst. Ich möchte das Baby lieber zur Welt bringen und zur Adoption freigeben. Ich kann nicht dorthin gehen!«

Ich hatte einen richtigen hysterischen Anfall. Warren tröstete mich. Es ist eine Ironie des Schicksals, daß schwangere Frauen mit jedem Tag dem neuen Leben, das in ihnen keimt, stärkere Gefühle entgegenbringen. Der Beschützerinstinkt wächst. Seit Wochen war ich bedrückt gewesen, doch jetzt, wo mir das Kind genommen werden sollte, wollte ich es behalten.

»Schmetterling, das ist *unmöglich,* wir können es nicht behalten.« Warren wußte in seiner Hilflosigkeit nicht, wie er mich trösten sollte. »Du weißt doch, daß es aus ist mit unserer Karriere, wenn du jetzt ein Baby bekommst.«

Damit hatte er natürlich recht. Ingrid Bergman, die ein viel größerer Star war als ich, hatte durch das unehelich geborene Kind von Rosselini ihre Karriere aufs Spiel gesetzt. Es war ein schwerwiegender Schritt. Gerüchten zufolge waren mehrere Schauspielerinnen monatelang verschwunden und hatten ein paar Monate nach ihrem Wiederauftauchen ein winzig kleines Baby ›adoptiert‹. Da wurde dann hinter vorgehaltener Hand getuschelt. Doch die Augen der Klatschkolumnisten ruhten auf uns. Sie lauerten nur darauf, uns aus so einer Sache einen Strick drehen zu können. Es ging also nicht. Ich trocknete meine Tränen, entschied mich für den ehrgeizigen Warren und meine Karriere und schlich im Hotelzimmer herum, bis es dunkel wurde und wir in New Jersey erwartet wurden.

Ich trug einen Faltenrock, einen Pullover und dicke schwarze Strümpfe. »Ziehen Sie keine lange Hose an«, hatte eine sterile Stimme mich am Telefon instruiert. Ich kaufte mir bei Bloomingdale eine riesige schwarze Sonnenbrille; denn meine Augen waren vom Weinen ganz rot und geschwollen. Mein wirres Haar verbarg ich unter einem Kopftuch. Ich wollte von niemandem erkannt werden.

Auf dem Weg über die endlosen Schnellstraßen und Autobahnen nach New Jersey wechselten wir kaum ein Wort. Warren saß am Steuer des Mietwagens. Immer wieder sah er mich besorgt von der Seite an. Ich sehnte mich verzweifelt danach, das Baby zu behalten. Natürlich wußte ich, daß das unmöglich war. Doch die Tatsache, daß Warren diese Möglichkeit nicht einmal in *Erwägung* zog, schmerzte entsetzlich. Er war ein Mann, er lehnte jede Verantwortung ab. Ich konnte ganz allein zusehen, wie ich mit der Schwangerschaft fertig wurde. Das war eben Sache der Frau. Wie vorsichtig man auch ist, es kommt eben zu solchen Zwischenfällen — dann ist es an der Frau, mit der Verwirrung der Gefühle fertigzuwerden.

Während wir uns New Jersey näherten, versuchte ich mir einzureden, daß wir die richtige Entscheidung getroffen hatten. Ich war noch keine fünfundzwanzig und auf dem besten Weg, Karriere zu machen. Die Rollen, die ich spielte, waren zwar nicht gerade nach meinem Geschmack, doch mein Beruf war einträglich und in so mancher Hinsicht lohnend. Durch ein Baby würde sich das alles ändern. Ich würde nicht mehr arbeiten können. Die Fox würde mich auf Eis legen. Ein Kind würde möglicherweise meine Figur ruinieren. Vielleicht wäre ich auch eine miserable Mutter. Auf die Dauer paßten Warren und ich nicht zueinander. Gründete sich unsere Liebe ausschließlich auf die physische Anziehungskraft? Ich war anscheinend nicht imstande, mit *irgend*einem Mann längere Zeit zusammenzubleiben. Wir waren alle beide egoistisch, sorglos, rechthaberisch, streitsüchtig und hoffnungslos unreif. Es wäre die reine Unvernunft, das alles abstreiten zu wollen. Das waren meine Argumente — doch in mir schrie es: »Nein! Nein! Nein!«

Als Warren vor einem braungestrichenen Apartmenthaus hielt, trocknete ich meine Tränen und putzte mir die Nase.

»Hm — wir sind da«, sagte mein galanter Freund und wienerte nervös die Brillengläser mit dem Ärmel seines Tweedjacketts. Ich bemerkte Schweißperlen auf seiner Stirn. Vermutlich hatte er noch mehr Angst als ich. Wir sahen uns an. Ich schluckte. »Wenn irgend etwas schiefgeht . . .«, begann ich, doch Warren fiel mir ins Wort und schrie »nichts wird schiefgehen, *gar nichts!* So etwas darfst du nicht einmal denken. Er ist der Beste von New York.«

Er war selbst den Tränen nahe. Mein Mutterinstinkt veranlaßte mich, ihn zu trösten. Hand in Hand gingen wir auf den grünen Aufzug zu, von dem die Farbe abblätterte.

Ich erwachte davon, daß jemand an die Tür donnerte. »Sind Sie immer noch da drin?« murrte eine heisere Stimme. Ich sah auf die Uhr. Ein Uhr mittags. Ich zog mir die Decke über den Kopf und versuchte wieder einzuschlafen. Doch die Stimme vor der Tür wollte nicht verstummen.

»Machen Sie doch auf! Ich muß das Zimmer saubermachen.«

»Ach, gehn Sie doch zum Teufel!« schrie ich. »Ist mir ganz egal, ob es sauber ist oder nicht. Lassen Sie mich in Ruhe!«

Ich versuchte wieder einzuschlafen. Warren hatte Probe. Ich wollte nicht an das denken, was am Abend zuvor geschehen war. Es stand mir noch zu lebhaft und zu schmerzlich vor Augen. Wir müssen unbedingt aus diesem billigen Hotel heraus und uns eine Wohnung suchen, dachte ich noch, bevor ich wieder einschlief.

Am nächsten Tag fühlte ich mich schon viel besser und war voller Pep. Ich verdrängte die fürchterliche Abtreibung ganz aus meinem Denken. Es ist nun einmal geschehen. Vorbei und vergessen. Das war gestern. Es hat keinen Sinn, darüber nachzugrübeln. Glücklicherweise war mit dem Kind auch der

Mutterinstinkt verschwunden. Nicht einmal Warren gegenüber hegte ich mehr mütterliche Gefühle. Ich rief einen Makler an und machte mich auf die Suche nach einer Wohnung in New York. Es war ein wunderschöner klarer kühler Tag im Mai. Ein selten schöner Tag. So frisch, daß ich mich selbst wie neugeboren fühlte. Mir war, als sei eine schwere Last von mir genommen worden. Ich konnte wieder atmen. Das Leben war wieder schön.

Als ich in einer Schublade nach einem Pullover und Strümpfen kramte, fiel mir das Schmuckkästchen unter dem Pullover auf. Ich machte die Schatulle auf und betrachtete mein Brillantcollier. Es lag zwischen meinem Modeschmuck und meinen goldenen Ketten. Ich entschloß mich für eine goldene Kette und schob die lederne Schmuckschatulle wieder unter den Pulloverstapel. Was hatte ich mir mit diesem Collier schon für Ärger eingehandelt. Weit mehr, als es wert war. Ich spielte mit dem Gedanken, es in den Safe zu legen, vergaß es aber, als das Telefon läutete und die Dame am Empfang mir sagte, der Makler erwarte mich in der Hotelhalle.

Als ich mich am übernächsten Abend für *El Morocco* angekleidet hatte und nach dem Collier suchte, war es verschwunden. Gestohlen. Wahrscheinlich hatte das Zimmermädchen lange Finger gemacht, weil es so aufgebracht darüber war, daß es unser Zimmer nicht saubermachen konnte. »Ich finde, mit echtem Schmuck hat man nichts als Ärger«, sagte ich zu Warren.

Wir zogen in eine winzige Wohnung in der Fifth Avenue um. Für Warren begannen die Dreharbeiten zu *Splendor in the Grass* mit Natalie Wood. Ich nahm jeden Tag in der Berlitzschule Italienischunterricht, um mich auf meine Rolle in dem Film *Ester and the King* vorzubereiten. Die Dreharbeiten sollten in einem Monat in Italien beginnen. Ich war sehr unglücklich, weil ich fort mußte, Warren natürlich auch, doch ich würde es nicht zulassen, daß er mich noch einmal am Fortkommen hinderte. Ich brauchte nicht nur dringend Geld, sondern *›Söhne und Liebhaber‹* war ein sehr guter Film geworden, viel besser als die meisten Filme, die ich für die Fox gemacht hatte. Ich bedauerte zutiefst, daß ich die Rolle abgelehnt hatte, weil Warren so sehr darauf drängte. Er machte jetzt sehr rasch Karriere, während ich auf der Stelle trat und auf nichts als auf ein paar nichtssagende Filme zurückblicken konnte. Nicht nur endete mein Siebenjahresvertrag mit der Fox bald, ich hatte auch schon fast ein Vierteljahrhundert auf dem Bukkel. Junge Schauspielerinnen sahen diesem Alter nur mit Schrecken entgegen, seit die Filmgesellschaften während der Anfänge des Films festgesetzt hatten, daß eine Frau nicht mehr schön und frisch und jung war, wenn sie erst einmal die 27 überschritten hatte. Schon tauchten am Horizont neue Gesichter auf. Jünger als ich. Neuer. Frischer. Alles stagnierte. Neun mittelmäßige Filme in fünf Jahren sind noch lange keine Garantie dafür, daß man bis in alle Ewigkeit mit solchen Filmen ein Kassenschlager bleibt. Als sich das trotz meines zugegebenermaßen noch recht unreifen Gemüts immer deutlicher herauskristallisierte, bemühte ich mich über meinen Anwalt Gregg Bautzer noch mehr darum, daß mir die restlichen 18 Monate, die ich noch bei der Fox unter Vertrag stand, erlassen blieben. Ich wollte endlich frei sein, damit ich Rollen in einigen der interessanten unabhängigen Filme spielen konnte, die Anfang der sechziger Jahre gedreht wurden. Doch es sollte nicht sein . . .

In den New Yorker Filmway's Studios sah ich Elia Kazan bei der Regiearbeit zu, als gerade eine Szene mit Warren und Natalie gedreht wurde.

Er war ein einfühlsamer, genialer Regisseur. Er hatte Marlon Brando und James Dean entdeckt. Jetzt legte er gerade die Arme um seine beiden jungen Stars und sprach geduldig auf sie ein. Er erklärte ihnen die Szene und holte die feinsten Nuancen und den größtmöglichen Ausdruck aus ihnen heraus. Warren war ein Glückspilz, weil er gleich bei seinem ersten Film unter der Regie von Elia Kazan spielen durfte. Vielleicht würde Kazan auch ihn unter seine Fittiche nehmen und einen Star aus ihm machen.

Ich mußte daran denken, was mir mein Astrologe Ben Gary vor kurzem erst gesagt hatte. Ben hatte mit seinen Voraussagen immer recht behalten. »Du weißt ja, daß Warren genau wie Sydney Chaplin am 30. März geboren ist«, verkündete

Ben triumphierend. »Er besitzt alle Eigenschaften, die dem Widder zugeschrieben werden. ›Ich will‹ ist das Credo des Widders, und meistens erreichen sie auch, was sie sich einmal in den Kopf gesetzt haben.«

»Ja, Maxwell Reed war zum Beispiel ein Widder«, fiel mir ein.

Ben sah mich mit seinen Kulleraugen an. Ich schwieg. »Er ist störrisch und angriffslustig. Und unnachgiebig in seinem Ehrgeiz. Dank seiner ungeheuren Energie und Schwungkraft wird er schon in frühen Jahren großen Erfolg haben.« Ich ließ mir kein Wort entgehen. Ben hatte unser Horoskop wirklich gründlich aufgestellt. »Doch nach einer kurzen Spanne des Erfolges wird er eine jahrelange Durststrecke zu überwinden haben. Er wird beruflich gravierende Fehler machen. Doch dann wird er wieder ein großer Star werden, wahrscheinlich Ende der sechziger Jahre. Er ist sehr sinnlich veranlagt, weißt du?« Er sah mich fragend an. Ich senkte beschämt den Kopf. »Das sind die meisten Widder. Gefangene ihres Geschlechtstriebs. Wie schön für dich, meine Liebe!«

»Manchmal«, sagte ich kurzangebunden. »Und was noch? Sprich weiter, Ben — was wird aus uns?« Nach einem Blick auf die Hieroglyphen des Horoskops fuhr er fort: »Du fühlst dich zu den Widder-Männern hingezogen, meine Liebe. Höchstwahrscheinlich wirst du mindestens noch einen Widder heiraten. Aber nicht Warren Beatty!«

»Nicht Warren?« wiederholte ich enttäuscht. »Aber wieso denn nicht?«

»Er wird noch lange nicht heiraten«, verkündete mein Wahrsager. »Wahrscheinlich erst mit fünfundvierzig oder noch später. Doch die Frauen werden ihn immer umschwärmen.«

»Das ist ja fantastisch«, murmelte ich mit finsterer Miene. »Ist er auch jetzt schon von Scharen von Frauen umgeben?«

»Nein, meine Liebe, vorerst braucht er nur dich. Aber später wird eine einzige Frau seine sexuellen Bedürfnisse nicht mehr befriedigen können. Zur Untermauerung seines Egos wird er ständig Zuspruch brauchen.«

»Und was wird dabei aus mir?« erkundigte ich mich. »Soll

ich vielleicht zu Hause herumsitzen und fernsehen, während er sich mit anderen amüsiert?«

»Aber nein, meine Liebe, dein Leben hat doch gerade erst begonnen.«

Das klingt ja sehr ermutigend, dachte ich. Mir kommt es eher vor, als hätte ich schon eine Menge durchgemacht.

»Du stehst ja noch am Anfang deiner Karriere. Du wirst noch lange, lange im Geschäft sein. Viele Männer werden noch in dein Leben treten.«

Er starrte mit zusammengekniffenen Augen auf sein Gekritzel. »Innerhalb der nächsten zwei Jahre wirst du wieder heiraten. Einen Schriftsteller. Nein, einen Produzenten oder Regisseur — auch Schauspieler —, einen sehr vielseitigen Mann. Er hat viele Eisen im Feuer.«

Ich kicherte und sah Cappy an, die auf der Couch saß. Ich glaubte zwar an Astrologie, doch so ganz ernst konnte ich diese Wissenschaft nicht nehmen. Jedenfalls war es faszinierend, seine ganze Zukunft so vor sich ausgebreitet zu sehen. »Diese Ehe wird sechs oder sieben Jahre halten«, fuhr Ben fort. »Du wirst zwei oder drei Kinder bekommen, kurz hintereinander — oder zwei davon sind Zwillinge.« Wieder konsultierte er das Horoskop. »Bald darauf wirst du noch einmal heiraten«, erklärte er. »Es ist schwer, so weit in die Zukunft zu blicken. Ich glaube, das wird ein Geschäftsmann oder Manager sein.«

»Reich?« fragte ich hoffnungsvoll. »Meine Liebe, du hast wirklich eine Schwäche für reiche Männer«, sagte Ben und starrte mich mit stählernem Blick an. »Doch dein Herz regiert über deinen Verstand. Du wirst immer soviel Geld verdienen, daß du selbst für dich sorgen kannst. Du wirst noch viele, viele Jahre arbeiten. Deine Karriere wird sehr wechselhaft verlaufen, doch du bist unter einem Glücksstern geboren. Du wirst nicht untergehen.«

Ein paar Jahre später bewahrheitete sich, was Ben sich selber prophezeit hatte. Er hatte immer vorausgesagt, daß er mit zweiunddreißig Jahren sterben würde. An seinem zweiunddreißigsten Geburtstag schloß er sich mit einem guten Freund, der sich um ihn kümmerte, in seinem Haus ein. Er war übervorsichtig. Er berührte nichts Elektrisches oder auch nur Mechanisches. Kein Telefon und keinen Kühlschrank. Er ging allem aus dem Weg, was ihm schaden konnte. Doch ein Jahr später war er tot. Seine falsche Ernährungsweise zwang ihn in die Knie. Er hatte ausschließlich von Brezeln, Kartoffelchips und Bier gelebt. Das rächte sich schließlich und kostete ihm das Leben.

Bis zu diesem Tage hat sich alles bewahrheitet, was er mir prophezeit hat.

Warren war um Ideen nie verlegen. Eines Tages überraschte er mich mit einem mit Perlen besetzten Brillantring, den er in der Leberpastete vergraben hatte.

Nachdem ich ihn gesäubert hatte, rief ich: »Ach, ist der herrlich. Aber warum schenkst du mir denn plötzlich einen Ring?«

»Es ist eine Art Verlobungsring«, sagte er verlegen grinsend. »Ich habe mir gedacht, weil du doch bald weg mußt und wir dann getrennt sein werden . . . na ja, weißt du, hm . . .« Er wußte nicht mehr weiter, nahm die Brille ab, setzte sie wieder auf, schluckte ein paar Vitamin-C-Tabletten. »Wir könnten uns . . . hm, verloben. Was hältst du davon?« Er sah mich hilfesuchend an.

»Das ist wirklich eine großartige Idee!« jubelte ich. »Einfach umwerfend. Aber bist du dir auch wirklich sicher, daß du das willst und nicht nur tust, damit ich mich noch sicherer fühle?«

»Nein, mein Schmetterling, ganz bestimmt nicht. Du weißt doch, daß ich nichts tue, was ich nicht wirklich will, und . . . hm . . . na ja . . . so wird es wohl mein Wunsch sein. Wir . . . könnten Ende des Jahres heiraten.« Er nahm seine Brille wieder ab. Wir sahen uns an und lachten schallend.

Nur Warren konnte auf die Idee kommen, einen Verlobungsring in die Leberpastete zu stopfen. Er war wie gesagt um Einfälle nie verlegen. Ich fragte mich, ob er mir gegenüber wegen der Abtreibung vielleicht Schuldgefühle hegte. Ich steckte den Verlobungsring an den Mittelfinger meiner linken Hand und trug ihn lange. Während der gesamten Dreharbeiten zu *Ester and the King.* Glücklicherweise paßte er zu den biblischen Gewändern. Zur Feier des Tages hörten wir uns am Abend Bobby Short im Carlyle an und aßen in Danny's Hideaway.

Gelegentlich ließ ich den Ring aufblitzen wohin wir auch gingen. Nach einer Woche verkündeten die Kolumnisten erfreut, daß wir uns offiziell verlobt hatten.

Daß ich nach Rom mußte, bedrückte mich. Wir waren beide todunglücklich über die Trennung. Es half mir auch nicht sehr, daß Rom meine Lieblingsstadt war. Warren plagte die Eifersucht, wenn er daran dachte, daß ich in Rom zwangsläufig auch mit anderen Männern zusammenkommen würde, und auch noch mit *Italienern.* Ich versicherte ihm, daß er keinen Grund zur Besorgnis habe. Eine treuere Seele als mich könne es gar nicht geben. Doch Widder sind ungeheuer besitzergreifend, furchtbar eifersüchtig und starrsinnig. Er war durchaus nicht davon überzeugt, daß ich ihm die Treue halten würde.

Am römischen Flughafen Fiumicino wurde ich von Raoul Walsh, dem lauten, einäugigen Regisseur, mit einem Strauß rosa Rosen empfangen. Warren hatte darauf bestanden, daß ich in Rom zu Marion Donen zog, statt im Hotel zu wohnen. Gleich nach meiner Ankunft fing er an, mich mit Briefen und Telegrammen zu bombardieren, in denen er mir ewige Liebe und Treue schwor. Am Telefon klang seine Stimme so verloren und deprimiert, daß ich beschloß, ihn zu überraschen und übers Wochenende nach New York zu fliegen. Zwölf Tage nachdem ich aus New York abgeflogen war, war ich schon wieder da. Die Dreharbeiten hatten noch nicht begonnen, und Warren war vor Freude ganz aus dem Häuschen, als ich so völlig unerwartet wieder vor ihm stand. Es gibt wohl nicht viele Verlobte, die im Flugzeug fast zwanzigtausend Kilometer zurücklegen, nur um drei Tage bei ihrem Liebsten sein zu können. Er hatte also allen Grund, froh und glücklich zu sein. Die Zeit, die uns vom Wochenende noch blieb, verbrachten wir in unserer Wohnung. Am Montag und Dienstag sah ich ihm beim Filmen zu. Am Dienstagabend saß ich schon wieder in einer Maschine der Alitalia und flog in die Ewige Stadt zurück. Zu Tode erschöpft, aber glücklich.

Wir hatten beschlossen, im Januar zu heiraten. Warren wollte, daß ich mir das Hochzeitskleid in London machen ließ. Ich rief den Modeschöpfer in England an und bat darum, mit den Entwürfen anzufangen.

Ich verhandelte noch immer wegen meines Vertrages. Ich wollte nicht allein an die Fox gebunden sein und auch andere Angebote annehmen dürfen. Doch aus unerfindlichen Gründen wollte die Fox mir das nicht gestatten und mich schon gar nicht aus dem Vertrag entlassen, obwohl sie andere Schauspieler, die bei ihr unter Vertrag standen, wie heiße Kartoffeln fallenließ.

Ich ging jeden Abend früh zu Bett und las, oder ich aß mit Marion oder meinem Agenten zeitig zu Abend. Ich langweilte mich, und mir war hundeelend. Der Film war mir zuwider, und ich vermißte Warren. Außer dem blitzenden Verlobungsring trug ich ständig den winzigen Schmetterling aus Gold, den er mir bei meinem Lieblingsjuwelier Buccelatti gekauft hatte.

An einem Wochenende flog ich nach London, um mir Stoffe für das Hochzeitskleid anzusehen. Warrens Anrufe und Briefe wurden mit jedem Tag dringlicher. »Kann es kaum erwarten, dich im Hochzeitskleid zu sehen«, hieß es immer wieder. »Vermisse dich mehr, als ich ertragen kann.«

Schließlich hielt ich die Trennung nicht mehr aus. Ich flehte den Produktionsleiter an, mich übers Wochenende nach New York fliegen zu lassen. Er gestattete es mir. Dreieinhalb Wochen nach meinem ersten Abflug nach Italien stieg ich als erschöpftes Wrack Samstagnacht in Idlewild aus der Maschine. Schon am Montagabend flog ich wieder nach Italien.

In diesen achtundvierzig Stunden stritten Warren und ich uns fast ununterbrochen. Er war fest davon überzeugt, daß ich ein Verhältnis mit einem anderen Mann hatte, und was ich auch sagte oder tat — er war nicht vom Gegenteil zu überzeugen. Die Tatsache, daß ich innerhalb von fünf Wochen zweimal fast zwanzigtausend Kilometer zurückgelegt hatte, nur um ihn zu sehen, war doch wohl Beweis genug, daß ich ihn liebte, doch ihm genügte das anscheinend nicht. Ich mußte es ausbaden, daß er so verunsichert war. Ich mußte als Zielscheibe für alles herhalten, was ihn bedrückte. Auf dem Rückflug begann ich mich zu fragen, ob er mir vielleicht untreu gewesen war. Betrog er mich mit seiner Partnerin Natalie Wood? Als ich ihnen bei der Arbeit zusah, hatte ich den Eindruck gehabt, daß sie sich sehr, sehr nahestanden.

Mürrisch und wütend nahm ich die Arbeit an dem gräßlichen Film wieder auf. Ich gab fromme salbungsvolle Sätze von mir, während ich vor Wut fast platzte. Wie konnte er es wagen, mich zu behandeln, als sei ich sein Eigentum, über und über mit Etiketten beklebt, die besagten »ausschließlich für Warren reserviert«. Dabei hatte ich allein 3000 Dollar für die Flugtickets ausgegeben, von den ungeheuren Telefonrechnungen ganz zu schweigen.

Während dieses Wochenendes in New York hatte er mich ständig kritisiert und mir Vorwürfe gemacht. Wenn er mir schon etwas vorwarf, dessen ich mich nicht schuldig gemacht hatte, *sollte* ich es vielleicht tun. Er betrog mich wahrscheinlich. Sicherlich mit Natalie. »Er ist der Sklave seines Geschlechtstriebs«, hatte Ben gesagt. Lieber Himmel!

Ich begann, die Blicke eines jungen italienischen Schauspielers zu erwidern, Gabriele Tinti, der ebenfalls in dem Film mitwirkte. Wir flirteten ungeniert miteinander. Inzwischen wohnten meine Mutter und mein Bruder Bill bei mir, ich war also ständig unter Aufsicht, was mir sehr gelegen kam. Ich wollte ja nur flirten, sonst nichts; meine tiefverwurzelten monogamen Instinkte und die Loyalität Warren gegenüber behielten die Oberhand. Da konnte auch Gabriele mit seiner Leidenschaft nichts ausrichten. Doch wenn wir händchenhaltend in irgendeinem Winkel des Filmstudios saßen und er mich mit Zitaten wie *bellissima,* und *più bella del mondo* belegte, war das eine Wohltat für mein zerbrechliches, leicht angeschlagenes Ego. Und so ganz nebenbei wurden auch meine italienischen Sprachkenntnisse aufgemöbelt.

Obwohl ich nicht offiziell mit ihm ging, da ich die Warrens *fidanzata* war, hing ich allabendlich eine halbe Stunde am Telefon und hörte mir seine Liebesschwüre an. Solche Liebesschwüre klingen in Italien gewichtiger, trotzdem konnte ich sie nicht so richtig ernst nehmen. Die Italiener legen den Frauen ihre Liebe in blumigen Worten zu Füßen, während die Engländer ihrer Angebeteten zwischen zwei Fußballspielen den Hof machen und gleich anschließend mit Freunden in einem Pub bechern. Das alles gehört zum internationalen Lockruf der Männer, und man muß zwischen den Zeilen lesen können, um zu verstehen, was die Männer *wirklich* sagen. Unreif wie ich war, versuchte ich mit diesem Flirt mich an Warren für den Schmerz zu rächen, den er mir zugefügt hatte.

Sein Verdacht schien sich zu bestätigen, als er eines Abends eine Stunde lang versuchte, mich telefonisch zu erreichen und die Leitung ständig belegt war.

Ich konnte seinen Verdacht nur zerstreuen, indem ich ihn noch einmal besuchte. Dummerweise tat ich das. Mein Pflichtbewußtsein trieb mich dazu. Ich verärgerte den Produzenten und den Regisseur von *Esther,* auch bei Warren erreichte ich nichts als einen vorübergehenden Waffenstillstand. Er hat mich nie in Rom besucht. Als wir uns genau ein Jahr kannten, schickte er mir ein Telegramm: »Vor genau einem Jahr hat mein Leben angefangen.« Weitere Briefe, Telegramme und Anrufe folgten, doch allmählich verschlechterte sich unsere Beziehung.

Das Telefon läutete in dem gemieteten Haus am Sunset Plaza Drive und riß mich aus dem tiefsten Schlaf. Ich nahm den Hörer ab und sah schlaftrunken auf die Uhr. Noch nicht einmal neun. Unsere Freunde wußten doch, daß sie vor zehn nicht anrufen sollten.

»Ich bin's, Joanie«, drang die übereifrige Stimme meines Agenten an mein Ohr. »Kannst du ganz schnell packen und heute abend nach London fliegen?«

»Nein, bitte nicht schon wieder!« stöhnte ich. Ich setzte mich auf und suchte vergebens nach meinen Augentropfen. »Ich bin doch erst seit ein paar Wochen wieder zu Hause. Warum haben sie es denn so eilig?«

»Wegen Elizabeth. Es heißt, daß sie im Sterben liegt. Du

sollst für sie einspringen und die *Kleopatra* spielen«, erklärte er mir kurz und bündig.

Liz Taylor sollte im Sterben liegen — ich konnte es einfach nicht glauben. Das muß ein böser Traum sein. Jemand hat sich einen schlechten Scherz erlaubt. Ich riß die Augen auf. Ich rüttelte Warren wach, der zusammengerollt dagelegen hatte.

»Schätzchen, das ist kein Witz«, fuhr mein Agent fort. »Ich wollte, es wäre einer. Sie ist so krank, daß niemand mehr daran glaubt, daß sie durchkommt. Alle Bühnenbilder und Kulissen sind schon fertig. Das gesamte Ensemble und die Crew sind schon fest engagiert. Es kostet sie jeden Tag Tausende Dollar, während Liz in der Klinik liegt, und wenn Liz wirklich stirbt, muß die Rolle der Kleopatra innerhalb von drei Tagen neu besetzt werden. Die Dreharbeiten müssen sofort aufgenommen werden. Die Fox hat ihr Budget sowieso schon stark überzogen. Sie kann es sich nicht leisten, noch länger zu warten.«

Die Herzlosigkeit der Mogule bei der Fox entsetzte mich. Für sie zählte ausschließlich das Geld — und natürlich die Macht, aber auch die ließ sich auf Dollar und Cent genau belegen. Es kümmerte sie nicht, ob die wunderschöne und berühmte Elizabeth Taylor an einer Lungenentzündung starb oder nicht, für sie zählte nur, daß die Show weiterging. Jemand, irgend jemand, mußte ihre Rolle übernehmen. Ihre Kostüme mußten geändert werden, die Ersatzkraft hatte ihre Perücken aufzusetzen und sich wie Elizabeth Taylor schminken zu lassen — Scheinwerfer an, Kamera, Action — Kleopatra — kurzer Prozeß. Schrecklich. Das war typisch Hollywood. Nur daß sich das in London zutrug und Elizabeth in einer Londoner Klinik um ihr Leben kämpfte — genau gegenüber Harley House, wo ich als Kind und junges Mädchen gewohnt hatte.

Ich sah Warren an, der inzwischen zu sich gekommen war und mitzukriegen versuchte, worum es eigentlich ging. »Ich kann nicht, ich bringe das einfach nicht fertig. Ich kenne doch Elizabeth. Es wäre makaber, einfach so in ihre Fußstapfen zu treten.« Das stimmte. Ich hatte eine Gänsehaut bekommen.

Noch vor einem Jahr hatte ich verzweifelt um die Rolle der Kleopatra gekämpft, doch der Gedanke, sie nur spielen zu dürfen, weil die Schauspielerin, auf die die Wahl gefallen war, im Sterben lag, stieß mich ab.

Mein Agent versuchte mich zu beruhigen. »Aber Schätzchen, nun sei doch mal vernünftig. Wir wollen hoffen, daß sie nicht stirbt; aber andererseits mußt du auch an deine *Karriere* denken! Das ist der größte und wichtigste Film der Fox in diesem Jahr. Er wird über sechs Millionen Dollar kosten. Die Rolle wird dich berühmt machen. Und außerdem wirst du wieder auf Eis gelegt, wenn du sie nicht übernimmst«, fügte er hinzu.

»Ich ruf dich in ein paar Stunden wieder an, wenn das neueste Ärztebulletin vorliegt.« Er legte auf. Ich starrte wie betäubt auf den Hörer in meiner Hand.

»Na, was hältst du von der Sache?« meinte Warren und stieg in seine Jeans.

»Es ist entsetzlich«, sagte ich, legte mich wieder hin und starrte die Decke an, die Arme unter dem Kopf verschränkt. »Ganz entsetzlich.«

»Baby, das ist eben das Show business«, sagte Warren und zog ein verkrumpeltes blaues Hemd aus seinem Koffer, den er noch immer nicht ausgepackt hatte. *»There's no business like show business.* Gib den Leuten, was sie wollen.« Er sah mich ganz ernst an, die kurzsichtigen Augen zusammengekniffen. »Nebenbei gesagt, finde ich das auch entsetzlich!«

»Mein Gott, hoffentlich stirbt sie nicht«, sagte ich gepeinigt.

»Sie wird nicht sterben«, versicherte er mir und ging in die Küche, um sich Orangen auszupressen und sich all die Vitamine einzuverleiben, mit denen er sich ständig stärkte.

»Diese Frau hat neun Leben, glaube mir. Mach dir keine Sorgen, Schmetterling. Du brauchst dich bloß um das Frühstück zu kümmern.« Damit verschwand er.

Ich weigerte mich, auch nur meine Puderdose einzupakken, bevor ich offiziell Bescheid bekam. Doch mein Agent hatte mich gebeten, nicht aus dem Haus zu gehen und auf Abruf bereit zu sein. Ich ging ruhelos umher, rauchte eine Zigarette nach der anderen, kaute an meinen Fingernägeln und wünschte mir sehnlichst, daß Elizabeth Taylor wieder gesund wurde.

Als ich sie das letzte Mal gesehen hatte, war sie mit dem englischen Schauspieler Michael Wilding verheiratet gewesen. Arthur Loew und ich hatten mit ihnen bei La Rue in Hollywood diniert. Elizabeth war wunderschön. Sie hatte tiefblaue Augen, dichte schwarze Wimpern und ein gleichmäßiges, herzförmiges Gesicht. Sie stand mit beiden Beinen fest auf der Erde. Sie war ein warmherziges Geschöpf. Wir schwatzten und klatschten und unterhielten uns angeregt über all die Dinge, über die junge Mädchen sich gemeinhin unterhalten. Michael und Arthur hatten wir fast ignoriert. Und jetzt lag Liz im Sterben. Ich konnte es kaum glauben.

Mein Agent rief mich um sechs Uhr wieder an. Er erlaubte mir, zum Abendessen auszugehen, bat mich aber, beim Auftragsdienst zu hinterlassen, wo ich zu erreichen war. Warren und ich aßen in düsterer Stimmung einen Salat und sprachen über die Situation. Am nächsten Morgen rief mein Agent schon in aller Herrgottsfrühe an.

»Guten Morgen, Schätzchen«, sagte er bestens gelaunt. »Du bist aus dem Schneider. Liz ist über den Berg.«

Ein Seufzer der Erleichterung entrang sich mir. »Gott sei Dank«, hauchte ich ins Telefon. »Sie scheint tatsächlich neun Leben zu haben.«

Warren flog nach London, um als Partner von Vivien Leigh in dem Film *The Roman Spring of Mrs. Stone* die Hauptrolle zu spielen. Ich flog ebenfalls nach London – aus zweierlei Gründen. Bei meiner Mutter war ein bösartiger Tumor entfernt worden. Ich wollte ihr zur Seite stehen. Meine Schwester Jackie heiratete. Es war eine prunkvolle Zeremonie. Ich hatte versucht, ihr diese Ehe auszureden, weil sie noch so jung war und mir meine fürchterliche Ehe noch ganz frisch vor Augen stand. Doch sie hörte nicht auf meinen Rat.

Mit Warren verstand ich mich gar nicht mehr so gut. Der Gedanke an eine Heirat erschien uns beiden nicht mehr verlockend. Das Hochzeitskleid aus beigem Chiffon lag sorgsam verpackt in meinem Kleiderschrank in Hollywood. In Harley House bezog ich das Zimmer, das Jackie gerade geräumt hatte.

Warren und ich sahen uns auch nicht mehr so häufig. Waren wir getrennt, bombardierte er mich mit Anrufen, Briefen und Telegrammen, in denen er mir zu verstehen gab, wie einsam und elend er sich ohne mich fühlte. Er schwor mir ewige Liebe und Treue. Doch wenn wir dann zusammen waren, quälte er mich unablässig und brach immer wieder einen Streit vom Zaun. Ich weiß, daß Widder leicht erregbar sind, doch das war einfach lächerlich.

Wir stritten uns über alles und jedes. Seit ich mit Maxwell Reed verheiratet war und vielleicht sogar *seinetwegen* habe ich mich nie wieder einem Manne unterworfen. Ich war für die absolute Gleichberechtigung der Frau in allen Punkten. Der Gedanke, daß Frauen den Männern unterlegen sein sollten, war mir einfach unerträglich. Ich wollte seinen oft richtig kindischen Forderungen nicht nachgeben, und er beharrte stets auf seinem Willen. Nachdem ich sechs lange Jahre völlig versklavt gewesen war, hatte mich die Fox endlich aus meinem Vertrag entlassen. Ich konnte es kaum erwarten, ein paar der verlockenden Angebote anzunehmen, die man mir gemacht hatte. Doch kaum hatte Warren die Drehbücher gelesen, so verwarf er sie verächtlich.

»Das ist Mist, Schätzchen, einfach Schund — das kannst du nicht machen.«

»Aber Liebling, die Rolle bringt mir 75000 Dollar ein«, wandte ich ein — und schon stritten wir uns wieder. Er war ein richtiger Perfektionist, aber er war auch verwöhnt; denn gleich sein allererster Film war von hohem künstlerischem Wert gewesen. Seitdem ließ er sich auf nichts Geringeres mehr ein. Logischerweise riet er auch mir davon ab. Ich hatte in achtzehn Filmen mitgespielt, doch nur zwei oder drei davon konnte man in künstlerischer Hinsicht gelten lassen. Aber bei der Schauspielerei geht es nicht nur um die Kunst, sondern auch ums Geschäft, und es stand kaum zu erwarten, daß mir mein Agent die Rolle aller Rollen verschaffen würde, wenn ich einfach nur herumsaß und darauf wartete, daß das Telefon läutete.

Ich suchte einen Produzenten wegen einer Rolle auf, an der mir sehr viel lag. Er saß an seinem riesigen Mahagonischreibtisch. Damit es nicht so auffiel, daß er nur 1,65 m groß war, war sein Stuhl mit besonders langen Beinen versehen worden. Durch eine Wolke von Zigarrenqualm hindurch blinzelte er mich an.

»Sie sind ja schon eine ganze Weile im Geschäft, meine Liebe«, sagte er. »Wie alt sind Sie denn?«

»Ich bin fünfundzwanzig«, erwiderte ich.

»Fünfundzwanzig also. Hm ... in dieser Branche ist das gar nicht mehr so jung, meine Liebe.«

Ich war sprachlos. Nicht mehr jung genug für die Filmbranche! Was für eine Unverschämtheit! Dieser alte Widerling hat gut fünfzig Jahre auf dem Buckel und will *mir* erzählen, daß ich mit fünfundzwanzig Jahren nicht mehr jung bin. Das versinnbildlichte so richtig die Heuchelei, die zu der Zeit in Hollywood gang und gäbe war.

Mit sechzehn entdeckt, mit neunzehn ein Hollywood-Star, und mit fünfundzwanzig zählt man schon zum alten Eisen, dachte ich verzagt. Kein Wunder, daß Daddy wollte, daß ich Sekretärin werde.

Ich saß auf der dunklen naßkalten Bühne in den Elstree Filmstudios außerhalb von London auf Warrens Segeltuchstuhl und beobachtete ihn in einer Liebesszene mit Vivien Leigh. Warren war wie ein italienischer Gigolo gekleidet und geschminkt. Vivien Leigh war eine wunderschöne Frau Ende vierzig. Sie war die Idealbesetzung für die Rolle der alternden Mrs. Stone, einer Dame der amerikanischen Gesellschaft, die hofft, in Rom noch einmal der Liebe zu begegnen. Sie war nicht mehr entfernt so schön wie in ihren früheren Filmen. Sie war nur noch ein Schatten ihrer selbst, ein schwacher Abglanz ihrer einstigen Schönheit. Sehr glücklich war sie wohl nie gewesen. Sie war von sehr zarter Gesundheit und trank weit mehr als ihr guttat. Sie sah müde aus und wirkte älter, als sie war. »Schönheit ist ein Geschenk. Sie sollten diese Gabe nicht mutwillig zerstören«, hatte mich einmal jemand auf einer Party gewarnt, als ich bei meinem fünften Wodka und Tonic angelangt war. Nachdenklich betrachtete ich Vivien. Ihre ungesunde Lebensweise ließ sich nicht verleugnen, hatte deutliche Spuren in ihrem Gesicht hinterlassen. Man konnte nicht gerade sagen, daß Miß Leigh mich besonders ins Herz geschlossen hatte, dafür aber Warren um so mehr. Der nutzte die Gelegenheit und gab sich in ihrer Gegenwart anbetungswürdig und verführerisch.

»Warum geben Sie soviel Geld für Ihre Garderobe aus?« drang sie eines Tages beim Mittagessen in der Studiokantine in mich. »Das ist eine absolute Geldverschwendung. Ich habe Sie tatsächlich noch nie zweimal in der gleichen Aufmachung gesehen.« Ein vernichtender Blick traf mich. »Was haben Sie da eigentlich an? Das sieht ja wie ein Herrenanzug aus.«

»Das ist es auch«, erwiderte ich und ließ mich nicht beim Essen stören. »Aber extra für mich angefertigt.« Anfang der sechziger Jahre trugen die Frauen noch keine Herrenanzüge.

»Sie sollten Ihr Geld in Schmuck anlegen, meine Liebe«, sagte Vivien, hob mit ihrer beringten Hand, an deren Gelenk ein schweres Armband glitzerte, elegant ihr Weinglas und nahm mich mißbilligend in Augenschein.

»Schmuck ist eine ausgezeichnete Geldanlage. Mit gutem Schmuck — Perlen und Ringen oder einer schönen Brosche — können Sie täglich Ihr kleines Schwarzes tragen und trotzdem immer gut angezogen sein.«

Jeden Tag ein kleines Schwarzes! Das ist wirklich wahnsinnig komisch, dachte ich und sah Warren an, der seine Portion Fish and Chips verschlang und von diesem verfänglichen Gespräch offensichtlich kein Wort mitbekommen hatte. Warren sah einfach umwerfend aus. Es erinnerte kaum noch etwas an den pickligen Jungen, der vor sechzehn Monaten im Restaurant am Nebentisch gesessen und mich unentwegt angestarrt hatte. Sein Haar war für die Rolle des italienischen Gigolos dunkler getönt worden, und er war braungebrannt. Obwohl diese Wirkung mit Hilfe eines chemischen Bräunungsmittels erzielt wurde, sah er aus, als käme er geradewegs aus Portofino. Warren Beatty war zum Sexsymbol stilisiert worden. Damit stand sein Image in den Augen der Welt fest. Die Frauen beteten ihn an, und er genoß das ungeheuer.

»Was meinst du dazu, Warren — mein Liebling?« fragte Vivien, legte ihm sachte die aristokratische Hand auf den Arm und sah ihn mit ihren schönen, blaßblauen Augen an.

»Hm, ich finde, sie sieht entzückend aus«, sagte Warren und zwinkerte mir heimlich zu. „Es ist völlig zwecklos, zu versuchen, Joanie dazu zu bringen, daß sie sich anders kleidet. Sie tut, was sie will. Du siehst aus wie — hm — wie ein kleiner Mann«, sagte er liebevoll. Angesichts dieses fragwürdigen Kompliments verdrehte ich die Augen. Doch ich bekam noch mit, wie Vivien mit den Wimpern klimperte. Manchmal ritt mich der Teufel. Daher trat ich ihn unter dem Tisch ins Schienbein, und Warren widmete sich wieder seinem Fisch. Vivien sah mich durchdringend an. Sie war eine scharfsinnige Dame und wußte, daß *ich* wußte, daß sie ein Auge auf Warren geworfen hatte. Ob dieser Flirt sich zu mehr als einem Flirt ausgewachsen hat, kann ich nicht sagen, jedenfalls hatte Warren jetzt mehr als genug Gelegenheit, mir untreu zu sein, falls er darauf aus war. Die Frauen wurden bei seinem Anblick schwach. Er fühlte sich geschmeichelt, weil sie ihn so umschwärmten.

Ich machte mir Sorgen um meine Mutter. Nach der Operation, bei der die Krebsgeschwulst entfernt worden war, schien sie wieder ganz gesund zu sein, doch der Eingriff hatte sie sehr mitgenommen und geschwächt. Da Jackie inzwischen geheiratet hatte und nicht mehr im Hause wohnte, zog ich wieder zu ihr. Darüber war sie sehr froh.

Sie machte sich meinetwegen große Sorgen. Würde ich wohl auch einmal häuslich werden und einen Mann finden, der mich wirklich glücklich machte? Sie war ganz vernarrt in Warren — wie die meisten Frauen. Er verstand es, sie alle mit seinem Charme zu betören. Doch es entging meiner Mutter nicht, daß wir uns oft stritten. Sie hatte bald erkannt, daß Warren kein Mann war, der eine Frau auf die Dauer glücklich machen konnte.

Einmal flogen wir übers Wochenende nach Paris, um Joanne Woodward und Paul Newman zu besuchen, die dort filmten. Sie führten uns gleich am ersten Abend in einen Transvestiten-Nachtclub am Montmartre namens *Carousel.* Wunderschöne junge Männer und Knaben in Frauenkleidern sangen, tanzten und schauspielerten dort auf einer winzig kleinen Bühne. Der Club war bis auf den letzten Platz besetzt. Aller Augen ruhten auf unserem Tisch, sobald Newman mit den sagenhaften blauen Augen und Beatty sich dort niederließen und Poire tranken, einen besonders starken Birnenschnaps. Warren war zwar nicht so berühmt wie Paul, doch auch ihn umgab eine gewisse Aura.

Die ›Mädchen‹ auf der Bühne waren fabelhaft. Hinreißende Geschöpfe. Jeder imitierte mit seiner Frisur, seinem Make-up und seiner Kleidung einen ganz bestimmten Filmstar. Da gab es zum Beispiel Marilyn Monroe, Ava Gardner und Audrey Hepburn — jede eine kleine Sensation, und eine atemberaubender als die andere. Bei soviel Glanz und hinreißender Schönheit kamen Joanne und ich uns bald ganz gewöhnlich vor. Die ›Mädchen‹ sangen und spielten uns zu Ehren. Ein Traumwesen in rotem Lamé und Federboa sang mit heiserer Stimme ›Diamonds Are A Girl's Best Friend‹ und schlang dabei Warren die lange Federboa unmißverständlich um die Schultern. ›Je t'aime, je t'aime‹, intonierte eine weiche Männerstimme. Der Sänger sah Paul tief in die Augen — das Make-up so sorgsam aufgetragen, daß das Schminken stundenlang gedauert haben mußte.

Paul und Warren grinsten albern ob der Aufmerksamkeit, die die Männer ihnen zollten. Joanne und ich kicherten unentwegt. Die Herren Damen sangen für unsere Begleiter. Die lasziven Blicke und Gesten galten ihnen.

»Von diesen Burschen könnten wir in puncto Sex-Appeal noch was lernen«, flüsterte ich Joanne zu. Dann kam das Finale. Falsche Busen wurden auf der Bühne geschwenkt, falsche Wimpern flatterten. Die Herren Damen schwenkten ihre Straußenfedern. Kunstvolle Frisuren gerieten ins Wanken. Die geschlitzten Röcke bedeckten gerade noch den kleinen Unterschied. Es war ein wahrhaft rauschendes Finale.

Nach der Show kam die ›Besitzerin‹ zu uns an den Tisch. »Die Damen würden sich sehr freuen, wenn Sie sie hinter der Bühne besuchen wollten«, hauchte ›sie‹, ein altes ›Weib‹ mit einer ungeheuren roten Perücke auf dem Kopf und in ein enges schwarzes Pailettenkleid gezwängt. Unter dem dick aufgetragenen Make-up ahnte man die Bartstoppeln.

»Ach, bitte, gehn wir doch«, flehte ich meine Freunde kichernd an, durch den reichlichen Genuß von Birnenschnaps von meinen Hemmungen befreit.

»Was meint ihr, sollen wir das wirklich tun?« fragte Warren mit einem nervösen Seitenblick auf das alte ›Weib‹, dessen falscher Busen auf der Schulterpartie seines besten blauen Anzugs ruhte, während ›sie‹ Blicke wie glühende Pfeile in seine Richtung schoß.

»Ja, unbedingt, ich will sie mal aus der Nähe sehen. Nun kommt doch schon, seid nicht so spießig!«

Die beiden Männer trotteten widerstrebend hinter uns her, als wir ›Madame‹ in die hinter der Bühne gelegene Garderobe folgten. Gekreisch und Freudenrufe aus den Kehlen der dort versammelten Damen Herren. Oder umgekehrt, wirklich schwer zu sagen. Manche waren noch geschminkt, hatten aber schon ihre Perücken abgenommen, so daß ihr eigenes, kurzes Haar zum Vorschein kam. Manche trugen so raffinierte Unterwäsche mit Spitzen und Rüschen und Strumpfgürteln, daß sie damit selbst im ›Playboy‹ eine gute Figur gemacht hätten.

Eine fieberhafte Erregung griff um sich. Doch sonderbarerweise galt die Aufmerksamkeit des Klubensembles nicht Paul und Warren, sondern Joanne und mir!

»Ihr Haar — es ist so schön!« säuselte der Monroe-Imitator und strahlte Joanne an. »Wie Sie bekommen diese Farbe — ist Natur, *non*?« »*Mais oui — naturellement c'est naturel*«, sagte ›Jayne Mansfield‹ indigniert und fuhr Joanne mit den Fingern durch das Haar.

»*Oh, regardez, regardez les eyelashes*!« sagte der junge Mann, der auf der kleinen Bühne Sophia Loren dargestellt hatte, mit verzücktem Blick und wies auf meine Augenwimpern. Ich trat verschreckt zurück. Bald waren meine Augenwimpern das Gesprächsthema Nr. 1.

Unsere Kleider, unser Schmuck und unser Haar wurden genauestens in Augenschein genommen und befühlt. Die beiden Männer standen vergessen in einer Ecke der überfüllten Garderobe und beobachteten amüsiert, wie man Joanne und mich mit Fachfragen löcherte. Schließlich entflohen wir unter hysterischem Gelächter auf die Place Pigalle. In einer nahegelegenen Bar feierten wir weiter. Ich werde diesen denkwürdigen Abend nie vergessen, denn er brachte mir den schlimmsten Kater meines Lebens ein. Als ich am nächsten Morgen erwachte, fühlte sich mein Kopf so aufgedunsen an wie ein Ballon. Und der Ballon wurde so kräftig mit einem Vorschlaghammer bearbeitet, daß ich dachte, er müsse platzen.

»Das ist dieser Poire!« stöhnte Warren, der alles andere als ein Trinker war, doch am Vorabend auch zu tief ins Glas geschaut hatte.

»Großer Gott!« entfuhr es mir, als ich mein bleiches, verwüstetes Gesicht im Spiegel sah. »So sollten mich die ›Mädchen‹ einmal sehen!«

Sobald Warren abgedreht hatte, kehrten wir in mein Haus am Sunset Plaza Drive in Los Angeles zurück. Wir saßen wieder unter der Dunstglocke des Smog, und wir stritten uns fast ständig. Bei diesen Streitigkeiten ging es meistens um so lächerliche triviale Dinge, daß ich mich an die letzten Monate unseres Zusammenlebens nur noch vage erinnern kann. Meine Mutter kam mit Bill zu Besuch. Bill war inzwischen fünfzehn und verehrte Warren wie einen Helden.

»Warum hast du sie herkommen lassen?« zischte Warren aufgebracht — so laut, daß meine Mutter, die sich im Garten sonnte, seine Worte sicher mitbekam. »Wir sind überhaupt nicht mehr allein!« Er wühlte in seinem Koffer herum, der wie immer geöffnet auf dem Boden stand und aus dem seine Jeans und Hemden herausquollen. Er starrte mich vorwurfsvoll an.

Ich hielt seinem Blick stand. »Schließlich ist sie meine *Mutter*«, fuhr ich ihn an. »Ich zahle den größten Teil der Miete, und es ist mein gutes Recht, sie einzuladen. Benimm dich endlich wie ein normaler Mensch!«

Ich verließ das Zimmer, denn ich hatte Tränen in den Augen. Ich ließ mir nicht anmerken, wie sehr er mir mit seiner feindseligen Haltung meiner Mutter gegenüber wehtat. Ich ließ es mir überhaupt nicht mehr anmerken, wenn er mich quälte. Mich quälten Schuldgefühle, weil meine Mutter so krank gewesen war. Ich wollte ihr eine wirklich gute Tochter sein, wozu ich seit meiner Kindheit keine Gelegenheit mehr gehabt hatte. Meine Schwester erwartete ein Kind, auf das meine Mutter sich unbeschreiblich freute. Meine Mutter gab mir deutlich zu verstehen, daß es langsam an der Zeit war, daß ich es meiner Schwester gleichtat.

Es stand fest, daß ich mit Warren Schluß machen mußte. Er ließ einfach alles weiterschleifen, schien sich keine Gedanken darüber zu machen, daß es zwischen uns einfach nicht mehr stimmte. Was war aus unserer herrlichen Romanze geworden? Wir hatten es so schön miteinander gehabt. Warum mußten all meine Beziehungen zu Männern so jämmerlich enden? Lag das an mir? War ich zu stark? Oder zu schwach? Wenn ich wirklich in mich ging, mußte ich mir eingestehen, daß es mich in Wahrheit nur nach den *neurotischen* Männern verlangte, die gar nicht fähig waren, zu lieben und zu geben. Nur indem ich um die Liebe eines dieser unmöglichen Männer kämpfte und sie gewann, konnte ich mir beweisen, daß ich etwas wert war. Doch ich lernte nichts aus meinen Fehlern.

Schließlich akzeptierte ich ein Angebot von Norman Panama und Mel Frank, in London neben Bob Hope und Bing Crosby eine Rolle in *The Road to Hong Kong* zu spielen.

»Das ist Mist!« sagte Warren und warf das Script auf den Boden. »Warum willst du dich für einen solchen Schund hergeben?«

»Aus zwei Gründen«, erwiderte ich. »Wegen des Geldes — und um dir zu entgehen.«

Wir sahen uns an und brachen in Tränen aus. Wir wußten alle beide, daß dies das Ende war. Wir sanken uns in die Arme und klammerten uns aneinander fest. Fast zwei Jahre hatten wir uns geliebt und miteinander im Streit gelegen. Warren war in dieser Zeit ein Mann geworden und fast schon ein Star, doch ich war nicht vom Fleck gekommen. So konnte es nicht weitergehen. Es war höchste Zeit, den Schlußstrich zu ziehen und sich neuen Ufern zuzuwenden.

8. Kapitel

Die sechziger Jahre standen ganz im Zeichen der Jugend. Die Devise lautete Freiheit, *Flower Power.* Man machte, wonach einem der Sinn stand, tat sich keinen Zwang an und warf alle Konventionen über Bord. Die *Swinging Sixties* kamen einem nirgendwo so deutlich zu Bewußtsein wie in London. In London mußte man sein, und ich war in London. Obwohl wir noch am Anfang des Jahrzehnts standen, lag schon Erregung in der Luft, die Menschen setzten große Erwartungen in die kommenden Jahre. Optimismus, Originalität und Enthusiasmus waren an der Tagesordnung. Alle schienen jung und voller Tatendrang zu sein.

Vier Pilzköpfe aus Liverpool von kaum zwanzig Jahren kreierten einen neuen Sound. Sie nannten sich die »Beatles«. Überall in England schossen Diskotheken aus dem Boden. Mary Quant rief den Minirock ins Leben. Die Mädchen und auch die Frauen zeigten immer mehr Bein. Obwohl in Vietnam Krieg herrschte, war es eine wunderschöne Zeit, und es war herrlich, zu dieser Zeit jung zu sein.

Eines Tages saß ich mit einer Freundin im White Elephant beim Mittagessen. Es war eins der elegantesten neuen Restaurants in London. Halb Hollywood schien da zu sein und Geschäfte abzuwickeln. Meine Freundin machte mich auf einen Mann aufmerksam. »Das ist Tony Newley«, sagte sie. »Weißt du, der Bursche, der mit der neuen Show *Stop the World — I Want to Get Off* (Halt die Welt an, ich will aussteigen) so einen Riesenerfolg gehabt hat.«

Ach ja, natürlich. Ich erinnerte mich wieder an die Kritiken nach der Premiere, die vor ein paar Wochen stattgefunden hatte. Die Kritiker waren sehr streng mit der Show ins Gericht gegangen, waren aber andererseits auch fasziniert von dieser Einmannshow, in der Newley — weiß geschminkt wie ein Clown und in ausgebeulten Hosen — eine Art Jedermann spielte. Er führte auch Regie, und das Drehbuch stammte ebenfalls von ihm, Musik und Liedtexte waren in Zusammenarbeit mit Leslie Bricusse entstanden. Das sei der Mann an seinem Tisch, teilte mir meine Freundin mit.

Newley kam mir irgendwie bekannt vor. Mir fiel ein, daß er als Vierzehnjähriger in dem Film *Oliver Twist* von David Lean den Artful Dodger gespielt hatte, also mußte er inzwischen Ende zwanzig sein. Er hatte noch immer dieses dreiste Cockney-Gesicht, kluge, scharfblickende Augen und eine kräftige römische Nase, dichtes, dunkelbraunes Haar und wunderschöne ausdrucksvolle Hände, mit denen er im Gespräch ständig gestikulierte. Unsere Blicke trafen sich, und Erkennen flackerte in seinen Augen auf. Ich sah rasch weg und heuchelte Gleichgütligkeit. Ich hatte vorerst genug von den Männern. Außerdem hatten mir solche Blicke im Restaurant schon große Schwierigkeiten eingebracht.

Ich dachte gar nicht mehr an ihn, bis mich Robert Wagner anrief, der auch in London filmte. Er hatte für den gleichen Abend Karten für *Stop the World* und bat mich, mit ihm hinzugehen. Seit dem katastrophalen Reinfall *Stop-over Tokyo* waren Robert und ich gute Freunde, und seit er sich von Natalie Wood getrennt hatte, waren wir in London schon mehrmals miteinander ausgegangen.

Natürlich waren wir ein gefundenes Fressen für die Klatschkolumnisten. Man dichtete uns sofort an, daß wir uns miteinander ›trösteten‹, während Natalie und Warren ganz offen miteinander gingen. Diese Berichte waren wirklich ärgerlich. Ich hatte mich in aller Freundschaft von Warren getrennt. In ihrem Übereifer behauptete die Regenbogenpresse jetzt, Natalie und Warren hätten schon eine leidenschaftliche Affäre miteinander gehabt, als Natalie noch mit Robert Wagner verheiratet und Warren noch mit mir verlobt war. Das brachte mich auf die Palme, weil es einfach nicht der Wahrheit entsprach.

Natürlich packte Warren die Gelegenheit beim Schopfe; denn für seine Karriere war es sehr von Vorteil, wenn er sich mit Natalie, dem berühmten Filmstar, sehen ließ. Es gefiel ihm, sein Foto in Zeitungen und Zeitschriften zu sehen, meistens von einer hübschen Schauspielerin flankiert. Während

Einer meiner schlechtesten Filme war ›Stopover Tokyo‹ mit Robert Wagner.

Als verkommene Alkoholikerin in Steinbecks ›The Wayward Bus‹ (Wo alle Straßen enden). Viele Leute waren überrascht, daß ich wirklich eine Schauspielerin war!

Mit Marlon Brando bei einer New Yorker Premiere. Die Klatschkolumnisten machten aus uns sofort ein neues ›Traumpaar‹.

Niemand konnte es besser als Candy Barr. Die Stripszene, die sie mir für ›Seven Thieves‹ (Sieben Diebe) beibrachte, war so gewagt, daß ein großer Teil davon der Schere zum Opfer fiel.

Zusammen mit Paul Newman in einer ausgelassenen Szene in dem Film ›Rally Round the Flag, Boys‹.

Offizielles Verlobungsfoto 1961. Wir sehen beide ziemlich nachdenklich aus.

Bei einer Pokerpartie mit Vivian Leigh und Warren Beatty, als ich sie in Rom bei Dreharbeiten zu ›The Roman Spring of Mrs. Stone‹ besuchte. Mrs. Leighs verliebte Blicke blieben mir natürlich nicht verborgen.

In dem Film ›The Road to Hong Kong‹ (Der Weg nach Hongkong) sprang ich für Dorothy Lamour ein. Hier mit Bing Crosby und Bob Hope.

Beim Verlassen des Krankenhauses in New York mit Anthony Newley und unserem neugeborenen Sohn Sacha.

Natalie und Warren sich immer näher kamen, war das bei Robert und mir nicht der Fall. Obwohl er sehr attraktiv war, interessierte ich neurotisches Wesen mich nur für komplexe, ausgesprochen schwierige Männer. Robert war in meinen Augen viel zu lieb und sanft und nett, als daß ich mich mit ihm eingelassen hätte. Wir waren wirklich nur gute Freunde, wie man so schön sagt.

Ich war hingerissen von *Stop the World – I Want to Get Off*. Es war eine der genialsten, kreativsten, erregendsten und originellsten Shows, die ich je gesehen hatte. Das lag auch an der magischen Präsenz von Tony Newley. Mit Bravour entledigte er sich dieser *tour de force*. Sein Talent brachte das Musical erst richtig in Schwung.

Als das Musical zu Ende war, hing ich völlig entkräftet, doch begeistert in meinem Stuhl. Ich hatte schon ewig nichts mehr auf der Bühne gesehen, was mich so bewegt und beeindruckt hatte. Das lag nicht nur an dem Musical, das autographische Züge haben sollte, sondern auch an Newley selbst.

Als sich das Ensemble verneigte und das Publikum frenetisch applaudierte, flehte ich Robert Wagner an: »Laß uns hinter die Bühne gehen.« Robert hatte nichts dagegen, er war ebenso beeindruckt wie ich. Wir machten uns durch die muffigen, labyrinthartigen Korridore des Queen's Theatre auf den Weg zu Newleys Garderobe.

Ein mürrischer, plumper Mann in mittleren Jahren nahm uns mißtrauisch in Empfang, erkundigte sich nach unseren Namen und befahl uns grob, zu warten, bis sich der ›junge Meister‹ abgeschminkt habe.

Robert Wagner und ich sahen uns ob dieser großartigen Bezeichnung mit gerunzelter Stirn an. Wir warteten und warteten. Nach zwanzig Minuten hielt ich es nicht mehr aus. Ich sprang auf und schlug vor, zu gehen.

»Wir gehen!« rief ich mit eisiger Stimme, so daß man es hinter dem schäbigen grünen Samtvorhang hören mußte, der die ›Trennwand‹ zwischen Vorzimmer und Stargarderobe bildete.

»Nur eine Minute, Liebes. Ich zieh' mir grade die Unterhose an«, hörte ich eine Stimme im verführerischsten Cockney-Tonfall rufen. Gleich darauf wurde der Vorhang schwungvoll beseite geschoben, und der kleine Mann stand leibhaftig vor uns. Sehr groß war er wahrhaftig nicht, vielleicht 1,70 oder so. Klapperdürr, weiß wie ein Laken, blauäugig, schwarzhaarig — und sehr sexy. Mit einem Handtuch wischte er sich die letzten Überreste weißer Schminke hinter den Ohren ab. Seine tiefliegenden, klugen Augen waren noch immer schwarz umrandet.

»Wie geht's, wie steht's? Tut mir leid, daß ich Sie warten lassen mußte. Dauert immer ewig, bis man all den Schmier wieder abgeschrubbt hat.« Wir begrüßten uns, und ich erklärte ihm übersprudelnd vor Begeisterung, wie gut uns das Musical gefallen hatte, vor allem er selbst. Darüber schien er sich aufrichtig zu freuen. Er hörte interessiert zu.

Der schwerfällige Mann, dem es nicht gelungen war uns abzuweisen, hantierte währenddessen mit den Schminkutensilien herum und machte uns damit unmißverständlich klar, daß wir ihm nicht willkommen waren.

»So, jetzt gehen wir wohl besser irgendwo noch etwas essen«, sagte Robert Wagner, als ihn ein Blick aus Basiliskenaugen traf.

»Wir könnte doch zusammen einen Happen essen«, meinte Tony. »Falls Sie nicht schon etwas anderes vorhaben.«

»Nein, nein, kommen Sie nur — kommen Sie mit«, sagte ich. Mein Interesse an diesem ›jungen Meister‹ war erwacht.

»Sollen wir ins Trat gehen?« fragte Tony. Er trug jetzt ausgebeulte graue Flanellhosen, ein schwarzes Polohemd und eine grüne Tweedjacke. »Dort ist für gewöhnlich ein Tisch für mich reserviert.«

»Was möchten Sie denn trinken, schöne Frau?« fragte Tony Newley mich, nachdem er stirnrunzelnd die Weinkarte der Trattoria studiert hatte. Schöne Frau! Aus dem Munde eines Engländers ist das ein ungeheures Kompliment, dachte ich.

»Verdicchio, bitte«, erwiderte ich, mein Lieblingswein. Wir unterhielten uns angeregt.

Wir hatten viele gemeinsame Freunde. Das Gespräch floß mühelos dahin, immer wieder untermalt von Tonys plötzlichem Stakkatolachen. Er hatte sehr viel Sinn für Humor, und seine Cockney-Redeweise gefiel mir. Ich konnte ganz leicht vom Londoner Slang zu der Redeweise umschalten, in der man in Beverly Hills Konversation machte, denn mein Leben als Erwachsene hatte sich zwischen diesen beiden Polen abgespielt. Nach ein paar Stunden und mehreren Flaschen Verdicchio nahmen wir vor dem Restaurant herzlich Abschied voneinander und gingen unserer Wege — getrennt. Es war ein herrlicher Abend gewesen. Tony war scharfsinnig, amüsant und attraktiv und ausgesprochen liebenswert.

Ein paar Tage später erschien Joyce Blair zum Mittagessen in Shepperton. Ich staunte, als sie mich fragte: »Was hast du nur mit Tony angestellt? Er ist ganz vernarrt in dich.«

Ich saß auf der Couch in meiner kleinen Garderobe und schälte einen Apfel.

»Was hat er denn gesagt?«

»Ach, weißt du, das übliche halt. Daß du fantastisch aussiehst und eine fabelhafte Figur hast. So in der Art.«

»Und von meinem Verstand war nicht die Rede?«

Joyce kicherte. »Ich glaube, der gute alte Tony ist so was wie ein Chauvinist. Deinen Verstand hat er mit keinem Wort erwähnt. Aber er findet dich amüsant.«

»Na, immerhin«, sagte ich sarkastisch und biß in meinen Apfel. »Das kann doch nur bedeuten, daß er weiß, daß ich auch ein Hirn besitze.«

Joyce neigte sich ganz dicht über mich und vertraute mir an: »Ich will dir mal was verraten: Tony ist ein super Mensch, wirklich super. Wir kennen uns schon, seit wir Kinder waren, und ich habe ihn schon immer angebetet. Aber soll ich dir mal was sagen?« Sie senkte die Stimme. „Weißt du, daß er noch *nie* verliebt gewesen ist?«

Ich hörte augenblicklich auf zu kauen. »*Nie?*« fragte ich fassungslos. »Er ist doch wohl nicht schwul?«

»Nein, nein, wo denkst du hin? Nein, Liebes, keine Spur! Er mag die Frauen sogar sehr. Es ist ihm nur noch nie passiert, daß er sich richtig in eine verliebt hat. Stell dir das mal vor — mit neunundzwanzig Jahren war er noch nie verliebt! Ist das nicht schrecklich?«

»Das ist ja *hochinteressant*!« sagte ich und betrachtete angelegentlich meinen Apfelbutzen. »Daher wohl auch der Song vom Narren am Ende des Musicals?«

»Ja, ja!« sagte sie erregt. »Dieser Liedtext ist die Geschichte seines Lebens, ganz genau! *What kind of fool am I, who never fell in love, it seems that I'm the only one that I have been thinking of.*« (Was bin ich für ein Narr. Ich war noch nie verliebt, denn ich habe immer nur an mich selbst gedacht.)

»Großer Gott, der Himmel möge uns davor bewahren«, stöhnte ich. Ich warf den Apfelbutzen in den Papierkorb. Mir war zumute wie einem Stier, dem man ein rotes Tuch vor die Augen hält. Dieser Mann war also noch *nie* verliebt. Wie traurig — und was für eine Herausforderung! Ich sah Joyce an. Ihre Augen glitzerten verdächtig.

»O nein, mein Schatz! Ich habe nicht die leiseste Absicht, ihn zu bekehren. Von selbstsüchtigen, gleichgültigen, lieblosen Männern, die unfähig sind, eine echte Bindung einzugehen, habe ich mehr als genug, das kannst du mir glauben!«

»Na ja, du könntest doch mal mit ihm essen. Dabei riskierst du doch wirklich nichts. Er hat mich gestern angerufen und mich ständig wegen deiner Telefonnummer gelöchert. Schließlich hat er mir das Versprechen abgenommen, daß ich versuchen werde, dich dazu zu bringen, daß du mal mit ihm zum Lunch gehst. Ich werde natürlich auch mit von der Partie sein«, fügte sie rasch hinzu, als sie meinen zweifelnden Blick sah.

»Aber Liebes, ich bitte dich! Was kann beim *Mittagessen* schon passieren?«

»Du würdest dich wundern«, erklärte ich bedrückt. Gegen meinen Willen war ich plötzlich fasziniert von dem komplexen Wesen Newleys. »*Alles* kann beim Lunch passieren.« Ich stand auf und bereitete mich auf die nächste Szene vor. Wir sahen uns an. Ich lächelte.

»Du sagst, er war noch nie verliebt? Da muß doch was zu machen sein.«

Während der nächsten vierundzwanzig Stunden dachte ich fast ununterbrochen an Anthony Newley. Eigentlich war ich zum erstenmal im Leben wirklich frei. Ich war keine gefühlsmäßige Bindung eingegangen, war nirgendwo verwurzelt, hatte kein Zuhause, keine Wohnung. Keinem Ehemann und keinem Liebhaber war ich Rechenschaft schuldig, auch meinen Eltern nicht. Ich hatte keine Kinder, um die ich mich kümmern mußte, war auch nicht vertraglich gebunden, hatte also auch in beruflicher Hinsicht keine Verpflichtungen auf lange Sicht. Ich konnte tun, was ich wollte und wann es mir gefiel. Ich war glückselig. Wenn es mir einfiel, übers Wochenende nach Rom oder Paris zu fliegen, brauchte ich nur einen Koffer zu packen, und es konnte losgehen. Ich machte tatsächlich öfter solche Wochenendtrips. Das Gefühl, völlig frei und ungebunden zu sein, war wirklich erhebend. Ich fühlte mich wie neugeboren. Als Kind war ich ständig gemaßregelt worden. Ich hatte viel zu früh geheiratet, die Ehe war eine einzige Katastrophe. Dann hatte ich mich vertraglich erst an die Rank Organization und dann an die Fox gebunden und über jeden Schritt Rechenschaft ablegen müssen. Ich hatte mich nacheinander mit Sydney, Arthur, George und Warren eingelassen und war jedesmal eine feste Bindung eingegangen. Ich war immer angebunden wie ein Kettenhund.

Nun fühlte ich mich wie ein Vogel, der gerade erst gelernt hat, mit den Flügeln zu schlagen. Die Welt gehörte mir, und so sollte es ein Weilchen bleiben.

Gelegentlich flammte Neid in mir auf, wenn ich sah, wie eine Mutter ihr engelsgleiches Kind liebkoste. Das mußte wohl ein erster Ansatz von Mutterinstinkt sein, doch ich unterdrückte ihn, ohne mir weiter Gedanken darüber zu machen. Seit der Abtreibung konnte ich das Gefühl nicht loswerden, einen Verlust erlitten zu haben. Manchmal, wenn ich ein kleines Baby sah, rechnete ich automatisch nach, wie alt mein Kind jetzt wäre, hätte ich es mir nicht nehmen lassen. Doch ich ließ diese tiefen, unterschwelligen Gefühle erst gar nicht an die Oberfläche dringen. Das Leben war herrlich, es war ein einziger Spaß. Das Leben war dazu da, daß man soviel wie möglich unternahm, daß man sich nichts entgehen ließ, daß man sich die Welt ansah und mitnahm, was das Leben so zu bieten hatte. Zum Unglücklichsein und für grüblerische Selbstzerfleischung war einfach keine Zeit. Ich wollte das Leben bis zur Neige auskosten und schwebte ständig in den

Wolken. Der Realitätssinn war mir völlig abhanden gekommen. Ich begab mich wieder einmal blindlings aufs Glatteis. Auch Tony Newley war da keine Ausnahme.

Keine Frau, die auch nur einen Funken gesunden Menschenverstand besitzt, verliebt sich in einen Mann, der aller Welt in einem Musical verkündet, daß er nicht fähig ist zu lieben. Viele Frauen würden ihn deswegen trotzdem mögen. Und wegen seines Talents und seiner Persönlichkeit würden sie vielleicht auch keinen Hehl aus ihrer Bewunderung machen; aber keine Frau, die ihrer Sinne mächtig ist, würde sich mit einem solchen Mann ernsthaft einlassen und riskieren, daß ihr furchtbar wehgetan wird.

Wir waren geradezu Gegenpole. Welten trennten uns. Er war ein Waage-Mann: ruhig, gelassen, häuslich, mit seinem Beruf und sich selbst verheiratet. Mit seiner Neugier auf das Leben und seinem Unternehmungsgeist war es nicht weit her. Eigentlich fühlte er sich immer und überall unbehaglich — außer in der vertrauten Umgebung und in Gegenwart von guten alten Freunden.

Doch obwohl wir grundverschieden waren, ließen wir uns schließlich miteinander ein. Wir fühlten uns anfänglich nicht im gleichen Maße zueinander hingezogen. Ich verliebte mich unsterblich in ihn und brachte es mit weiblicher List dahin, daß er schließlich ebenso empfand. Das war nicht leicht, ich mußte richtig um ihn kämpfen. Nicht so lange, daß ich die Schlacht verloren geben mußte. Es ging immerhin noch schnell genug, daß ich mich im Erfolg meiner Bemühungen sonnen konnte. Drei Wochen nach unserer ersten Begegnung wurden wir ein Liebespaar. Da dauerte es nicht mehr lange, und er *gestand* mir seine Liebe.

Meine Mutter lag im Sterben. Ich wußte, daß sie nur noch kurze Zeit zu leben hatte, auch Daddy und Jackie wußten Bescheid. Nur Bill wurde die Wahrheit verhehlt, doch mit der Weisheit seiner sechzehn Jahre ahnte er wohl instinktiv, daß Mutter bald von uns gehen würde. Wir hatten gar nicht damit gerechnet. Die Krankheit überfiel sie ganz plötzlich. Sie war nur kurz im Krankenhaus gewesen und dann nach Harley

House heimgekehrt, um die letzten Tage im Kreise der Familie zu verbringen. Ich mußte da sein. Ich wollte mich nicht damit abfinden, daß sie im Sterben lag. Ich kann auch jetzt noch nicht glauben, daß sie nicht mehr da ist, habe immer Fotos meiner Mutter bei mir. Ich sehe sie noch vor mir, glücklich lächelnd, mit blonden Locken, strahlend blauen Augen und den hohen Wangenknochen, die ich von ihr geerbt habe. Auch die *joie de vivre* und den ungeheuren Lebenshunger habe ich von ihr.

Ich liebte meine Mutter, und der Gedanke war mir unerträglich, daß sie bald für immer von uns gehen würde. Sie gehörte zu den Müttern, die ihre Kinder nicht zur Schule schikken, wenn sie beim Aufwachen auch nur ein einziges Mal niesen, die dafür sorgen, daß ihre Kinder drei nahrhafte Mahlzeiten pro Tag bekommen und mindestens zehn Stunden pro Nacht schlafen. Sie hat immer dafür gesorgt, daß Fenster und Türen nachts geschlossen sind und daß das Licht im Flur brennt, damit man sich nachts nicht zu fürchten braucht. Und nachdem sie einen eine ganze Weile damit gepiesackt hat, daß man seine Sachen nicht einfach auf den Boden wirft, sondern ordentlich wegräumt, hat sie sich meistens selbst gebückt und sie aufgehoben. Keine Mutter hätte besser für ihre Kinder sorgen können. Selbst als während des Krieges das Essen rationiert war, gab es bei uns immer Fleisch und Eier und Zucker — manchmal sogar Süßigkeiten.

Jackie lohnte Mami das mit einer entzückenden kleinen Tochter — Tracy, ein paar Monate alt und ihr Augapfel. »Wenn Joan doch auch heiraten und zur Ruhe kommen würde«, pflegte sie sehnsüchtig zu sagen, wenn Jackie und sie jeden Nachmittag im Wohnzimmer von Harley House mit Tracy spielten. Dieses Wohnzimmer war die reinste Fotogalerie — der Schrein der Schwestern Collins. Hunderte von Fotos von uns beiden hingen an den Wänden, standen auf dem Kaminsims, auf dem Sideboard und dem Fernsehapparat. Sogar auf der Toilette hing ein Foto von mir in einem Lurex-Pullover und Shorts. Ja, meine Mutter war sehr stolz auf ihre Kinder, und ich fühlte mich schuldig, weil ich mich in den letzten Jahren nicht viel mehr um sie gekümmert hatte.

Solange Mami krank war, weigerte ich mich, England zu verlassen und in die Vereinigten Staaten zurückzukehren. Wir waren mit ihr bei vielen verschiedenen Ärzten und Spezialisten gewesen, doch die Prognose war immer sehr pessimistisch ausgefallen. Es hieß immer wieder, sie habe nur noch ein paar Monate zu leben, und ich war entschlossen, soviel Zeit wie nur irgend möglich mit ihr zu verbringen.

The Road to Hongkong war abgedreht. Die Dreharbeiten hatten Spaß gemacht. Bob Hope war mir sehr sympathisch. Er war der ideale Komiker: sicher im Auftreten, energisch, immer Herr der Lage und nie um einen Scherz oder eine bissige Bemerkung verlegen. Er war genau wie ich ein Zwilling. Für Zwillinge habe ich immer sehr viel übriggehabt.

Bing Crosby war ganz anders. Er gab sich stets unfreundlich, wenn nicht gar mürrisch und war nur schwer zu fassen. Mir ist er immer vorgekommen wie ein alter Mann, der sich jung stellt, oder ein junger Mann, der alt aussieht. Sein Gesicht erinnerte an zerknittertes Seidenpapier, und ich spürte seinen Blick nicht, wenn er mich ansah. Er schien durch mich hindurchzusehen. Auch bei der Crew verstand er nicht, sich beliebt zu machen, und er hatte die widerwärtige Angewohnheit, auszuspucken, wo er gerade ging und stand — in die Szenerie, die Kulissen, ganz gleich wohin. Tagelang wurde auf einer Bühne gedreht, deren Boden mit Sägemehl bedeckt war. Bing Crosby räusperte sich immer wieder und spuckte eine ganze Ladung Tabaksaft auf das Sägemehl — zum Kummer des kleinen Mannes, dessen Aufgabe es war, die Bühne sauberzuhalten.

Ich gab mir Mühe, Crosby liebevoll in die leeren blauen Augen zu schauen, wobei mir sein ranziger Atem in die Nase stieg. Wie konnte das Publikum nur annehmen, eine Schauspielerin sei stets auf Rosen gebettet?

Tony . . . Tony Newley . . . Ich war ganz besessen von dem Mann. Er verzauberte mich mit seinem ungeheuren Talent. Nicht nur ich und viele andere Menschen hielten ihn für ein Genie — er selber hielt sich auch dafür. Doch man hat es nicht leicht mit einem Genie. Bis über beide Ohren in ein Genie verliebt zu sein, war nicht das reine Glück. So wie ich von ihm besessen war, war auch er von einer ›Frau‹ besessen. Und das, obwohl er behauptete, mich zu lieben. Er war unsterblich verliebt in eine blutjunge sechzehnjährige Blondine, die eine Hälfte eines Zwillingspärchens. In *Stop the World* spielten die beiden seine Töchter. Seit Beginn der Proben im April hatte diese kleine Affäre allmählich beängstigende Formen angenommen. Daisy, wie ich sie einmal nennen will, war zumeist in Begleitung ihrer Mutter oder ihrer Zwillingsschwester. Doch die Schwierigkeit, an sie heranzukommen, entfachte Newleys Glut nur um so mehr.

Monate vergingen, ohne daß ich etwas von Daisy ahnte. Ich ging mit Scheuklappen durchs Leben und merkte nicht, daß Newley neben mir auch noch eine andere ›Frau‹ hatte. Ich hatte mich Hals über Kopf in ihn verliebt. Die Leidenschaft trübte meinen Blick. Außerdem war ich völlig überarbeitet und widmete den größten Teil meiner Freizeit meiner kranken Mutter. Eigentlich begriff ich erst sechs Jahre später so richtig, wieviel ihm an diesem Mädchen lag. Da schrieb er das Drehbuch zu einem autobiographischen Film mit dem Titel ›Wird Hieronymus Merkin jemals Mercy Humpe vergessen und wirklich glücklich werden?‹

Die ersten Wochen und Monate einer Beziehung waren für mich immer der Zuckerguß auf der Torte. Den Zuckerguß schmeckt man zuerst, und dann beißt man in den Kuchen. Der ist oft nicht halb so gut und manchmal kaum genießbar. So erging es mir immer wieder mit den Männern. Ein Jahr oder so war ich glücklich und zufrieden, dann folgte allmählich die Ernüchterung, auf beiden Seiten nutzte sich die Liebe ab, bis der Zustand unhaltbar wurde. Ich wußte, daß es unweigerlich so kommen würde. Ich erwartete zuviel von den Männern. Ich erwartete, daß sie vollkommen waren. Mit menschlichen Schwächen und Eigenarten konnte ich mich nur schlecht abfinden. Ich war weiß Gott selbst alles andere als vollkommen. Deshalb war es anmaßend von mir, bei anderen Vollkommenheit zu suchen. Da ich mich ja kannte, machte ich mir klar, welche Fehler und Schwächen Newley hatte, bevor ich mich an ihn band; denn ich war jetzt bereit,

Kinder zu bekommen, und hatte Newley zum Vater auserkoren. Nun brauchte ich *ihn* nur noch davon zu überzeugen.

Wild entschlossen stürzte ich mich in die Rolle des ›Schlachtenbummlers‹. Ich lehnte alle Filmangebote ab — und trieb damit meine Agenten zur Verzweiflung, die keine Mühe gescheut hatten, um mich von der Fox loszueisen und jetzt nichts an mir verdienten. Ich widmete mich ganz der Aufgabe, die perfekte Ehefrau zu sein. Ich kochte, putzte, kaufte ein. Ich entwickelte plötzlich häusliche Tugenden, von denen ich nichts geahnt hatte, und brachte kulinarische Genüsse auf den Tisch. Newley gab natürlich englischer Hausmannskost den Vorzug.

Allerdings mußte ich mit seiner Mutter Grace, seiner Managerin Terry und verschiedenen anderen Schmeichlern um seine Gunst kämpfen.

Seine Mutter betete ihn förmlich an. Sie war eine liebevolle kleine Frau, die Ähnlichkeit mit einem Vogel hatte. Sie hatte ihn unehelich geboren. Diese Ungeheuerlichkeit war sie teuer zu stehen gekommen. Sie hatte ihn praktisch ganz allein und ohne Hilfe aufgezogen und ihn mit Aufmerksamkeit, Bewunderung und Liebe überschüttet. Für ihn war es eine Selbstverständlichkeit, daß die Frauen ihn hinten und vorn bedienten und ihm stets zu Füßen lagen. Daß sie ihm jeden Wunsch von den Augen ablasen. Obwohl seine Mutter während des Krieges doch noch geheiratet hatte, war sie auch weiterhin jeden Tag in seiner gemütlichen, schäbigen, kleinen Wohnung erschienen, um ihm das Frühstück ans Bett zu bringen, um dann die Hausarbeit für ihn zu machen, zu kochen, zu putzen und immer für ihn erreichbar zu sein.

Um neun Uhr an einem kalten Wintermorgen ging die Tür zu Tonys Schlafzimmer auf. Ein kleines Gesicht erschien im Türspalt, dem seinen nicht unähnlich, doch von einem Wirrwarr grauer Locken gekrönt. »Guten Morgen, mein Junge, was hättest du denn gern zum Frühstück? Ich habe knusprige Hörnchen mitgebracht. Ich kann dir aber auch Eier mit Speck und Toast machen. Oder möchtest du vielleicht lieber Porridge, weil es so ein kalter, ungemütlicher Tag ist?«

Daß da noch jemand neben ihm im Bett lag, nahm sie nicht

zur Kenntnis. Tony entschied sich für Porridge, und seine Mutter machte auf dem Absatz kehrt, ohne mir auch nur einen Blick zu gönnen.

»Ob ich wohl eine Tasse Tee bekommen kann? Was meinst du?« fragte ich den ›jungen Meister‹ schüchtern. Der schien sich über diese ungewöhnliche Szene nicht im geringsten zu wundern.

»Aber sicher, meine Blume. Mama — Mama!« rief er. Die kleine Frau kam sofort herbeigesprungen. Ihre grauen Löckchen hüpften auf und ab, und sie wischte sich die Hände an der Schürze ab.

»Ja, mein Sohn?« sagte sie nervös.

»Mama, da ist Joanie. Sie hätte gern eine Tasse Tee.«

»Wenn es Ihnen nicht zuviel Mühe macht«, fügte ich hastig und mit Unschuldsmiene hinzu. Meine ganze Augenpartie war mit Mascara verkrustet.

»Nein, nein, nicht die Spur. Und wie hätten Sie den Tee gern . . . hm . . . Joanie?«

»Oh. Zwei Stück Zucker bitte.« Ich lächelte mein bezauberndstes Lächeln, in der Hoffnung, daß sie denken würde: »Was gäbe Joanie doch für eine reizende Schwiegertochter ab.«

»Wenn Sie möchten, komme ich und helfe Ihnen, das Porridge zu machen.«

»Nein, nein, nicht nötig, meine Liebe. Ich mache das schon.« Und schon war sie wieder verschwunden. Zweifellos schüttelte sie den Kopf über den lockeren Lebenswandel dieser Generation von Mädchen. Später sind Grace und ich dann gute Freundinnen geworden. Bis zu einem gewissen Grade übertrug ich sogar die Gefühle, die ich für meine Mutter gehegt hatte, auf sie. Aber anfänglich war sie sehr besitzergreifend und eifersüchtig auf jede Frau, mit der sich Tony einließ.

An einem kalten Dezemberwochenende gelang es mir, Tony dazu zu überreden, daß wir nach Paris flogen. Ich wollte ihn endlich einmal aus seiner gewohnten Umgebung reißen. Das war gar nicht so leicht. Es fiel ihm ausgesprochen schwer, die Sicherheit und Bequemlichkeit seiner gemütlichen Londoner Wohnung auch nur für zwei Tage gegen das ›Ausland‹

einzutauschen, und die französische Küche bekam seinem überempfindlichen Magen nicht gut. Doch ich war fest entschlossen, ihn von seinem bürgerlichen Eremitendasein loszueisen und ihn an die Freuden und Genüsse zu gewöhnen, die das Leben sonst noch zu bieten hatte.

Je mehr Erfolg er hatte, desto leichter fiel es ihm, wie ein Sybarit zu leben.

Der schwedische Filmregisseur Ingmar Bergman war Tonys Idol. Ihm zu Ehren nannte er sich sogar New*berg*, natürlich nur im Freundeskreis.

Der Gesundheitszustand meiner Mutter verschlechterte sich rasch. Sie starb ganz früh an einem Montagmorgen. Es war fast eine Erlösung. Sie hatte zuletzt starke Schmerzen gehabt und war furchtbar abgemagert. Sie muß gewußt haben, was ihr bevorstand, obwohl wir uns alle verzweifelt bemühten, die Wahrheit vor ihr zu verbergen.

Ein paar Tage vor ihrem Tode saß ich bei ihr auf der Bettkante, erzählte ihr alles mögliche und scherzte mit ihr, in der Hoffnung, sie ihre Schmerzen vergessen zu lassen. Plötzlich griff sie nach meiner Hand, sah mir fest in die Augen und sagte erstaunlich klar: »Wie stellst du dir dein weiteres Leben vor? Ist es nicht langsam an der Zeit, daß du zur Ruhe kommst? Du bleibst nicht ewig jung und schön.«

Unter normalen Umständen hätte meine Mutter mir solche Fragen keinesfalls gestellt. Ich hatte mir mein Leben einrichten dürfen, wie es mir beliebte. Deshalb erschrak ich, als sie mich so ganz unumwunden daraufhin ansprach.

»Tony und ich werden wahrscheinlich heiraten, sobald er geschieden ist«, sagte ich und hoffte, daß das zuversichtlich klang.

»Ach, da bin ich aber froh, mein Liebling. Er scheint der Richtige für dich zu sein. Er hält dich davon ab, weiter ziellos herumzuschweifen.« Sie schloß die Augen und atmete tief. Ich glaubte, sie sei eingeschlafen. Vorsichtig entzog ich ihr meine Hand, doch da schlug sie die Augen wieder auf und sah mich so voller Liebe an, daß ich um ein Haar in Tränen ausgebrochen wäre.

»Du wärst eine wunderbare Mutter, Liebling«, flüsterte sie. »Ich hoffe, daß du eines Tages ein Kind bekommen wirst. Hoffentlich schon bald.« Die Augen fielen ihr zu. Ich starrte sie verzweifelt an, und die Tränen strömten mir übers Gesicht. Wenn sie wüßte! Wenn sie ahnte, daß ich fast ein Kind bekommen hätte! Wie glücklich wäre sie gewesen. Ich verfluchte mich dafür, daß sie nie ein Kind von mir in den Armen halten würde. Es war schon zu spät. Ich wußte ja, daß sie nur noch ein paar Tage zu leben hatte. Als eine Träne auf ihre Hand fiel, schlug sie die Augen wieder auf. Sie lächelte aufmunternd.

»Du bist so leicht zu beeinflussen«, flüsterte sie. »Aber du bist sehr stark. Dadurch hast du es sehr schwer . . . sehr schwer . . .« Ihre Stimme wurde immer schwächer. Sie schloß die Augen und murmelte vor sich hin, bis der Schlaf sie übermannte. Ich bekam noch mit: »Ich hoffe, daß du bald ein Baby kriegst. Laß dir damit nicht zu lange Zeit, mein Liebling . . .« Ihre Hand sank kraftlos auf die Bettdecke, und sie schlief ein. Ihre Hand, die ich in der meinen gehalten hatte, war so schmal, so winzig klein und verletzlich. Die blauen Adern zeichneten sich unter der durchscheinend weißen Haut ganz deutlich ab. Wie kleine Bäche traten sie hervor. Meine Mutter. Der einzige Mensch, der sich wirklich etwas aus mir gemacht hatte. Sie würde uns verlassen. Es war nur noch eine Frage von Tagen — oder nicht einmal das. Ich konnte ihr nicht helfen, sie nicht festhalten. Ich stürzte in mein Zimmer und schluchzte stundenlang. Ich faßte einen Entschluß. Ich würde alles daransetzen, ein Leben in ihrem Sinne zu führen und sie glücklich zu machen. Ich glaubte zwar nicht an ein Leben nach dem Tode, doch ich war davon überzeugt, daß sie es wissen würde, wenn ich ein Kind bekam, und daß sie das sehr glücklich machen würde.

An diesem Abend weinte ich mir fast die Seele aus dem Leib. Als Daddy dann ein paar Tage später um halb sieben Uhr früh in mein Zimmer kam und sagte: »Sie ist gestorben«, war ich ganz gefaßt und vergoß keine Tränen mehr. Doch mein Entschluß stand unverrückbar fest. Ich hatte mir ein Ziel gesetzt, und mein Ehrgeiz ging da hin, es zu erreichen.

Ihretwegen. Ich würde dafür sorgen, daß sich ihr Wunsch erfüllte — komme, was da wolle!

Ich mietete ein kleines Haus in den Hügeln von Hollywood, ein richtiges Schmuckstück, wunderschön eingerichtet mit Chinoiserien und pseudo-englischen antiken Möbeln. In dem Hauptschlafzimmer stand ein riesengroßes Bett mit einem muschelartig verzierten goldfarbenen Kopfbrett. Tony, der mich für zwei Wochen in Hollywood besuchte, warf einen Blick auf dieses Meisterwerk, sank auf das Bett und schnappte nach Luft. »Ha, ha«, kicherte ich. »Der ›junge Meister‹ hat wirklich Sinn für Humor.« Doch mit Humor hatte das leider nichts zu tun. Auf dem Weg hierher an den Palästen der Reichen vorbei hatte er sich eine Virusgrippe geholt. Er hatte Kopfweh, Leibschmerzen, einen ganz entzündeten Hals, und sämtliche Muskeln taten ihm weh.

»O Gott, meine Blume, es tut mir so leid«, stöhnte er. Ich brachte ihm Aspirin und heißen Zitronensaft mit Honig — den Leib- und Magentrank, mit dem er seine empfindliche Kehle für gewöhnlich vor Viren aller Art schützte.

»Halb so schlimm, Liebling«, versuchte ich ihn zu trösten. Ich spielte mich wie Florence Nightingale auf. »Das liegt nur an der Zeitverschiebung. Morgen wirst du wieder auf den Beinen sein.« Er stöhnte mitleiderregend und sank in die Kissen, die ich um ihn herum aufgebaut hatte, um seinen Kopf vor dem monströsen Muschelwerk zu schützen.

»Ich glaube, ich mache jetzt ein kleines Nickerchen«, hauchte er, stopfte sich große Klumpen rosa Wachs in die Ohren und zog sich eine schwarze Schlafmaske über die fiebrigen Augen. Er trug einen Schlafanzug und hatte sich einen fadenscheinigen kamelhaarfarbenen Schal um den Hals geschlungen. Er zog sich die Decke bis an die Ohren hoch und schlief auf der Stelle ein. Schlafen konnte er jederzeit und überall. Ich betrachtete meinen aufregenden Liebhaber, wie er dalag und schnarchte, und schlich auf Zehenspitzen hinaus. Das war also der Beginn unserer romantischen Urlaubswochen, die ich mir als einzigen Freudentaumel vorgestellt hatte.

Die zwei Wochen waren viel zu kurz. Schon mußte Tony wieder nach London zurück. *Stop the World* stand wieder auf dem Spielplan. Im Herbst sollte das Musical in New York am Broadway herausgebracht werden. Außerdem wollte Tony eine sehr anstrengende Rolle in einem Film spielen, mehrere Schallplatten standen auch auf dem Programm. Ich erkannte, daß der gute Junge in den nächsten Monaten völlig ausgebucht sein würde. Es war mir ein Rätsel, wie er mich noch in dieses übervolle Programm einbauen wollte. Ich hatte meine Pläne mit Tony. Ich wollte ihn unbedingt heiraten. Ich hatte ihm auch klipp und klar gesagt, daß ich mir das von unserer Beziehung erhoffte. Er gab sich vage. Der Gedanke an eine Ehe schreckte ihn, doch er hatte auch Angst, mich zu verlieren. Seine Gefühle schwankten ständig zwischen diesen beiden Polen. In der einen Minute war er bis über beide Ohren verliebt und konnte sich ein Leben ohne mich gar nicht mehr vorstellen. Doch schon in der nächsten Minute legte er eine erschreckende Gleichgültigkeit an den Tag. Beharrte unnachgiebig auf seinem Standpunkt, ließ sich nicht ausreden, daß wir aus verschiedenen Welten stammten und er als Ehemann eine absolute Katastrophe wäre ... »Was kann ein schöner reicher junger Filmstar schon an einem verheirateten kleinen Halbjuden finden, der aus der Gosse kommt?« fragte er mich bekümmert, wenn er in seiner kläglichen Garderobe im Queen's Theatre in seinem fleckigen, mottenzerfressenen, marineblauen Hausmantel an seinem Schminktisch saß.

»Newberg, vergiß nicht, daß ich ebenfalls Halbjüdin bin, eine halbjüdische Prinzessin aus Bayswater, die jetzt auch am Sunset Boulevard zu Hause ist. Ich finde, wir passen hervorragend zusammen.« Ich lehnte meinen Kopf an den seinen, und wir betrachteten uns in dem mit Fliegendreck übersäten Spiegel. »Wenn unsere Kinder mein Aussehen und deinen Verstand erben, kann ihnen mit dem jüdischen Blut in den Adern gar nichts passieren. Das wäre eine *unschlagbare* Kombination!« Er lächelte müde und gab mir einen schmierigen Kuß; denn er war immer noch nicht fertig abgeschminkt.

»Ach, meine Blume, du siehst immer nur die Sonnenseite des Lebens.«

»Worauf du dich verlassen kannst«, sagte ich und zog mir die Lippen nach. Ich war voller Optimismus. »Es wäre allerdings schlimm, wenn unsere Kinder aussähen wie du und meinen Verstand erbten!« Er lachte im Staccato und steppte wie Sammy Davis jr. Das war als Beifallskundgebung gedacht.

Ich war fest davon überzeugt, daß alles gutgehen würde. Er hatte die Scheidung eingereicht. Von seiner Frau Ann Lynn, einer Schauspielerin, lebte er schon seit drei Jahren getrennt. So ein Scheidungsprozeß dauerte in England erfahrungsgemäß ewig. In den Vereinigten Staaten war das anders. Da war man so schnell geschieden, wie man sich einen Schnupfen zuzog.

Während Tony in New York für *Stop the World* probte, flog ich mit unseren Freunden Leslie und Evie Bricusse für eine Woche nach Jamaica. Es war die Zeit der Kubakrise. Präsident Kennedy verkündete im Radio, er werde den Russen keine Militärbasen auf Kuba gestatten. Jamaica lag so nahe bei Kuba, daß an Urlaub nicht zu denken war. Wir beschlossen, nach New York zurückzufliegen.

Tony holte uns am Flughafen ab und war überglücklich, mich zu sehen. Doch bei der Premiere in Philadelphia verhielt er sich dann ziemlich kühl. Premierenfieber, versicherten mir Eve und Leslie. Er hat Angst, jetzt steht alles auf dem Spiel. Aber wir verstanden uns einfach nicht mehr so gut. Er gab endlich zu, daß er mit Daisy etwas gehabt hatte. Er sah auch ein, daß sie gar nicht zu ihm paßte, aber was sollte er machen. Das Fleisch ist nun mal schwach. Das wußte ich. Wir beschlossen, uns zu trennen. Schweren Herzens flog ich nach Los Angeles zurück — mit einem französischen Pudel namens Ladybird, den mir Tony geschenkt hatte. Die kleine Pudeldame schien dazu bestimmt zu sein, mich von nun an durchs Leben zu begleiten. Ich hatte Tony und dem Ehepaar Bricusse versprochen, trotz eventueller persönlicher Differenzen mit Tony zur Premiere von *Stop the World* in New York zu erscheinen, also flog ich nach einer Woche wieder hin und nahm mir ein Zimmer im Hotel Drake. Ich genügte damit nur der Freundespflicht, wollte aber nicht mehr kämpfen. Wenn er mir Daisy vorzog, so war das seine Sache. Dann wollte ich nicht mehr, und zwischen uns war alles aus. Ich mußte sehen, wo ich blieb. Ich hatte Filmangebote aus Hollywood und aus Italien. Vielleicht würde ich jetzt den Lohn für all die Jahre einheimsen, die ich mich für die Fox abgerackert hatte, ohne daß man mir je eine künstlerisch wertvolle Rolle angetragen hatte.

Nach der Premiere von *Stop the World* am Broadway trafen wir uns alle in Tonys Suite im Navarro. Dort warteten wir auf die Kritiken. Sie waren furchtbar schlecht. Die Kritiker äußerten sich zwar sehr lobend über Tonys ungewöhnliches Talent, auch die Partitur und die Songtexte gefielen ihnen. Trotzdem fand das Musical nicht ihren Beifall. Sie hielten es für zügellos, selbstgefällig und anmaßend.

Ich zog den Schlußstrich unter meine Affäre mit Newley. Ich wollte nicht wieder liebedienerisch und unterwürfig einem Mann zu Füßen sitzen. Schluß, aus. Vorbei und überstanden. Wieder ein Jahr meines Lebens vertan. Ich liebte ihn, doch das genügte nicht. In den frühen Morgenstunden nahmen wir tränenreich Abschied voneinander. Tony und Leslie waren davon überzeugt, daß der Produzent das Musical infolge der verheerenden Kritiken absetzen würde. In diesem Fall wollten sie nach London zurückkehren und ein neues Musical schreiben. Ich würde eine Rolle in einem Film übernehmen. Möglichst eine Rolle, die mich zehntausend Kilometer von Newley wegführte. Schwermut griff um sich, die Trauer wurde unerträglich. Da floß der Wein in Strömen.

Doch am nächsten Morgen geschah etwas Erstaunliches. Um den ganzen Block herum zog sich vom Theater her eine lange Schlange. Hunderte von Leuten standen um Karten für *Stop the World* an. Die Mund-zu-Mund-Propaganda des Publikums erwies sich als stärker als die vernichtenden Kritiken der Rezensenten. Das Musical hatte sich als Hit erwiesen.

Das freute mich für Tony, Leslie und Evie, die ebenfalls im Hotel Drake wohnten. Ein paar Tage später saß ich abends mit dem Ehepaar Bricusse in der Bar, und Leslie erzählte mir aufgeregt von den Ovationen des Publikums. »Joan, Tony liebt dich immer noch«, sagte Evie voller Mitgefühl. »Er braucht dich so sehr! Du fehlst ihm ganz schrecklich. Ohne dich fühlt er sich hundeelend.«

»Das tut mir furchtbar leid«, sagte ich seelenruhig. In diesem Augenblick betrat der Mann die Bar, mit dem ich verabredet war. »Aber ich bin nicht zum Kriecher geboren, Evie, das weißt du ja wohl.«

»Natürlich weiß ich das.«

Der junge Mann trat an unseren Tisch, setzte sich und trank ein Glas mit uns.

Ich stellte Terence Stamp meine Freunde vor. Terence war ein Bild von einem Mann, schöner als die meisten Frauen. Er hatte gerade die Titelrolle in Peter Ustinovs Film *Billy Budd* gespielt.

Nach zwanzig Minuten sagte ich: »Wir sehen uns noch.« Terry und ich standen auf, um essen zu gehen. Evie sah mich durchdringend an. Sie hatte mich durchschaut. »Ein fabelhafter Mann«, flüsterte sie mir zu. »Tony wird *wütend* sein, wenn er das hört.« Das ließ mich völlig kalt. Er hatte kein Recht, wütend zu sein — auch wenn ich ganz unbewußt mit diesem sagenhaft schönen Mann ausging, um ihn eifersüchtig zu machen.

Tony rief an diesem Abend dreimal an. Ich erwiderte seine Anrufe nicht. Ich hatte etwas Besseres zu tun. Ich versuchte nämlich, mich von ihm zu lösen. Ich dachte nicht im Traum daran, wie ein dressiertes Raubtier durch den Reifen zu springen, wann immer der Dompteur ihn mir hinhielt. In den nächsten beiden Tagen rief er mich etwa ein dutzendmal an und bat mich flehentlich, mich sehen zu dürfen, damit wir uns aussprechen konnten. Wir trafen uns auf neutralem Gebiet — an einer Bank im Central Park. Es war ein kalter, stürmischer Tag im November. An den Bäumen im Park hingen kaum noch Blätter. Ein paar heroische Leute gingen mit ihren Hunden durch den Park oder zogen vermummte Kinder hinter sich her. Wir saßen frierend auf einer harten Bank. Tony hatte den Kragen seines marineblauen Regenmantels hochgeklappt. Wie gewöhnlich hatte er einen wollenen Schal mehrmals um den Hals geschlungen, um seine kostbaren Stimmbänder nicht der rauhen Witterung auszusetzen. Wenn die nicht warm gehalten wurden, liefen sie ständig Gefahr, den Geist aufzugeben. Er kam rasch zur Sache. Er wollte mich wiederhaben. Unbedingt. Er würde tun, was ich wollte. Bedingungslos.

Was wollte ich denn eigentlich? Ich sah in sein blasses angespanntes Gesicht, auf dem stets ein gepeinigter Ausdruck lag. Ich zerfloß fast vor Mitleid mit ihm. »Weißt du, Tony, ich glaube, du *liebst* mich gar nicht richtig«, sagte ich behutsam. »Du bist wahrscheinlich fasziniert von mir, vielleicht sogar bis über beide Ohren verliebt in mich — nenne es, wie du willst, aber ich glaube kaum, daß du mich ehrlich liebst. Was meinst du?«

»Ich kann es dir nicht sagen, Joan. Lieber Himmel, ich weiß ja nicht mal, was das vermaledeite Wort *bedeutet!«* Er sprang auf und ging ruhelos auf und ab. Der Wind fuhr ihm in das dichte, dunkle Haar und zerzauste es. Sein Gesicht war eine Maske des Schmerzes. »In den letzten Tagen habe ich mich schauderhaft gefühlt. Mir war wirklich *hundeelend.* Und du hast New York mit Terry Stamp unsicher gemacht. Alle meine Freunde haben mir brühwarm davon berichtet.« Er lächelte verbittert. »Ich glaube — nein, ich bin sogar ganz sicher, daß ich nicht mehr ohne dich leben kann, Joan.« Er setzte sich neben mich und schloß mich in die Arme. Ich zitterte. Ich kann nicht sagen, ob ich so bewegt war oder ob das an der Kälte lag.

»Und was ist mit Daisy?« fragte ich ganz ruhig. »Noch vor einem Monat konntest du angeblich nicht auf Daisy verzichten. Wie stehst du denn *jetzt* zu ihr?«

»Ich will ja nicht bestreiten, daß ich sie anziehend finde, sogar sehr anziehend, aber . . .« Er unterbrach sich und suchte nach Worten. Mit seinen dunkelblauen Augen sah er mich forschend an, als wüßte ich die Antwort. »Ich werde mir die größte Mühe geben, dich zu lieben, wenn du mir dabei hilfst . . . Kannst du mir helfen, meine Blume?« Wie sollte ich das wissen? Ich konnte nicht sagen, wo der Altruismus endete und das Ego in den Vordergrund trat. Aber ich wußte, was ich wollte und was ich jetzt vom Leben erwartete. Ich wollte heiraten und ein Kind haben. Und wenn Tony nicht derjenige war, an dessen Seite ich mein Leben zubringen würde, dann eben irgendwann ein anderer Mann. Tony bedeutete mir sehr viel, aber ich hatte auch vor ihm schon andere Männer geliebt. Warum nicht auch nach ihm?

Ich sagte ihm, daß er mich heiraten müsse, wenn ihm wirklich etwas an mir lag und er mich halten wolle. »Sonst fliege ich nächste Woche zu Dreharbeiten nach Rom«, erklärte ich ihm klipp und klar. »Du kannst mich nicht wie einen Wasserhahn auf- und zudrehen.« Ich hatte mehr als genug von selbstsüchtigen Männern. George und Warren hatten mich drei Jahre meines Lebens gekostet. Ich war seit über zehn Jahren Schauspielerin. Jetzt wollte ich Ehefrau und Mutter sein, Kinder haben und mich irgendwo richtig niederlassen. Ich war es leid, in möblierten Appartements und Hotelzimmern zu kampieren. Ich hatte die ewigen Außenaufnahmen und Flughäfen satt, ich wollte nicht mehr aus dem Koffer leben. Haltet die Welt an, ich will *einsteigen.* Ich möchte irgendwo Wurzeln schlagen. Irgendwo hingehören. Ich möchte endlich eigene Möbel haben, meine Bücher und Schallplatten nicht mehr einlagern müssen, mir ein Nest bauen.

Das alles sagte ich ihm, und er verstand mich. Und war einverstanden. Eine Woche darauf bezogen wir eine große, leere Penthousewohnung in der 63. Straße. Er reichte die Scheidungsklage ein, und wir durchkämmten Bloomingdale und die Möbelgeschäfte in der Third Avenue auf der Suche nach Stühlen, Tischen und Betten, mit denen wir unser Nest einrichten konnten.

Sechs Wochen später war ich schwanger!

Damit begannen die guten Jahre.

9. Kapitel

Tara Cynara Newley kam am 12. Oktober 1963 im Mount-Sinai-Krankenhaus in New York zur Welt. Sie war das vollkommenste und entzückendste Geschöpf, das ich je gesehen hatte. Sie hatte einen wunderschön geformten rosigen Kopf, mit weichem, blondem Flaum bedeckt, riesengroße blaue Augen, Lippen wie Rosenknospen und war ausgesprochen wohlgestaltet. Sie war eine solche Kostbarkeit, ein solches Juwel, daß ich einfach nur dasaß und es auch nach Stunden noch nicht fertigbrachte, den Blick von diesem kleinen Wunder abzuwenden. Mein Kind. Unser Kind. Unser kleines Babymädchen. Tony hatte sich eine Tochter gewünscht. Mir war es eigentlich gleich gewesen, Hauptsache gesund. Doch ich war überglücklich, als ich sah, daß er ganz vernarrt war in dieses entzückende Elfchen.

Ich hatte sie nach der natürlichen Methode zur Welt gebracht und während der Schwangerschaft alles nur Menschenmögliche getan: Unmengen von Vitaminen zu mir genommen, viel geschlafen, sehr viel Milch getrunken, Eier und frisches Gemüse gegessen, mich in der Technik der natürlichen Geburt und in der Atemtechnik unterweisen lassen, damit das Kind nicht auch noch durch Medikamente oder Betäubungsmittel in Mitleidenschaft gezogen wurde, während es das Trauma der Geburt erlebte.

Joanne Woodward hatte mir geraten, das Baby *unbedingt* zu stillen! An sich sah ich darin das Sinnbild der Mütterlichkeit, doch ich war mir nicht sicher, ob ich das schaffen würde. Ich hatte zweiunddreißig Pfund zugenommen und konnte es kaum erwarten, die wieder loszuwerden, damit mir meine Kleider wieder paßten. Wenn man ein Baby stillt, muß man zwei oder drei Liter Milch oder Bier trinken, damit die Quelle nicht versiegt. Die Krankenschwester in meinem Stockwerk staunte nicht schlecht. »Das hat schon jahrelang keine Mutter mehr getan — außer natürlich in den Krankensälen«, fügte sie hastig hinzu. Da lagen die armen Puertoricanerinnen und Farbigen aus Harlem, nachdem sie entbunden hatten.

Ich lag auf der Privatstation im dritten Stock. Da lagen wunderschöne junge Geschöpfe, die ihr erstes, zweites oder höchstens drittes Kind bekommen hatten. Es würde ihnen nicht im Traum einfallen, ihre tadellosen Figuren mit so etwas Plebejischem wie dem Stillen eines Kindes zu ruinieren.

Doch im Jahre 1963 setzte eine Bewegung ein, die nicht nur die natürliche Geburt befürwortete, sondern auch die natürliche Ernährung des Neugeborenen. Ich biß die Zähne zusammen und versprach Joan, mein Möglichstes zu tun. Im dritten Stock war ich eine Kuriosität. Immer wieder schauten die Stationsärzte und Schwestern herein, um zu sehen, wie der Filmstar sein Junges säugte. Es amüsierte sie, und manche meiner Freunde auch.

»Joanie, ich kann das einfach nicht mitansehen, das ist ja ekelhaft«, sagte Sue Mengers entsetzt, eine Agentin und Freundin von mir, die nie ein Blatt vor den Mund nahm.

Ich hielt durch, Tara schrie sehr viel. Ich war sicher, daß sie dicht am Verhungern war. Ich goß so viel Bier in mich hinein, wie ein Lastwagenfahrer kaum verkraftet hätte. Ich war wild entschlossen, das Gejammer des rührenden kleinen Wesens abzustellen. Als sie drei Tage alt war, wurden wir entlassen. Nach der modernen Geburtshilfemethode kam es nicht mehr in Frage, daß sich die Mutter im Bett aalte, Weintrauben aß und von allen bedient wurde. Nach der neuen Methode warf man sein Junges und wurde damit heimgeschickt, wie bei den chinesischen Bäuerinnen auf den Reisfeldern.

Ich rief Joanne an. Ich stand Todesqualen aus, und Tara auch. Meine Brüste waren zur Größe von Wassermelonen angeschwollen und waren hart wie Granit, und mein vier Tage altes Baby schrie sich die Lunge aus dem Leib. »Joanne, ich kann das einfach nicht!« schluchzte ich. »Säugetiere und Bäuerinnen stillen ihre Brut. Bei mir tut sich einfach nichts. Tara wird noch an Unterernährung sterben.«

»Mach dir keine Sorgen«, sagte meine Freundin seelenruhig und fuhr fort, mich zu trösten. »So ist das immer. Der vierte Tag ist der schlimmste. Du mußt durchhalten. Ich weiß, daß es wehtut; aber glaube mir — es lohnt sich. Du wirst schon sehen.«

Fünfundvierzig Minuten redete sie so auf mich ein, während ich das brüllende Baby in den Armen wiegte. Ich bekam es ob dieses Gebrülls langsam mit der Angst zu tun. Sooft das kleine Köpfchen mit meiner Brust in Berührung kam, zuckte ich gepeinigt zusammen.

»Halte nur noch zwölf Stunden durch«, flehte Joanne mich an. »Ich versichere dir, daß es dann besser wird. Ich habe das ja selbst mit Nell und Melissa durchgemacht. Bitte gib es nicht auf, Liebes — es lohnt sich durchzuhalten.« Also biß ich die Zähne zusammen und hielt durch. Ich verbrachte eine schlaflose Nacht. Taras Gejammer und meine Schmerzen hielten mich wach. Und am nächsten Morgen hätte ich für die Madonna mit Kind Reklame sitzen können. Mit meinem geblümten Kissen im Rücken saß ich stolz im Bett, das Haar umfloß meine Schultern. Und die Milch floß, als hätte es nie Probleme gegeben. Ich war hocherfreut, das Glück machte mich fast übermütig. Ich hatte das unvergleichliche Gefühl, etwas Großes geleistet zu haben, das bei weitem alles übertraf, was ich je auf der Filmleinwand zustande gebracht hatte.

Tara gedieh prächtig. Als sie sechs Wochen alt war, mußte ich mit ihr zu einer Routineuntersuchung zum Kinderarzt. »Womit haben Sie das Baby denn gefüttert? Es ist ja ein ganz schöner Brocken«, sagte der Arzt verwundert und beugte sich über mein kerngesundes gurgelndes Prinzeßchen.

»Ach, nichts weiter«, sagte ich und errötete bescheiden, »nur das Übliche!«

Als wir im Taxi durch die überfüllten Straßen New Yorks wieder nach Hause fuhren, fiel mir auf, daß sich viele Leute höchst sonderbar benahmen. Wagen fuhren an den Straßenrand, und die Menschen rotteten sich mit besorgten Mienen zusammen. Sie sahen todunglücklich aus. »Was geht denn da vor? Ist etwas passiert?« fragte ich den Fahrer.

»Da bin ich überfragt«, murmelte er verdrossen.

Als ich die Tür zu unserer Wohnung aufschloß, hörte ich die Putzfrau in der Küche laut weinen. Das hörte sich an wie bei einer Totenwache, bei der die Klageweiber heulen. Tony kam aus seinem Arbeitszimmer und schob mich hinein. Er blickte düster drein und schien den Tränen nahe. Das Fernsehen lief mit voller Lautstärke. Der Nachrichtensprecher war aschfahl im Gesicht.

»Auf Kennedy ist geschossen worden. Er wird wahrscheinlich nicht durchkommen«, sagte Tony mit erstickter Stimme.

»O nein, lieber Gott, das ist doch nicht möglich!« Ich sank auf die Couch. Das kleine rosa Bündel gurrte zufrieden in meinen Armen. Wie versteinert vor Entsetzen saßen wir den ganzen Tag vor dem Fernseher. War dieser ungewöhnliche Mann wirklich ermordet worden? Der vor der ganzen Welt demonstriert hatte, daß sich Amerika wirklich um die Aufhebung der Rassenschranken und die Beseitigung der Armut und der Arbeitslosigkeit bemühte. Er hatte wirkliche Demokratie praktiziert. Ihm lag das Wohl des Volkes ehrlich am Herzen. Freunde kamen uns besuchen. Wir rührten uns nicht vom Fernseher weg. Wir konnten das Entsetzliche nicht fassen.

»Shit!« sagte Tony wütend und schaltete den Fernseher ab. »Wir müssen hier raus — ich will nach England zurück.«

Er schrieb einen Song über diesen schrecklichen 22. November 1963. Wir waren alle beide große Bewunderer der Familie Kennedy, insbesondere des Präsidenten. Daß Tony den Vereinigten Staaten den Rücken kehren wollte, lag wahrscheinlich auch daran, daß er Heimweh nach England hatte. Er hat sich in Amerika nie richtig zu Hause gefühlt. Obwohl ihn das Publikum allabendlich in den Himmel hob und Scharen von Fans ihn hinter der Bühne aufsuchten oder zumindest einen Blick auf ihn erhaschen wollten, fühlte er sich nur in England richtig wohl. Die ideale Wohnstatt war für ihn ein kleines Häuschen an der Küste von Cornwall. Oft sprach er sehnsüchtig davon. In diesem Häuschen gab es weder elektrischen Strom noch fließendes Wasser. Es lag am Ende der Welt, mit Blick auf die rauhe Küstenlandschaft Cornwalls, und war aus Weißblech. Von einem ›Häuschen‹ konnte also kaum die Rede sein. Wahrscheinlich war es ein Überbleibsel aus dem Ersten Weltkrieg.

Ich war viel pragmatischer, wenn es um die Annehmlichkeiten des Lebens ging. Daher teilte ich seine Begeisterung für die kleine Hütte nicht. Doch die Ermordung Kennedys zeigte ihm so richtig, was ihm alles an New York mißfiel. Er wollte weg. Das Musical sollte nur noch bis kurz nach Weihnachten laufen. Es ging wieder heim. Es führte also doch ein Weg zurück.

An einem frostigen Tag im Februar kamen wir in Paris an. Wir mußten das Ende des Steuerjahres am 6. April abwarten, bevor wir England wieder betreten konnten. Daher beschlossen wir, die Zeit bis dahin in Paris zu überbrücken. Tony konnte sich entspannen und mit seinem neuen Musical beginnen. Ich trauerte unserer Wohnung in New York nach. Sie war mein erstes richtiges Zuhause gewesen. Die erste Wohnung, für die ich Tapeten und Teppiche ausgesucht, für die ich Lampen, Tische und Sofas gekauft hatte. Ich hatte mich zum erstenmal an der Innendekoration versucht, die sich im Laufe der Zeit zu einer Leidenschaft entwickelte und mir inzwischen als Notwendigkeit erscheint.

Was sollte ich nun mit all dem Krempel anfangen? Den Platten, Büchern, Notizen, all dem Kram und den Erinnerungsstücken, die sich im Laufe unseres gemeinsamen Lebens angesammelt hatten? »Verkauf das Zeug oder laß es verschiffen«, sagte Tony. In seinen Augen war es mein Problem, wie ich damit fertig wurde. Ich hatte meinen Agenten in Los Angeles angerufen und ihm gesagt, ich ginge »auf unbestimmte Zeit« nach England und stünde für keine Rolle zur Verfügung. Sechs Monate zuvor hatte er mich aufgeregt angerufen, um mir mitzuteilen, daß ich in der Verfilmung von Harold Robbins' *»Die Traumfabrik«* die Rolle der Jean Harlow spielen sollte. »Eine fantastische Rolle, Schätzchen, einfach sagenhaft. Und du wirst dafür nicht schlecht bezahlt. Die wollen dich unbedingt haben.«

Doch ich mußte ihn enttäuschen. »Ob sie mich auch noch haben wollen, wenn sie erfahren, daß ich im sechsten Monat schwanger bin?« entgegnete ich.

»Joanie! Was sagst du da?« Verständlicherweise war mein Agent sehr verärgert. Schauspielerinnen, die schwanger wurden, waren eine Plage.

»All die Zeit und Mühe, die wir darauf verwendet haben, dich von der Fox loszueisen! Da kannst du doch nicht auf so eine Bombenrolle pfeifen, Schätzchen. Ausgerechnet jetzt, wo sich für dich endlich alles auszahlt.«

»Zu spät«, verkündigte ich und betrachtete meinen schwellenden Leib. »Ich würde jetzt in einem knallengen, tief dekolletierten Kleid aus weißen Seidenatlas einfach verboten aussehen.«

»Du mußt den Verstand verloren haben«, sagte er erbost. »Was für ein Wahnsinn! Du bist doch noch viel zu jung, um deine Karriere so einfach aufzugeben. Du hast es nicht leicht gehabt, doch du hast dir einen Namen gemacht. Liegt dir denn *gar* nichts mehr an deiner Karriere, Schätzchen?«

»Und *ob* mir etwas daran liegt«, erwiderte ich wahrheitsgemäß.« Aber mein Privatleben geht vor. An Tony und Tara und an unserem Glück liegt mir mehr. Mein Platz ist an Tonys Seite. Tara und ich folgen ihm, wohin er geht.«

Manchmal schob ich Tara die Champs-Élysées entlang und betrachtete die riesigen Filmplakate vor den Kinos. *Road to Hong Kong* war gerade angelaufen. Vor einem der Lichtspieltheater sah ich mein Konterfei fünf Meter groß. Aufgetufftes Haar, glänzend rote Lippen, Augen von einem entsetzlichen Grün.

Das alles schien schon lang zurückzuliegen. Wie ich so im Kamelhaarmantel, in vernüftigen Schuhen und mit Kopftuch auf dem Kopf kaum geschminkt den Kinderwagen vor mir herschob, hatte ich kaum noch etwas mit der Filmkönigin auf der Anschlagtafel gemein, und zum erstenmal seit Jahren war ich glücklich und zufrieden.

Tara war für mich ein ständiger Quell der Freude. Den Gedanken an ein Kindermädchen hatte ich verworfen. Ich wollte mich selbst um mein vier Monate altes Baby kümmern. Obwohl wir eine Suite im Hotel Grand Point bezogen hatten, machte ich Taras Babynahrung selbst zurecht. Ich hatte aufgehört, Tara zu stillen, als sie drei Monate alt war und einen gewaltigen Appetit auf Müsli und Obst entwickelte. Ich machte ihr also Brei, wusch ihre Sachen, spielte mit ihr, badete sie und sorgte für alles, was ein kleines Baby braucht. Ich wollte nicht, daß jemand anders für mein Baby sorgte. Tara war mein Kind, und ich wollte alles für sie tun.

Eines Nachts schreckte Tony aus dem Schlaf hoch und rüttelte mich wach. »Was ist denn das für ein Lärm?« fragte ich schlaftrunken. »Hört sich an, als würde nebenan eine Orgie gefeiert.«

»Ich finde, es hört sich an, als ob sie sämtliche Gläser und Fenster im Hotel zerschmeißen«, meinte Tony. Er sprang in seinem blau-weiß gestreiften Pyjama aus dem Bett. »Ich seh mal nach, was los ist.« Er öffnete die Tür unseres Schlafzimmers, die auf den Korridor hinausführte. Er fing ganz fürchterlich zu husten an und schlug die Tür rasch wieder zu. Qualmwolken wälzten sich durch den Gang. »Ich glaube, es brennt«, sagte er so ruhig wie nur irgend möglich, damit ich nicht in Panik geriet.

»O Gott, ich muß zu Tara!« Mit zittrigen Knien sprang ich aus dem Bett und raste durch das Wohnzimmer in den Raum, in dem sie schlief. Dort konnte man schon fast nicht mehr atmen. Wolken beißenden Qualms wälzten sich ins Zimmer, drangen durch sämtliche Ritzen herein. Ich sah kaum etwas. »Mein Baby!« schrie ich und befürchtete das Schlimmste. Doch Tara lag gesund und munter in ihrem Kinderbettchen und starrte mit weitaufgerissenen blauen Augen verwundert auf die herrliche Substanz, die da durch ihr Zimmer schwebte. Es war allerhöchste Zeit, sie hätte leicht ersticken können. Ich riß sie aus dem Bett und floh in unser Schlafzimmer zurück.

Tony hatte inzwischen den Concierge angerufen. »Es brennt ... hm ... *oui, un feu* ... hm ... lieber Himmel ... *un grand feu ici* ... helfen Sie uns, *s'il vous plaît.«* Er versuchte ruhig zu bleiben und nicht in Panik zu geraten. Sein entsetzliches Französisch war keine allzu große Hilfe. Doch ich hörte den Concierge aufgeregt Anweisungen erteilen.

Der langen Rede kurzer Sinn: Im letzten Augenblick erschien die Feuerwehr. Wir verhüllten unsere Häupter mit nassen Handtüchern und folgten den Feuerwehrmännern durch beißenden Qualm nach unten. Wir waren gerade noch einmal davongekommen. Dieses Erlebnis war mir eine Lehre.

Ich habe seitdem immer überprüft, ob mein Zimmer auch unmittelbar neben der Feuerleiter oder Nottreppe lag, wenn ich gezwungen war, im Hotel zu wohnen. Gebranntes Kind scheut das Feuer — davon kann ich ein Liedchen singen!

Nach diesem schrecklichen Erlebnis kehrten wir Frankreich den Rücken und reisten in die Schweiz. In St. Moritz ging die Saison im März gerade zu Ende. St. Moritz war der exklusivste, eleganteste und mondänste Wintersportort des internationalen Jet-Sets, und man traf sich im Palasthotel. Meine beste Freundin Cappy war jetzt glücklich — oder doch zumindest ziemlich glücklich — mit Andrea Badrutt, dem Besitzer des Palasthotels, verheiratet. Cappy entschied sozusagen über das Gesellschaftsleben in St. Moritz. Sie bestimmte, sie war der Doyen. Sie kannte alle, und alle kannten sie. Die gesamte Prominenz gab sich dort ein Stelldichein: Niarchos, Onassis, Agnelli, Thyssen, von Opel, Gunther Sachs. Die *crème de la crème* des Jet-Sets vergnügte sich im Palasthotel, die meisten liefen wahrscheinlich überhaupt nicht Ski. Alles spielte sich dort ab — Intrigen, Romanzen, große Geschäfte, Betrug, Verführung. Es lag inmitten des altmodischen Dörfchens St. Moritz, wo die einfachen Dorfbewohner überall auf Playboys und Prinzen aus aller Herren Länder stießen.

Und in dieser Treibhausatmosphäre, einer Mischung aus Sex, Sünde und Sport, kam nach einer Bahnfahrt von zwanzig Stunden eine sehr derangiert aussehende britische *beauté* aus Paris an — völlig verschmutzt und zerzaust. In ihrem Schlepptau ein Genie aus Cockney-Kreisen mit stark gerötetem Hals und schon vergrippt — ein Mann, der alles haßte, was mit der High-Society zu tun hatte. Mit diesen beiden kam ein lammfrommes, allerliebstes Baby angereist, das niemals weinte — was vermutlich darauf zurückzuführen war, daß seine Mutter nicht von seiner Seite wich.

Ich nahm Tara überallhin mit. Zum Lunch im Grillroom des Palasthotels, wo Madame Dewi Sukarno mit Madame Badrutt zu speisen pflegte, die eine die personifizierte Eleganz in betont einfach geschnittener Après-Ski-Kleidung, die andere in Samthosen und Zobelmütze ein umwerfender Anblick. Dort speiste auch die Baronin von Thyssen (das ehemalige Mannequin Fiona Campbell-Walter) mit der herrlichen roten Lockenpracht in supereleganter Bluse und Jodhpurs. Und ich inmitten all der illustren Gäste! Auf die Freuden des Wintersports war ich gar nicht vorbereitet. Ich mußte mich mit kratzigen Pullovern, engen Jeans und einer schwarzen Lederkappe im Stil von John Lennon begnügen. Nicht gerade das, was man hier unter Haute Couture verstand. Meine Kleidung war regelrecht mit Krumen übersät und mit Babynahrung befleckt und gesprenkelt; denn immer saß die kleine Tara entweder auf meinem Schoß oder in ihrem Klappstühlchen und prustete munter vor sich hin. Das war den Damen und den Angestellten nicht sehr lieb. Für Kinder und erst recht für Babys war hier alles zu vornehm. Die Kinder der Gäste, die hier residierten, bekamen ihre Eltern höchstens am Nachmittag zwischen vier und fünf Uhr kurz zu sehen.

»Joanie — so kannst du unmöglich weitermachen«, meinte Cappy schließlich vorwurfsvoll. »Du kannst doch hier in St. Moritz nicht wie irgendeine Negerin aus Afrika mit dem Baby auf dem Rücken rumspazieren. Nimm dir doch ein Kindermädchen, meine Liebe.«

»Ich brauche aber kein Kindermädchen«, setzte ich mich zur Wehr und kratzte Tara mit dem Löffel den Brei vom Mündchen, der ihr aus dem Mundwinkel rann. Ich schnupperte. Höchste Zeit, sie neu zu wickeln.

»Cappy, wenn man sich nicht selbst um seine Kinder kümmert, wozu legt man sich dann welche zu?« Tara pflichtete mir unbekümmert bei, indem sie laut und vernehmlich ein Bäuerchen machte. Dabei schlug sie mir mit ihrem breiverschmierten Löffel auf den ohnehin schon schmutzigen Pullover.

»Und wie du aussiehst!« schalt mich Cappy. »Sieh dir bloß mal deine Hände an, völlig ruiniert vom Windelwaschen oder was du sonst noch alles wäschst.« Angewidert starrte sie in das wunderschöne Bad mit Marmor, in dem jetzt Windeln und andere Babysachen auf einer Leine trockneten, die ich über die Wanne gespannt hatte.

»Die Rolle der Hausfrau steht dir nicht«, behauptete sie

steif und fest. »Und auch als Schlachtenbummlerin, die ihrem Mann auf Schritt und Tritt folgt, machst du dich schlecht. Du mußt irgendwo seßhaft werden, Liebes. Kauf dir ein Haus, schlage irgendwo Wurzeln und fang wieder an zu arbeiten.«

»Ich sehe ja ein, daß wir uns irgendwo niederlassen sollten«, stimmte ich ihr zu. »Aber wegen Tonys Steuern können wir erst im April nach England zurück. Cappy, es macht mir solchen Spaß, mich um das Baby zu kümmern. Wirklich, es ist eine Freude, für das Kind zu sorgen. Und was die Arbeit angeht — wer will schon den ganzen Tag in der Dekoration herumsitzen, seit ich sechzehn war, habe ich nichts anderes getan. Es ist ein herrliches Gefühl, endlich einmal frei zu sein.« Ich nahm Tara auf und legte sie gekonnt an meine Schultern, damit sie ihr Bäuerchen machte. Dann legte ich sie vorsichtig aufs Bett, um sie trockenzulegen.

»Es fällt mir schwer, dir das Hausmütterchen abzunehmen«, sagte Cappy und betrachtete wohlgefällig ihr Spiegelbild — ihre noblen Züge, ihre elegante Gestalt. Die Kappe aus Silberfuchs und die Ton in Ton darauf abgestimmte blaßgraue Skikleidung standen ihr ausgezeichnet zu Gesicht. »Daß du jetzt viel freier bist, kann man wohl kaum sagen, Liebes. Ich hoffe doch, daß du wenigstens für heute abend einen Babysitter nimmst, damit du auf meine Party im Corviglia-Club kommen kannst.«

»Liebes, ich verspreche dir, daß ich dich auf deiner Party nicht mit Eigelb auf dem Kleid und vom Geschirrspülen rissigen Händen in Verlegenheit bringen werde.« Es kostete mich keine Mühe, mich von der vielgeplagten Hausfrau in eine soignierte kultivierte Dame der Gesellschaft zu verwandeln. Zwillinge schlüpfen gern von Zeit zu Zeit in eine andere Haut. Es machte mir Spaß, tagsüber die perfekte Mutter zu sein und abends in ungeahntem Glanz zu erstrahlen. Doch was den gesellschaftlichen Glanz anging, konnte ich Cappy nicht das Wasser reichen. Sie war nicht nur bildschön, sondern auch immer ein Musterbeispiel kultivierter Eleganz. Als Alexis Carrington im *Denver Clan* nahm ich mir meine Freundin Caprice Caprone Yordan Badrutt zum Vorbild, was die äußere Erscheinung anging. Sie war eine der schönsten und elegantesten Frauen, die es je gegeben hat, doch vom Wesen her Alexis völlig fremd. Sie war liebenswerter.

Am 7. April 1964 kehrten Tony und ich und all die anderen britischen Darsteller, Schriftsteller, Sportler etc., die England für ein Jahr den Rücken gekehrt hatten, in ihr Heimatland zurück. Wir mieteten Ken Mitchells Haus in Hampstead. Tony und Leslie Bricusse arbeiteten fieberhaft an einem neuen Musical. Es sollte *The Roar of the Greasepaint, The Smell of the Crowd* heißen. Evie hatte gerade einen kleinen Jungen, Adam, zur Welt gebracht, und wir sechs spielten nun zusammen ›glückliche Familien‹. Doch ich bekam meinen Mann kaum noch zu sehen. Er war zum Sklaven der Arbeit geworden, den ganzen Tag bis spät nachts schrieb und kritzelte er vor sich hin wie gejagt. Außer der Arbeit blieb ihm kaum noch Zeit für irgend etwas. Ich hatte mir inzwischen eine Haushälterin zugelegt, hatte aber mit dem Baby und dem neugegründeten Hausstand noch genug zu tun. Ich verbrachte ganze Tage damit, nach einem Haus auf dem Land zu suchen, das nicht zu weit von London entfernt lag. Schließlich fand ich ein entzückendes dreistöckiges Haus in Elstree, das wirklich Charakter hatte. Das Grundstück war recht groß, auch Stallungen gehörten dazu. Es war genau das richtige für die große Familie, die wir einmal sein würden. Ich erwartete wieder ein Kind, und obwohl es Tara sozusagen auf dem Fuße folgen würde, war ich glücklich und zufrieden — und emsig damit beschäftigt, uns ein Nest zu bauen.

Das Haus auf dem Lande hieß Friars Mead. Um es bewohnbar zu machen, mußte es von Grund auf renoviert und neu eingerichtet werden. Es hatte die astronomische Summe von zwanzigtausend Pfund gekostet, im Jahre 1964 ein Vermögen. Tony fand es viel zu teuer. Doch ich hatte ihm klargemacht, daß sich der Kauf lohnte, da wir ja vorhatten, von nun an immer in England zu leben. Meine Tage waren mehr als ausgefüllt. Ich spielte viel mit Tara, die von Tag zu Tag mehr Freude machte und immer entzückender wurde. Ich beriet mich mit Architekten und Robin Guild, unserem Innenarchitekten. Ich kaufte Möbel, Stoffe und Tapeten für das neue

Haus. Ich nahm im Geiste Abschied von meinen Gucci-Koffern und begann Wurzeln zu schlagen.

Tony stöhnte angesichts der ungeheuren Kosten. Er war so bescheiden aufgewachsen, daß er sich noch immer nicht an die Unsummen gewöhnen konnte, die das alles verschlang. Doch ganz allmählich fand auch er Gefallen an den schönen Dingen des Lebens, die es leider nicht umsonst gibt. In mir hatte er die beste Lehrmeisterin. Mein eigenes Bankguthaben schmolz dahin wie Butter vor der Sonne. Ich war daran gewöhnt, selbst Geld zu verdienen und es auch auszugeben. Tony war finanziell keineswegs abgesichert und schon gar nicht in der Lage, einer Frau den Lebensstandard zu bieten, den sie gewöhnt war.

Als mir daher die Hauptrolle in einer italienischen Komödie als Partnerin von Vittorio Gassman angeboten wurde, schlug Tony mir vor zuzugreifen. Ich war ziemlich deprimiert; denn ich hatte gerade eine Fehlgeburt gehabt. Tony war mit dem neuen Musical *The Roar of the Greasepaint, The Smell of the Crowd* auf Tournee. Die Reaktion des Publikums sollte in Birmingham und Manchester getestet werden, bevor das Musical in London aufgeführt wurde.

Als ich zu den Dreharbeiten von *La Congiuntura* nach Portofino, Lugano und Rom flog bzw. fuhr, war Tara ein Jahr alt. Es war die erste Trennung seit unserer Heirat, und diese Trennung fiel mir sehr schwer. Natürlich war ich heilfroh, wieder arbeiten zu können. Ich brauchte Geld, um weiterhin auf großem Fuße leben zu können. Tony hatte zwar gesagt: »Nimm die Rolle ruhig an. Ich weiß, daß dir die Arbeit guttun wird. Du arbeitest doch gern.« Doch ich glaubte ihm nicht ganz. In Wahrheit lag ihm wohl eher an einer Frau, die das Haus hütete, für ihn kochte und immer für ihn da war.

La Congiuntura wurde der erfolgreichste meiner Filme, zumindest in Italien. Im darauffolgenden Jahr rangierte ich auf der Erfolgsleiter an achter Stelle. Leider ist der Film nie in England oder Amerika gelaufen. Das ist jammerschade; denn die Rolle in diesem Lustspiel lag mir sehr. Tara hatte viel Spaß bei den Außenaufnahmen. Sie ist sogar in einer Szene des Films zu sehen. Da sitzt sie in ihrem Kinderwagen. Über den stolpert Gassman dann bei einer wilden Verfolgungsjagd durch ein Hotel in Lugano.

Als Tony, Leslie und Evie nach der Londoner Premiere nach Portofino kamen, brauchte ich sie nur anzusehen und wußte Bescheid.

Die Kritiker hatten das Musical völlig verrissen. Das schmerzte; denn in dem Musical steckte sehr viel Liebe, Sorgfalt, Zeit und Begabung. Und noch etwas kam hinzu. Tony hatte festgestellt, daß er 90 Prozent seines Einkommens an den Staat abführen mußte, wenn er England zu seinem ständigen Wohnsitz machte. Der Produzent David Merrick war nach Manchester gekommen, um sich das Musical anzusehen. Er hatte ihnen ein Angebot gemacht, das sie nicht gut ablehnen konnten. Tony sollte am Broadway den Mr. Thin in *Greasepaint* spielen.

Augenblicklich nahm der Schlachtenbummler alles in die Hand. Ich erledigte im Handumdrehen, was unumgänglich war. Ich verkaufte das schöne Haus in Elstree, das wir noch nicht einmal bezogen hatten. Da hatte ich endlich mein Traumhaus gefunden und soviel Zeit darauf verwandt, es einzurichten. Und nun sollte ich es wieder hergeben. Ich flehte Tony an, es zu behalten. Um die zwanzigtausend Pfund tat es mir nicht leid, doch Tony blieb hart, und auch sein Steuerberater riet uns davon ab, das Haus zu behalten. Wir durften beide keinen Besitz in England haben. Obwohl ich sieben Jahre in Amerika gelebt hatte, wäre es von der Steuer her Tonys Ruin gewesen, hätten wir das Haus nicht wieder hergegeben.

Also traten meine zwanzig Gucci-Koffer wieder in Erscheinung. Nach einem tränenreichen Abschied von Freunden und Familie flogen wir nach New York. Ich war wieder schwanger, und das Fliegen widerstrebte mir. Zudem war ich tieftraurig, wieder einmal entwurzelt worden zu sein. Wir bezogen ein möbliertes Apartment in der 72. Straße. Tonys Mutter Grace hatte uns begleitet, sie fungierte als Kindermädchen und Haushälterin. Wir wohnten wieder nicht in unseren eigenen vier Wänden, selbst die Möbel gehörten fremden Leuten. Außerdem teilten wir die Wohnung mit einer ganzen Sippe riesengroßer Küchenschaben. Nun war ich schon fast dreißig

Jahre und besaß außer meinen Kleidern, Büchern und Schallplatten immer noch nichts. Würde es mir je vergönnt sein, irgendwo Wurzeln zu schlagen?

Alexander Anthony Newley kam am 8. September 1965 zur Welt. Im selben Zimmer im selben Krankenhaus wie seine Schwester Tara. Ich fand es aufregend und herrlich, jetzt auch einen Sohn zu haben. Ganz wie bestellt. Jetzt waren wir eine komplette kleine Familie, unzerstörbar. Das glaubte ich zumindest. Ich wollte nicht mehr daran denken, daß ich im letzten Schwangerschaftsmonat unerwartet hinter der Bühne erschienen war, daß mich mehrere Mitglieder des Ensembles verwirrt begrüßt und verlegen angesehen hatten, als ich schwerfällig durch die engen Gänge zur Garderobe des ›jungen Meisters‹ schaukelte. Seine Garderobiere hatte in tödlicher Verlegenheit versucht, mich davon abzuhalten, daß ich gleich hineinging und auffallend laut gesagt: »Oh, guten Abend, Mrs. Newley. Mr. Newley kommt gleich.« Ich wollte auch nicht mehr wahrhaben, daß mich Tony und eine hübsche junge Blondine verschreckt und schuldbewußt ansahen, als ich die Garderobe betrat. Ich hatte mich viel zu sehr in die allumfassende Rolle der Ehefrau und Mutter versenkt, als daß ich mir das Leben durch lächerliche Eifersüchteleien hätte vermiesen lassen. Wahrscheinlich hatte ich mir das sowieso nur eingebildet.

Für uns ließ sich alles hervorragend an. *The Roar of the Greasepaint* mit Tony und Cyril Ritchard in den Hauptrollen war von der Kritik mit gemischten Gefühlen aufgenommen worden, doch Tonys Darstellungskunst wurde in den höchsten Tönen gelobt. Er hatte bald eine große Fan-Gemeinde und wurde zu einer der Hauptattraktionen des Broadway.

Im Sommer mieteten wir ein Haus auf Long Island. Ich führte ein sorgloses Faulenzerleben, spielte mit Tara, ging schwimmen, lag in der Sonne und lud am Wochenende das Ensemble zum Barbecue ein. Tony mußte gegen vier Uhr los, um rechtzeitig im Theater zu sein. Den Rest des Tages und den Abend verbrachte ich mit Lesen, Schreiben, Nachdenken. Ich war rundum zufrieden. Meine Freunde konnten es nicht fassen, welche Wandlung mit mir vorgegangen war. Aus dem lebhaften, energiegeladenen, unternehmungslustigen Geschöpf, das sich stets durchzusetzen wußte und nur glücklich war inmitten der größten Betriebsamkeit, war eine zufriedene Kuh geworden, der es vollauf genügte, zu faulenzen und in den Tag hinein zu leben. Bei dem Leben, das ich führte, bedeutete es schon eine ungeheure Abwechslung, wenn ich Tara im Einkaufswagen durch den Supermarkt schob.

Eine Woche vor ›Saschas‹ Geburt bezogen wir die Wohnung von Paul und Joanne Newman in New York. Es war eine wunderschöne, luftige, geschmackvoll eingerichtete Wohnung. Frühes amerikanisches Mobiliar und antike englische Möbel bewiesen Joannes guten Geschmack. Ein paar Monate zuvor hatte ich sie im Krankenhaus besucht. Ihr drittes Kind Claire kam drei Monate vor Sascha zur Welt. Die Angst vor dem Fliegen war bei mir inzwischen zur Besessenheit geworden. Obwohl wir mit dem Musical in Toronto in Kanada auf Tournee waren, fuhr ich lieber mit dem Nachtzug nach New York, als zwei Stunden im Flugzeug zu sitzen. Meine Angst vor dem Fliegen rührte wohl zum Teil daher, daß wir einmal in einem schrecklichen Schneesturm fast abgestürzt wären. Nachdem doch noch alles gutgegangen war, schwor ich mir, in Zukunft nur noch zu fliegen, wenn es gar nicht anders ging. Jetzt, wo Sascha da war und Tony allabendlich vor ausverkauftem Hause spielte, stand wohl vorerst nicht zu befürchten, daß ich gezwungen sein würde, zu fliegen.

Es war etwas ganz Neues für mich gewesen und hatte mir große Freude gemacht, für Tara ganz allein zu sorgen. Doch nun hatte ich ein Neugeborenes und einen 22 Monate alten Wirbelwind zu versorgen und zu windeln. Damit war ich entschieden überfordert. Also wurde ein deutsches Kindermädchen angeheuert. Sie hieß Renate, hatte ausgezeichnete Referenzen und kam ein paar Tage vor dem errechneten Geburtstermin.

Wie auch schon bei Tara wurde ich entlassen, als Sascha erst drei Tage alt war. Anscheinend war man dort der Auffassung, daß man am besten gleich »ins Wasser sprang«, außerdem war das ja nicht mein erstes Kind. Ich wurde jedoch mit der strengen Auflage entlassen, »mich zu Hause hinzulegen und mich noch mindestens eine Woche zu schonen«. Damit begann für mich das reinste Martyrium. Sobald die 22 Monate alte Tara, bisher der verwöhnte und verzärtelte Liebling ihrer Eltern, den nagelneuen, aufregenden, so ganz anders aussehenden Bruder zu Gesicht bekam, streichelte sie ihn und wollte ihn nehmen und knuddeln.

Doch sobald ich mich im Bett aufgesetzt und ihn auf den Schoß genommen hatte, bekam sie einen fürchterlichen Wutanfall. Wo er war, da wollte sie sein. Und nicht nur dieses eine Mal, sondern immer und unbedingt. Sie sah mir über die Schulter, während ich versuchte, das arme kleine Würmchen zu füttern, das jämmerlich nach seinem Essen schrie. Vielmehr nach seiner Milch. Wenn ich Sascha auf dem Arm hatte, wollte sie auf den Arm. Wenn ich ihn wickelte, wollte sie gewickelt werden. Seit sechs Monaten ging sie schon auf den Topf, davon wollte sie jetzt nichts mehr wissen. Sascha durfte nicht wie Tara die erste Zeit in der Wiege bei uns im Schlafzimmer schlafen, denn dann forderte sie das gleiche Recht für sich. Also schlief er mit ihr und Renate unten. Doch meine deutsche Perle war anscheinend stocktaub. Die Kinder konnten die ganze Nacht hindurch schreien, ohne daß sie davon wach wurde. Dann torkelte ich spät abends hinunter, wenn Tony noch im Theater und Renate nicht wachzukriegen war. Ich trug das Baby auf dem Arm in unser Schlafzimmer hinauf und zog die kleine Tara an der Hand hinter mir her. Dieses ständige Treppauf-Treppab ging bald über meine Kraft. Nach einer Woche wachte ich morgens auf und fühlte mich sterbenselend. Der Arzt nahm kein Blatt vor den Mund, nachdem er mich untersucht hatte.

»Sie haben Glück«, sagte er. »Es ist noch gar nicht lange her, da sind die Frauen in den Krankensälen daran wie die Fliegen gestorben.«

»Was habe ich denn eigentlich? Wie heißt die Krankheit?« fragte ich mit schwacher Stimme. Noch nie hatte ich mich so elend gefühlt.

»Kindbettfieber«, erklärte er munter. Er gab mir eine Spritze, irgendein Wundermittel. »Ja, es ist schrecklich, meine Liebe — oder vielmehr es *war* schrecklich, sollte ich wohl besser sagen. Nur zehn Prozent haben überlebt. Heute erleben wir es nur noch selten, daß eine Frau am Kindbettfieber erkrankt.« Er sah mich voller Mißtrauen an. »Wenn sich eine Frau natürlich *zuviel zumutet*...« Das klang ausgesprochen vorwurfsvoll. »Muten Sie sich zuviel zu, junge Frau?« Ich nickte schwach. »Halten Sie die Kinder von ihr fern. Für das Baby könnte das gefährlich werden«, wandte er sich an meinen Mann. »Sie täten gut daran, eine Krankenschwester für Ihre Frau zu besorgen und natürlich auch ein neues Kindermädchen.« Ein Blick auf die zerbrechliche, leichenblasse Renate, die mit der jammernden Tara an der Hand auf dem Treppenabsatz stand, hatte ihn von ihren mangelnden Fähigkeiten überzeugt. Von unten ertönte Saschas wütendes Gebrüll. Er hatte Hunger.

Das neue Kindermädchen war ein wahrer Schatz. Wir blieben noch ein paar Monate in New York. Wir freundeten uns mit einer Frau an, die in New York als *Funny Girl* Furore machte, Barbra Streisand, und lernten auch ihren Mann Elliot Gould kennen. Er war ein guter Schauspieler, bekam aber kaum Rollen. Der plötzliche, doch wohlverdiente Erfolg seiner Frau hatte nicht auf ihn abgefärbt. Er war nicht zu beneiden. Für die Heerscharen von Fans, die allabendlich den Künstlereingang umlagerten, um ihrem Idol zu huldigen, war er schlicht und einfach ›Mr. Streisand‹.

Barbra und Tony hegten große Bewunderung füreinander. Vom Temperament her waren sie sich sehr ähnlich, beide waren überempfindlich, ungeheuer arbeitsam und bestrebt, sich zu vervollkommnen. Nachdem der Vorhang gefallen war, gingen wir oft noch miteinander zum Essen. Dann lachten und scherzten wir und unterhielten uns bis tief in die Nacht hinein. Barbra Streisand war eine imponierende auffallende Erscheinung mit ihrer römischen Nase, ihrem widerspenstigen Haar und einer Haut wie Porzellan. Sie kleidete sich höchst ungewöhnlich. Manchmal ganz altmodisch, dann wieder völlig verrückt. Oder sie trug teure Haute-Couture-Modelle. Ihr unstillbarer Wissensdurst kam dem von Marlon Brando gleich. Ihr Geist war wie ein Schwamm — er saugte alles auf. Sie war von dem Wunsch besessen, immer mehr zu lernen und immer besser zu werden.

Das erregte meine Bewunderung und meinen Neid. Mein Gedächtnis war wie ein Sieb. Je mehr ich mir an Wissen einverleibte, desto mehr vergaß ich. Obwohl ich leidenschaftlich gerne las, obwohl ich ständig ins Theater, in Konzerte und ins Kino ging, fiel es mir ausgesprochen schwer, mich an irgend etwas zu erinnern, das ich gelesen, gesehen oder gehört hatte. Nach ein paar Wochen durfte mich schon niemand mehr danach fragen. Ich konnte eine ganze Rolle innerhalb von einer Stunde lernen. Dann konnte ich sie Wort für Wort auswendig — doch nach einem Monat konnte ich mich an keine einzige Zeile mehr erinnern. Mit den Filmleuten erging es mir ebenso. Meistens wußte ich schon nach zwei Tagen alle Namen, doch nach einem Jahr fragte ich garantiert: »Wer ist das denn?«

Tony verhandelte wegen eines großen Musicals mit meiner alten Firma, der Twentieth Century Fox. Es handelte sich um ein Mammutwerk. Leslie Bricusse schrieb das Drehbuch und die Liedtexte. Es ging um *Dr. Doolittle* nach dem beliebten Kinderbuch von Hugh Lofting. Rex Harrison spielte Dr. Doolittle. Tony war ganz aufgeregt. Der Gedanke, bei so einer wichtigen Produktion mitzuwirken, faszinierte ihn. Er wollte sich jetzt ganz auf die Filmbranche verlegen — Regie führen und schreiben. Er schwor, daß er in *Greasepaint* das letzte Mal auf der Bühne gestanden hatte.

Wir fuhren mit der Bahn nach Kalifornien. Die Fahrt dauerte drei Tage. Tony schrieb. Ich sah draußen die Landschaft vorbeisausen. Tonys Mutter saß mir gegenüber. Tara sauste liebend gern durch sämtliche Waggons und wollte an jeder Station Souvenirs kaufen. Sie war ein winziges wunderhübsches Mädchen von zweieinhalb Jahren. Klug, amüsant und quicklebendig, und, Wunder über Wunder — sie und ihr kleiner Bruder waren jetzt ein Herz und eine Seele.

Tony genügte es völlig, in dem gemieteten Haus in Bel Air zu wohnen, das Leslie uns besorgt hatte. Doch ich bestand darauf, daß wir uns ein Haus kauften. Wir konnten nicht so weitermachen und mit zwei Kindern, vierundsiebzig Koffern,

Kindermädchen, Schwiegermüttern und überall eingelagerten Kisten mit Büchern und Platten in der Weltgeschichte herumreisen. Ich besaß kaum noch ein Kleid, das nicht so zerknüllt war, daß die Falten kaum noch herausgingen.

Ich machte mich auf die Suche nach einem Haus in Beverly Hills. Tony arbeitete wieder an einem neuen Projekt. Tara ging in den Kindergarten, und Sascha wurde von Rosie, dem Kindermädchen, bestens versorgt. Ich kam mir plötzlich richtig überflüssig vor. Ich dachte über meine Karriere nach. Mit Ausnahme des italienischen Films hatte ich seit drei Jahren nicht mehr gearbeitet. Jetzt begann ich es wieder ins Auge zu fassen. Möglicherweise lag das daran, daß ich jetzt wieder in Hollywood lebte, wo man nicht essen, schlafen oder atmen kann, ohne an den Film zu denken. Alles dreht sich hier um den Film. Das Fernsehen hatte sich inzwischen zu einer mächtigen Konkurrenz entwickelt. Als ich noch bei der Fox unter Vertrag stand, hatte das Fernsehen es noch nicht mit der Filmindustrie aufnehmen können. Das Büro von William Morris setzte sich mit mir in Verbindung. Ob ich an Gastauftritten in verschiedenen Fernsehsendungen interessiert sei. Ich war interessiert. Warum auch nicht? Ich sah mindestens ebenso gut, wenn nicht sogar besser aus als vor zehn Jahren, als ich in Hollywood angefangen hatte. Ich hatte inzwischen Erfahrung gesammelt und war jetzt eine viel bessere Schauspielerin. Wenn ich überhaupt je wieder spielen wollte, war es höchste Zeit.

Das ist gar nicht so einfach, wenn man erst einmal alles schleifen läßt und sich damit tröstet, daß morgen auch noch ein Tag ist. Plötzlich ist morgen da, und dann ist es zu spät. Die Leute aus der Filmbranche haben ein kurzes Gedächtnis.

»Wer ist denn dieses hübsche Mädchen?«

»Ach, das ist die Frau von Anthony Newley — war sie nicht früher mal Schauspielerin?«

»Ach ja, Joan irgendwas. Wo hat sie bloß all die Jahre gesteckt?«

Schon seit geraumer Zeit sprachen alle möglichen Anzeichen dafür, daß Tony vielleicht nicht der treueste aller Ehemänner war. Selbst als er bei meinem Vater wohnte, während ich in Italien filmte, kam mir zu Ohren, daß er mehrmals in Gesellschaft verschiedener junger Dinger auf dem Bummel gesehen worden war. Doch wie bei fast allen Dingen, die mich trafen, sagte ich mir wie Scarlett O'Hara: »Darüber werde ich mir morgen den Kopf zerbrechen.« Eine sehr praktische Methode, die Augen vor der Wirklichkeit zu verschließen und Enttäuschungen aus dem Weg zu gehen. Indem ich es hinausschob, etwas Wichtiges zu analysieren und richtig einzuschätzen, erreichte ich, daß ich gar nicht mehr darüber nachzudenken brauchte.

Natürlich unterhielten wir uns, besprachen alles mögliche, stritten uns sogar gelegentlich, doch in sehr milder Form. Tony haßte Debatten. Wir gruben niemals tief genug, um das Innerste des Partners wirklich zu erforschen. Die Psyche und die Probleme im Gefühlsbereich wurden nie erhellt. Im Endeffekt begann es durch diesen Mangel an Verständigungsmöglichkeiten in unserer Ehe zu kriseln.

Wann immer ich mich Tony gegenüber zu behaupten suchte, nannte er mich ›rechthaberisch‹. Es fiel mir schwer, mich durchzusetzen. Offenbar begriff er nicht, daß meine Gefühle und Gedanken auch wichtig und berechtigt waren, und immer, wenn wir uns wieder einmal nicht einig waren, wurde die Kluft zwischen uns breiter.

Wir kauften ein Haus in Kalifornien. Wieder einmal hatten uns die Palmen und der süße Duft des Erfolges in die Filmstadt gelockt, und ich bemühte mich, hier nun endgültig Wurzeln zu schlagen, damit sich unsere zwei Kinder irgendwo zu Hause fühlen konnten.

Tara war inzwischen drei, und mir lag sehr viel daran, ihr Leben endlich in ruhigere Bahnen zu lenken. Sie war in New York geboren und hatte über die Hälfte ihres kurzen Lebens während der nicht enden wollenden Tournee mit *Greasepaint* in Hotelzimmern in ganz Amerika verbracht und die andere Hälfte in Mietwohnungen oder gemieteten Häusern in London, Paris, Rom, Portofino, Lugano, Liverpool und St. Moritz. Ihr Reisepaß sah aus wie der eines internationalen Playgirls. Ich wollte ihr endlich das verschaffen, was die meisten kleinen Mädchen ihres Alters in Beverly Hills haben. Ein eigenes

Zimmer, in dem sie mit ihren Spielsachen spielen konnte, in der Gewißheit, daß das ihr Zuhause war und hoffentlich auch lange bleiben würde. Sascha war wohl mit einem Jahr noch zu klein, um die Auswirkungen des ständigen Tapetenwechsels zu spüren; aber natürlich brauchte auch er, das entzückendste blondgelockte Baby, das man sich nur vorstellen konnte, einen sicheren Hort.

In Hollywood hatte sich Ende der sechziger Jahre noch nicht viel geändert, seit ich zum erstenmal hierhergekommen war. Die Ränge der Filmmogule hatten sich zwar schon gelichtet, doch die Übriggebliebenen gaben immer noch rauschende Partys, auf denen es von Stars nur so wimmelte. Darryl F. Zanuck war nicht mehr da, und die Fox versuchte verzweifelt, sich irgendwie über Wasser zu halten, nachdem sie in den letzten Jahren große finanzielle Einbußen erlitten hatte. Spyris Skouras, der verschlagene alte Grieche, war nicht mehr am Leben. Auch Lew Shreiber war tot, mein Mentor und Beichtvater in den Jahren, die ich bei der Fox unter Vertrag stand. Auch Harry Cohn, den gefürchteten Boß der Columbia Filmstudios, der Rita Hayworth und Kim Novak in eiserne Zucht genommen hatte, gab es nicht mehr.

Ein junger Schauspieler namens Bob Evans, der gleichzeitig mit mir einen Vertrag mit der Fox hatte, hatte inzwischen die Zügel der Paramount in die Hand genommen. Als Boß einer Filmgesellschaft bewährte er sich weit besser, als es ihm als Schauspieler vergönnt gewesen war.

Das Vertragssystem war nicht mehr gebräuchlich, die großen Stars verlangten jetzt enorme Summen für eine Rolle in einem Kinofilm. Paul Newman, Steve McQueen, Barbra Streisand, Clint Eastwood und Charles Bronson waren Superstars, wie man sie bis dahin nicht gekannt hatte, und ihre Agenten waren jetzt so mächtig, wie es sich die Studios seinerzeit nicht hätten träumen lassen. Nicht zu fassen — selbst mein ehemaliger Verlobter Warren Beatty konnte jetzt mit ›Bonnie and Clyde‹ einen phänomenalen Erfolg verbuchen. Er war Produzent und Hauptdarsteller dieses Films und nicht mehr weit von seiner ersten Million entfernt. Nachdem er gleich mit seinem ersten Film *Splendor in the Grass* Erfolg gehabt hatte, war eine ganze Reihe von nichtssagenden Filmen gefolgt. Jetzt hatte er die höchste Stufe des Starruhms erklommen und war noch dazu der Mann, über den man in der westlichen Hemisphäre am allermeisten sprach. Aus dem schüchternen, kurzsichtigen, mageren Jungen mit den Pickeln im Gesicht, der meine Bekannten zu Beginn unserer Liebschaft bestenfalls erheitert hatte, war ein gutaussehender, geheimnisumwitterter, charismatischer Filmstar mit sehr viel Sex-Appeal geworden, der noch dazu ein genialer Produzent war. Ganze Heerscharen von Frauen und Mädchen fanden ihn unwiderstehlich. Es ging das Gerücht, daß keine Frau seinen babyblauen, kurzsichtigen Augen widerstehen konnte. Sein Charme und sein Erfolg bei Frauen aller Altersgruppen war Legende, und über seine Potenz kursierten in Hollywood die reinsten Wundermärchen. Obwohl er eigentlich immer fest mit einem weiblichen Wesen liiert war, brachte er es irgendwie fertig, sich auch nebenbei noch gut zu amüsieren. Er war auf dem besten Weg, als Weiberheld und Liebhaber *par excellence* in Errol Flynns Fahrwasser zu geraten.

»Ich bin sicher die einzige Frau in Los Angeles und New York, die Warren noch nicht umzulegen versucht hat«, sagte meine Agentin Sue Mengers lachend. Damit kam sie der Wahrheit sicher nah. Doch Warren war immerhin so clever, nie mit seinen Eroberungen zu prahlen.

Alles bewahrheitete sich, was mir mein Astrologe Ben Gary vorausgesagt hatte. Warrens rascher Weg zum Weltruhm. Dazwischen war er ein paar Jahre in Vergessenheit geraten, doch nun war er ein Superstar. Ich hatte tatsächlich einen ›Schauspieler oder Schriftsteller oder Regisseur‹ geheiratet. Newley war das alles in einer Person. Und ich hatte tatsächlich zwei Kinder. Die winzige zierliche Tara und den kräftigen Sascha. Sie waren fast gleich groß, und da ich sie oft ganz gleich anzog, wurden sie manchmal sogar für Zwillinge gehalten. Auch das Zigeunerleben, das mir Ben prophezeit hatte, hatte sich bewahrheitet. An seine letzte Weissagung durfte ich gar nicht denken. Er hatte mir prophezeit, daß meine Ehe sieben Jahre halten würde. Es waren noch nicht einmal vier Jahre, und es kriselte schon merklich.

10. Kapitel

Das Daisy war eine Diskothek in Beverly Hills, die praktisch über Nacht zum Mekka der Bewohner der Stadt wurde. Vielleicht wollte man den Londoner *Swinging Sixties* Konkurrenz machen. Als die Säume der Miniröcke immer höher rutschten und sich das Männerhaar bis auf den Kragen lockte, wurde Hollywood von einer Tanzwut heimgesucht, die es seit dem Film aus den zwanziger Jahren *Her Dancing Daughters* nicht mehr gegeben hatte. Damals hatte sich Joan Crawford mit Charleston den Ruhm regelrecht ertanzt.

Jeden Abend war das Daisy restlos überfüllt. Hier gaben sich die Prominenz und die Möchtegern-Prominenz von Hollywood ein Stelldichein. Starlets, Agenten, Drehbuchautoren, Schriftsteller und Produzentenfrauen drängten sich auf der Tanzfläche.

Selbst Tony begleitete mich gelegentlich hierher, obwohl er jetzt mit Proben für seine Rolle in *Dr. Doolittle* vollauf beschäftigt war und trotzdem noch an einem neuen Script saß, dem wieder einmal seine Lebensgeschichte zugrunde lag. Wenn wir wirklich einmal gemeinsam zu Hause das Abendessen einnahmen, verzog er sich gleich hinterher wieder in sein Arbeitszimmer. Es gab praktisch keine Verständigungsmöglichkeit mehr. Er lebte ganz seiner Arbeit. Selbst die Kinder störten ihn.

Wenn wir eine Dinnerparty gaben, konnte ich nie sicher sein, ob er auch erscheinen würde. Einmal gaben wir ein Essen für vierzehn Leute zu Ehren von Peter Sellers. Ich hatte tagelang alles bis ins kleinste geplant und bestens organisiert. Tony gab vor, Magenschmerzen zu haben, und war nicht zu bewegen, das Schlafzimmer zu verlassen. So waren wir dreizehn beim Essen. Ich entschuldigte mich tausendmal und betrank mich in Gegenwart des einsilbigen Peter Sellers.

Er hatte nichts dagegen einzuwenden, daß ich allein ausging. Er mochte Einladungen zum Essen und Partys sowieso nicht, obwohl sich die in Hollywood kaum umgehen ließen, wenn man dazugehören wollte. Ich ging also mit irgendeinem Freund (rein platonisch), einem Ehepaar oder einem schönen Schwulen aus. Ich tanzte liebend gern und war bald ständiger Gast im Daisy.

Eines Tages forderte mich ein junger Mann zum Tanzen auf. Er kam mir irgendwie bekannt vor. Er war groß und kräftig, blond und gutaussehend. Er hatte ein Gesicht wie ein Boxer und sah aus, als könnten ihm eines Tages die Nase oder seine strahlend weißen Zähne eingeschlagen werden. Er war sicher Schauspieler, obwohl enge Jeans und ein offenes Hemd, das den Blick auf einen muskulösen Brustkorb freigab, in Hollywood nicht unbedingt bedeuten mußten, daß ein Mann Schauspieler war. Körperliche Vollkommenheit strebten in Beverly Hills alle an — Agenten, Drehbuchautoren und auch Produzenten. Die Sportstudios waren voll von ihnen. Braungebrannte Männer stürmten regelrecht die Fitneßcenter, ließen ihre Muskeln spielen und machten fünfzig Liegestütze am Tag. Die Coiffeure kamen kaum noch nach, so viele Männer wollten ihr Haar lang und im Romantik-Look gelockt haben. Auch darin wurde *Swinging London* kopiert.

Ryan O'Neal sah nicht nur blendend aus, er war auch sehr charmant und hatte viel Sinn für Humor. Er tanzte wie kein zweiter und hatte starken Sex-Appeal. Seit langer Zeit war er der erste Mann, zu dem ich mich hingezogen fühlte. Das war ein nicht zu unterschätzendes Gefühl, und wir tanzten unermüdlich eine geschlagene Stunde lang. Mick Jagger sang ›I can't get no satisfaction‹. Das hätte als Überschrift über meiner Ehe stehen können.

Daß ich verheiratet war, schien Ryan nicht im geringsten zu stören. Er war auch verheiratet, lebte aber von seiner Frau getrennt. Er bat mich um meine Telefonnummer, doch ich gab sie ihm nicht. Das wäre Wasser auf Tonys Mühle. Für ihn galt die Devise: Was bei dem Mann okay ist, darf die Frau noch lange nicht. Aber unbewußt muß Tony wohl geahnt haben, daß er mich nicht zwei- oder dreimal pro Woche allein ins Daisy fahren lassen konnte, ohne damit irgendwann Schwierigkeiten zu riskieren. Ich war nie eine Nonne gewesen — außer im Film —, und ich brauchte das Gefühl, zu gefallen und beachtet zu werden. Davon war zu Hause wahrhaftig nichts zu spüren.

Ryan hatte zufällig auch zwei Kinder — eine Tochter namens Tatum und einen Sohn Griffin, beide genau im gleichen Alter wie meine Kinder. Er könnte mit ihnen zu uns kommen, dann könnten wir alle zusammen schwimmen gehen. Eines Tages vielleicht. Das waren natürlich Fantastereien; denn obwohl er so attraktiv war, bedeutete mir mein Ehegelöbnis immer noch sehr viel.

In Hollywood geriet ich rasch in Vergessenheit. Ich bekam zwar Drehbücher aus England, Italien und Spanien zugeschickt, doch in den Vereinigten Staaten wurde mir einfach keine vernünftige Rolle angeboten. Ich war zu lange weggewesen und war kein neues Gesicht mehr. Dank Warren und dank Tony. Alles um der Liebe willen aufgegeben. Aber vom Fernsehen bekam ich dauernd Angebote. Ich hatte die Wahl zwischen mehreren Topsendungen und nahm meistens an. Jetzt konnte ich Ehefrau, Mutter und Schauspielerin zur gleichen Zeit sein. Ein richtiges Koppelungsgeschäft. Ich versuchte es Tony recht zu machen, doch mir selbst tat ich damit keinen Gefallen; denn Gastauftritte in Fernsehserien waren auch nicht gerade die Erfüllung.

Trotzdem machte es mir Freude, endlich wieder zu arbeiten. Warum plagten mich nur Schuldgefühle, wenn ich das offen eingestand? Warum genügte es mir nicht, wie die meisten jungen Ehefrauen in Beverly Hills Hausfrau und Mutter zu sein? Warum gab ich mich nicht damit zufrieden, mit Hilfe meines sehr vertrauenswürdigen, portugiesischen Ehepaars den Haushalt zu führen, am Swimmingpool zu liegen, mir die Haut zu ruinieren und den Schaden vom Dermatologen und Visagisten wieder ausbügeln zu lassen?

Ich wollte nicht Tennis spielen oder steppen lernen. Auch Backgammon interessierte mich nicht. Von Gruppentherapie hielt ich nicht besonders viel. Ich wollte arbeiten. Ich brauchte *the roar of the greasepaint* (den Jubel der Theaterschminke), um mit Tonys Musical zu sprechen — die Scheinwerfer, die Kameras und Action! Das lag mir im Blut.

Also arbeitete ich. Zum Beispiel *Star Trek,* ›Raumschiff Enterprise‹, das sich zu einem richtigen Kultfilm auswuchs. Die Folge, in der ich mit von der Partie war, wurde eine der populärsten.

Da spiele ich eine junge Frau, die sich in New York zur Zeit der Weltwirtschaftskrise mit missionarischem Eifer den auf den Hund gekommenen Ärmsten der Armen widmet und der Welt zu beweisen versucht, daß Hitler ganz in Ordnung war. Captain Kirk verliebt sich in der Episode in mich, und Dr. Spock — der mit den spitzen Ohren — läßt mich von einem Laster überrollen, damit die Welt durch meine Lehren nicht der völligen Zerstörung anheimfällt.

Ein herrlicher Spaß.

Wenn ich am Abend heimkam, spielte und scherzte ich mit den Kindern, doch bei Tisch starrten Tony und ich uns über das Wedgwood-Geschirr hinweg düster an.

Nun war es Zeit fürs Daisy. Wochenlang war ich nicht mehr dagewesen, doch auch die erregende Atmosphäre dieser Diskothek konnte mich nicht aus meiner Lethargie und meinen Depressionen reißen. Mit umwölkter Stirn nippte ich an meinem Brandy Alexander und sah den Tanzenden zu. Beine, Beine, nichts als Beine, ein wahrer Wald von Beinen. Sie tanzten, stampften und drehten Pirouetten zu den neuesten Hits der Beatles, Rolling Stones und der Supremes. Zu allem Überfluß hörte ich dann auch noch die Stimme meines Mannes aus der Stereoanlage. Die Worte seines berühmtesten Songs öffneten mir die Augen über ihn und zeigten ihn so, wie er war:

What kind of fool am I	Was bin ich für ein Narr!
Who never fell in love	Ich war noch nie verliebt.
It seems that I'm the only one	Mir scheint, ich bin der einzige,
that I have been thinking of.	dem mein Denken gilt.
What kind of man is this?	Was bin ich für ein Mensch?
An empty shell	Eine leere Hülle,
a lonely cell in which an empty	vereinsamte Kreatur
heart must dwell.	mit einem leeren Herzen.

Mein Blick trübte sich, Tränen stiegen mir in die Augen. Diese Worte trafen hundertprozentig auf ihn zu. Aber er hatte mich gewarnt und mir zu verstehen gegeben, daß er unfähig sei zu lieben. Doch ich hatte fest daran geglaubt, daß ich ihn kraft meiner Liebe heilen könnte. Was war ich für eine Närrin!

»Wollen wir tanzen?« Da stand Ryan, nervös und trotzdem arrogant. Ich erhob mich.

»Gern.«

»Hab' Sie hier lang nicht mehr gesehen.«

»Ich habe viel gearbeitet«, erklärte ich. Meine Depressionen waren bald wie weggeblasen. Das verdankte ich Ryan, der Musik und dem Tanzen. Wir tanzten ohne Unterlaß. Er hatte eine ungeheure Energie. Obwohl er am nächsten Tag schon um sieben Uhr früh zu den Dreharbeiten erscheinen mußte, schien er sich nicht um seinen Schönheitsschlaf zu sorgen.

Er war ein Widder — daher seine Vitalität. Wegen dieser Energie vertrugen sie sich mit den Zwillingen. Irgendwo mußte diese Energie ja bleiben. Das hatten Sydney, Max und Warren bewiesen. Für Widder hatte ich nun mal ein Faible.

Wir blieben bis Toresschluß, das war um viertel vor zwei. Lächerlich früh, doch so lauten nun mal die Gesetze in Kalifornien. Nach dieser Uhrzeit darf in Kalifornien kein Drink mehr serviert werden.

Ryan bestand darauf, mich heimzufahren. Die Leute, mit denen ich gekommen war, waren schon früher aufgebrochen. Auf der Fahrt zu unserem Haus war ich sehr nervös. Es hätte ja immerhin sein können, daß Tony gerade aus dem Fenster schaute und seine Frau um zwei Uhr früh mit einem gutaussehenden Schauspieler heimkommen sah.

»Gib mir deine Telefonnummer«, bat er mich, als wir uns der Zufahrt näherten. »Wir könnten doch zusammen essen gehen oder Tee trinken. Ihr Engländerinnen trinkt doch ständig Tee, nicht?« Seine blauen Augen blitzten. Er war wirklich hinreißend. Doch es würde Ärger geben. Und Ärger konnte ich nicht brauchen.

Ich ließ mir *seine* Nummer geben und versprach ihm, ihn irgendwann einmal anzurufen.

»Aber ganz bestimmt!« flehte er mich an und beugte sich über mich, um mich zu küssen. Dem entging ich, indem ich hastig aus dem Wagen sprang.

»Ja, ganz bestimmt, ich verspreche es«, flüsterte ich und hoffte inständig, daß das portugiesische Ehepaar, das uns im Haus half, nichts mitbekommen hatte.

»Also, dann werde ich auf deinen Anruf warten«, rief er noch, machte kehrt und sauste den Hügel wieder hinab.

Ich rief ihn nicht an. Ich brachte es nicht fertig. Ich war schließlich kein Teenager mehr, der einen Jungen anrief und eine harmlose Verabredung traf. Wenn ich ihn anrief, bedeutete das, daß ich bereit war, mit ihm ins Bett zu gehen. Das war uns beiden klar. Doch wenn meine Ehe auch nicht gerade glänzend war und mein Mann den ganzen Tag über sein Script gebeugt saß, so war ich doch noch immer seine Frau.

Tony flog für ein paar Tage nach New York. Ich übernahm für Universal eine Rolle in *Run for Your Life*. Die übliche Fernseh-Räuberpistole, ich spielte die übliche schöne böse Spionin mit dem Herz aus Stein.

Eines Tages besuchte Tara mich am Drehort. Sie sah eine Szene mit an, in der ein Schauspieler mich völlig außer sich anschnauzt und mir vorwirft, meinen Spionageauftrag nicht erfüllt zu haben. Da fuhr ihn Tara mit ihrem zarten Babystimmchen entrüstet an: »Sprich nicht so mit meiner Mami, du böser Mann!« Die Crew war fassungslos. Taras Temperament zeigte sich schon früh.

Ryan tauchte auf und schleppte mich zum Lunch in ein Chinarestaurant am Ventura Boulevard. Er sonnte sich in seinem Triumph, daß er mich endlich dazu gebracht hatte, mit ihm essen zu gehen. Er hatte etwas von einem gewissenlosen Schuft an sich, war aber sehr sympathisch, ein Schelm, nicht ernst zu nehmen; aber er besaß den Funken, der Tony fehlte. Er sprühte geradezu vor Überschwänglichkeit und guter Laune.

»Und wie wär's mit einem gemeinsamen Dinner?« fragte er.

»Kommt nicht in Frage«, wehrte ich ab. Doch es klang nicht sehr überzeugend.

Mit Tara und Sacha in Beverly Hills – eine perfekte Familie. Ich war glücklich in der Rolle der Mutter und betete meine Kinder an.

Party Time in London. Oben von links nach rechts: Alice Cooper, Ryan O'Neal, Madame Sukarno, Tessa Kennedy, Prinzessin Fyrial, Louise und Roger Moore, Fiona Lewis. Unten: Tatum O'Neal, Ron, ich und Marisa Berenson.

Seine, meine und unsere. Als ich 1972 Ron Kass heiratete, kamen noch drei weitere Kinder in die Familie. Von links nach rechts: Robert Kass, Jonathan Kass, Ron, ich mit der süßen, sechs Wochen alten Katyana Kennedy Kass, mein Sacha und meine Tara und David Kass.

Eine der unangenehmsten Filmrollen: ›Empire of the Ants‹ wurde in den Sümpfen von Florida gedreht. Meine Beine waren von entzündeten Stichen übersät, und ich wurde von riesigen Plastikameisen terrorisiert.

Bei Dreharbeiten für ›Starsky and Hutch‹ in Hawaii mit Paul Michael Glaser und David Soul. Die Anstrengungen für diese TV-Episode ließen in mir den Entschluß reifen, nie wieder Fernsehen zu machen!

Das NBC-Remake von ›The Man Who Came to Dinner‹ mit Orson Welles als Sheridan Whiteside und mir als Lorraine Sheldon.

Mit Robert Mitchum in einem Remake des berühmten Filmes ›The Big Sleep‹ (Tote schlafen besser), das nicht so erfolgreich wurde wie das Original.

Mit Roger Moore in ›The Persuaders‹, einer meiner vielen Gastrollen im Fernsehen.

In London stand ich endlich wieder einmal auf der Bühne in ›The Last of Mrs. Cheyney‹ mit Simon Williams. Ich mußte eine gefaßte Miene aufsetzen, obwohl sich meine Tochter Katy nach einem beinahe tödlichen Unfall erst langsam zu erholen begann.

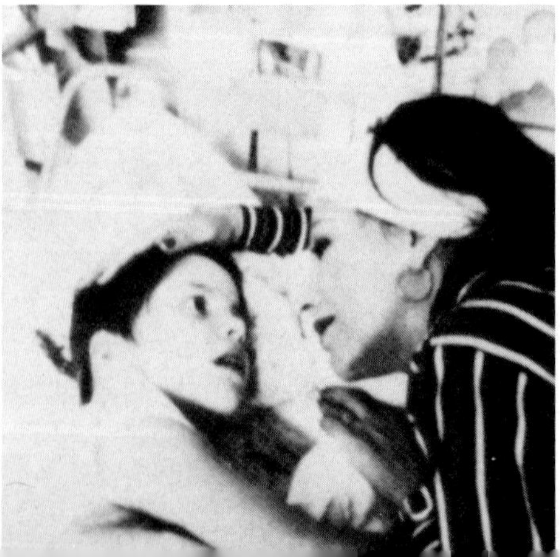

13. September 1980: »Heute ist der Tag gekommen – wir gehen jetzt heim, mein Liebling.«

»Und was machst du morgen?« Er gab nicht auf. Das gefiel mir. Er gab sich nicht so leicht geschlagen.

»Morgen habe ich Geburtstag. Da kommt Tony aus New York zurück. Wahrscheinlich feiern wir mit einem Hot Dog vor der Glotze«, sagte ich und war selbst ganz erstaunt, wie bitter meine Stimme klang.

»Ich werde jedenfalls anrufen und dir gratulieren.« Ich sprang aus dem Wagen. Plötzlich war mir ganz leicht ums Herz. Das zumindest hatte Ryan erreicht.

Tony war nicht rechtzeitig zu meinem Geburtstag zurück. Ich weiß nicht genau, was er eigentlich in New York tat, jedenfalls dauerte es länger als erwartet. Er schickte mir einen Riesenblumenstrauß und ein als Geschenk verpacktes Auto. Es war ein Mietwagen und gehörte mir gar nicht. Doch wie der kleine weiße Mustang da mit einer großen roten Schleife auf der Motorhaube in der Einfahrt stand, sah er richtig süß aus.

»Herzlichen Glückwunsch zum Geburtstag, liebe Engländerin. Wohin führt Sie denn Ihr Gatte heute abend aus?« fragte die vertraute heisere Stimme, bei deren Klang ich unwillkürlich lächeln mußte.

»Nirgendwohin«, erwiderte ich. »Er sitzt noch in der Metropole fest — in Gesellschaft seines Schallplattenproduzenten.«

»Ach, du armes Kind.« Mitgefühl klang aus seiner Stimme. »Hm . . . ja . . . Das geht aber nicht, daß du an deinem Geburtstag allein bist. Das dürfen wir keinesfalls zulassen.«

»Nein«, pflichtete ich ihm bei. Bedeutsames Schweigen. Ich wußte plötzlich, was ich mir zum Geburtstag wünschte. Zum Geburtstag sollte man bekommen, was man sich wünscht. Und ich bekam es.

Ein paar Wochen später heiratete meine Schwester Jackie Oscar Lerman, einen amerikanischen Geschäftsmann. Es war ihre zweite Ehe. Ihr erster Mann war auf tragische Weise ums Leben gekommen. Ich hoffte inständig, daß sie in ihrer zweiten Ehe so glücklich werden würde, wie man es sich nur wünschen kann. Das hatte sie wirklich verdient. Mir war das Glück bisher standhaft aus dem Weg gegangen. Sicher, die große Leidenschaft war dagewesen, ich war mehrmals bis über beide Ohren verliebt gewesen und hatte das monate- oder sogar jahrelang für die große Liebe gehalten — aber als ich während der Hochzeitsfeierlichkeiten in unserem Haus hinter Jackie und Oscar stand, wurde mir endgültig klar, daß *mich* noch nie jemand wirklich geliebt hatte. Doch ich hatte mir die Männer ausgesucht. Ich hatte die Wahl gehabt. Sie war immer auf den Falschen gefallen.

Hätte ich nur ein bißchen Mumm, würde ich nicht mehr an dieser Ehe festhalten. Tonys Liebe zu mir hielt der Realität nicht stand. Wenn ich die gute liebe süße kleine Joanie, das Hausmütterchen, war — seine Blume —, dann behauptete er immer wieder, mich zu lieben. Doch ich brauchte mich nur einmal anders zu zeigen — stark, ehrgeizig, energiegeladen, aggressiv und widersprüchlich —, dann konnte er mich nicht ausstehen. Das gab er sogar offen zu. Bei all den anderen Männern, die ich geliebt hatte, war es ebenso gewesen. Anbetung im Blick, wenn ich mich benahm und mich ihren Wünschen unterordnete, doch völlige Verständnislosigkeit, wenn ich einmal nicht so war, wie sie mich zu sehen wünschten.

Ich beschloß, wieder zum Psychiater zu gehen. Als ich Tony kennenlernte, hatte ich geglaubt, ich würde nie wieder einen brauchen.

Mit Ryan traf ich mich sehr oft. Natürlich bemühten wir uns, die Sache geheimzuhalten. Doch nach einer Weile wurde ruchbar, was uns miteinander verband. Hämische Bemerkungen in den Klatschspalten, der Zustand wurde langsam unhaltbar. Ich packte meine Koffer und flog mit meinen Kindern und der Nanny zu Tony, der sich wegen der Verfilmung von *Dr. Doolittle* in London aufhielt. Mein kleiner Ausfall war vorüber. Jetzt mußte sich herausstellen, ob unsere Ehe noch zu retten war — um unserer geliebten Kinder willen.

Tony waren offensichtlich selbst in London Gerüchte über Ryan und mich zu Ohren gekommen. Ryan war mehrmals mit seinen Kindern Tatum und Griffin bei uns gewesen, und wir hatten uns zusammen mit Tara und Sascha im Swimmingpool vergnügt. Die Leute waren nicht blind, sie hatten uns oft zusammen gesehen. Tony war nicht auf den Kopf gefallen, ihm war nicht verborgen geblieben, daß ich unzufrieden war und er Gefahr lief, mich zu verlieren. Ihm war durchaus bewußt, daß ich auf Männer sehr anziehend wirkte — jetzt noch viel mehr als während der Zeit bei der Rank und der Fox; denn jetzt umgab mich eine Aura von Kultiviertheit und Weltgewandtheit. Er bemühte sich nach Kräften, wieder der liebevolle Ehemann zu sein, der er in der ersten Zeit unserer Ehe gewesen war. Ein Jahr lang ging alles leidlich gut. Wir segelten sozusagen in ruhigen Gewässern.

Zusammen mit Paul Newman, Sammy Davis, Peter Lawford und noch zwei oder drei Geschäftsleuten eröffneten Tony und ich eine Diskothek. Die ›Factory‹ wurde über Nacht zu einer Sensation. Die Diskothek lag im obersten Stockwerk einer alten, nicht mehr benutzten Fabrik am Robertson Drive und war eine Mischung aus Art deco, Art nouveau, englischem Antik-Look, Kirchenfensterglas und Lichtorgeln. Mit einer echten Band zur Untermalung des Discosounds war die Diskothek sofort ein Hit. Am Eröffnungsabend drängte sich die gesamte Prominenz von Hollywood in unserer Diskothek. Die Nachricht von dem neuen Treffpunkt verbreitete sich rasch in Hollywood. Der Mitgliedsbeitrag betrug 350 Dollar. Jeder wollte Mitglied sein. Abend für Abend saßen illustre Gäste da, die noch nie im Leben einen Fuß in eine Diskothek gesetzt hatten, und trauten ihren Augen nicht. Hier gaben sich Marlon Brando, Barbra Streisand, Steve McQueen, Loretta Young, Liza Minelli, Dean Martin, Peter Sellers, Bobby Kennedy, Vanessa Redgrave etc. etc. ein Stelldichein. Wir konnten es nicht fassen, daß unsere Diskothek sofort so gut eingeschlagen war. Doch das Interesse des Publikums erlosch ebenso rasch, wie es aufgeflammt war. Es war zu schön gewesen, um wahr zu sein. *Goodbye Factory!* Schon nach weniger als einem Jahr war die Diskothek nicht mehr *en vogue.* So erging es in Hollywood so manchem mit seiner Karriere. Tony und ich kehrten nach London zurück. Doch wir hatten uns inzwischen so auseinandergelebt, daß unsere Ehe nicht mehr zu retten war.

11. Kapitel

»Das ist Ron Kass.«

Mein Herz tat einen Sprung. Das hatte es allerdings schon öfter getan, so etwas war für mich nichts Neues mehr. Auf der Couch meines Wohnzimmers saß ein unbeschreiblich attraktiver Amerikaner. Er war sehr groß und hatte blondes Haar, das er zum Glück etwas kürzer trug, als es der gegenwärtigen Mode entsprach. Er war braungebrannt und hatte faszinierende grüne Augen, einen sinnlichen Mund und ein offenes, sehr anziehendes Lächeln. Er trug einen beigen Anzug und einen schwarzen Pullover von erlesener Eleganz. Wir wohnten nur einen Steinwurf voneinander entfernt.

Wir dinierten im Club Dell Aretusa, dem gerade sehr gefragten italienischen Restaurant mit Diskothek in der Kings Road, wo Rockstars neben Parlamentsmitgliedern, Debütantinnen, Fotomodellen, Managern, Fotografen und Schauspielerinnen saßen und allnächtlich Schulter an Schulter tanzten. Für gewöhnlich waren alle da, die etwas darstellten. Ich fühlte mich dort sehr wohl.

Ron Kass hatte sich vor kurzem von seiner Frau getrennt, mit der er mehrere Jahre verheiratet gewesen war. Sie wohnte mit den drei Söhnen des Ehepaars in Lugano. Er hingegen lebte die meiste Zeit in London und war Präsident von Apple Records, der Schallplattenfirma der Beatles.

Es war ein glanzvoller Abend im Aretusa. Leider näherten sich die *Swinging Sixties* dem Ende. Viele der Leute, die dafür gesorgt hatten, daß sich in diesen Jahren etwas tat, waren an jenem denkwürdigen Abend im Aretusa. Tony, der an diesem Abend natürlich mit von der Partie war, blieb natürlich nicht verborgen, daß Ron mein Interesse erregt hatte, doch er entschuldigte sich kurz nach dem Essen, wünschte mir noch viel Spaß und machte sich wieder an die Arbeit an seinem neuen Musical.

An Ron faszinierte mich nicht nur die menschliche Wärme,

die er ausstrahlte, sondern auch die ungeheure Energie, die von ihm ausging. Er war natürlich ein Widder. Und nicht nur das, er war genau wie Sydney Chaplin und Warren Beatty am 30. März geboren! Wenn das kein Zufall war!

Zunächst trafen wir uns nur gelegentlich zum Mittagessen oder zum Tee. Ich war sehr auf der Hut; denn er war nicht nur physisch attraktiv, er war auch ein Mann, den ich gern zum Freund gehabt hätte, mit dem man sich über jedes Thema unterhalten konnte. Der Gedankenaustausch mit ihm war eine reine Freude. Obwohl er erst dreiunddreißig Jahre alt war, wirkte er sehr reif. Er war von einem ungeheuren Lebenshunger und Enthusiasmus besessen. Endlich einmal ein Mann, der es an physischer Energie und Vitalität mit mir aufnehmen konnte. Allem Anschein nach war er unermüdlich. Er leitete nicht nur die Schallplattenfirma der Beatles, sondern flog auch noch mindestens zweimal pro Woche per Jet nach New York, Rom oder Genf. Nach einem Arbeitstag von sechzehn Stunden blieb er noch bis drei oder vier Uhr auf. Die Zeitverschiebung schien ihm nichts auszumachen.

Er war ein Macher und ein Organisator — ein ausgesprochen dominierender Mann. Eigentlich der erste wirklich dominierende Mann, mit dem ich je zu tun gehabt hatte. Und auch der erste, der kein Schauspieler und kein Playboy war und weder mit der Filmbranche noch mit dem Fernsehen etwas zu tun hatte. Er war Geschäftsmann mit einem Business-Diplom, einem Musikdiplom und einem mehr als wachen Verstand. Er wußte immer genau, was er wollte, und bekam es für gewöhnlich auch. Jetzt stand ihm der Sinn nach mir.

Aber Schmetterlinge sind nicht so leicht einzufangen, besonders dann nicht, wenn sie verheiratet sind und es ihnen schwerfällt, einen Entschluß zu fassen. Wir hatten so manchen Sturm zu überwinden. Noch nie zuvor war ich einem Mann begegnet, bei dem immer ich zuerst kam und er selbst erst an zweiter Stelle. Das war eine ganz neue Erfahrung für mich, die ich doch sonst so erfahren war. Er riß mich einfach mit. Sosehr ich mich auch dagegen stemmte, ich fühlte mich immer stärker zu ihm hingezogen — nicht nur emotional, sondern auch menschlich. Ich hatte dringend einen Freund gebraucht, dem ich mich anvertrauen konnte. Ich hörte immer mehr auf ihn.

Da Newley noch immer ganz in seine Arbeit versunken war, konnten Ron und ich uns oft in London sehen. Tony fragte mich kaum je, wohin ich ging, ich hatte daher viel Freiheit. Tara und Sascha gingen inzwischen zur Schule. Ron und ich verbrachten soviel Zeit wie nur irgend möglich miteinander. Wir gingen sozusagen auf Entdeckungsreise. Je mehr ich entdeckte, desto besser gefiel er mir. Wir stürzten uns nicht sofort in eine leidenschaftliche Affäre. Vielleicht hatte ich ganz instinktiv erkannt, daß er der Mann war, nach dem ich schon immer gesucht hatte, und ging daher behutsamer vor als bisher. Ich wollte unsere aufkeimende Freundschaft und Liebe nicht im Keim ersticken, indem ich mich Hals über Kopf in eine Affäre mit ihm einließ. Also ließen wir uns Zeit.

Ich mußte nach Triest, um einen ›intellektuellen‹ Film zu drehen. Zumindest hatte mir mein italienischer Agent versichert, es sei ein solcher Film. »Nicht viel Geld, *cara,* aber aah — das *Prestige!*« Der Regisseur war Kommunist, das Team bestand aus ganzen siebzehn Leuten. Meine Gage war wirklich minimal, und ich durfte in dem ganzen Film nicht einmal lächeln; denn der Regisseur hielt das Lächeln für eine hohle Hollywood-Masche.

»Sieht man in einem Film von Bergman jemals ein Lächeln?« brüllte er. »Oder in einem Film von Antonioni? Vielleicht hat man nur ein Lächeln, wenn man sehr, sehr *traurig* ist.«

Ich spielte eine untröstliche junge Witwe, die sich mit einem siebzehnjährigen Jungen einläßt. Ich mußte erstmals eine Nacktszene spielen und war schrecklich nervös. Es war um das Jahr 1970. Nacktheit war in, auf der Kinoleinwand wimmelte es von Nackten. Da wurde der Bauchnabel nicht mehr mit einem Rubin kaschiert, und im allzu gewagten Ausschnitt steckte keine Blume. An keusche Küsse war nicht mehr zu denken, und es wurde auch nicht mehr im entscheidenden Moment diskret abgeblendet, während im Hintergrund die Violinen eine zu Gemüt gehende Weise spielten. Jetzt hieß es runter mit dem BH und ab ins Bett bzw. auf die Couch oder die Ladefläche eines Lastwagens — wo man eine solche Szene eben am ›künstlerischsten‹ filmen konnte. Nachdem sich unser Regisseur darüber tagelang den Kopf zerbrochen hatte, war er zu der Einsicht gelangt, daß unsere Liebesszene vielleicht doch am besten im Bett spielen sollte (auch für Kleinigkeiten muß man dankbar sein). Also ließ ich um der Kunst willen an einem eisigen Winternachmittag in Triest erstmals alle Hüllen fallen.

Mathieu Carrière, der zwanzigjährige Schauspieler, der den Jungen spielte, war nicht ganz so nervös wie ich. Das lag vielleicht daran, daß er seine Unterhose anbehalten durfte, während ich ein ganzes Sortiment von Trikothosen, Socken und Legwarmers anhatte, um mich vor der Kälte zu schützen. Doch oberhalb der Taille war ich nackt. Der Regisseur hatte mir wiederholt versichert, es handle sich um einen hochkünstlerischen Film, und er sei nicht daran interessiert, etwas so Vulgäres (weil Kommerzielles) wie eine Brustwarze zu zeigen. Er brauchte lediglich zwei Leiber, die sich eng umschlungen auf dem Bett wälzten und sich leidenschaftlich liebten. Da beschloß ich, meine Blöße an den entscheidenden Stellen mit Kameraband zu überkleben. Im Gegensatz zu dem üblichen klebrigen Tesafilm ist Kameraklebeband sehr stark und haltbar. Man benutzt es für alles mögliche, befestigt damit zum Beispiel Gewichte an der Kamera. In Italien gibt es blaues Kameraklebeband. In meiner Garderobe überklebte ich mir die Brustwarzen sorgsam überkreuz.

Mathieu erschien mit einer Flasche Brandy, die uns der Regisseur netterweise zum ›Aufwärmen‹ geschickt hatte. Ob wir uns für die Liebesszene erwärmen oder uns vor der Kälte schützen sollten, weiß ich nicht. Doch nachdem wir die Flasche zur Hälfte geleert hatten, war ich betrunken und in Panik. Ich lag neben dem jungen Monsieur Carrière im Bett, der noch betrunkener und noch mehr in Panik war als ich, falls das überhaupt möglich ist. *Il Regista* betrachtete uns hoffnungsvoll durch eine Handkamera, die Wangen vor künstlerischem Eifer gerötet. Das italienische Filmteam stand lässig dabei und heuchelte Gleichgültigkeit angesichts der simulierten Kopulation, der sie gleich beiwohnen sollten. Während der Regisseur noch nach dem geeignetsten Blickwinkel suchte, schlief mein Partner selig lächelnd ein und fing an zu schnarchen. Ich rüttelte ihn wach. Noch hatte ich meinen Morgenrock an.

»*Va bene — va bene — allora Joan.*« Er wandte sich an mich. »Ziehen Sie den Mantel aus.«

»Mist«, murmelte ich vor mich hin. Die Stunde der Wahrheit war gekommen. Was zum Teufel tat ich hier überhaupt? Tausende von Kilometern von den Menschen entfernt, die ich liebte, wirkte ich in einem lausigen italienischen ›hochkünstlerischen‹ Film mit, den sich wahrscheinlich kein Mensch ansehen würde. Da lag ich nun mit einem jungen Mann im Bett, der der Pubertät gerade erst entwachsen war, und hatte die Brust mit blauem Kameraklebeband bepappt. Wie würdelos! Tapfer entledigte ich mich meines Mantels und warf mich Mathieu an die knochige Brust — schon damit man die blauen Kreuze auf meinem Busen nicht sah, die mir entsetzlich peinlich waren.

»*O. k. Azione!*« schrie der Regisseur erregt. Er übertönte das Surren der Kameras mit der gebrüllten Anweisung: »Kuuuß — dieker Kuuuß!« Ich schlang die Arme noch fester um Mathieu. Wir preßten die Lippen aufeinander und simulierten Begierde. »Nicht *sexy* genug!« schrie jemand. »Du *Frau,* er *Junge* — iiist furchtbar *aufregend* für dich!« Großer Gott, das war ja wie zu den seligen Stummfilmzeiten. In italienischen Filmen spielte der Ton keine Rolle, der wurde später unterlegt und eingeblendet, doch unser Regisseur trieb es ein bißchen zu bunt. Seine Stimmkraft bewirkte, daß ich bald nicht mehr an mich halten konnte und zu kichern anfing. Ich wollte mich bremsen, indem ich mir auf die Unterlippe biß, doch ich erwischte die von Mathieu.

Wälz, wälz, wühle, wühle, keuch, keuch — wir wanden uns engumschlungen auf dem Bett. Ich fühlte in mir die Leidenschaft einer Katze auf einem kalten Blechdach. Zu allem Unglück bekam ich von dem unterdrückten Kichern auch noch einen Schluckauf. Ich war fest entschlossen, der Kamera die ganze Zeit den Rücken zuzuwenden, doch als der Regisseur sah, wie meine Schultern alle drei Sekunden krampfhaft zuckten, schrie er wütend »*Cut!*« Wir lösten unsere Lippen voneinander. Ich kicherte und wurde vom Schluckauf geschüttelt. Der reichlich angesäuselte Mathieu lachte hysterisch. Ich löste meine Arme von ihm. Ich wollte mich abwenden, doch das war nicht möglich. Wir lagen da wie aneinandergeschweißt. Das blaue Klebeband hatte sich teilweise gelöst und klebte jetzt auf Mathieus Brust. Wir waren aneinandergeschmiedet wie siamesische Zwillinge. Wie Pärchen, die sich in ihrer Begierde so ineinander verkeilt haben, daß sie nicht mehr auseinanderkommen, so daß man sie im Krankenhaus unter die kalte Dusche stellen oder ihnen Medikamente eingeben muß, die ihre Glut abkühlt. Als Mathieu erkannte, was geschehen war, lachte er wie ein Irrer. Ich ebenfalls, geschüttelt von dem fürchterlichsten Schluckauf meines Lebens. Das Filmteam war zunächst verwirrt und brach dann ebenfalls in wieherndes Gelächter aus — mit Ausnahme des Regisseurs, der uns mit Verachtung strafte. Er ertrug ja kaum ein Lächeln, ganz zu schweigen von Gelächter. Der Garderobiere gelang es schließlich, uns zu trennen. Ich schlüpfte rasch in meinen Mantel und stakste in meine Garderobe, um wieder zu Kräften zu kommen. Ich hatte immer noch den Schluckauf.

»Den Rest der Szene drehen wir morgen«, verkündete der Regisseur mit eisiger Miene, »wenn ihr beide wieder nüchtern seid.« Er stiefelte indigniert davon.

Ich ließ mir einen starken Espresso bringen und machte mich daran, das Klebeband von meiner Brust zu entfernen. Doch ich bekam es nicht ab. Es saß so fest, daß es sich nicht rührte. Ich geriet in Panik bei dem Gedanken, daß ich fortan vielleicht immer blaue Brüste haben würde. Ich eilte in mein Hotel zurück. Nachdem ich über eine Stunde heiß gebadet hatte, versuchte ich noch einmal, das gräßliche Klebeband zu entfernen. Das war entsetzlich schmerzhaft. Als ich das Klebeband endlich abhatte, waren meine Brüste rot und geschwollen und fühlten sich ganz wund an. Zum Teufel mit der falschen Scham! Ich schwor mir, Nacktszenen in Zukunft wirklich nackt zu spielen, wenn es denn sein mußte.

Tony und ich hatten uns stillschweigend darauf geeinigt, daß jeder seiner Wege ging und sein eigenes Leben lebte. Ich war in einem schrecklichen Dilemma. Ich wollte ganz zu Ron gehören. Ich war davon überzeugt, daß er der Mann war, auf den ich schon immer gewartet hatte. Ich liebte Tony immer noch, doch das kann man nicht vergleichen. Ich empfand ein starkes schwesterliches Mitgefühl mit ihm. Er tat mir leid, weil er unfähig war, sich irgend jemandem oder irgendeiner Sache außer seiner Arbeit ganz zu widmen und zu überantworten. Und schließlich war er der Vater meiner Kinder. Das war das größte Problem. Ich wollte meine Kinder nicht um das Glück und die Geborgenheit des Familienlebens bringen, sie sollten nicht schon wieder aus allem herausgerissen werden. Ich hatte so sehr darum gekämpft, daß sie sich irgendwo zu Hause fühlen konnten. Immer wenn ich fest entschlossen war, mich von Tony zu trennen, kam ich wieder davon ab, weil ich den Kindern um keinen Preis wehtun wollte.

Es hatte mich schon immer danach verlangt, Sängerin zu sein. In Hollywood hatte ich einmal über längere Zeit hinweg Gesangsunterricht genommen, bevor ich es wagte, für ein Broadway-Musical vorzusingen. Es war ein Glück, daß ich die Rolle nicht bekam; denn das Musical wurde nach drei Vorstellungen schon wieder abgesetzt. Meine Stimme war ganz gut, doch ziemlich schwach (wie mein Charakter). In dem Film *Road to Hollywood* hatte ich zusammen mit Bing Crosby ein ganz passables Duett zustande gebracht. Nun war Tonys Schallplattenfirma in London wegen der Möglichkeit an ihn herangetreten, ein Album zu kreieren und zu produzieren, bei dem ich die Sängerin sein sollte. Es entging uns nicht, wie grotesk es war, so eng zusammenzuarbeiten, während unsere Ehe zur gleichen Zeit dabei war, völlig in die Brüche zu gehen. Wir hatten beschlossen, uns in aller Freundschaft erst einmal ›versuchsweise zu trennen‹, doch ›um der Kinder willen‹ weiterhin unter einem Dach zu wohnen. Ich hatte ihm inzwischen von Ron erzählt. Ich wußte auch von seinen Eskapaden. Wir wollten versuchen, diese äußerst schwierige Zeit irgendwie durchzustehen. Wie naiv von uns, zu glauben, daß das möglich sei.

Das Album sollte heißen *And she sings too* (Und sie singt

auch). Auf der Plattenhülle sollte ein großes Porträt von mir erscheinen, auf dem Foto sollte ich besonders attraktiv und verführerisch aussehen. Meine Stimme klang sexy, atemlos und mädchenhaft. Barbra Streisand brauchte sich meinetwegen bestimmt keine Sorgen zu machen.

Um sechs Uhr früh erwachte ich mit einem unguten Gefühl. Ich hatte einen so realistischen Traum gehabt, daß ich mich gezwungen hatte, aufzuwachen. Ich mußte unbedingt feststellen, ob mich mein Traum betrogen hatte oder nicht. Dazu mußte ich sofort in Brasilien anrufen. In Rio de Janeiro, wo Ron zu dem alljährlich stattfindenden Songfestival hingeflogen war. Er hatte mich gebeten, ihn nach Rio zu begleiten. Ich war wieder einmal hin- und hergerissen. Wochenlang zerbrach ich mir den Kopf darüber, was für Komplikationen durch den Trip nach Rio heraufbeschworen werden konnten, wo sich alles treffen würde, was in der Branche Rang und Namen hatte. Doch ich wollte unbedingt nach Rio. Das Reisen gehörte zu meinen größten Freuden. Ich wollte neue Länder, neue Orte kennenlernen, Geräusche und Gerüche auf mich wirken lassen. Nach Rio wollte ich schon immer. Und mit Ron dorthin zu fliegen, erschien mir paradiesisch. Doch wenn auch Tony von meiner Beziehung zu Ron wußte, wäre es nicht fair gewesen, mit Ron ein Musikfestival zu besuchen, über das in sämtlichen Medien berichtet werden würde. Ich wollte unsere Affäre nicht publik machen. Ich war in Lateinamerika beliebt, und wenn wir das Festival zusammen besuchten, hätten wir unsere Affäre ebensogut in *Variety* propagieren können.

Ausnahmsweise siegte die Vernunft. Ich brauchte Zeit. Ich mußte an meine Kinder denken. Was würde ich ihnen damit antun, wenn ich mich von ihrem Vater scheiden ließ? Es fiel mir unendlich schwer, mich zu entscheiden. Ich wußte, was ich wollte: ich wollte Ron. Doch ich wollte den Kuchen essen und trotzdem behalten, was praktisch unmöglich ist.

Am späten Vormittag fuhr ich zu dem Haus, das Ron im Coldwater Canyon gemietet hatte, um ihn von da aus in Rio anzurufen. Die Wartezeit betrug vier Stunden. Das Warten fiel mir schwer. Ich war angespannt und ängstlich. Endlich hörte ich seine Stimme ganz schwach am anderen Ende der Leitung. Er war erstaunt, doch glücklich, von mir zu hören. Ich fiel gleich mit der Tür ins Haus. Der Traum stand mir noch lebhaft vor Augen.

»Wer ist diese dunkelhaarige, sechsundzwanzig Jahre alte Dame der Gesellschaft, mit der du öfter ausgegangen bist?« fragte ich viel schärfer, als es meine Absicht war. Diplomatie und Taktgefühl waren nie meine starke Seite gewesen.

»Waaas?« fragte er verwirrt über eine Entfernung von mehr als zehntausend Kilometern hinweg. »Wieso weißt du denn von ihr? Wer hat dir von ihr erzählt?«

Es war nicht nur ein böser Traum gewesen. Mein Gott, es stimmte wirklich. »Ich weiß es eben, das genügt doch wohl«, fuhr ich tapfer fort. »Und wie lange geht das schon?«

»Ach Gott, Joan.« Er war der einzige Mann, der mich bei meinem Namen nannte. Ein gutes Zeichen. Vielleicht sah er mich so, wie ich wirklich war, und erblickte in mir kein Spielzeug, keine imaginäre Göttin. Vor Ron war ich immer nur Schätzchen, Liebling, Baby, Vögelchen, Schmetterling, Blume oder J. C. gewesen.

»So ist das gar nicht, Joan. Ich habe dieses Mädchen gerade erst kennengelernt — ein ganz reizendes Mädchen . . .« Ich biß die Zähne zusammen. »Doch wir haben uns nicht miteinander eingelassen, jedenfalls bisher noch nicht.«

Noch nicht! Wie dumm war ich gewesen! Mein Gott, was für eine Närrin ich doch war. Ich hatte diesen unglaublich gutaussehenden Mann von vierunddreißig Jahren allein nach Rio fliegen lassen mit der Begründung, ich bräuchte »mehr Zeit, um mir über alles klarzuwerden«. Und das, obwohl wir uns schon über ein Jahr kannten. Wie konnte ich da noch erwarten, daß er mir treu blieb? Er war schließlich auch nur ein Mensch. Wer konnte ihm das besser nachfühlen als ich.

Ich erkannte, daß ich dicht daran war, ihn zu verlieren. Den einzigen Mann, der mich wirklich verstand. Der einzige, mit dem mich wirklich viel verband. Ein Sturzbach der widerstreitenden Gefühle brach sich Bahn. Ich wollte ihn keinesfalls verlieren.

Wir sprachen über eine Stunde miteinander. In dieser Stunde wurde mir so manches klar. Ich erkannte, wie furchtbar es für mich wäre, ihn zu verlieren. Ich wußte endlich ganz genau, was ich wollte und brauchte. Und was auch er wollte. Wir gehörten zusammen. Daran war nicht zu rütteln.

Wenn irgend jemand glaubt, eine Scheidung sei für einen Schauspieler oder eine Schauspielerin eine Kleinigkeit, so irrt er sich gewaltig. Diese Scheidung war für mich viel schlimmer als die Scheidung von Maxwell Reed, weil ich immer noch an Tony hing. Ich machte mir die schlimmsten Vorwürfe, weil ich meinen beiden Kindern, die keine Schuld an der Misere traf, so etwas antun mußte. Doch zwischen Tony und mir sprang kein Funke mehr über, um das Feuer wieder zu entfachen. Wir mochten und respektierten uns, doch an ein weiteres Zusammenleben war nicht zu denken. Wir trennten uns in aller Freundschaft.

Das schöne Haus am Summit Drive wurde zum Verkauf ausgeschrieben. Ich verlangte keinen Unterhalt, bekam nur meinen Anteil vom Erlös des Hauses, das Sammy Davis jr. erwarb. Wir einigten uns auf eine Summe für den Unterhalt der Kinder. Ich trug jetzt ganz allein die Verantwortung für die beiden, und da meine berufliche Laufbahn in den letzten sieben Jahren sehr ins Hintertreffen geraten war, bestand kaum die Aussicht, daß ich genug Geld verdienen würde, um sie allein ernähren zu können. Ron mußte ja schon seiner Frau und seinen drei Kindern in Lugano Unterhalt und Alimente zahlen. Auch sein Haus in der Schweiz mit dem gesamten Mobiliar, den Gemälden und den Büchern, die sich in den zehn Jahren ihrer Ehe angesammelt hatten, hatte er abschreiben müssen. Ich konnte schlecht von ihm verlangen, daß er auch noch für meine beiden Kinder aufkam.

Wie mir Ben Gary vorausgesagt hatte, hielt meine Ehe mit Tony sieben Jahre. Es war direkt unheimlich!

Ich versprach Tony, daß er die Kinder sehen könne, wann immer ihm danach zumute war. Ich wollte ihnen auf keinen Fall weh tun und sie schon gar nicht wie Schachfiguren nach Belieben hin- und herschieben, wie es den Kindern bei Streitigkeiten zwischen Ehegatten oft erging.

Wieder einmal kehrte ich mit Koffern, großen Gepäckstükken, Möbeln und Kindern in mein geliebtes London zurück.

Ron war jetzt Direktor der MGM Records und Robins Feist and Miller Music Publishing Company. Er hatte ein luxuriöses Büro in New York und pendelte ständig zwischen den beiden Kontinenten hin und her. Der Kinder wegen weigerte ich mich, zu Ron in sein Stadthaus in Mayfair zu ziehen. Ich mietete eine vollgestopfte, viel zu teure möblierte Wohnung gleich um die Ecke. Dann machte ich mich daran, die Kinder umzuschulen, sorgte dafür, daß sie wieder zur Ruhe kamen, und bemühte mich, in England Rollen zu bekommen. Ich war bis über beide Ohren verliebt in Ron. Trotzdem waren wir wie Hund und Katze. Wir sagten beide immer frei heraus, wie uns zumute war, und nahmen kein Blatt vor den Mund. Es lag uns einfach nicht, um den heißen Brei herumzureden. Wir entzündeten uns ständig aneinander. Doch wir waren beide ganz aufrichtig.

Ich hatte lange vergebens nach einem Mann wie Ron gesucht — einem Mann, der mich aufrichtig liebte und mir eine Stütze war. Ich wollte die Kinder nicht noch mehr verschrekken, indem ich ihnen plötzlich einen neuen ›Daddy‹ präsentierte. Mir ging es vor allem darum, ihnen gerecht zu werden und dafür zu sorgen, daß sie so sanft wie möglich in dieses neue, fremde Leben hineinglitten. Das Leben in London ist so ganz anders als im sonnigen Beverly Hills, wo jeder einen Swimmingpool hinter dem Haus hat.

Frühling 1970. Ron kaufte mir einen hübschen kleinen Mini Cooper. Wieder sauste ich auf der Suche nach einem geeigneten Haus in London herum. Ron wollte, daß wir heirateten, doch ich war davon überzeugt, daß Oscar Wilde recht hatte mit seinem Ausspruch: »Man sollte immer verliebt sein — deshalb sollte man nie heiraten.« Meine beiden Ehen waren gescheitert. Ich war wohl nicht zur Ehefrau geboren. Zumindest hatte ich sehr schlecht gewählt. Ich wollte jedenfalls nichts überstürzen. Die Tinte auf meinem Scheidungsurteil war ja gerade erst getrocknet.

Glücklicherweise bekam ich gleich Rollen beim Film und beim Fernsehen. Anfang 1970 spielte ich ein letztes Mal in einem Film in Amerika, bevor es wieder nach England ging. Der Film hieß *Three in the Cellar.* Eine Komödie, nicht gerade berückend und auch kein großer Erfolg. Ich spielte Larry Hagmans Frau. J. R. und Alexis in ein und demselben Film!

Dann drehte ich an meinem alten Tummelplatz, den Pinewood Studios. Mehr als fünfzehn Jahre waren vergangen, seit ich diese heiligen Hallen zum erstenmal betreten hatte. Damals hatte ich eigensinnige Teenager und aufregende Missetäterinnen gespielt. Jetzt spielte ich Hauptrollen — zauberhafte Frauen, manchmal ganz schön teuflisch oder böse, damit sie interessanter wirkten.

Dann folgte eine Reihe von Horrorfilmen, die man beschönigend als ›psychologische Melodramen‹ bezeichnete; bald galt ich als Königin des Horrorfilms. Darauf war ich nicht besonders stolz. Ich war unverwüstlich und schätzte mich glücklich, wieder in England arbeiten zu können, nachdem ich so lange fortgewesen war. Und ich war inzwischen weit über dreißig.

Ich hatte überlebt und mich durchgesetzt! Und dank Ron besaß ich endlich Selbstvertrauen.

Für den Fall, daß meine Schauspielkarriere in die Binsen ging, hatte ich mich immer als Besetzungschefin gesehen. Ich erkannte immer gleich, was in einem obskuren völlig unbekannten Schauspieler bzw. einer Schauspielerin steckte. Dann sagte ich mir: »Aus dem (bzw. der) wird einmal ein Star.« Das erstemal erging es mir bei der MGM so, wo ich *The Opposite Sex* drehte. Ein junger Bursche, der ungefähr in meinem Alter war und in der Poststelle arbeitete, brachte mir manchmal meine Fanpost. Wenn ich zum Lunch in meinen auf den Leib genähten Kreationen in die Kantine gesegelt kam, pfiff er anerkennend durch die Zähne. Eines Tages blieb ich stehen und unterhielt mich mit ihm. Er war entzückend — blutjung und jungenhaft, mit schwarzem lockigen Haar, großen blauen Augen, Sinn für Humor und ungewöhnlichem Sex-Appeal. Er konnte nicht über einen Mangel an Selbstbewußtsein klagen; denn er bat mich, mit ihm auszugehen. Doch ich lehnte ab. Er erzählte mir, er sei Schauspieler, sein Name sei Jack Nicholson.

Ich bemühte mich um die Verfilmung von ›Die Stute‹. Meine Schwester hatte den Roman geschrieben. Dieses Projekt lag mir sehr am Herzen. »Ich muß *unbedingt* die Fontaine spielen«, hatte ich zu Jackie gesagt, kaum daß ich das Buch gelesen hatte.

Bis dahin war mir gar nicht klargewesen, was es bedeutete, einen Film zu produzieren. Jahrelang bemühte ich mich um dieses Projekt, und schließlich konnten wir es in die Tat umsetzen. Ron produzierte den Film mit sehr viel Fingerspitzengefühl. In England wurde er ein großer Erfolg.

Im Jahre 1972 fanden wir endlich genau das Haus in London, das uns vorschwebte. Es war in den dreißiger Jahren gebaut worden — auf einer Seite freistehend — und sah von außen ganz gewöhnlich aus. Zumindest unterschied es sich durch nichts von den vierzig oder fünfzig anderen Häusern in der gleichen Straße. Doch es war genau das, was wir wollten. Ein herrliches, urgemütliches Heim, das Ron, Tara, Sascha und ich beglückt bezogen. Die Familie war auch so schon ziemlich groß, doch wir erwarteten noch Zuwachs. Rons robuste kleine Söhne David, Robert und Jonathan besuchten uns jeden Sommer und zu Weihnachten. Den Sommer verbrachten wir in unserem Haus in Marbella. Als dann auch noch die kleine Katyana geboren wurde, gab es seine, meine und die gemeinsame Brut.

Zehn Tage vor dem errechneten Geburtstermin saßen Ron und ich mit Freunden beim Essen. Wir kritzelten alle möglichen Namen auf das Tischtuch aus Papier. Ron hätte liebend gern eine Tochter gehabt. Kein Wunder nach drei Söhnen. Peter Kameron, einer von Rons besten Freunden und fast eine Art Vatergestalt, war gerade aus Indien zurückgekehrt. Dort hatte er Saha Baha aufgesucht, der in Indien wie ein Heiliger verehrt wurde. Dieser hatte ihm ein Röhrchen grauen Staub mitgegeben, den Saha Baha ›aus der Luft gegriffen‹ haben sollte. Peter tauchte einen Finger in den Staub und fuhr mir damit über Stirn und Wangen. Das sollte fantastische Auswirkungen haben. Peter glaubte fest an die Macht des Karma, d. h. er war der Überzeugung, daß der Wert menschlicher Handlungen das Schicksal nach der Wiedergeburt bestimmt.

Nachdem er mich mit der Asche benetzt hatte, versicherte er mir, das Baby würde ein gesegnetes Kind sein — klug, schön und vom Glück begünstigt. Es würde eine ungeheure magnetische Anziehungskraft besitzen. »Morgen kommt sie zur Welt«, versicherte er mir ernst. Er zweifelte nicht daran, daß das Kind ein Mädchen war.

»Unsinn — frühestens in zehn Tagen«, widersprach Ron lachend. Wir notierten uns ein paar Namen — zumeist russische, denn seine Vorfahren stammten aus Rußland. Ihr Familienname war ursprünglich Kaschinoff. Wir dachten an Tatjana, Katja oder Katjana — irgend etwas in der Richtung. Es sollte unbedingt ein origineller Name sein, der russisch klang. Nach einem üppigen chinesischen Mahl nahm Ron zu Hause eine starke Schlaftablette. Plötzlich fingen die Wehen bei mir an. Ron schlief so tief und fest, daß ich ihn kaum wach bekam. Ich mußte ihn zu drei Tassen starkem Kaffee zwingen, bevor er wieder halbwegs munter war und mich in die Klinik fahren konnte.

Auch dieses Kind brachte ich wieder nach der natürlichen Methode zur Welt. Ron sprach mir fortwährend Mut zu, und wir spielten eifrig Scrabble, bis das Kind geboren war.

Als mein Geburtshelfer James Schneider aufgeregt verkündete: »Es ist ein Mädchen!«, glaubte ich ihm nicht. »Das sagen Sie nur, um Ron glücklich zu machen«, behauptete ich. »Er hat immer bekommen, was er sich in den Kopf gesetzt hat, und Sie wollen ihn jetzt nicht enttäuschen.« Ron war auch dabei. Er war außer sich vor Freude. Katyana Kennedy Kass brachte uns einander noch näher.

Ich machte mir große Sorgen. Wie würden Tara und Sascha wohl auf das neue Baby reagieren? Sie hatten es in letzter Zeit nicht leicht gehabt; nicht nur hatten sie sich an ein neues Land, sondern auch an ein neues Haus, an neue Freunde, eine neue Schule und einen Stiefvater gewöhnen müssen. Ich weiß noch gut, wie ich als Kind gelitten habe, weil ich immer wieder die Schule wechseln und mich immer wieder mit neuen Kindern anfreunden mußte. Doch Tara und Sascha waren vom ersten Augenblick an ganz vernarrt in Katyana, und mit den neuen Lebensumständen hatten sie sich auch bald abgefunden.

Katy ist am 20. Juni 1972 geboren. Sie ist genau wie ich ein Zwilling, daher verstehen wir uns vermutlich auch so gut.

Das waren zweifellos die glücklichsten Jahre meines Lebens. Wenn ich alle Höhen und Tiefen ausloте, muß ich sagen, daß die Jahre von 1970 bis 1975 fast vollkommen waren. Ich liebte meinen Mann und meine Kinder. Ich war glücklich darüber, daß ich mit meiner Familie in England leben durfte und zur Abwechslung auch einmal Rollen bekam, die mir wirklich Freude machten.

Buzz Kulik bat mich, in *The Man Who Came to Dinner* die Rolle der Lorraine Sheldon zu spielen. Das war ein berühmter Zweistundenfilm der NCB und sollte zu Thanksgiving in Amerika laufen. Doch gedreht wurde in England.

Die Rolle der Lorraine war fantastisch. Sie basierte auf der Gestalt der Gertrude Lawrence, einer leidenschaftlichen, unkonventionellen, mutigen Frau. Eine herrliche Komödie und genau die Rolle, die mir lag.

Die Besetzung des Films war großartig. Lee Remick sollte Maggie spielen, Sheridan Whitesides getreue Sekretärin, der Bette Davis auf der Kinoleinwand zu unsterblichem Ruhm verholfen hat. Marty Feldman spielte einen irren Groucho-Marx-Typ, Don Knotts den schüchternen verkrampften Doktor, Peter Haskell den Journalisten. Orson Welles höchstpersönlich spielte Sheridan Whiteside, den Mann, der zum Abendessen kam.

Er kommt einem respektablen Ehepaar in mittleren Jahren in Connecticut ins Haus geschneit und bleibt. Das gibt ein fürchterliches Durcheinander und wirkt sich ganz verheerend aus, ist aber auch urkomisch. Die Rolle des Sheridan Whiteside ist eine der besten (und längsten) komödiantischen Rollen, die je für einen Schauspieler geschrieben worden ist. Er beherrscht jede Szene, besitzt einen beißenden Humor, ist völlig skrupellos — ein Intrigant wie er im Buche steht, doch sehr erheiternd.

Die Proben dauerten drei Wochen. In dieser Zeit trank Mr. Welles große Mengen einer burgunderfarbenen Flüssigkeit aus Teetassen und las jede Zeile seines Textes von 1 × 1 m großen Tafeln ab, die zwei verschreckte, überaus nervöse Schauspielschüler ihm so dicht wie möglich vor die Augen hielten.

In Welles' Gegenwart kam auch ich mir wie ein verschrecktes, überaus nervöses junges Mädchen aus der Schauspielschule vor. Orson Welles war ein furchteinflößender Koloß. Es hieß, daß er niemanden neben sich duldete. Niemand durfte mit ihm konkurrieren. Ich knickste praktisch vor ihm und zog den Kopf ein — wie alle anderen auch —, so lähmend wirkte er auf uns. War er denn nicht der Wunderknabe, der mit fünfundzwanzig Jahren *Citizen Kane,* einen der größten Filme aller Zeiten, gedreht und gespielt hatte? Ich nannte ihn bei mir den furchtbaren Orson. Doch da ich eine weltgewandte, unerschrockene Schauspielerin spielte, die nichts aus der Fassung bringen konnte, mußte ich meine armen Nerven stählen, während ich mit seiner Magnifizenz zusammen spielte.

Eines Nachmittags hielt er mir einen längeren Vortrag. Ich stand genau auf der Markierung. Seine Rede endete mit den Worten: »Und die restlichen Zeilen kann ich nicht lesen, weil *Miß Collins* genau vor den verdammten Texttafeln steht!!«

»Aber Orson, ich stehe genau auf meiner Markierung«, stammelte ich verstört. Aus dem Augenwinkel sah ich Lee Remicks mitfühlenden Blick. Daß er im Unrecht war, berührte ihn nicht im geringsten. Ich versperrte ihm die Sicht. Meinetwegen konnte er seinen Text nicht ablesen. Also mußte ich anderswo Aufstellung nehmen, damit seine Hoheit den Blick ungehindert schweifen lassen konnte. Lammfromm tat ich, wie geheißen. Mr. Welles sah sich triumphierend um, und seine Sekretärin brachte ihm noch eine Tasse ›Tee‹. Er behauptete, es sei Coca-Cola, doch später stellten wir dann fest, daß es Rotwein war und nicht einmal ein Qualitätswein.

Peter Haskell ließ sich jedoch nicht einschüchtern. Am nächsten Tag kam er leichtfüßig herein und ließ sich begeistert über den wunderschönen Weihnachtstag aus, den

Schnee auf den Bäumen und den frosterstarrten Boden. Da dröhnte Welles mit Stentorstimme: »Sie haben das gelesen wie ein gottverdammter Schwuler.«

»Was haben Sie gesagt?« fragte Peter leise und bedrohlich und trat gemessenen Schrittes auf Welles zu.

»Ich sagte, Sie haben das gelesen wie ein ... hm ... ääh ... wie ein Schwuler. Das war doch nur ein Scherz, mein lieber Junge! Ich versichere Ihnen ... ha ha ha! Tut mir wirklich leid, mein Junge!« Sein mächtiges Lachen dröhnte durch den zugigen Probesaal. Ein schauerliches Echo hallte nach. Ein paar Speichellecker unten den Technikern lachten mit. Peter beruhigte sich wieder und spielte die Szene weiter. Das erregte Orson Welles' Bewunderung. Von da an waren sie ein Herz und eine Seele. Es imponierte ihm anscheinend, wenn es jemand wagte, ihm die Stirn zu bieten. Mindere Sterbliche dagegen versetzte er liebend gern in Angst und Schrecken.

»Schröpfen wir die Reichen!« hieß es in flammenden Lettern in den Schlagzeilen der englischen Presse. Das war die Devise von Schatzkanzler Denis Healey. »Besteuern wir sie, bis sie ausgeblutet sind! Quetschen wir sie aus!«

Das klang unheilverkündend. Wir waren bis ins Mark getroffen. Ron, der als Amerikaner schon über zehn Jahre in Europa lebte, würde diese Krise besonders zu spüren bekommen. Er war inzwischen Leiter der englischen Warner Brothers Records. Sein Büro lag mitten in Soho. In der Musikbranche fühlte er sich ganz zu Hause. Da war er in seinem Element.

Es blieb uns nichts anderes übrig, als uns Healeys Zugriff zu entziehen. Ich hatte mein Leben lang schwer gearbeitet. Es sah ganz danach aus, als sollte ich in Zukunft jedes Jahr auf alles, was ich mir im Laufe der Jahre angeschafft und erarbeitet hatte — das Haus, die Möbel, den Wagen, den Schmuck, ein paar Gemälde und meine Art-deco-Sammlung —, ungeheuer viel Vermögenssteuer zahlen müssen. Die Zeitungen brachten Leitartikel, in denen es hieß, daß England durch diesen Mißgriff der Regierung seine schöpferischen Talente einbüßen würde. Doch Healey blieb hart.

Schon bald verließen Dutzende von Schriftstellern, Regisseuren, Produzenten, Sportlern und Schauspielern England so schnell wie nur irgend möglich. Und in der nächsten Maschine saßen die Amerikaner, die zwanzig Jahre in England ansässig gewesen waren.

Ich war untröstlich, am Boden zerstört. Der Gedanke war mir unerträglich, schon wieder packen zu müssen, meine Kinder aus der Schule zu nehmen und von ihren Freunden zu trennen, an denen sie inzwischen so sehr hingen. Wieder einmal machten wir uns auf den Weg nach Hollywood im sonnigen Kalifornien. Schon zum drittenmal in zwanzig Jahren zog ich für immer dorthin.

So bewahrheitete sich siebzehn Jahre später auf entsetzliche Weise, was mir Ben Gary im Jahre 1961 vorausgesagt hatte. Er hatte mir prophezeit, daß ich immer ein Zigeunerleben führen würde. »Du wirst dich zwar nach Kräften bemühen, irgendwo Wurzeln zu schlagen, doch du mußt immer wieder fort und dich woanders niederlassen.« In den Sternen hatte das gestanden. Ben wurde mir langsam unheimlich. Ob er wohl wußte, daß alles eingetroffen war, was er mir prophezeit hatte?

»Du bist wirklich unverwüstlich«, hatte er zu mir gesagt. »Du wirst dich immer mit allem abfinden, was das Leben für dich in petto hat. Du mußt arbeiten, das ist sehr wichtig für dich. Du mußt etwas Schöpferisches tun, dann wirst du niemals am Boden zerstört oder auch nur längere Zeit deprimiert sein. Du wirst immer Geld verdienen und über ein gerüttelt Maß an Glück verfügen dürfen — weil du ein glücklicher Mensch bist und alles überlebst.«

12. *Kapitel*

Ich war gar nicht froh darüber, wieder in Hollywood leben zu müssen. Wir kauften ein großes modernes Haus mit Tennisplatz, Marmorfußböden und einer Hausbar mit Spiegeln am Chalette Drive in Trousdale, und ich machte mich daran, es einzurichten. Außerdem hatte ich die undankbare Aufgabe, mich auf Arbeitssuche zu begeben. Es war noch milde ausgedrückt, zu behaupten, daß meine Dienste kaum gefragt waren. Joan, wie heißt sie doch gleich weiter? Ach ja, die gibt's ja schon seit einer ganzen Weile. Kann nicht mehr die Jüngste sein. Na ja, sehen wir sie uns mal an. Vielleicht können wir sie irgendeine kleine Rolle spielen lassen. Schließlich ist sie mal ein Star *gewesen* . . .

Obwohl ich von 1975 bis 1977 einen Karriereknick zu verkraften hatte, gelang es mir irgendwie, diese Flaute zu überbrücken, indem ich mich mit Gastauftritten in Fernsehserien über Wasser hielt. Ich spielte sogar in *Batman* mit. Ganz in Silberlamé gekleidet war ich die ›Sirene‹, die ihre Feinde und auch Batman höchstpersönlich mit schrillen Falsett-Tonleitern auf der Stelle festnageln konnte.

Solche Rollen waren alles andere als dankbar und schon gar nicht kreativ, doch sie brachten etwas ein, und wir konnten unsere Rechnungen bezahlen. Denn mit Rons Karriere stand es nicht zum besten. In London hatte er seine gute Stellung als Direktor von Warner Brothers Music aufgegeben. In Kalifornien wollte er die Leitung einer neuen Filmgesellschaft namens Sagittarius übernehmen.

Edgar Bronfman, der Erbe der Millionen von Seagrams Whisky, hatte die Idee dazu gehabt. Anfang der siebziger Jahre hatte er kurz als Aufsichtsratsvorsitzender und Besitzer von M.G.M. fungiert. Er hatte Gefallen am Showbusineß gefunden und sich aktiv an der Produktion von mehreren Filmen beteiligt.

Edgar war ein gutaussehender Mann Mitte Vierzig und genau wie ich ein Zwilling. Trotz seiner *joie de vivre,* seines boshaften Humors und seiner schon fast kindlichen Begeisterung für kurzlebige Projekte gab es an ihm eine Seite, die uns weniger gefiel. Obwohl er unsagbar reich war, konnte er unglaublich geizig sein. Es grenzte schon an Paranoia, daß er sich bei jeder Frau gleich fragte, ob sie wirklich an ihm oder nur an seinem Geld interessiert war. Das fragen sich im übrigen viele reiche attraktive Männer.

Ron bewunderte Edgar nicht nur, er betete ihn förmlich an. Er war der Patenonkel unserer Tochter Katy, die genau an seinem Geburtstag geboren ist. Ich hatte Edgar gern und fühlte mich wohl in seiner Gesellschaft. Doch er hatte etwas an sich, das mich mißtrauisch machte.

Wieder tat ich mich in Hollywood um, frischte alte Bekanntschaften und Freundschaften auf und knüpfte neue Beziehungen an. Ich kannte praktisch jeden in Hollywood, wo ich vor zwanzig Jahren als blutjunges Starlet eingetroffen war.

Voller Enthusiasmus machte ich mich daran, das Haus am Chalette Drive mit dem wenigen Geld, das uns zur Verfügung stand, renovieren zu lassen und einzurichten. Ich brachte Tara und Sascha in neuen Schulen und Katy im Kindergarten unter, trat hin und wieder im Fernsehen auf und spielte ansonsten die brave kleine Ehefrau und Mutter.

Ron arbeitete schwer für Sagittarius und verreiste mit Edgar, wann immer dieser das wünschte.

Als Edgars ältester Sohn Sam jr. entführt wurde, flog Ron nach New York und stand Edgar bei. Er saß mit am Telefon und wartete darauf, daß die Kidnapper anriefen und Edgar sagten, wo er das Lösegeld deponieren sollte. Sie standen sich als Freunde und Geschäftspartner so nahe, wie es nur möglich ist.

Als Edgar Ron und mich darum bat, seinem zweiten Sohn Edgar jr. die Party zu seinem 21. Geburtstag in unserem Haus auszurichten, erklärte sich Ron damit einverstanden. Ich wies Ron darauf hin, daß Edgar in Hollywood nur wenige Leute kannte. Doch Ron und Edgar bestanden auf einer glänzenden Hollywood-Party, zu der ich so viele renommierte Produzenten, Agenten und Stars einladen sollte, wie ich zusammentrommeln konnte. Wochenlang wurde alles bis ins kleinste geplant. Doch die Party wurde ein voller Erfolg.

Am nächsten Nachmittag sonnte ich mich in meinem Ruhm als glänzende Gastgeberin. Den ganzen Tag über hatte das Telefon am laufenden Band geklingelt. Die Gäste mit guten Manieren hatten sich überschwenglich bedankt, manche hatten auch Blumen geschickt. Um sechs Uhr wurde es langsam Zeit, dem Kindermädchen Susan DeLong beim Füttern und Baden der Kinder zu helfen, um sie anschließend gemeinsam ins Bett zu bringen. Da betrat Ron mit schweren Schritten unser Schlafzimmer. »Edgar hat mich vor die Tür gesetzt«, verkündete er erschöpft und mit aschgrauem Gesicht.

Ich konnte es einfach nicht glauben. Jahrelang waren sie Freunde und Geschäftspartner gewesen. Ich hatte gerade erst Wochen damit zugebracht, die Party zum 21. Geburtstag seines Sohnes vorzubereiten. Und nachdem Edgar unsere ganze Familie wieder einmal über den Atlantik geschleppt hatte, brachte er es fertig, Ron zu *feuern.* Einfach so aus heiterem Himmel.

Es war unfaßlich — aber wahr.

Das Wort ›feige‹ traf auf Edgar wirklich zu; denn er hatte sich nicht gescheut, Ron den Rausschmiß brieflich mitzuteilen. Wahrscheinlich hatte er den Brief diktiert, als wir uns gerade im Endstadium der Vorbereitungen für *das* gesellschaftliche Ereignis der Saison befanden. Ron verdiente doch zumindest ein Gespräch von Mensch zu Mensch. Doch dazu kam es nicht.

Edgar hatte Ron bis zum Monatsende ausgezahlt, das Büro von Sagittarius Film wurde sang- und klanglos aufgegeben, und Edgar war für uns beide vier Jahre lang nicht zu erreichen.

Katy erhielt jedes Jahr zu ihrem Geburtstag und zu Weihnachten eine Glückwunschkarte und ein kleines Geschenk. Edgar hatte ja am gleichen Tag Geburtstag, und sie war sein Patenkind. Das war also das mindeste, was er tun konnte. Ich hatte instinktiv gefühlt, daß es ein Fehler war, nach Los Angeles zu ziehen, und hatte damit recht behalten. Jetzt saßen wir mit einem Haus da, auf dem eine Riesenhypothek lag, und mit drei Kindern, die sich gerade erst eingewöhnt hatten. Und wir hatten beide keine Arbeit.

Ich war furchtbar aufgebracht und wütend auf Edgar Bronfman. Ich hatte noch nie zuvor einem Menschen gegenüber Bitterkeit und Haß empfunden, doch wir verdankten es ihm, daß der Haupternährer der Familie Kass jetzt ohne Arbeit dasaß.

Ich glaube, Ron hat sich nie wieder ganz von dieser furchtbaren Enttäuschung, dem Schmerz und dem Schock erholt. Dieses Trauma ist ihm geblieben, und Edgar trägt die Schuld daran. Wir hatten bis dahin eine geradezu idyllische Ehe geführt. Doch dieses einschneidende Erlebnis war ein Wendepunkt in unserem Leben.

»Meine Ehe ist ein Fiasko!« jammerte ich vor versammeltem Publikum anläßlich eines Workshops zur Erforschung des menschlichen Potentials.

Es war die Zeit der ›Selbstfindung‹, und ich war mit Tina Sinatra, die ebenfalls erwog, ihren Mann zu verlassen, ins Hotel Biltmore gegangen.

Das ging zwei Tage lang vierzehn Stunden pro Tag. Wir saßen da auf harten, unbequemen Stühlen, waren nahe am Verhungern und sehnten uns nach einer Zigarette. Außer uns erklommen noch achtzig völlig verwirrte unglückliche Leute das Podium und sprachen über ihre Kümmernisse und Fehlschläge. Nachdem wir mitangehört hatten, was all diese gequälten Seelen bedrückte, schätzten Tina und ich uns glücklich, daß unser Hauptproblem die Ehemänner waren.

Achtzig Leute hörten interessiert und voller Mitgefühl zu, als ich meine Leidensgeschichte erzählte. Ich *war* unglücklich. Ron hatte sich geändert. Fast unmerklich, doch er war nicht mehr der Mann, den ich geheiratet hatte. Er betätigte sich nicht mehr schöpferisch, und die Geldsorgen wurden langsam erdrückend. Das Leben in Los Angeles war schwer. Wegen unserer prekären Finanzlage waren wir gezwungen, das Haus am Chalette Drive zu verkaufen und wieder mal in einen gläsernen Palast — diesmal am Carolyn Way — zu ziehen. Mit dem Erlös aus dem Verkauf des Hauses waren wir finanziell einigermaßen saniert und konnten in dem Stil leben, den wir gewohnt waren. Ich verdiente gelegentlich etwa 2500 Dollar mit Gastrollen in einzelnen Folgen von Fernsehserien oder sogar 10000 bis 15000 Dollar mit der Hauptrolle in irgendeinem schwachsinnigen Machwerk, das in Spanien oder Italien gedreht wurde und von dem ich nur hoffen konnte, daß es in England und Amerika nie in die Kinos kam.

Das war natürlich gar nichts im Vergleich zu dem, was ich früher verdient hatte. Ich war seit einem Vierteljahrhundert Schauspielerin und hatte wirklich nicht schlecht verdient. Trotzdem war nichts davon übriggeblieben, und ich hatte nichts für meine alten Tage zurückgelegt. Ich hätte einfacher leben und dabei viel glücklicher sein können. Hätten wir doch nur nach England zurückziehen und die Uhr um achtzehn Monate zurückdrehen können.

Nachdem ich vor so großem Publikum mein Herz ausgeschüttet hatte, lächelte mir der Leiter des Workshops, ein kluger charmanter Australier, wohlwollend zu. »Aber sehen Sie denn nicht, daß Ihr Mann von Barrakudas und Piranhas aus der Branche regelrecht umzingelt ist?« fragte er mitleidig. »Joanie, geben Sie nicht auf. Er braucht Sie. Er hat schwere Zeiten durchgemacht. Stehen Sie ihm bei, helfen Sie ihm — Sie werden sehen, daß sich der Einsatz lohnt.«

In dem Stil faselte er weiter. Je länger ich ihm zuhörte, desto verwirrter wurde ich. Ich war wie vor den Kopf gestoßen. Das war doch wirklich der Gipfel. Da riet er mir, Geduld zu haben. Ron würde sich schon wieder von dem Schicksalsschlag erholen, an dem Bronfman schuld war. Ich müsse ihn ermutigen, in jeder Weise unterstützen und aus seinen Depressionen reißen. Und was war mit *meinen* Depressionen? Wer half mir da heraus? Physisch war ich zwar gesund. Ich war nie gesünder gewesen, nicht einmal als junges Mädchen. Ich gab mir Mühe, mit meiner Familie ein ganz normales Leben zu führen. Doch die äußeren Umstände sagten mir nicht zu. Meine Kinder gingen schon zur Schule und wuchsen heran. Ron war arbeitslos. Die enormen Unkosten waren eine starke Belastung, und Rons geschiedene Frau war auch nicht gerade eine Hilfe. Sie erhob Anspruch auf einen Teil des Erlöses aus dem Verkauf des Hauses und wollte sich einfach nicht geschlagen geben. Sie hatte drei erwachsene Söhne zu ernähren — Rons Söhne. Er hatte ihr zwar immer Unterhalt und Alimente gezahlt, doch damit war sie nicht zufrieden. Sie wollte mehr.

Tina Sinatra trennte sich bald darauf von ihrem Mann. Ich faßte einen Entschluß von großer Tragweite: Ich nahm mir vor, nach einem geeigneten Stoff für einen kommerziellen Film zu suchen. Im Laufe der Jahre hatte ich Erfahrungen gesammelt und mir Fachkenntnisse angeeignet. Nun brauchte ich einen Produzenten und jemanden, der das Projekt finanzierte.

Meine Schwester hatte ein Buch mit dem Titel ›Die Stute‹ geschrieben, das in England und auf dem Kontinent ein Bestseller geworden war. Ich brachte sie dazu, mir die Filmrechte zu übertragen. Ich wollte bei der Verfilmung des Buches weitgehend unabhängig bleiben. In mir sah ich die Idealbesetzung für die Rolle der Fontaine, einer reichen, eleganten Dame der Gesellschaft, die ihren ›Hengst‹ Tony Blake im Hobo, der heißesten Diskothek Londons, unterbringt. Mit ihm vergnügt sie sich im Bett und anderswo. Es war eine ganz moderne, brandaktuelle, vor Erotik knisternde Story. Mit meiner Karriere war es in letzter Zeit ständig bergabgegangen. Ich war ganz sicher, daß sie einen ungeahnten Aufschwung nehmen würde, wenn es mir gelang, dieses Projekt zu verwirklichen. Die Discoszene war gerade sehr gefragt, *Saturday Night Fever* hatte wie eine Bombe eingeschlagen. ›Die Stute‹ konnte ebenfalls ein Kassenschlager werden, doch bis es soweit war, würde ich gezwungen sein, auch weiterhin Rollen in Fernsehserien zu übernehmen. Da wurde man nicht unbedingt mit Glacéhandschuhen angefaßt und durfte sich für nichts zu schade sein.

Ron hatte zusammen mit Peter und Burt Kameron eine Produktionsgesellschaft namens Triple K gegründet (Kameron und Kass). Sie hatten alle Geld in die Gesellschaft investiert. Ron brachte nicht genug nach Hause. Obwohl mir Tony Newley für Tara und Sascha 1250 Dollar im Monat zahlte, reichte das bei weitem nicht aus für die beiden.

Als mir Samantha Eggar vorschlug, mich um Arbeitslosenunterstützung zu bemühen, war ich schockiert.

»Viele Schauspieler erheben Anspruch darauf. Du hast ein Recht auf Arbeitslosenunterstützung«, sagte meine Freundin und Vertraute Judy Bryer. »Schließlich hast du Steuern und Beiträge dafür gezahlt.«

Ich hatte meine Zweifel, doch ich ließ mich schließlich überreden. Widerstrebend fuhr ich an einem schönen, sonnigen Nachmittag des Jahres 1976 in meinem goldfarbenen Mercedes zum Arbeitsamt am Santa Monica Boulevard. Judy hatte mir geraten, lieber da hinzufahren und nicht zu der Zweigstelle in Hollywood, damit mich niemand erkannte.

Es kostete mich wirklich große Überwindung, beim Arbeitsamt vorstellig zu werden. Ich war seit über zwanzig Jahren Schauspielerin und hatte immer mein Auskommen gehabt. Es war deprimierend, auf Arbeitslosenunterstützung angewiesen zu sein. So hatte ich mir mein Leben wahrhaftig nicht vorgestellt. Ich war nicht gerade darauf aus gewesen, mich mit Brillanten, Zobeln und Ferraris zu schmücken, doch es war mir in tiefster Seele zuwider, ständig Geldsorgen zu haben.

Ich war gerade Gastgeberin bei der Eröffnung einer neuen englischen Boutique am Sunset Boulevard gewesen und kam von dieser Einweihungsparty. Mein Mercedes war ein Meer von Blumen, ich trug ein teures Chiffonkleid, einen dazu passenden Turban und natürlich Schmuck. Nachdem ich mich von den Freunden und Paparazzi verabschiedet hatte und auf den Sunset Boulevard eingebogen war, riß ich mir rasch den Turban vom Kopf und zog mich in fliegender Hast um. Ich schlüpfte in einen alten Trenchcoat, damit man mein Chiffonkleid nicht so sah, es hatte vierhundert Dollar gekostet. Ich band mir ein zerknittertes Kopftuch um und setzte mir eine Sonnenbrille mit ganz dunklen Gläsern auf. Auf dem Parkplatz des Arbeitsamtes stellte ich meinen Mercedes neben einem klapprigen Chevrolet, Baujahr 1964, ab.

Ich reihte mich in die Schlange der Wartenden ein, die sich nur langsam vorwärts bewegte. Fünfundvierzig Minuten lang versuchte ich, so unauffällig wie nur möglich zu erscheinen.

Ich trug Schuhe von Charles Jourdan, und mein teures, geblümtes Chiffonkleid sah fünf Zentimeter unter dem Regenmantel hervor. Ich wirkte hier irgendwie fehl am Platze.

Die meisten Anwärter auf Arbeitslosenunterstützung waren Mexikaner, Puertoricaner oder Schwarze. Sie sahen alle aus, als ob sie das Geld gut brauchen könnten. Niemand sah aus wie eine Schauspielerin, die das Geld nur einstrich, damit sie das Hausmädchen bezahlen konnte. Ich hatte ein schlechtes Gewissen.

»Name?« fragte die kaugummikauende Angestellte gelangweilt, als ich endlich am Schalter angelangt war.

»Hm... Kass – Joan... Kass«, flüsterte ich nervös und hoffte inständig, daß die beiden Puertoricaner hinter mir, die mich mit den Blicken durchbohrten, kein Wort verstanden. Sie hatten sich schon eine ganze Weile auf spanisch über meine Meriten ausgelassen. Spanisch verstand ich inzwischen ganz gut.

»Mädchenname?«

»Collins«, flüsterte ich heiser mit Verschwörermiene. Ich war schweißgebadet. Es war dreißig Grad im Schatten. Ich glaubte, in meinem gummierten Regenmantel zu ersticken.

»Joan Collins?« kreischte die Angestellte verzückt. »Sind Sie nicht mal Joan Collins gewesen?«

»Ja«, murmelte ich beschämt und verfluchte insgeheim Samantha, die mir zu diesem Gang geraten und mir fröhlich versichert hatte, es würde ganz leicht sein.

»Die bin ich immer noch«, stammelte ich verwirrt. Erregtes Gemurmel hinter mir.

»Ich habe Sie gerade letzte Woche noch in *Police Woman* gesehen«, schrie die Angestellte außer sich vor Freude. »Was machen Sie denn *hier?* Sind Sie arbeitslos?«

»He, Debbie, guck doch mal!« rief sie aufgeregt ihrer Kollegin zu: »Hier ist Joan Collins!«

»Wie heißt sie? Joan ...?« fragte Debbie und starrte mich mit unverhüllter Neugier an. Ich stellte den Mantelkragen hoch, um mich dahinter zu verstecken, denn vor Scham und Verlegenheit war ich puterrot geworden.

»Ja, jedenfalls im Augenblick«, erwiderte ich so würdevoll

wie nur irgend möglich. Alle Leute in dem großen Raum machten jetzt Stielaugen und spitzten die Ohren, um sich nichts von dem Schauspiel entgehen zu lassen. Wahrscheinlich war es sehr langweilig, Woche für Woche im Arbeitsamt am Santa Monica Boulevard in einer langen Schlange zu warten, die nur langsam vorrückte.

»Hm, im Augenblick stagniert alles ein bißchen. Ich lege eine Ruhepause ein«, erklärte ich und benutzte die zeitlose, beschönigende Phrase, die bei Schauspielern an der Tagesordnung ist. Viele Augen und Ohren registrierten jede Kleinigkeit. Die Leute ließen sich nichts entgehen.

Ich wurde mit weiteren peinlichen Fragen traktiert. Ob ich mich um Rollen bemüht hatte? Ja, aber mein Agent war für mich nicht mehr zu sprechen, ließ sich einfach verleugnen. Ich kannte diese Masche von meinem Vater her, der lästigen Künstlern auf die gleiche Weise aus dem Weg gegangen war.

»Sag ihm (oder ihr), daß ich nicht da bin«, zischte er, wenn ich ans Telefon ging. Dann piepste ich gehorsam: »Nein, Daddy ist nicht da, und ich weiß nicht, wo er ist.« Und irgendein in Not geratener Sänger oder Clown, der verzweifelt Arbeit suchte, mußte sich damit bescheiden.

Die Fragen nahmen kein Ende. Ob ich in den sechs Wochen, die ich schon arbeitslos war, keine andere Arbeit gefunden hatte.

Nein, daran hatte ich noch nicht gedacht. Es lag mir nicht, als Kellnerin die Gäste zu bedienen. Das war einfach nicht mein Stil. Und mit meinen Tippkenntnissen war auch nicht viel Staat zu machen.

Schließlich entfloh ich zutiefst gedemütigt. Und nicht etwa mit den 120 Dollar, mit denen ich gerechnet hatte, sondern mit einer Bescheinigung, die besagte, daß ich diesen Betrag in zwei Wochen vom Arbeitsamt bekommen würde, sobald überprüft war, ob meine Angaben der Wahrheit entsprachen und ob ich meine Beiträge regelmäßig gezahlt hatte.

»Kann ich bitte ein Autogramm haben?« fragte mich ein kleiner Negerjunge lächelnd. Ich gab es ihm. Dann öffnete ich die Tür meines glutheißen Wagens, der von einem betäubenden Blumenduft erfüllt war. Die Blumen waren nahe am Verdursten. Ich sauste davon wie gejagt.

Ich reihte mich in den Verkehr ein und fuhr zu unserem schönen Haus in Beverly Hills, auf dem eine enorme Hypothek lag. Ich schwor mir, dafür zu sorgen, daß ich nie wieder in eine solche Lage kam. Ich *mußte* Arbeit finden, unbedingt! Wenn schon nicht als Schauspielerin, dann eben als Schriftstellerin oder Innenarchitektin. Es war so demütigend, auf Almosen angewiesen zu sein, das ertrug ich einfach nicht. Ich hatte mit sechzehn Jahren angefangen, als Fotomodell zu arbeiten, damit ich meinen Vater nicht um Geld zu bitten brauchte, und meine Ehemänner hatte ich erst recht nie um Geld gebeten. Ich mußte meinen Weg auf eigene Faust machen. So durfte meine Karriere nicht enden.

Zum Teufel mit meinem Agenten. Ihm war es ganz egal, ob ich Arbeit hatte oder nicht. Er hatte ja noch hundert andere Schauspieler und Schauspielerinnen in seinem Stall. Es lag ganz bei mir, was ich aus meinem Leben machte. Niemand würde sich für mich ein Bein ausreißen. Wenn sich das Schicksal wenden sollte, mußte ich schleunigst etwas unternehmen. Ich mußte meine Zukunft und die Zukunft meiner Kinder sichern. Das sollte mit Hilfe des Projekts geschehen, das mir schon lange im Kopf herumging: die Verfilmung von Die Stute.

Als Schauspielerin war ich wahrhaftig oft genug vor den Kopf gestoßen worden. Doch das war noch gar nichts gegen die Ablehnung, auf die ich stieß, als ich mich um die Finanzierung des Projekts bemühte. Selbst Produzenten, die ich praktisch schon von Kindesbeinen an kannte, ließen mich abblitzen. Aber ich ließ nicht locker.

Ich überredete Jackie, das Drehbuch zu schreiben. Es war ihr erstes Drehbuch, und es war sehr gut. Es war spritzig, brandaktuell und traf genau den Nerv der Zeit. Ich spürte instinktiv, daß meine Karriere mit Hilfe dieses Films nicht nur gerettet wäre, sondern daß dem Film auch finanziell Erfolg beschieden wäre, wenn es mir gelang, das Projekt zu verwirklichen.

Ich schleppte das Drehbuch überall hin mit. Es hatte schon Eselsohren und sah ganz abgegriffen aus.

Im Mai 1977 flog ich zum Filmfestival in Cannes, da stieß ich endlich auf Öl.

Bei dem Gabelfrühstück, das Hilda und Sam Arkoff alljährlich im Hotel Carlton gaben, saß ich neben einem Mann, von dem mir Hilda erzählt hatte, daß er in England Filme minderer Qualität vertrieb. Er wollte umsatteln und Filme produzieren. Ich kann's ja mal versuchen, dachte ich.

Ich eröffnete das Gespräch routiniert mit den Worten: »Sie sind wohl nicht zufällig daran interessiert, den Bestseller meiner Schwester zu verfilmen? Er heißt ›Die Stute‹, spielt in der Discoszene und enthält ein paar heiße Liebesszenen.« Wie sooft, versuchte ich das Buch an den Mann zu bringen. Ich konnte dieses Verkaufsgespräch schon im Schlaf.

»Zufällig bin ich daran interessiert. Das ist genau die Sorte Film, die wir produzieren wollen«, entgegnete der vierschrötige George Walker, ein ehemaliger Boxer. Inzwischen ist er Leiter von Brent-Walker.

»Ist das Drehbuch schon geschrieben?«

»Ja, ich habe es zufällig in meinem Hotel. Im Majestic nebenan.« Ich lächelte liebreizend. »Möchten Sie es lesen?«

»Ja«, sagte Mr. Walker. »Kommen Sie doch morgen abend zu mir in meine Villa zu Abendessen. Dann können wir darüber sprechen.«

»Ja, gern. Ich glaube, für morgen abend habe ich noch nichts vor«, murmelte ich und mußte an mich halten, damit er nicht merkte, wie begeistert ich war.

Nach einer Woche war das Projekt unter Dach und Fach. Brent-Walker war begeistert. Sie hatten den richtigen Riecher gehabt. Die Dreharbeiten sollten in zwei oder drei Monaten beginnen. Ron und Oscar Lerman, Jackies Mann, sollten Koproduzenten sein. Ich würde die Hauptrolle spielen, vorausgesetzt, daß ich bereit war, ein paar geschmackvolle Nacktszenen zu spielen. Ja, dazu war ich bereit. Das war ja nun nichts Neues mehr für mich. In Italien hatte ich auch schon oben ohne gespielt. Schließlich war das nicht mehr das finsterste Mittelalter. Ich brauchte nur an Diane Keaton in *Looking for*

Mr. Goodbar, an Jane Fonda in *Barbarella,* an Glenda Jackson in *Women in Love* und an viele andere zu denken. Schauspielerinnen von Format, mit denen ich es nicht aufnehmen konnte, hatten sich nicht davor gescheut, sich vor der Kamera splitternackt auszuziehen. Das war schon lange nichts Außergewöhnliches mehr, es wurde schon bald langweilig. Der Karriere dieser Schauspielerinnen hatte es jedenfalls nicht geschadet.

Ich war davon überzeugt, daß der Film mit viel Sex und Erotik gut ankommen würde. In England wurde ein großer Werbefeldzug gestartet. Das hatte Ron gedeichselt. »Sie ist über vierzig und zieht sich aus!« entrüstete sich die Presse in gespieltem Entsetzen. Ich nahm mir vor, das an mir abgleiten zu lassen. Aber es kam mir langsam vor, als hackte die Presse ständig auf mir herum. Mit dem Rassismus und dem Sexismus hatten wir doch angeblich aufgeräumt. Ich fand, daß es langsam an der Zeit war, auch mit dem Herumreiten auf dem Alter aufzuhören.

Ich wußte schließlich, wie ich aussah. Ich bin immer objektiv gewesen. Wieso wurde eine Grenze gezogen bei Frauen über vierzig? Über vierzig zu sein, mußte doch nicht bedeuten, daß es nun nur noch bergab ging. In meinen Augen jedenfalls nicht. Und auch nicht in den Augen der Leute. ›Die Stute‹ war in England ein Riesenerfolg, die Einspielergebnisse wurden höchstens noch von denen der James-Bond-Filme übertroffen.

Bald war ich in England wieder in aller Munde. Alle kannten mein Gesicht und meinen Körper von der Kinoleinwand. Doch in den Vereinigten Staaten war ich so gut wie unbekannt. Meine früheren Filme waren in Vergessenheit geraten. Um die war es auch nicht schade.

Da ich nie großen Wert darauf gelegt hatte, ein ›Star‹ zu werden, berührte mich das auch nicht sonderlich. Viel schlimmer war, daß es in meinem Privatleben schon lange nicht mehr stimmte.

Ron und ich lebten in den Vereinigten Staaten. Wir hatten unser modernes Haus aus Glas und Stahl im italienischen Stil am Carolyn Way wieder gegen ein hochherrschaftliches Haus in nachgemachtem Tudor-Stil in Beverly Hills vertauscht. Ich war gezwungen, sehr viel Zeit in England zu verbringen. Das brachten die Dreharbeiten und die Werbung für ›Die Stute‹ mit sich. Katy war fünf Jahre alt. Bei ihrem Ausbildungsstand machte es keine Schwierigkeiten, sie in England zur Schule zu schicken. Bei Tara und Sascha war das weit schwieriger. Sie waren zu der Zeit vierzehn bzw. elf Jahre alt. Ich wollte nicht, daß sie von der Schule in Kalifornien abgingen und Schulen in England besuchten, nur weil ich dort zufällig die Butter aufs Brot verdiente. Ich besprach das in aller Freundschaft mit Tony. Wir kamen zu dem Schluß, daß die Kinder bei ihm, seiner zweiten Frau und seiner Tochter Natascha leben sollten, solange ich in England filmte.

Die Kinder fanden, daß die Newleys ein geregelteres Leben führten als Ron Kass und ich und wollten bei Tony und seiner Familie bleiben. Das tat mir sehr weh. Ich liebte meine Kinder über alles, wenn ich auch keine ›typische Mutter‹ war. Für mich zählt nicht, wieviel Zeit ich mit ihnen verbringe, sondern wie intensiv wir uns in dieser Zeit miteinander beschäftigen und wie nahe wir uns kommen. Natürlich hätte ich den Beruf an den Nagel hängen können, doch ich war inzwischen zum Haupternährer avanciert. Abgesehen davon, daß ich Freude an der Arbeit hatte, war ich inzwischen wegen unserer prekären Finanzlage zum Arbeiten gezwungen.

Und dann kam *The Bitch.* Immer wenn ich gefragt werde, ob ich irgend etwas in meinem Leben bereue, fällt mir dieser Film ein, und ich frage mich, warum er diesen gräßlichen vielsagenden Titel haben mußte, der an mir kleben blieb wie die Fliege auf dem Fliegenleim. Jahrelang fühlte ich mich in England von der Regenbogenpresse regelrecht verfolgt.

Ich flehte Brent-Walker an, diesen Titel nicht beizubehalten. Immer wieder bat ich, den Film doch umzubenennen. Doch es nutzte alles nichts. *›Die Stute‹* war ein ungeheurer Erfolg gewesen, den *The Bitch* noch übertreffen sollte. Doch es kam ganz anders.

The Bitch entstand im Jahre 1978, es war ein blasser Abglanz von *›Die Stute‹*. In ihrem Übereifer, finanziell noch mehr herauszuschinden, produzierte Brent-Walker den Film nach einem sehr unzulänglichen Drehbuch, das eigentlich noch gar nicht fertig war. Ein völlig unbekannter Italiener spielte die männliche Hauptrolle. Seine Stimme war so schwach, daß alles synchronisiert werden mußte, was er zu sagen hatte. Der Regisseur war bestenfalls mittelmäßig. Bei Drehbeginn war meine Garderobe noch nicht einmal fertig.

Ron und Oscar waren wieder Koproduzenten. Ich flehte Ron an, nicht mit den Dreharbeiten anzufangen, bevor das Drehbuch überarbeitet worden war (denn das war in meinen Augen unumgänglich). Doch selbst Ron gelang es nicht, Brent-Walker umzustimmen, damit er den Titel ändern und das Drehbuch umschreiben ließ. Sie hielten nun einmal die Fäden in der Hand. An Kreativität waren sie nicht interessiert. George Walker brüllte immer wieder: »Zum Teufel mit der Kreativität — damit verkauft man keine Eintrittskarten. Nur Titten und Ärsche bringen Geld!«

Ron war wirklich ein Überredungskünstler. Wir schrien uns an wie Berserker, bis er mich so weit hatte, daß ich bereit war, in *The Bitch* bestimmte Nacktszenen zu spielen, die mir nicht geheuer waren. Doch den großen, kräftigen George hatte er nicht umstimmen können.

Ursprünglich hatte eine Klausel in meinem Vertrag besagt, daß ich eine Szene spielen mußte, wenn Brent-Walker darauf bestand. Das gefiel mir ganz und gar nicht, doch ich konnte nichts dagegen tun. Schon in der *›Stute‹* war ich mir ausgebeutet vorgekommen, doch ich hatte immer den Eindruck gehabt, daß der Film, von einigen Ausnahmen abgesehen, ganz geschmackvoll gemacht war. Die Londoner Discoszene Ende der siebziger Jahre war in dem Film gut eingefangen worden, auch über Frauen und ihre Sexualität wurde in dem Film viel ausgesagt. Er war unter anderem so ein großer Erfolg und gab zugleich oft Anlaß zu Kontroversen, weil Fontaine wie ein Mann dachte und empfand. Sie machte sich die Männer zunutze, wie die Männer sich die Frauen immer zunutze gemacht hatten. *The Bitch* war dagegen reine Ausbeutung. Mit diesem Film habe ich mir nur geschadet. Ich war deswegen oft Zielscheibe des Spottes.

Ich saß mit Kirk Douglas auf der Jacht von Brent-Walker in Cannes. Das war während des Filmfestivals im Jahre 1979. Über der Côte d'Azur schwebte ein Flugzeug und zog ein Transparent hinter sich her: *›Joan Collins is the Bitch‹*. Das Flittchen, das Biest!

»Mädchen, du hast es geschafft. Jetzt bist du ein Star«, sagte Kirk, den ich kannte, seit ich zum erstenmal nach Hollywood gekommen war.

»Ich finde, es sollte heißen, ›Joan Collins *als* the bitch‹«, wandte ich ein. »Ich will dieses Stigma nicht. Ich bin kein Biest. Das ist entwürdigend. Wie würde es dir gefallen, wenn überall verbreitet würde, ›Kirk Douglas *ist* der Mörder‹, um ein Beispiel zu nennen?«

Er ließ sich das durch den Kopf gehen und mußte zugeben, daß das nicht von der Hand zu weisen war. Ich hatte also Grund zur Klage, doch mit Brent-Walker durfte ich mich nicht anlegen.

In den Augen der Menschen hatte ich alles, was man sich nur wünschen kann. Einen gutaussehenden, liebevollen Ehemann, drei Kinder, um die man mich nur beneiden konnte, Erfolg im Beruf und Geld. Doch mein Paradies war nicht vollkommen.

Ich hegte schon seit geraumer Zeit den Verdacht, daß Ron irgendwelche Drogen nahm. Er war starken Stimmungsschwankungen unterworfen. Er erschien mir immer unbegreiflicher. Manchmal aß er nicht bei Tisch, oder er konnte während der Mahlzeiten einfach nicht stillsitzen. Oft blieb er bis zum Morgengrauen auf und verschlief dann den ganzen Tag.

Einmal verbrachten wir das Wochenende in Südfrankreich. Er hatte ein paar Freunde dorthin eingeladen, doch dann blieb er die ganze Zeit im Bett und überließ es mir, seinen Freunden Gesellschaft zu leisten. Am letzten Abend sagte ich ihm dann, welchen Verdacht ich hatte. Er gab alles zu.

Ich war völlig entgeistert. Der Mann einer guten Freundin hatte sein Leben durch Drogenmißbrauch zerstört und sie fast noch mit in diesen Sumpf gezogen. Ich hatte eine starke Abneigung gegen Drogen, sie machten mir Angst. In meinen

Augen waren Drogensüchtige dumm und schwach. Auf einer Party in St. Tropez hatte ich in den sechziger Jahren einmal ein weißes Pulver geschnupft. Davon war ich auf der Stelle high geworden. Nach drei Wochen lief mir davon immer noch die Nase. Dieses eine Mal hatte mir vollauf genügt.

Natürlich hatte ich auch hin und wieder an einem Joint gezogen, der auf Partys die Runde machte, doch ich fand das reichlich infantil. Ich war lieber ganz ich selber. In meinen Augen ist es ein sehr fragwürdiges Vergnügen, von Rauschgift oder Drogen high zu sein. Man nimmt vieles nur verzerrt und verschwommen wahr, und das Glücksgefühl ist trügerisch. Für mich ist das jedenfalls nichts. Es hatte mir sehr zu schaffen gemacht, daß Tara und Sascha bei Tony lebten. Sie fehlten mir so sehr. Ich hatte mich Ron anvertraut. Er hatte mitfühlend und verständnisvoll darauf reagiert. Manchmal weinte ich stundenlang. Die Einstellung der englischen Presse mir gegenüber im Zusammenhang mit diesen Nacktszenen war mir mehr als peinlich. Ich fühlte mich gedemütigt. Was die Zeitungen über die Nacktszenen schrieben, tat mir ausgesprochen weh. Diese Mischung aus Sarkasmus, Bosheit und widerwilliger Bewunderung begriff ich einfach nicht.

Trotzdem, so glücklich wie im Frühsommer 1980 war ich schon lange nicht mehr gewesen. Tara und Sascha lebten wieder bei uns. Katy war eine glänzende Schülerin. Ron hatte mir versichert, daß er keine Drogen mehr nahm. Er habe mehrere Projekte ins Auge gefaßt und mehrere Eisen für mich im Feuer.

Am 1. August 1980 flogen Ron, Tara und ich nach Paris. Und am Nachmittag dieses Tages geschah das Unvorstellbare.

Um zwei Uhr früh am 2. August 1980 läutete das Telefon in unserer luxuriösen Suite im Hotel Lancaster. Ich schlief, und auch Tara schlief im Zimmer hinter der Verbindungstür. Ron war ins Kino gegangen und gerade zurückgekommen. Ich war noch ganz verschlafen, da hörte ich ihn sagen: »Ein Unfall — Katy? Ist es schlimm?«

Da war meine Müdigkeit sofort verflogen. Ron war wie erschlagen. Mit starrem Blick sah er mich an. »Katy — ist von einem Auto angefahren worden. Ihr Zustand ist kritisch ... sie hat eine Kopfverletzung.«

»Nein!« hörte ich mich schreien. »Nein, nein, nein!« Ich wollte einschlafen und wieder aufwachen. Dann würde sich herausstellen, daß das nur ein böser Traum war. Das *mußte* ein Alptraum sein. »Das kann nicht sein! Nicht mein Kleines! Doch nicht Katy!« Ich fing an zu schreien und um mich zu schlagen. Mein Verstand setzte aus. Ich wurde zu einem wilden Tier, hatte jede Spur von Selbstbeherrschung verloren. Ich empfand nur noch diesen unerträglichen Schmerz. Und das Gefühl der Ohnmacht war so frustrierend — während unser geliebtes kleines Mädchen schrecklich litt, waren wir weit weg.

Tara kam hereingestürzt. Sie erschrak fürchterlich, als sie ihre Mutter so völlig außer sich sah. Sie versuchte mich zu trösten. Mir war speiübel. Ich flehte die beiden die ganze Zeit an, mich aus diesem schrecklichen Alptraum zu reißen. Ron rief sämtliche Fluglinien an, damit wir Paris so schnell wie möglich verlassen konnten. Ich hatte im Kühlschrank ein paar kleine Flaschen Brandy und Scotch gefunden. Ich leerte zwei oder drei dieser Minifläschchen und wurde etwas ruhiger. Wir mußten überlegen, was wir tun konnten, und einen klaren Kopf behalten. Wir mußten irgendwie nach England zurück. Und zwar auf dem schnellsten Wege. Wir mußten uns ganz darauf konzentrieren, eine Möglichkeit zu finden, Katy so schnell wie möglich zu erreichen.

Wir riefen im Krankenhaus an und sprachen mit einem Arzt. Er war nicht gerade zuversichtlich. Er holte Katys Schulleiterin ans Telefon. Das Krankenhaus und die Polizei hatten niemanden von unserer Familie erreichen können. Jackie war in Los Angeles. Mein Vater war mit meinem Bruder zum Abendessen ausgegangen. Sie riefen also bei John Gold an, einem guten Freund, dessen Kinder mit Katy in die Schule gingen. Der hatte wiederum die Leiterin der Schule angerufen. Sie war sofort an Katys Krankenbett geeilt und hatte sich nicht mehr weggerührt. Sie hatte Katy die ganze Zeit die Hand gehalten.

Diese Frau war ein wahrer Trost. Über die große Entfernung hinweg gelang es ihr dank ihrer beruhigenden Worte, unsere Ängste vorübergehend zu zerstreuen. Es klang, als sei Katy in sicherer Hut und würde wieder gesund werden.

Wir riefen bei der englischen und amerikanischen Botschaft in Paris an und suchten verzweifelt nach einer Möglichkeit, das Land zu verlassen. Doch auch dort konnte man uns nicht helfen. Auch der Empfangschef, die BEA und die Air France konnten nichts für uns tun. Der nächste Flug nach London ging erst um neun Uhr früh. Wir saßen also noch sieben Stunden in Paris fest.

Bis dahin konnte Katy tot sein. Es war undenkbar.

Eine eisige Ruhe überkam uns. Wir riefen bei mehreren Freunden an, die Privatflugzeuge besaßen. Sie waren alle nicht da. Natürlich nicht. Am zweiten August waren alle in Urlaub. Ich rief meinen Vater in London an.

»Ob uns Roger Whittaker wohl in seiner Maschine abholen könnte?« fragte ich flehentlich. Ich wußte, daß Roger den Pilotenschein besaß.

Daddy war skeptisch. Es war die Nacht von Samstag auf Sonntag, und wenn Roger auch nur einen einzigen Drink intus hatte, konnte er den Steuerknüppel nicht bedienen. Doch Daddy versprach, sich mit ihm in Verbindung zu setzen.

Die nächste halbe Stunde wollte einfach nicht vergehen. Wie betäubt vor Angst und Entsetzen lag ich auf dem Sofa. Tara legte mir Eis auf die Stirn und versuchte mich zu trösten. Ron ging ruhelos im Zimmer auf und ab und versuchte, stark zu bleiben, doch bald hatte er seine Fingernägel bis auf den Stumpf abgebissen.

Um halb vier läutete das Telefon. Eine herrlich ruhige Stimme drang an mein Ohr. »Joan, hier ist Roger. Seid um halb sechs in Le Bourget, ich komme euch holen!«

In den zwei Stunden, die uns bis dahin noch blieben, durchliefen wir im Eiltempo die ganze Gefühlsskala. Wir waren glücklich, endlich aus Paris herauszukommen, doch auch verzweifelt und frustriert, weil wir zu diesem kritischen Zeitpunkt nicht bei unserer Tochter sein konnten.

Schuldgefühle quälten uns. Wie hatten wir nur nach Paris fliegen und sie in London lassen können — wenn auch bei

Leuten, denen wir sie anvertrauen konnten? Das hatten wir jedenfalls geglaubt.

Der Zorn übermannte uns. *Wie* war das passiert? Wie hatte das überhaupt passieren *können*? Durch welche Unachtsamkeit war es dazu gekommen? Wer trug die Schuld daran?

Der Kummer schnürte uns die Kehle zu. Unser Kleines lag im Krankenhaus. Wir wagten nicht einmal daran zu denken, wie schlecht es ihr ging. Doch am allerschlimmsten war die entsetzlich nagende Angst, wir könnten zu spät kommen. Vielleicht starb sie, bevor wir sie erreichen konnten.

Wir quälten uns entsetzlich. Wir versuchten, uns gegenseitig zu trösten, doch ich war am schlimmsten dran. Die Nachricht war ein solcher Schock gewesen, daß ich mich ganz krank fühlte. Ich klammerte mich an lächerliche Dinge — wie man zum Beispiel als Kind versucht, nicht auf die Ritzen zwischen den Platten des Bürgersteiges zu treten und sich einbildet, daß etwas Schönes passiert, wenn einem das gelingt. Ich redete mir ein, Katy würde überleben, wenn ich mich übergab. Das klingt natürlich lächerlich, doch in jedem Schauspieler steckt wohl eine Spur von Aberglauben. Eine innere Stimme riet mir dazu.

Als wir dann in einer Limousine, die der Nachtportier organisiert hatte, durch die dunklen Straßen von Paris fuhren, meldete sich die innere Stimme wieder zu Wort: »Wenn ihr noch bei Grün über die Kreuzung kommt, bleibt Katy am Leben . . .«

»Nein, nein!« Ich kniff die Augen zu. Ich wollte mich nicht mit dieser abergläubischen inneren Stimme anlegen. Ich klammerte mich an Ron, der mir wie ein Fels in der Brandung erschien. Unglaublich stark und ruhig. Doch nur nach außen hin. Ich wußte, daß er sich innerlich in Qualen wand. Katy war seine einzige Tochter. Er vergötterte sie. Um fünf Uhr kamen wir in Le Bourget an. Es war noch immer dunkel. Das Bodenpersonal wußte nicht, daß Roger hier landen sollte. Tara und ich liefen wie Tiere hinter Gittern in der Flughafenhalle herum. Ich rauchte eine Zigarette nach der anderen und weinte unaufhörlich. Ich war dicht am Zusammenbrechen. Ich trug ein Kleid, das ich erst am Tag zuvor in Paris erstanden hatte. Es war denkbar ungeeignet für diesen traurigen Anlaß. Es war eine Art Zeltkleid, rot und weiß gestreift wie eine Zuckerstange. Dazu trug ich weiße Sandalen und eine Kappe mit Sonnenschirm. Das hatte ich nun mal als Reisekleidung rausgelegt. Es war völlig unangemessen, doch was spielt das für eine Rolle?

Wir suchten stundenlang den Himmel ab. So kam es uns zumindest vor. Weit und breit kein Flugzeug. Es wurde langsam hell. Die Morgendämmerung stieg auf. Ob unser Kind noch lebte?

Wir riefen noch einmal im Krankenhaus an. Mein Bruder Bill war mit Robin Guild, einem unserer Freunde, dort. Sie versicherten uns einmütig, daß es ihr den Umständen entsprechend gutging, doch ich wußte, daß sie uns nur trösten wollten. Je mehr wir herausbekamen, desto schlimmer schien die Sache.

Schädelverletzung. Ich war mir über die Bedeutung dieses Wortes nicht im klaren, doch es klang beängstigend.

Koma. War das nur ein langer Schlaf oder ein Zustand, der dem Tod am allernächsten kam? Stand Katy damit schon am Rande des Grabes?

Ich verschloß mich dieser Vorstellung ganz. Ich konnte ja nicht wissen, was uns erwartete. Ich wollte mir nicht ausmalen, was geschehen konnte.

Tara und ich machten endlos die Runde durch den Flughafen. Immer wieder suchten wir besorgt den Himmel ab. Meine sechzehnjährige Tara war sehr tapfer. Es muß auch für sie die Hölle gewesen sein.

»Mach dir keine Sorgen, Mami«, tröstete sie mich immer wieder. »Katy ist ein großes, kräftiges Mädchen. Die bringt so leicht nichts um. Daran *mußt* du glauben, Mami, *unbedingt*!«

Sie war mir eine richtige Stütze, während wir dort warteten. Eine Ewigkeit, wie es uns schien.

Sahen Ron und ich uns in die Augen, sahen wir nichts als nackte Angst. Wir sprachen nicht viel. Wir konnten einfach nicht. Wir klammerten uns aneinander fest und weinten. Immer wieder stürzte ich aufs Klo und übergab mich. Seltsam. Bis zu dieser Schreckensnachricht hatte ich mich höchstens dreimal übergeben. Ich rauchte eine Zigarette nach der anderen und betete.

Schließlich landete Roger Whittaker mit seinem Flugzeug. Ich sank Roger in die Arme und brach in Tränen aus. Er schüttelte mich, riet mir, mich zusammenzunehmen, und empfahl mir, optimistischer zu sein. Er schrie mich regelrecht an. Seltsamerweise wurde ich daraufhin tatsächlich ruhiger.

In dem winzigen Flugzeug dauerte der Flug nach London eineinhalb Stunden. Es war ein ziemlich holpriger Flug. Wir sprachen kaum. Ron und ich saßen Hand in Hand da. Er bemühte sich nach Kräften, diesem Entsetzen nicht nachzugebeben, das ihn gepackt hatte. Er wollte für mich stark sein. Und für Katy. Wenn es Katy überhaupt noch gab.

Roger hatte Kaffee in einer Thermosflasche mitgebracht. Den tranken wir. Ich versuchte, meine Gedanken auszuschalten, und betete zu Gott. Zu einem Gott, dessen Existenz ich eigentlich nie so recht zur Kenntnis genommen hatte. Doch ich glaubte nicht etwa, daß es ihn nicht gab — ich war Agnostikerin. Jetzt betete ich voller Inbrunst um das Leben meiner Tochter.

Bill und Robin erwarteten uns am Londoner Flughafen. Beim Zoll wurden wir ganz schnell abgefertigt. Tara und ich fuhren mit Bill. Robin bestand darauf, Ron in seinem Wagen mitzunehmen.

Am frühen Morgen dieses spätsommerlichen Sonntags rasten wir durch die verlassenen Straßen. Bill bereitete mich schonend darauf vor, daß man Katy im Krankenhaus die Haare abgeschnitten hatte. Er versicherte mir immer wieder, daß sie wieder ganz gesund werden würde. Doch ich hatte den Eindruck, daß er mir nicht die Wahrheit sagte, weil er mir etwas so Belangloses erzählt hatte. Wir fuhren an einem Friedhof vorbei. An Tausenden von grauen und weißen Grabsteinen. Es schauderte mich, und ich wandte mich ab. Tara war ganz still. Ich versuchte sie zu trösten. Wir hielten uns fest bei den Händen. Tara war acht Jahre älter als Katy. Katy liebte ihre große Schwester heiß und innig, und Tara hing auch sehr an Katy.

Im Eiltempo liefen wir durchs Krankenhaus zur Intensivstation. Ich weiß nicht so recht, was ich erwartet hatte; aber der Anblick, der sich mir bot, brachte mich schier um den Verstand. Mein kleines Mädchen lag in einem grell erleuchteten Raum, mit nacktem Oberkörper. Ihr langes blondes Haar war nicht mehr da. Bis auf den Schädel abgeschoren. Sie war kreidebleich. Bläulich-weiß. Sie erschien mir winzig, wie geschrumpft. Sie sah nicht mehr wie eine kräftige Achtjährige aus, sondern wie ein Kleinkind. Sie hatte Schläuche in der Nase, Kanülen in den Handgelenken. Auch unter der Bettdecke sahen Schläuche hervor. Sie war an ein Beatmungsgerät angeschlossen. Totenstill lag sie da, mit geschlossenen Augen, ihr Atem kaum ein Hauch. Die linke Hand hatte sie zur Faust geballt, der Arm lag über dem Kopf. Ich nahm ihre rechte Hand und drückte sie.

»Katy, mein Liebling, Mami ist da. Ich bin bei dir, Liebes. Drück meine Hand, wenn du mich verstehst. Bitte, Katy, drück meine Hand.« Von den atavistischen Tiefen ihres Seins ging ein Impuls aus. Ein Teil ihres Gehirns mußte wohl noch arbeiten. Jedenfalls drückte sie meine Hand. Da wußte ich, daß meine Worte zu ihr durchgedrungen waren und sie am Leben bleiben würde.

Aber würde sie je wieder ganz die alte Katy sein? Wir wußten es nicht. Ron erschien ein paar Minuten später. Auch er stand eine ganze Weile neben Katys Bett. Während er bei ihr war, suchte ich Dr. Lionel Balfour-Lynn, Katys Kinderarzt, auf, der auch bei ihrer Geburt dabeigewesen war.

»Wie sind die Chancen?« fragte ich ihn.

Er hatte Tränen in den Augen. »Ihre Überlebenschancen stehen etwa sechzig zu vierzig. Es spricht mehr dagegen als dafür, daß sie überleben wird.«

Ich schluchzte fassungslos. Ron kam aus der Intensivstation und brachte mich zum Hinterausgang. Wir hielten uns ganz fest in den Armen und schluchzten herzzerreißend. Wir schworen uns einen heiligen Eid. Sie *durfte nicht* sterben. Und sie *würde nicht* sterben. Wir würden alles nur Erdenkliche tun, damit sie am Leben blieb. Wir würden uns nicht mit den Prognosen der Ärzte abfinden, wie pessimistisch die auch klangen. Wir würden sie mit Liebe, Zuversicht, Gebeten, Kraft und Optimismus überschütten. Mit Hilfe unserer Kraft sollte auch sie wieder zu Kräften kommen. All das schworen wir uns schluchzend am Hintereingang zur Intensivstation, umgeben von Regalen voller Leichentücher.

Nach fünf Minuten gingen wir wieder zu unserer Tochter hinein. Wir hatten uns die Tränen abgewischt. Katy sollte uns nicht weinen sehen. Von jetzt an wollten wir nur noch positive Gedanken und unsere ganze Zuversicht auf Katy übertragen. Wir wollten fest daran glauben, daß Katy am Leben bleiben und wieder ganz gesund werden würde.

Ron sagte über diese schreckliche allererste Zeit nach dem Unfall:

»Joan war wie versteinert und bat mich, mit der Chirurgin Frau Dr. Hunt zu sprechen, die Mr. Illingworth gebeten hatte, uns reinen Wein einzuschenken. Während der ersten zweiundsiebzig Stunden hatte Joan fast ohne Unterlaß auf die zerbrechliche kleine Katy eingesprochen, die im Koma lag. Ich hatte den Eindruck, daß Katy wußte, daß das die Stimme ihrer Mutter war. Diese Stimme drang zu ihr durch und hielt sie während dieser kritischen ersten zweiundsiebzig Stunden am Leben. Deshalb tat ich recht daran, Joan die Dinge zu ersparen, die sie auch unter weniger dramatischen Umständen überfordert hätten. Wie hätte ich da erwarten können, daß sie in dieser kritischen Lage damit fertig wird?

Frau Dr. Hunt erklärte mir in allen Einzelheiten den chirurgischen Eingriff, den sie für nötig hielt, sobald Katy nicht mehr an das Beatmungsgerät angeschlossen war — ein Gerät, das den Patienten beatmet, wenn er in Lebengefahr schwebt. Das ist an sich kein außergewöhnlicher Eingriff — eine Tracheotomie, also ein Luftröhrenschnitt. Dabei wird die Luftröhre chirurgisch eröffnet. Durch diese Öffnung sollte Katy atmen, bis ihr verletztes Hirn wieder Impulse aussenden würde und sie selbständig atmen konnte.

Mr. Illingworth gab uns zu verstehen, daß er diese Operation nicht für nötig hielt. Er war davon überzeugt, daß Katy selbst atmen würde. Frau Dr. Hunt widersprach heftig — doch Mr. Illingworth setzte sich durch. Ich mußte ein Dokument unterzeichnen, wonach ich, Ron Kass, die volle Verantwortung übernahm für den Fall, daß irgend etwas schiefging. Es war also beschlossene Sache, und ich war kolossal erleichtert. (Ich hatte ganz instinktiv vollstes Vertrauen zu Robin Illingworth. Ich weiß besser als irgend jemand sonst, daß er seine unglaubliche Kompetenz und seine genialen Kenntnisse auf dem Gebiet der Hirnforschung hinter einem betont kühlen und bescheidenen Auftreten verbarg.)

Ob Katy operiert wurde oder nicht, sollte sich genau in dem Moment entscheiden, in dem das Beatmungsgerät entfernt wurde. Ich sollte hinter Frau Dr. Hunt stehen und auf der Stelle die Erlaubnis zu der Tracheotomie geben, wenn sich herausstellte, daß Katy nicht atmen konnte.

Mr. Illingworth stand so weit weg, daß er sich nicht einmischen konnte, aber doch nah genug, um mir raten zu können, ob ich ja oder nein sagen sollte — also ja, operieren, oder nein, sie atmet.

Ein Team von fünf Fachkräften mit Frau Dr. Hunt an der Spitze hatte alle nötigen Gerätschaften herangeschafft, die man normalerweise nur in einem großen Operationssaal findet. Doch Katy durfte nicht bewegt werden. Sie war nicht transportfähig. Also mußte der chirurgische Eingriff auf der Intensivstation durchgeführt werden.

Die Anspannung war entsetzlich.

Ganz langsam wurde der Beatmungsschlauch aus Katys Hals entfernt, während Frau Dr. Hunt sich die Hände noch einmal in einer sterilen Lösung wusch und sich die Chirurgenhandschuhe überziehen ließ.

Frau Dr. Hunt war Kettenraucherin. Sie rauchte gräßliche französische Zigaretten. Während sie mich über Katys Zustand unterrichtete, stand sie, ohne es zu wissen, unter einem Abschreckungsplakat, das als Warnung vor den Gefahren des Zigarettenrauchens gedacht war. Doch während der fünfundvierzigminütigen Vorbereitungen auf den Eingriff hatte sie nicht geraucht.

Als das Röhrchen ganz aus Katys Hals entfernt worden war, entrang sich ihrer Kehle ein tiefer keuchender Laut, der allmählich anschwoll. In meinen Augen war das die höchste Alarmstufe; denn es klang forciert und unnatürlich. Ich sah

Robin hilfesuchend an. Ein schwaches Lächeln lag auf seinem Gesicht. Er war offenbar erleichtert. Genau in diesem Augenblick ging das Keuchen in deutlich erkennbare Atemgeräusche über.

Frau Dr. Hunt schien etwas verärgert, denn sie irrte sich nie. Aber Robin ebensowenig.

Sie verlor kein Wort darüber, sondern wies ihr Team nur an, die Geräte hinauszuschaffen. Dann trat sie hastig den Rückzug an. Um das Ego genial begabter Menschen ist es oft seltsam bestellt. Ich weiß noch, wie merkwürdig es mich angemutet hat, daß sie überhaupt nicht glücklich und erleichtert war. Doch Robins Gesichtsausdruck sagte alles. Katys Gehirn hatte das Atemzentrum angewiesen zu atmen. Das war ein großer Durchbruch. Daß sie die ersten zweiundsiebzig Stunden nach dem Unfall überlebt hatte, war der erste große Schritt nach vorn gewesen.

Ron und ich kampierten wochenlang in einem Trailer, der auf dem Krankenhausgelände abgestellt war. Sobald ich wach war, eilte ich an Katys Bett. Noch immer unter Schockwirkung stehend, stürzte ich mich mit dem Mut der Verzweiflung in die Aufgabe, Katy so bald wie möglich aus dem Koma zu erwecken. Ich wollte alles Menschenmögliche tun, damit sie wieder ganz gesund wurde. Daß sie am Leben bleiben würde, stand nach den qualvollen ersten zweiundsiebzig Stunden fest, nachdem auch noch die künstliche Beatmung abgestellt werden konnte.

Ron und ich haben Katy regelrecht ins Leben zurückgeholt. Mit all unserer Kraft haben wir ihr das Leben wieder eingehaucht. Soweit ich überhaupt daran glaube, daß sich mit Willenskraft, Glaube, Hoffnung und Gebete etwas ausrichten läßt, habe ich das meinem Kind in vollem Maße angedeihen lassen.

Woche um Woche verging, doch weder die trüben Prognosen der Ärzte noch die Tatsache, daß Katy noch immer im Koma lag, konnten uns entmutigen oder gar abschrecken. Katy hatte den Unfall überlebt. Und sie würde wieder ganz gesund werden. Davon waren wir beide fest überzeugt.

»Vielleicht wird sie ihr Leben lang nur noch so vor sich hinvegetieren«, versuchte man mir einzureden.

»Vielleicht wird sie nie wieder laufen und schon gar nicht sprechen können.«

Wie oft bekamen wir das und ähnliches von Ärzten, Krankenschwestern, Assistenzärzten und sogar Freunden zu hören. Doch damit stießen sie bei uns auf taube Ohren. Mit unserer Kraft und unserem festen Glauben würden wir sie ins Leben zurückholen.

Jede Nacht, wenn ich vor Erschöpfung vier oder fünf Stunden schlief, ging Ron im Gang der Kinderstation auf und ab. Er wachte über Katy, die nicht aus ihrem langen Schlaf erwachen wollte.

Nach ein paar Wochen hatten wir uns zusammengereimt, wie es zu dem tragischen Vorfall gekommen war.

Wir hatten Katy bei ihrer besten Freundin Georgina und ihrer Mutter in einer vornehmen Wohngegend in Ascot untergebracht, wo sich die berühmte englische Pferderennbahn befindet. Jane hatte mir versprochen, Katy während unserer Abwesenheit wie ihren Augapfel zu hüten.

Ein achtzehnjähriger junger Mann, der groteskerweise ebenfalls Collins hieß, war die Landstraße entlanggefahren. Er wollte seinen Vater nach einer Routineuntersuchung heimfahren. Der junge Mann hatte vor, Krankenpfleger zu werden. Die Neurologie lag ihm besonders am Herzen. Sein Vater war wegen Herzrhythmusstörungen beim Arzt gewesen.

Das Kindermädchen, das auf die beiden Mädchen aufpassen sollte, war nur einen Augenblick unachtsam gewesen. Die Mädchen hatten zum Spaß Jagd auf einen zwölfjährigen Jungen gemacht, der sie geneckt hatte.

Hand in Hand waren sie kaum einen Meter auf die Straße getreten, die eher wie ein Feldweg aussah. Das Tor des Gartens, der bis an die Straße heranreichte, hatte nicht richtig geschlossen.

Katy wurde von der Stoßstange des Wagens erwischt und gegen die Bordsteinkante geschleudert. Dabei wurde auch die rechte Seite ihres Kopfes in Mitleidenschaft gezogen.

Eine Frau, die die schreckliche Szene vom Fenster ihres Hauses mitangesehen hatte, war sofort herbeigestürzt.

Schon nach wenigen Minuten waren zwei englische Bobbys am Unfallort gewesen. Über ihre Walkie-talkies hatten sie sofort einen Krankenwagen herbeigerufen.

Georgina hatte Zeter und Mordio geschrien, doch Katy hatte mit ausdrucksloser Miene und *weit offenen* Augen ganz still dagelegen.

R. Morris, der für den Krankentransport zuständig war, hatte als Veteran aus dem Zweiten Weltkrieg an den Symptomen gleich erkannt, daß das Hirn geschädigt worden war. Nach etwa einer Minute war noch ein zweiter Krankenwagen dazugestoßen, und Katy war mit Blaulicht und Martinshorn ins Krankenhaus von Ascot gebracht worden.

Dort hatte man Katy den Schädel kahlgeschoren. Ihr wunderschönes langes Blondhaar war der Schere zum Opfer gefallen.

Damit war sie für die Hirnsonde vorbereitet worden. Damit die Sonde eingeführt werden konnte, mußten Löcher in die Schädeldecke gebohrt werden.

Der diensthabende Arzt hielt Katys Fall für hoffnungslos und hatte im Central Middlesex-Krankenhaus in Acton angerufen. Gott muß wohl auf unserer Seite gewesen sein; denn zufällig hatte Dr. Hussein, ein Ceylonese, das Gespräch angenommen. Er studierte unter der Schirmherrschaft des bedeutendsten Gehirnchirurgen Europas, Mr. Robin Illingworth.

Dr. Hussein schätzte das Problem gleich am Telefon richtig ein und erkannte, daß man Katy in dem Landkrankenhaus nicht die richtige Behandlung angedeihen lassen konnte, da das Krankenhaus nicht über die fortschrittliche Ausrüstung wie z. B. den EMI-Computer zum Abtasten des Gehirns verfügte. Doch man sagte ihm, daß Katy die Fahrt wahrscheinlich nicht überleben würde. Der Transport von Ascot nach Acton hätte zwei Stunden gedauert, und das im Samstagabendverkehr.

Wie es der englischen Tradition entspricht, wurde die Polizei instruiert. Die stellte sofort eine Polizeieskorte zur Verfügung, während sich Mrs. Elizabeth Reed um Katy kümmerte.

»Schenk deinem Freund Joan Collins zu Weihnachten«, tönte die Werbung für den Video-Hit ›The Bitch«.

Ein aufregender Augenblick für Katy und mich – wir trafen Ihre Majestät die Königin und Prinz Philip nach einem Wohltätigkeitskonzert in der Royal Albert Hall in London 1982.

Erster Tag im ›Denver Clan‹, August 1981. Alexis wird vom Staatsanwalt in die Zange genommen. Obwohl ich äußerlich sehr kühl wirkte, herrschte draußen eine Temperatur von nahezu 35° Grad im Schatten.

John Forsythe und seine Denver-Damen: Linda Evans – als Krystle; Pamela Bellwood als Claudia; Heather Locklear als Sammy Jo; Pamela Sue Martin als Fallon; Joan Collins als Alexis. Obwohl es auf dem Fernsehschirm nicht ganz so aussieht, kommen wir alle recht gut miteinander aus... jedenfalls die meiste Zeit!

Alexis versucht, Krystle unterzukriegen, die Zuschauer mögen solche handgreiflichen Auseinandersetzungen.

1983 wurde ich mit dem Golden Globe für die beste Schauspielerin in einer Fernsehserie ausgezeichnet.

Mein eigener Clan: Katy, Tara, Sacha

Februar 1984: Sie sehen mich hier vor neunzig von nahezu fünfhundert Titelseiten, auf denen ich posierte.

Wer ist die wirkliche Joan? Die Hexe in dem Fernsehspiel ›Hänsel und Gretel‹ oder die Hexe auf dem Titelbild der Weihnachtsausgabe vom Playboy 1983?

Diese Krankenschwester war auf solche mit Lebensrettungsgeräten ausgerüstete Krankenwagen spezialisiert.

Mrs. Reed schrieb uns später, wie elend ihr zumute war. Sie verfügte über langjährige Berufserfahrung und war daher der Ansicht gewesen, daß Katys Überlebenschancen gleich Null waren. Diese entsetzliche Prognose stellte man Katy wochenlang. Alle waren ganz vernarrt in dieses kleine Mädchen, das im Koma lag, doch niemand glaubte, daß sie am Leben bleiben würde. Dank der Polizeivorhut brauchte der Krankenwagen für die Fahrt, die normalerweise zwei Stunden dauert, nur fünfunddreißig Minuten.

Katy wurde eiligst in den Raum mit der Hirnabtastvorrichtung gebracht, wo diese revolutionäre Erfindung erstmals serienmäßig getestet wurde.

Gegen Mitternacht traf Robin Illingworth — von seinem wohlverdienten Wochenende abberufen — in der Klinik ein. Chirurgen redet man in Großbritannien aus Respekt vor dem Ärztestand nicht mit dem Doktortitel, sondern mit Mister an. Niemand hatte hier ein Ahnung davon, daß der Name der Mutter dieses achtjährigen Mädchens in England in aller Munde war. Doch wegen der Dringlichkeit ihres Falles ließ man Katy automatisch die bestmögliche Fürsorge angedeihen. Es gibt so manches, was man in England kritisieren kann, doch wenn man sich in einer verzweifelten Situation befindet, kann man nur hoffen, in England zu sein. Bei einer Krise ist man dort in allerbester Hut.

Als Katy durch die Gänge des Krankenhauses von Central Middlesex zur Intensivstation gefahren wurde, brach die Putzfrau Mae, die Nachtschicht hatte, in Tränen aus. Sie erzählte mir später: »Ich habe mitangesehen, wie dieses entzückende kleine Geschöpf hereingefahren wurde. Ich arbeite schon seit vielen Jahren auf der Intensivstation. Wenn ein Patient eingeliefert wird, weiß ich meistens auf Anhieb, ob er am Leben bleiben oder sterben wird. Ich wußte gleich, daß dieses Kind die Nacht nicht überleben konnte. Ich habe mich darin noch nie geirrt. Ich habe geweint. Um ihre arme Seele habe ich geweint. Was für ein Jammer. Ihr Leben hat ja kaum angefangen.«

All das erzählte mir Mae eines Nachmittags, während sie den Wohnwagen sauber machte und ich eine kleine Atempause einlegte.

»Was bin ich froh, daß ich mich geirrt habe«, sagte die liebenswerte Farbige strahlend. »Das ist das erste Mal, daß ich mich geirrt habe.«

»Man soll nie aufgeben, Mae«, erwiderte ich. »Ich versichere Ihnen, daß wir unsere Katy niemals aufgeben werden.«

Ganz allmählich, Schrittchen für Schrittchen, wurde sie uns wiedergegeben. Sie begann auf die ununterbrochene Zuwendung zu reagieren, die ihr durch ihre Eltern zuteil wurde. Der kleinste Fortschritt machte uns überglücklich. Es war ein Wunder, daß es wieder aufwärtsging.

Am achten Tag schlug sie die Augen auf. Ihr Blick war leer und verriet nichts, und doch war das ein sehr gutes Zeichen. Als die Physiotherapeuten anfingen, mit ihr zu arbeiten, sah sie mit dem kurzgeschorenen Haar und den dürren Armen und Beinen wie ein Skelett aus. Nach ein paar Wochen stöhnte sie wie ein Tier. Auch das war ein gutes Zeichen. Es bedeutete, daß ihre Stimmbänder wieder funktionierten.

Nach sechs Wochen hieß es, man könne im Krankenhaus nichts mehr für sie tun. Nach Ansicht der Ärzte war sie wiederhergestellt. Also wurde sie nach Hause geschickt. Das war die beste Therapie. Zu Hause sein, in der South Street. Bei ihrem Kater Sam. In ihrem Zimmer mit den roten Herzen auf der Tapete, den vielen Plüschtieren, den Büchern und Pferdebildern.

Als Ron unser zaundürres kleines Mädchen ins Kinderzimmer hinauftrug, bekam Katy ganz große Augen und schien von einer tiefen inneren Freude erfüllt zu sein. Sie wußte, daß sie wieder zu Hause war.

In den darauffolgenden Monaten machte Katy stetig weiter Fortschritte. Es war wirklich ein Wunder. Ständig war eine Tag- bzw. Nachtschwester bei ihr. Nach etwa einer Woche machte sie die ersten unsicheren Schritte. Es war fast, als hätten wir wieder ein Baby. Ich ging in ein Kaufhaus und kaufte Unmengen von Mobiles, Rasseln und anderes Spielzeug, um sie anzuregen.

Jeden Tag wies ich auf irgendwelche Gegenstände und fragte Katy nach den Namen bzw. Bezeichnungen. Schweigen. Kein Laut kam aus ihrem entzückenden Kindermund. Doch ihre Augen blickten aufmerksam. Sie beobachtete ganz genau. Sie *wußte,* was ich wissen wollte, konnte es nur noch nicht sagen. Wenn sie auch sonst wie ein Kleinkind wirkte und reagierte, so hatte sie doch die Augen und den Blick einer Achtjährigen.

»Was ist das, Katy?« Ich wies auf ein Hufeisen in ihrem Zimmer. Sie war so gern geritten, doch dann hatte sie vor mehr als zwei Monaten diesen schrecklichen Unfall gehabt.

Ein Flüstern. Hatte ich recht gehört? Ein Krächzen. »Hufeisen«, flüsterte sie kaum vernehmlich. Doch es war ein Wort, das richtige Wort. Sie würde wieder *ganz gesund* werden!!!

In der Woche darauf sagte sie einen ganzen Satz: »Ich möchte etwas zu trinken.«

Ein paar Tage später lächelte sie zum erstenmal.

Noch ein paar Tage vergingen — da lachte sie leise.

Doch sie hatte noch keine Träne vergossen. Es dauerte sechs Monate, bis sie wieder weinen konnte. Aber sie machte ständig Fortschritte. Langsam, fast unmerklich ging es aufwärts, doch daß sie Fortschritte gemacht hatte, daran bestand kein Zweifel.

Ron und ich waren geistig und physisch völlig erschöpft. Um diese fürchterliche Zeit überhaupt durchzustehen, hatte ich zu trinken angefangen. Ich trank Unmengen von Whisky und Weißwein. Ich war zur Kettenraucherin geworden. Jedes Mittel war mir recht, um mich zu betäuben. Der Schmerz wäre sonst unerträglich gewesen. Ich wollte gar nicht wissen, was Ron einnahm, um diese schwere Zeit zu überstehen.

Das Leben mußte weitergehen. Die Rechnungen mußten bezahlt werden. Hohe Rechnungen. Ärzte, Krankenschwestern, Therapeuten — die Krankengymnastik, das Spezialbett und der Rollstuhl waren zu bezahlen. Die Liste nahm und nahm kein Ende.

Wir hatten schon beschlossen, die Komödie *The Last of Mrs. Cheyney* im Westend aufzuführen, als Katy noch im Krankenhaus lag. An dem Tag, an dem Katy zum erstenmal wieder ein

Wort sagte, begannen die Proben im Cambridge Theatre. Auf einer Pressekonferenz äußerte ich mich begeistert darüber, was für wunderbare Fortschritte Katy machte und konnte und konnte kein Ende finden. *Mrs. Cheyney* war nicht entfernt so wichtig wie die Genesung unseres Lieblings.

Am nächsten Tag waren ziemlich deprimierende Fotos von mir in der Zeitung. Ich sah aus wie ein verhärmtes Wrack. Ich hörte sofort auf zu trinken und hielt eisern Diät. Nachdem ich so viele Jahre diszipliniert gelebt hatte, fiel mir das nicht schwer. Ich war ja immerhin Schauspielerin von Beruf, war es mir und meiner Tochter schuldig, daß ich mich wieder an die Kandare nahm.

Drei Wochen nach Beginn der Proben war es soweit. Die Premiere fand in Brighton statt. Katy kam am Premierenabend zu mir hinter die Bühne. Sie hatte etwas für uns geschrieben. Das war das erstemal seit dem Unfall.

»Liebe Mami, lieber Daddy, ich habe Euch so lieb.«

Die Schrift war ganz kraus und zittrig, aber sie hatte das ganz allein geschrieben. Es war unglaublich, wieviel Willenskraft in diesem kleinen, achtjährigen Mädchen steckte, wo doch ein Teil ihres Gehirns bei diesem Unfall so schwer in Mitleidenschaft gezogen worden war. Ich war an diesem Abend ungeheuer stolz auf sie. Das Publikum applaudierte stürmisch. Immer wieder wurden wir herausgerufen. Doch nichts machte mich so glücklich wie die ersten Worte, die Katy nach dem Unfall für uns geschrieben hatte.

Im November ließen wir das Foto für die Weihnachtsgrußkarten machen und feierten damit zugleich, daß Katy schon so weit wiederhergestellt war. Unsere Tochter trägt auf dem Foto ein grünes Samtkleid mit weißem Spitzenkragen. Glücklich lächelnd sitzt sie unter einem riesengroßen Weihnachtsbaum und drückt ihr liebstes Plüschtier, Lambikins, an sich. Der Glückwunsch auf der Innenseite lautete ganz einfach:

»Unser sehnlichster Weihnachtswunsch hat sich erfüllt. Mögen Eure Wünsche auch in Erfüllung gehen.«

Ich hatte Ron angefleht, nach Los Angeles zu fliegen und das Haus zu verkaufen, in dem wir schon seit über einem Jahr nicht mehr wohnten. Um unsere Finanzen stand es wie gewöhnlich nicht zum besten.

Ron und ich mußten zusammen für sechs Kinder aufkommen. Der Gipfel war, daß es *›Die Stute‹* und *The Bitch* jetzt auf Videokassette gab. Die Kassetten fanden reißenden Absatz. Doch wir bekamen dafür kein Geld.

In den Dezemberausgaben der Videozeitschriften war ein aufreizendes Foto von mir in Netzstrümpfen, Pelzmantel und Chauffeurmütze. Darunter stand: »Schenk deinem Dad Joan Collins zu Weihnachten!« Wieder einmal ausgebeutet. Würde das denn nie aufhören?

Ron schien nicht mehr ganz auf dem Damm zu sein, wenn er sich auch nach Katys Unfall und während ihrer langen Genesungszeit vorbildlich verhalten hatte. Jetzt ließ er seine Post und alle Rechnungen ungeöffnet auf seinem Schreibtisch liegen. Er nahm keine Anrufe mehr entgegen, Gläubiger tauchten bei uns auf. Ich machte mir schreckliche Sorgen. Sobald *The Last of Mrs. Cheyney* nicht mehr auf dem Spielplan stand, flog ich nach Los Angeles, um unser Haus dort zu verkaufen.

Ron war nie um Ausreden verlegen gewesen, um nicht nach Los Angeles fliegen zu müssen.

In Los Angeles mußte ich schweren Herzens erkennen, wie es um unsere Ehe wirklich bestellt war. Auch in Beverly Hills hämmerten die Gläubiger schon an die Tür. Es war entsetzlich und entwürdigend. Ich war keine Geschäftsfrau — ich war Schauspielerin und Mutter. Die meisten finanziellen Angelegenheiten gingen über meinen Horizont, ich konnte unsere Finanzen also nicht verwalten. Doch es hatte mir nie gelegen, mich in Selbstmitleid zu ergehen. Ich war ein Mensch der Tat. Also rief ich Ron an und sagte ihm, ich wolle mich scheiden lassen. Daß auch diese Ehe ein Fiasko war, lag wie ein Fluch auf mir, doch Ron hatte sich zu sehr geändert. Er war nicht mehr der Mann, den ich vor fast zehn Jahren geheiratet hatte.

Am nächsten Tag rief mich eine meiner besten Freundinnen, eine tiefgläubige Katholikin, aus London an. Als es so schlecht um Katy stand, hatte sie uns mit ihrem Glauben sehr geholfen. Sie flehte mich an, mich nicht scheiden zu lassen und mich auch nicht von Ron zu trennen.

»Gott hat dir Katy wiedergeschenkt, doch er könnte sie dir nehmen, wenn du dich von Ron scheiden läßt oder ihn auch nur verläßt«, versuchte sie mich umzustimmen.

Mir stockte das Blut in den Adern. Unbeschreiblich abergläubisch hatte ich zu jedem nur möglichen Gott gebetet und das Leben und die Gesundung meiner Tochter erfleht. Seit ihrem Unfall waren erst sechs Monate vergangen. Obwohl Katy inzwischen wieder zur Schule ging, war sie noch lange nicht ganz wiederhergestellt.

Meine Freundin sprach eine Stunde auf mich ein. So überzeugend, daß ich mich bereit erklärte, bei Ron zu bleiben. Den Mann, den ich geheiratet hatte, liebte ich noch immer. Doch wo war der geblieben?

Ich verlangte von Ron, daß er sich zusammennahm. Daß er arbeitete, alles wieder in Ordnung brachte, sich um unsere Finanzen kümmerte und keine Drogen mehr nahm. Ich hätte zu diesem Zeitpunkt nicht einmal sagen können, ob er Drogen nahm oder nicht. Er hatte mehrere Entziehungskuren hinter sich, doch es war ein Leichtes für ihn, mich an der Nase herumzuführen. Er gelobte Besserung.

In einer Folge von *Fantasy Island* spielte ich für den Produzenten Aaron Spelling endlich die Kleopatra. Diesmal erschien es mir gar nicht so schlimm, in einer Folge einer Fernsehserie mitzuwirken. Ein paar Leute fragten mich, ob ich an einer ganzen Serie interessiert sei, wo ich in jeder Folge aufzutreten hatte. Nein, nein, nur das nicht! Ich wollte in England leben und spielen. Und auf den Brettern stehen, die die Welt bedeuten.

Wir verkauften das Haus in Beverly Hills und zogen ganz nach London. Die Kinder wurden in verschiedenen Schulen untergebracht. Sascha kam ins Internat, Tara ging in Paris aufs College, und Katy machte sich in London glänzend in der Schule.

Im Juli machten wir in Marbella im sonnigen Spanien Urlaub. Seit Katys Autounfall war fast ein Jahr vergangen. Es würde zwar noch eine Weile dauern, bis sie wieder ganz das Mädchen war, das sie einmal gewesen war, doch sie hatte fantastische Fortschritte gemacht. In der Sonne gedieh sie bestens, und sie schwamm für ihr Leben gern.

Das Telefon läutete. Tom Korman, mein Agent in Los Angeles, war am Apparat. »Joanie, ist dir die Fernsehserie *Dynastie* (Der Denver-Clan) ein Begriff?« fragte er mich.

»Nein, nie davon gehört. Worum geht es dann darin?« erkundigte ich mich. Ich genoß den Sonnenschein am Mittelmeer. Es war mein erster Urlaub seit zwei Jahren.

»Na ja, es ist eine Serie, ein richtiges Rührstück — ein bißchen wie *Dallas.* Die Serie läuft jetzt seit dreizehn Wochen, sie könnte ein großer Erfolg werden, obwohl sie vorerst erst an fünfundvierzigster Stelle auf der Beliebtheitsskala rangiert. Sie wollen dich für diese Serie.«

»Nein, völlig ausgeschlossen!« Ich setzte mich heftig zur Wehr. Ich hatte nicht die leiseste Absicht, wieder in die USA zurückzukehren. Und schon gar nicht wegen irgendeiner Fernsehserie, von der ich noch nie etwas gehört hatte.

»Joanie, du mußt die Rolle einfach spielen! Aaron mag dich sehr, und die Shapiros und die Pollacks auch. Sie wollen unbedingt, daß du die Rolle spielst. Nächste Woche beginnen die Dreharbeiten bei der Fox. Wird du die Rolle übernehmen?«

Ich schwieg.

»Hallo, hallo!« Tom wurde langsam nervös. »Hörst du mich? Die Serie heißt *Dynasty,* Denver-Clan. Das könnte ein absoluter Hit werden. Du sollst die Rolle der Alexis spielen. Eine ganz fantastische Rolle. Alexis ist ein Biest, aber ausgesprochen clever, nicht auf den Kopf gefallen. Glaub mir, die Rolle kann sich sehen lassen. Dein Text ist wirklich gut. Mit dieser Rolle wärst du bald wieder ein großer Star. Denk mal darüber nach.«

»Gut, ich werde es mir durch den Kopf gehen lassen, Tom«, versprach ich meinem Agenten.

Das habe ich getan.

Wieder Dreharbeiten auf dem Gelände der Twentieth Century Fox. Es war siebenundzwanzig Jahre her, seit ich das Gelände zum erstenmal betreten hatte. Die hawaiianischen Dörfer, die Straßen für die Westernfilme, die mittelalterlichen Schlösser waren schon lange nicht mehr da. An ihre Stelle waren riesige Betonburgen mit Stahl und Glas getreten – Bürogebäude, Mietshäuser und Hotels. Breite Alleen mit Springbrunnen, alten römischen Piazzas nachempfunden. Ganze Menschenscharen eilten zur Arbeit. Da gab es Theater, Einkaufszentren, Big Business, Hochfinanz. Alles zeugte von einem Leben im Überfluß.

Wir mieteten eins der bestbewachten Apartments in Century City. Wir mieteten die Wohnung für einen Zeitraum von sechs Monaten; denn ich konnte mir schlecht vorstellen, daß die Serie noch länger laufen würde. Ich hatte die ersten Folgen per Video gesehen und war nicht sonderlich beeindruckt gewesen. Die Rollen waren mit guten Schauspielern besetzt, und die Handlung war auch nicht schlecht, doch irgendwie erschien mir das Ganze ziemlich langweilig. Für solche *Soap Operas* hatte ich sowieso nicht viel übrig, und schon gar nicht, wenn sich ein Großteil der Handlung auf Ölfeldern abspielte. Aber ein Dollar war ein Dollar, und so war ich wieder bei der Fox gelandet. Älter und klüger geworden, doch nicht klug genug.

Es war nicht einfach gewesen, alles zu regeln, damit ich im ›Denver-Clan‹ mitwirken konnte. Es sprach vieles dafür, aber auch so manches dagegen, wieder nach Los Angeles zurückzukehren, um in so einer fragwürdigen Serie mitzuspielen. Allerdings war Alexis laut Drehbuch eine atemberaubende, hochinteressante Frau, die sich sehen lassen konnte. Mir war zu Ohren gekommen, daß jede Schauspielerin in Hollywood diese Rolle liebend gern gespielt hätte.

Ich wußte, daß die Wahl des Produzenten nicht gleich auf mich gefallen war. Es kommt nur ganz selten vor, daß der Produzent oder Regisseur bei einer Rolle sofort einen ganz bestimmten Schauspieler oder eine Schauspielerin im Auge hat, ganz gleich, ob es sich um eine Rolle im Film oder im Fernsehen handelt. Sophia Loren und Raquel Welch hatten auch zur Debatte gestanden. Aber Aaron Spelling, der kluge und dynamische Aaron, den ich schon seit den Dreharbeiten von *The Opposite Sex* kannte, als er noch ein armer Hungerleider und Schauspieler war, wollte nur *mich.* Inzwischen war jede seiner Fernsehserien ein Hit. Aaron bekam fast immer, was er wollte.

In den zehn Tagen vor meiner Abreise aus Marbella gingen tausend Telefongespräche hin und her. Englische Agenten, amerikanische Agenten, Rechtsanwälte, Katys Schule, ihre Therapeuten, ihre Ärzte, meine Ärzte riefen an. Die Agenten brüllten, versuchten mich unter Druck zu setzen. Mehr Komplikationen konnte es beim ›Denver-Clan‹ kaum geben.

Triumph Productions, meine alten Freunde Duncan Weldon und Louis Michaels erwarteten von mir, daß ich zehn Wochen mit dem Stück *Murder in Mind* durch die Provinz tingelte. Die Proben sollten erst nach Wochen beginnen, und es war nicht gesagt, daß das Stück dann auch im Westend von London aufgeführt werden würde. Deshalb wollte ich darauf verzichten und für den ›Denver-Clan‹ frei sein.

Doch sie wollten mich nicht gehen lassen.

Der alte Louis Michaels suchte mich sogar in Marbella auf. Er erschien in Tropenkluft, und seine runzlige Haut warf Falten. Er schenkte mir reinen Wein ein.

»Meine liebe Joanie, wir würden nur auf deinen Auftritt auf der Bühne *verzichten,* wenn wir deinen *Totenschein* in Händen hätten. Ich habe das sogar schriftlich — in einem Telegramm.«

Er schwenkte ein Stück Papier vor meinen Augen hin und her und sank keuchend in einen Sessel, von einem Hustenanfall geschüttelt.

Ich starrte Ron und Viviane Ventura an. Wir befanden uns in dem sonnendurchfluteten luxuriösen Wohnzimmer in Marbella.

Die Leute wollten einen *Totenschein*? Was sollte das denn heißen? Waren sie so eine Art Mafia?

Es gab ein Dutzend Schauspielerinnen, die die Rolle der Mary in *Murder in Mind* spielen konnten. Wie konnten sie sich mir gegenüber nur so unfair verhalten. Und dabei behaupteten sie noch, mich zu mögen und zu bewundern. Wenn ich die Rolle der Alexis im ›Denver-Clan‹ spielte, würde es mit meiner Karriere rapide aufwärtsgehen. Ich war sogar bereit, diesen Erfolg mit ihnen zu teilen. Triumph mußte doch bemerkt haben, daß mein Abstecher kein übermäßiger Erfolg gewesen war. Ich hatte auf der Bühne nicht Furore gemacht.

Ich versprach, für die gleiche Gage, die ich für *Murder in Mind* erhalten hatte, Rollen in zwei von ihnen produzierten Stücken zu spielen, sobald die Fernsehserie ›Denver-Clan‹ abgedreht war. Zu der Zeit glaubte ich nicht, daß die Serie länger als eine Saison laufen würde. Der ›Denver-Clan‹ rangierte schließlich nur an fünfundvierzigster Stelle. Das war nicht gerade großartig, wenn auch Aaron Spelling der Produzent war, dem wir auch ungeheure Fernsehhits wie ›Drei Engel für Charlie‹, ›Die Profis‹, ›Das Traumschiff‹ und viele andere verdanken.

»Aber meine liebe Joan, Sie werden auch noch andere Rollen angeboten bekommen«, keuchte der alte Louis. »Es wird auch in anderen Fernsehserien Rollen für Sie geben. Meine Liebe, das ist doch nicht Ihre letzte Chance.«

»Das ist aber eine einmalige Chance, Louis. Wirklich eine ganz *enorme* Chance. Ich weiß es ganz genau. Das habe ich im Gefühl. Selbst wenn diese Serie nur eine einzige Saison läuft, kann ich aus der Rolle der Alexis sicher so viel machen, daß mir im Anschluß daran bessere Sachen angeboten werden. Dann habe ich einen viel höheren Marktwert. Louis, ich verspreche Ihnen, dann in *vielen* Ihrer Produktionen mitzuwirken.«

Mit allen Anzeichen der Verzweiflung schüttelte er sein ergrautes Haupt. »Nein, meine Liebe. Nein! Wir brauchen Sie für Manchester und Leeds.«

Auf der rasch einberufenen Familienkonferenz waren wir zu dem Schluß gekommen, daß ich die Rolle der Alexis im ›Denver-Clan‹ trotz der Steine, die mir Triumph dummerweise in den Weg zu legen versuchte, *unbedingt* spielen sollte. Bei diesen Überlegungen ging es Ron und mir vor allem um das Wohl der Kinder.

Sascha war in England im Internat. Seinetwegen brauchte ich also nicht in England zu bleiben, er war gut untergebracht.

In den Schulferien konnte er ja zu uns in die Staaten fliegen. Er war inzwischen fünfzehn Jahre alt, also ein großer Junge. Tara ging in Paris aufs College. Sie war siebzehn, schon fast achtzehn Jahre alt. Da war es sowieso Zeit, daß sie flügge wurde und das Nest verließ. Ich hatte mein Elternhaus verlassen, als ich so alt war wie sie. Tara hatte nichts dagegen, daß ich die Rolle übernahm.

Und dann Katy! Unsere geliebte Katy, unser Kleines. Das Wohlergehen dieses Kindes lag mir mehr am Herzen als irgend etwas sonst auf der Welt. Daß es ihr gutging, war soviel wichtiger als alles Geld und der größte Erfolg. Doch alle ihre Lehrer, Ärzte und Therapeuten waren sich darin einig, daß ihr sechs Monate oder ein Jahr im sonnigen Kalifornien zuträglicher sein würden als der kalte Winter in London. Ich sah sie ausgelassen mit Viviane Venturas Kindern im Swimmingpool herumtollen. Sie war braungebrannt und munter — allerdings zuweilen noch ein wenig zittrig, aber der Unfall lag ja auch erst ein Jahr zurück. Großer Gott, ein Jahr war das erst her. Katy war inzwischen neun Jahre alt. Unser kleines Wunderwesen. Ein ganz in sich gefestigtes Persönchen. Dank ihrer eisernen Willenskraft war es ihr gelungen, solche Fortschritte zu machen. Sie verdiente es am allermeisten, daß man ihr Wohl im Auge behielt und tat, was für sie am besten war.

»Nehmen Sie sie mit nach Kalifornien«, riet uns Robin Illingworth, der Katy das Leben gerettet hatte.

»Sie werden nie wieder eine Rolle bekommen«, drohte mir Louis Michaels.

»Kalifornien wird Katy guttun«, sagte ihre Lehrerin.

»Wenn Sie jetzt nach Kalifornien gehen, können Sie Ihre Karriere an den Nagel hängen!« schrie Duncan Weldon wutentbrannt.

»Bringen Sie sie ruhig nach Kalifornien«, meinte Katys Logopäde.

»Gehen Sie mit Katy nach Kalifornien. Das wird für Sie beide eine Wohltat sein«, behauptete unser Hausarzt Cecil Epel.

»Wir sehen uns vor Gericht wieder.« Triumph Productions fuhren schweres Geschütz auf.

»Ach, zum Teufel mit der ganzen leidigen Angelegenheit«,

sagte ich schließlich enerviert. Wir machten uns auf den Weg nach Kalifornien.

So trat der ›Denver-Clan‹ in mein Leben. Am ersten Drehtag war ich furchtbar nervös. Es war Mitte August 1981, ein schrecklich heißer Tag. Ich trete in der Serie erstmals in der inzwischen berühmt gewordenen Szene im Gerichtssaal auf. Alexis, die geheimnisumwitterte geschiedene Frau des Ölmagnaten Blake Carrington, tritt plötzlich und unerwartet in Erscheinung, um in dem Mordprozeß als Zeugin gegen Blake auszusagen.

Ganz kurz war diese mysteriöse Frau auch in der vorigen Folge schon in Erscheinung getreten. Als sie den Gerichtssaal betritt, ist die Familie Carrington konsterniert, erstaunt und verärgert. Alexis hat ihren großen Auftritt in einem schwarzweißen Kostüm. Sie trägt einen weißen Hut mit breiter Krempe, eine dunkle Sonnenbrille und ist tiefverschleiert. An diesem Tag sollte zusätzlich die Szene mit mir im Zeugenstand gefilmt werden. Da verhört mich Brian Denehhey als Anklagevertreter. Laut Drehbuch waren das zwölf Seiten. Ich hatte den meisten Text zu sprechen.

Ich war von lauter fremden Gesichtern umgeben. Manche meiner Kollegen erschienen mir freundlich, andere verhielten sich ganz unverbindlich. Ich mußte mich hier erst bewähren. In ihren Augen war ich nur irgendeine Schauspielerin aus England, die über den großen Teich gekommen war, um Amerika im Sturm zu erobern. Na ja, sehn wir mal, wie sie sich macht. Ich wurde kritisch unter die Lupe genommen.

Meine Kollegen waren alle sehr nett und zuvorkommend, wie sich bald herausstellte. Sie kannten sich natürlich schon seit geraumer Zeit, denn ich trat erst nach dreizehn Folgen in Erscheinung. Von den Kollegen kannte ich nur Linda Evans, die Krystle spielte, die leidgeprüfte Ehefrau von Blake. Ich kannte Linda aus der Zeit vor ein paar Jahren, als sie noch mit Stan Herman verheiratet war. Ron und ich waren öfter auf Partys in ihrem Strandhaus bei ihnen zu Gast gewesen. Wir hatten viele gemeinsame Bekannte.

Linda kam zu mir in den Wohnwagen, als ich mich an diesem Morgen schminkte. »In dieser Szene im Gerichtssaal sind wir alle schon in den Zeugenstand gerufen worden«, erklärte Linda aufgeräumt. »Da haben wir alle schon aussagen müssen, und es hat uns allen gegraust!«

»Ja, aber ihr habt euch alle gut *gekannt*«, stöhnte ich. »Linda, ich bin schrecklich nervös. Wie soll ich nur dieses berechnende Biest mit seinem sicheren Auftreten richtig *cool* spielen, wenn mir der Schweiß den Rücken hinunterrinnt und ich das Gefühl habe, als flögen lauter Schmetterlinge in meinem Magen herum?« Es war heiß zum Ersticken, und das Kostüm aus warmem Wollstoff machte natürlich alles noch schlimmer.

»Sie werden diese Rolle ganz fantastisch spielen. Ein Glück, daß Sie die Rolle bekommen haben. Darüber sind wir alle froh. Und vergessen Sie nicht, daß wir alle schon im Zeugenstand gesessen haben. Wir werden Ihnen fest die Daumen drücken.«

Da saß ich nun in meinem Wohnwagen und betrachtete mein Spiegelbild. In den achtziger Jahren gab es bei der Twentieth Century Fox keine Garderoben mit Bar, luxuriöser Badewanne und Farbfernseher mehr. Natürlich hatte mir die Fox nie eine solche Garderobe zur Verfügung gestellt, doch ich hatte die von Lana Turner und Robert Wagner gesehen, die wahrhaft fürstlich waren.

Au contraire. Vor Bühne acht standen auf dem Gelände der Fox ordentlich in Reih und Glied neun völlig identische Wohnmobile. Wenn wir auf Abruf bereit sein mußten, wohnten wir in diesen Wohnmobilen — wie Hennen in einer Legebatterie. Wir wurden auf die Bühne geholt, um unsere Szenen zu spielen, und nach vollbrachter Tat wieder in unsere fahrbaren Unterkünfte zurückgeschickt.

Mein Gesichtsausdruck entsetzte mich. Ich wirkte völlig verängstigt. Und das war ich auch. Diese Alexis, die ich spielen sollte, war zwar smart, aber eine üble Intrigantin, die log, daß sich die Balken bogen, und die Menschen nach Gutdünken manipulierte. Nichts und niemand lag ihr wirklich am Herzen. Ihr ging es ausschließlich um Geld und die damit verbundene Macht. Seit der Prinzessin Nellifer in ›Land der Pharaonen‹ hatte ich keine so abgefeimte Frau mehr gespielt.

Ich wußte, daß für mich sehr viel auf dem Spiel stand. Wenn ich meine Sache gut machte und der Rolle gerecht wurde, konnte das für mich der große Durchbruch sein. Oder wieder mal ein Fehlschlag.

Ich mußte das Kostüm bei diesem Auftritt tragen, da war nichts zu machen. Die unbekannte Schauspielerin, die in der vorigen Folge kurz als Alexis in Erscheinung getreten war, hatte es angehabt. Also mußte auch ich es jetzt tragen. Und dazu den großen weißen Hut mit dem schwarzen Hutband und dem schwarzen Schleier. Stand mir eigentlich nicht schlecht. Das Kostüm war schlicht, doch sexy; furchtbar heiß, doch chic. Ich fand, daß die dunkle Brille unter dem Schleier ziemlich vulgär aussah. Doch auch das war nicht zu ändern.

Die zweite Assistentin Alice Blanchard klopfte an die Tür. »Alles fertig zur Probe, Joan.« Mir zitterten die Knie, so sehr ich mich auch zusammennahm. Ich betrat Bühne acht.

Das Filmteam — Kameraleute, Beleuchter etc. — sah aus, als verstünde es sein Fach. Und so war es dann auch.

Bobby Santina, den ersten Regieassistenten, hatte ich schon am Tage meiner Ankunft kennengelernt. Als er mir erzählte, daß die Dreharbeiten acht Monate dauern würden, muß ich wohl ziemlich entsetzt ausgesehen haben. Jetzt stellte er mich Gabrielle Beaumont vor, die ebenfalls Engländerin war und bei dieser Folge Regie führte. Sie tat alles, um mich zu beruhigen. Sie war froh, daß ich die Produzenten dazu gebracht hatte, mich die Rolle der Alexis als Engländerin spielen zu lassen. Zuerst war nämlich die Rede davon gewesen, daß ich als Alexis mit amerikanischem Akzent sprechen sollte. Ich hatte mir die Sache gründlich überlegt. Doch im Fernsehen gab es sonst keine Engländerinnen. Vielleicht sollte man den Zuschauern in Amerika zur Abwechslung mal eine Engländerin servieren. Natürlich wußte ich, daß ›Ausländer‹ im Fernsehen noch nie gut angekommen waren. Mit Ausnahme von Eva Gabor in ›Green Acres‹ waren die Einschaltquoten noch bei keinem Nichtamerikaner sprunghaft in die Höhe geschnellt.

Ich saß also vor Gericht im Zeugenstand und besah mir nervös meine neue Fernsehfamilie. John Forsythe zwinkerte mir aufmunternd zu. Er war ein Schatz — ein echter Gentleman. Er war aufmerksam, galant und humorvoll — ganz das, was man in England unter einem Gentleman versteht.

Hinter John saßen ›unsere‹ Kinder Steven und Fallon. Al Corley war sehr groß, sehr blond und sehr männlich. Pamela Sue Martin groß, schlank und hübsch, von einem wahren Lebenshunger besessen und stets darauf aus, Erfahrungen zu sammeln. Sie ging allem auf den Grund. Sie weigerte sich, in der Serie Pelzmäntel oder viel Schmuck zu tragen.

Und dann war da noch John James — oder JJ, wie ihn alle nannten. Ein wahrer Adonis, ein Bild von einem Mann, ein ganz reizender Mensch und ausgesprochen lernbegierig. Er spielte Jeff Colby, Fallons Mann.

JJ und Pamela Bellwood, die die zerbrechliche neurotische Claudia spielte (doch nicht in der Szene im Gerichtssaal), wurden unter den Mitwirkenden beim ›Denver-Clan‹ meine besten Freunde. Katy war ganz vernarrt in Pamela Bellwood, und wenn ich in meinem Hause eine Party gab, saßen die beiden stundenlang im Gespräch vertieft in einer Ecke.

Und *last, not least* auch noch Lee Bergere, der Joseph, den finsteren Majordomus, spielte. Ich geriet häufig mit ihm aneinander, bis er auszusteigen beschloß, weil er nicht genug zu tun hatte. Das stimmte allerdings. Für einen Schauspieler mußte es ein wahrer Fluch sein, nur einen Butler zu spielen. Lee hatte eine Klausel in seinem Vertrag, wonach er keine niedrigen Lakaiendienste zu verrichten brauchte. Als ich ihm eines Tages in aller Unschuld vorschlug, ein Tablett hereinzutragen, wurde er furchtbar wütend. Auch das Fernsehen hatte seine eisernen Regeln. Ich lernte täglich etwas dazu.

»Ihr Name?« herrschte mich Brian Denehhey an und ließ seinen Adlerblick über den vollbesetzten Gerichtssaal schweifen.

»Alexis Morrell Carrington«, sagte ich stolz und trotzig.

»Wohnhaft?«

»In den vergangenen Jahren habe ich in Acapulco gelebt.«

»Sie waren die erste Frau des Angeklagten Blake Carrington. Sie sind die Mutter seiner Kinder. Ist das richtig?«

»Ja.«

»War es eine Scheidung auf freundschaftlicher Basis?«

»Nein«, erwiderte ich. »Ich würde eher sagen, daß es eine *erzwungene* Scheidung war.«

Ich nahm meine dunkle Sonnenbrille ab und hob ganz langsam den Schleier, um die größtmögliche Wirkung zu erzielen. Atemlose Spannung im Gerichtssaal. Die Produzenten des ›Denver-Clans‹ und die leitenden Herren der ABC staunten nicht schlecht, als sie sich die Szene am nächsten Tag im Vorführraum ansahen. Die Szene war dynamisch und sehr eindrucksvoll.

Ich konnte nie so recht daran glauben, welchen Bekanntheitsgrad ich erreicht hatte. Deshalb lächelte ich nur, als mein Vater mir die Titelseite des englischen *Daily Mirror* schickte. Unter einem großen Foto von mir mit Hut, Schleier und geheimnisvollem Lächeln leuchteten mir in grellen Lettern die Worte entgegen: »Weltgewandte Lady Joan ist darauf aus, J. R. aus dem Feld zu schlagen.«

Bald galt ich in Hollywood als ›heißer Tip‹. So etwas macht dort schnell die Runde. »Zündend«, nannte man mich und »von großer Ausstrahlungskraft«. Ich wurde mit den lobendsten Adjektiven belegt. Was im alten Rom galt, traf auch auf Hollywood zu: »Drei Menschen können ein Geheimnis nur für sich behalten, wenn zwei von ihnen tot sind.« In Hollywood kann man kaum etwas geheimhalten. Schon nach ein paar Tagen interessierten sich die Medien brennend für mich.

Ich hatte das Gefühl, daß ich vielleicht wieder ein Star werden konnte. John Springer, ein alter Freund, rief mich im November 1981 aus New York an und bat mich, an der ›Nacht der 100 Stars‹ in der Radio City Music Hall teilzunehmen.

»Grace Kelly, Bette Davis, Elizabeth Taylor, Paul Newman, Lillian Gish, Roger Moore und noch viele andere haben schon zugesagt«, berichtete John freudig. »Wir möchten, daß du mit Farley Granger auf der Bühne stehst als ›Liebespaar der silbernen Leinwand‹, während wir einen Ausschnitt aus *Girl on the Red Velvet Swing* zeigen.«

Schon Wochen vor dem Ereignis war diese Show in aller Munde. Wir hörten, daß Grace Kelly aus Monaco und Roger Moore aus Gstaad kommen würden. Elizabeth Taylor hatte ihr Erscheinen zugesagt. Gene Kelly, Jane Fonda und Gregory Peck ebenfalls. Das konnte das größte Ereignis des Jahres werden.

Ich zog Nolan Miller zu Rate, der die Garderobe für den ›Denver-Clan‹ entwarf. »Liebling, ich habe überhaupt nichts anzuziehen!« Die Leute kannten alles längst aus Fernsehinterviews und Bildberichten über mich in Zeitschriften. Nolan versprach mir, ein Kleid für mich zu kreieren, das »alle umhauen« würde. »Ich meine, wenn du schon mit den größten Stars der Welt zusammentriffst, sollst du auch nach was aussehen«, sagte er.

Für eine Partyszene im ›Denver-Clan‹ hatte er ein bis zum Nabel dekolletiertes Kleid aus Goldlamé für mich entworfen. Er hielt es für das Beste, mir ein ähnliches Kleid aus Silberlamé auf den Leib zu schneidern. Der Stoff kostete zwar 125 Dollar pro Meter, doch in dem Kleid steckten nur zwei Meter Stoff. Es war umwerfend.

Das Kleid wurde sorgsam in Seidenpapier gehüllt und in einen Karton gepackt. Mit Judy Bryer und dem Kleid im Schlepptau bestieg ich die Maschine nach New York.

Ich war kurz in England gewesen und war erst vor fünfzig Stunden von dort zurückgekehrt. Ich war um fünf Uhr aufgestanden, um zu packen, und hatte dann zwölf Stunden gedreht. Daher war ich nicht gerade überschäumend fröhlich. Doch sobald wir am Flughafen waren, begann ich mich besser zu fühlen. Berühmte Stars gingen an Bord der Maschine. So zum Beispiel Larry Hagman — J. R. höchstpersönlich. Er trug eine großkarierte Jacke im Western-Stil, einen großen, weißen Stetson und eine Brille mit pinkfarbenen Gläsern. Wollte er sich verstecken oder sollte alle Welt wissen, daß J. R. mit der TWA flog? Wohl eher das erstere, wie sich bald herausstellen sollte. Denn sobald er Platz genommen hatte, zog er ein großes, gepunktetes Tuch aus der Tasche, legte es sich übers Gesicht und verschlief den ganzen Flug.

In New York erwartete uns herrlich frisches Winterwetter. Ganze Heerscharen von Fans, die Frühaufsteher sein mußten, und Paparazzi mit Blitzlichtgeräten und einer kräftigen Konstitution erwarteten uns schon am Flughafen. Ich war so übernächtigt, daß ich mich trotz flehentlicher Bitten weigerte, meine dunkle Brille abzunehmen.

»Larry Hagman kommt gleich noch«, versprach ich ihnen und wies mit dem Daumen über meine Schulter. Wie ein aufgescheuchter Vogelschwarm stoben sie davon und hielten Ausschau nach einer wichtigeren Beute.

Vor dem Eingang des luxuriösen Helmsley Palace Hotels erwarteten uns schon wieder Hunderte von Fans. Die ganze 51. Straße war gesperrt, und sobald eine Limousine vorfuhr, hielten sie eifrigst Ausschau nach bekannten Gesichtern.

Dutzende von kräftigen Sicherheitsbeamten standen bereit, um uns zum Aufzug zu geleiten. Die Suite war ein einziges Blumenmeer. Champagner und Obst standen bereit, und ich fand viele Einladungen vor. Das Telefon läutete unaufhörlich. Luisa Moore und ich überlegten, wo wir uns später treffen sollten. Wir zogen Sardi, Elaine und eine Party im Studio 54 in Erwägung, wo Morgan Fairchild zur ›Miß Valentine 1982‹ gekrönt werden sollte, und beschlossen dann, uns um halb elf Uhr bei Régine zu treffen.

Bei Régine fanden wir an diesem Abend regelrechte ›hängende Gärten‹ vor. Rote und weiße Luftballons, Papiergirlanden und herzförmige Gegenstände schlugen uns um die Ohren, als wir im Blitzlichtgewitter der Paparazzi zum besten Tisch taumelten. Ich saß neben Roger Moore. Deshalb knipsten die Paparazzi wie wild drauflos, vor allem, als dann auch noch Régine in einem prächtigen schwarz-roten Taftkleid an unserem Tisch erschien. Als Véronique und Gregory Peck eintrafen, drängten noch mehr Fotografen herein. Dann kam Stefanie Powers und setzte sich neben mich, da wurde es noch schlimmer. Aus allen Ecken kamen sie herbeigeströmt. Nachdem das eine Stunde so gegangen war, waren wir doch leicht verschnupft. Inzwischen waren auch noch Fernsehteams mit ihren Kameras aufgekreuzt, und es kam zu einem schrecklichen Gerangel. Wir kamen uns vor wie Affen im Käfig. Die anderen Gäste des Nachtklubs standen lachend um uns herum und wiesen mit Fingern auf uns.

Als dann auch noch Sammy Davis und Julio Iglesias aufkreuzten, war der Teufel los. Ich konnte die Fotografen kaum mehr zählen, und das Blitzlicht blendete uns. Luise Moore, die lebhafte Italienerin, drohte einen Fotografen zu verprügeln, wenn sie uns nicht bald in Ruhe ließen. Nach langem Bitten gelang es Régine schließlich, die Fotografen zu vertreiben. Sie hatten mich sogar bis auf die Tanzfläche verfolgt, um mich beim Tanzen zu fotografieren.

Um elf Uhr am nächsten Morgen trafen Judy und ich in der Radio City Music Hall ein, um meinen Auftritt zu proben. Es ging um den weiblichen Part der *Lovers of the Silver Screen.* Farley Granger und ich als ›Filmliebespaar‹.

Mir wurde eine Garderobe zugewiesen. Dort herrschte ein ziemliches Gedränge. Bette Davis, Janet Leigh, Lillian Gish, Ruth Gordon, Ginger Rogers, Ann Jeffreys und Jane Russell waren bereits da. Mit Jane Powell und Diane Keaton sollte ich die Garderobe auch noch teilen. Jede dieser Damen hatte eine Entourage von mindestens zwei Leuten mitgebracht. Manager, Agenten, Presseagenten, Coiffeure, Gatten, Liebhaber und Freunde. Es wurde viel geraucht, und der Klatsch blühte. Die Luft war natürlich zum Schneiden. Judy und ich flohen in den großen Saal. Grace Kelly probte gerade ihre Ansprache und zündete eine der hundert Kerzen auf der riesigen Geburtstagstorte an. Liza Minnelli saß gelangweilt da und sah sich um. Sie trug ein schwarzes Minikleid und war nicht geschminkt. Ich erblickte auch Paul Newman mit seinen blauen Augen in Blue jeans, Brooke Shields in ihren Jeans von Calvin Klein und Henry Winkler, der eine Film- und Tonkamera mitgebracht hatte und alles und jedes filmte. Als ich nach vorn ging, um das offizielle Poster zu unterzeichnen, das vervielfältigt und für wohltätige Zwecke versteigert werden sollte, staunte ich über die lange Liste von Namen. So viele hatten die Einladung von Alexander Cohen angenommen, der den Unternehmungsgeist und die Chuzpe besessen hatte, eine solche Veranstaltung zu organisieren. Alle hatten behauptet, so etwas könne unmöglich zustande kommen.

Ich fühlte mich geehrt, daß ich dabeisein durfte. Es sah ganz danach aus, als dürfe ich noch einmal eine Wiedergeburt erleben. Viele dieser Menschen hatten in meinem Leben und in meiner beruflichen Laufbahn eine wichtige Rolle gespielt.

Warren Beatty, Gregory Peck, Farley Granger, Roger Moore, Linda Evans, John Forsythe etc.

John Forsythe ist einer der charmantesten und reizendsten Männer, mit dem ich je zusammengearbeitet habe. Er ist schon seit vierzig Jahren mit seiner entzückenden Frau Julie verheiratet. Sie haben zwei Enkelkinder. Trotzdem ist er einer der anziehendsten Männer, die mir je begegnet sind. Und zwar nicht nur physisch attraktiv, sondern von einer überwältigenden Herzenswärme und voller Esprit. Er ist wirklich der Patriarch der Familie Carrington, der alle anderen trägt.

Eines Tages unterhielten wir uns am Drehort. Ich war gerade von der Geburtstagsfeier eines Freundes gekommen, der fünfzig Jahre alt geworden war. Er war ganz deprimiert gewesen, weil er diesen wichtigen Meilenstein nun erreicht hatte.

»Ja, das kann ich ihm nachfühlen«, sagte John. »Ich weiß noch, daß ich in New York gerade die Hauptrolle in einem Stück von Gore Vidal spielte, als ich fünfzig wurde. Ich war schrecklich deprimiert. Gore wollte wissen, was ich habe. Als ich ihm erzählte, daß ich gerade fünfzig geworden war und nun ganz offiziell die Mitte des Lebens erreicht hatte, sah er mich verwundert an und meinte lachend: ›Nein, John, da irrst du dich gewaltig. Du hast absolut nicht die Mitte des Lebens erreicht. Wie viele Leute kennst du schon, die hundert Jahre alt sind?‹«

Farley erschien. Er sah fantastisch aus. Wir beglückwünschten uns gegenseitig zu unserem Aussehen — wenn man bedachte, daß der Film, von dem ein Ausschnitt gezeigt werden sollte, vor siebenundzwanzig Jahren gedreht worden war!

Ich begrüßte Bette Davis. Wir hatten uns seit meinem ersten Hollywood-Film nicht mehr gesehen. Sie hatte mich damals richtig eingeschüchtert. Das tat sie auch jetzt wieder.

Wir sahen zu, wie die Aufstellung auf der Bühne geprobt wurde. Die berühmtesten männlichen Film- und Fernsehstars stolzierten auf die Bühne. Natürlich auch die Elite des Theaters. Jeder einzelne war von einer Roquette flankiert. *A Chorus Line* wurde geprobt. Da warfen Robert de Niro, Al Pacino, James Caan, Richard Chamberlain, Dudley Moore, Christopher

Reeve, Roger Moore, Larry Hagman, José Ferrer, Gregory Peck, Anthony Perkins, Donald Sutherland, Gene Kelly, Burt Lancaster, Douglas Fairbanks jr., Lee Strasberg und sogar Bürgermeister Lindsay die Beine hoch wie altgediente Berufstänzer. Es war faszinierend.

Wir probten das Finale. Dazu mußten wir alle auf die Bühne und dort gegenüber Sitzen mit den Nummern eins bis zweihundertachtzehn Aufstellung nehmen. Es war nicht die Nacht der hundert Stars — zweihundertachtzehn Sterne verbreiteten ihren Glanz.

Auf der Bühne stand ich neben Elizabeth Taylor und Liza Minnelli. Wir warteten wie mißgestimmte Teilnehmerinnen an einem Schönheitswettbewerb darauf, daß Alexander Cohen unsere Namen aufrief und uns eine Nummer nannte. Die obersten Reihen füllten sich. Schließlich wurde ich aufgerufen und bekam die Nummer 168. Neben Farley Granger und hinter Ethel Merman und Warren Beatty war mein Platz.

»Sie müssen sich unbedingt Ihre Nummer merken und die Leute, die neben, vor und hinter Ihnen sind«, rief Mr. Cohen seinem Publikum zu, das er am Gängelband führte — in diesem Fall lauter nervöse Prominente.

Ich staunte, wie diszipliniert und gesittet sich alle verhielten. Soviel Sanftmut und Geduld hätte uns das Publikum kaum zugetraut. Während Mr. Cohen seine Anweisungen erteilte, mußten wir fast eine Stunde stehen. Auch die älteren Schauspieler, siebzig- und achtzigjährige. »Hinter der Bühne nicht herumrennen. Da könnten Löcher sein. Die Filme werden ja ständig gewechselt. Nach halb sieben keine Besucher mehr hinter der Bühne.« Wir wurden genauestens instruiert. Wir erfuhren, was wir zu tun, wohin wir zu gehen hatten und wie wir dahin kamen. Alexander Cohen erinnerte an einen Fünfsternegeneral, der vor der Schlacht Kommandos erteilt. Alle hörten aufmerksam zu. Brooke Shields ließ ihr Autogrammalbum herumgehen.

Um vier Uhr dreißig ging es rasch ins Hotel. Baden, schminken, und schon mußten wir zurück.

Vor dem Hotel eine Menschenmenge. Zahlreiche Fans säumten die Straßen auf dem Weg zur Radio City Music Hall.

Dieser Enthusiasmus machte mir regelrecht Angst. Auch in der Hotelhalle hatten sich schon Fans gedrängt, Autogrammbücher geschwenkt und ihre Instamatic-Kameras gezückt. Zwei Sicherheitsbeamte geleiteten mich zum Wagen.

Hinter der Bühne herrschte gedämpfte Panik. Doch alles in allem kann ich sagen, daß ich nur selten einen so denkwürdigen Abend erlebt habe. Für das Publikum muß das ein unvergeßliches Erlebnis gewesen sein.

Steve Allen traf den Nagel auf den Kopf, als er sagte: »Wenn heute abend eine Bombe auf die Radio City Music Hall fiele, würde Pia Zadora zum größten Star der Welt aufrücken!«

Ich hatte erst in drei Folgen des ›Denver-Clans‹ mitgespielt, als sich schon eine ganze Lawine von Fanbriefen über mich ergoß. Da war ich schon seit fast dreißig Jahren Schauspielerin, und nun erregte ich auf einmal überall solche Aufmerksamkeit. Ich wurde auf der Straße und in Geschäften von wildfremden Leuten angesprochen, und die Medien rissen sich um mich. Es war überwältigend. Nach fünf oder sechs Folgen des Denver-Clans mit mir in der Rolle der Alexis ging ich nur noch bis zur Unkenntlichkeit verkleidet zum Einkaufen in den Supermarkt; denn wenn ich erkannt wurde, dauerte das Einkaufen doppelt so lange, weil mich begeisterte ›Denver-Clan‹-Fans mit Fragen förmlich überschütteten.

In einer Folge bringt es die verderbte Alexis doch tatsächlich fertig, mit voller Absicht in die Luft zu schießen, als die engelsgleiche Krystle friedlich ausreitet. Krystles Pferd scheut, wirft die Reiterin ab, schleift sie hinter sich her, und Krystle verliert durch die ruchlose Tat ihrer Vorgängerin das heißersehnte Baby. Es begeisterte mich nicht gerade, so etwas spielen zu müssen. Wenn Alexis auch boshaft und gemein war und es an Intrigen fast mit Macchiavelli aufnehmen konnte, so würde sie doch nicht mit voller Absicht einen Mord begehen oder jemandem physischen Schmerz zufügen. Ich fand, daß so etwas selbst für Alexis ein starkes Stück war. Doch was nutzte das schon, ich mußte die Szene spielen, ob mir das paßte oder nicht. An einem wunderschönen Herbsttag stiefelte ich also neben meinem großen starken Sohn Steven (Al Corley) einen Hügel hinauf, um mich ein wenig mit Tontaubenschießen zu vergnügen. Laut Drehbuch ist Alexis Expertin in diesem Sport.

Natürlich hatte ich es nicht versäumt, die Drehbuchautoren wissen zu lassen, daß ich *jeder* Form des Sports abhold und auf Pferde schon *gar nicht* gut zu sprechen bin. (»Alexis *kann* nicht reiten!« hatte ich den Produzenten von Anfang an eingeschärft.) Trotzdem fanden sie, daß Alexis als femme du monde, Jetsetterin und Partylöwin Meisterin aller Sportarten sein mußte.

An einem schönen, aber kalten Novembermorgen drehten wir auf dem Gelände einer Ranch in Hidden Valley. Ich hatte die Kostümberater dazu überredet, mich einen rot-grün karierten Kilt, ein langes kariertes Tuch und eine Kappe aus dem gleichen Stoff tragen zu lassen. Auf ihren Rat hin trug ich dazu einen roten Rollkragenpullover aus Angorawolle, den ich gräßlich fand! Dermaßen unpassend gekleidet, trottete ich also den Hügel hinauf, bewaffnet mit einer unhandlichen Schrotflinte, die mir Angst einjagte. Neben mir ging Al, ein Riese von 1,90 m.

Gekonnt legte ich die Flinte an, um eine Tontaube abzuschießen, und sagte lebhaft, wie es das Drehbuch vorschrieb: »Steven, vergiß nicht, daß du ein Carrington bist. Und was ein Carrington anfaßt, macht er gut. Wir schwimmen gut, wir spielen ausgezeichnet Tennis, und auch im Tontaubenschießen sind wir Experten.«

Ich drückte ab und brachte prompt eine Bogenlampe zum Explodieren. Schlecht gezielt.

Erschrocken und verängstigt sah ich zu, wie die Elektriker die Birne auswechselten. Dann hieß es wieder ›Aufnahme‹. Inzwischen stand die Sonne hoch am Himmel, wie es in Südkalifornien ihre Art ist, und es war auch schön warm geworden. Ich sah alles nur noch wie durch einen roten Schleier. Angorawolle hing in meinen Augenwimpern. Ich hatte auch Angoraflusen eingeatmet und mußte nach jeder Aufnahme heftig niesen. Völlig konfus brachte ich bald auch meinen

Text durcheinander, was mir nur sehr selten passiert. Alf Kjellin, unser Regisseur, ein gebürtiger Schwede, bewies Engelsgeduld. Aber ich schwitzte, hatte überall Angoraflusen im Gesicht, fürchtete mich vor der Flinte, mit der ich nicht zurechtkam, und stand zu allem Überfluß auch noch auf einer wackligen Apfelkiste, um wenigstens in etwa an Al Corley heranzureichen. Von all diesen Ängsten und Unannehmlichkeiten war ich natürlich erschöpft, um es einmal milde auszudrücken.

»Achtunddreißigste Baker, die neunte!« rief Joe Valdez und ließ die Klappe dicht vor meiner Nase zuschnappen. Um ein Haar hätte ich wieder geniest. Nun wurde diese Szene durch meine Schuld schon zum neuntenmal gedreht. Schrecklich! Normalerweise bekam ich jede Szene gleich auf Anhieb hin. Ich konzentrierte mich eisern. Durch die Hitze wimmelte es von Insekten. Von meinem Haarspray angezogen, summten und brummten sie mir vor dem Gesicht herum, stachen und bissen mich.

»Steven, vergiß nicht, daß du ein Carrington bist. Und was ein Carrington anfaßt, macht er gut. Wir schwimmen gut, wir spielen ausgezeichnet Tennis, und auch im Tontaubenschießen sind wir Experten.«

Freudige Erregung erfaßte mich. Ich hatte meinen Text gesagt, ohne steckenzubleiben — und ohne Flusen in der Nase. Gerade wollte ich betont lässig das Gewehr anlegen, da verfing sich die Flinte irgendwie in meinem lang herunterhängenden Tuch aus Schottenstoff. Genau in diesem Augenblick drückte ich fahrlässig ab und traf mich in den Fuß! Glücklicherweise war die Flinte nur mit Platzpatronen geladen. Trotzdem stach und brannte es ganz fürchterlich. Ich hopste wie angestochen auf einem Bein herum und fluchte wie ein Berserker.

»Okay, die Szene ist im Kasten«, sagte Alf. »Nun wollen wir mal zum Baum rübergehen. Von da aus soll Joan dann auf Linda schießen.«

Völlig aufgelöst, verschwitzt, hinkend und gedemütigt setzte ich meine boshafteste Alexis-Miene auf. Von Angoraflusen und Insekten umschwärmt, legte ich die Flinte an und feuerte zwei Schüsse ab. Krystles Pferd bäumte sich erschrocken auf, warf sie ab, schleifte sie hinter sich her. Dadurch verlor sie dann ihr Baby. Was sie und Tausende von Zuschauern mir nie verziehen haben!

Die Einschaltquoten stiegen. Die Sendung erfreute sich bald ungeheurer Beliebtheit. Auch ich stieg immer höher in der Gunst des Publikums. Besonders eine Folge dieser Serie trieb die Einschaltquoten in nie gekannte Höhen:

In einer Szene dieser Folge lockt Alexis Carrington ihren Verlobten Cecil Colby, den Lloyd Bochner spielt, unter Anwendung sämtlicher weiblicher Tricks und Listen zu sich ins Bett. Während sie sich leidenschaftlich lieben, erleidet Cecil einen schweren Herzanfall. Alexis ist entsetzt. Reizend und charmant, wie man es von ihr gewöhnt ist, fängt sie an, den hilflosen Cecil wutschnaubend ins Gesicht zu schlagen. Sie ist außer sich vor Zorn und Angst, die Milliarden Colbys könnten ihr doch noch entgehen. Sie ist völlig frustriert. »Cecil, wage jetzt bloß nicht, zu sterben! Vergiß nicht, daß wir morgen heiraten! Du darfst jetzt nicht sterben — ich brauche dich, um mich an Blake zu rächen!«

Bei dem Fernsehsender galt diese Szene als so gewagt und sexy, daß alle möglichen übertriebenen Vorsichtsmaßnahmen getroffen werden mußten, damit die wachsamen Zensoren keine Einwände erheben konnten.

Nacktheit war bei der Sendergruppe verpönt. Das höchste Zugeständnis war es schon, wenn einmal kurz ein nackter Rücken oder ein nacktes Bein gestreift wurde. Daher war es selbst im Jahre 1982 noch eine ungeheuerliche Zumutung, wollte man einen vorgetäuschten Geschlechtsakt zeigen, der darin gipfelte, daß der männliche Partner einen Herzanfall erlitt.

Also wurde dafür gesorgt, daß der Zuschauer uns nicht nackt sah. Ich verwarf das fleischfarbene Trikot, das mir die Kostümberaterin Breezy Brook empfahl, und trug statt dessen einen purpurroten trägerlosen Badeanzug mit passenden Strumpfhosen und Legwarmers. Wenn unser Kameramann Bobby Dawes mit der Kamera auch nur einen Schimmer dieses Badeanzuges einfing, während Lloyd und ich uns auf dem Bett wälzten, würde er ›Cut‹ rufen müssen.

Ich war ziemlich nervös und aufgeregt. All das Gerede, die Vorbereitungen und die Geheimniskrämerei um diese Szene hatte ich nun gründlich satt. Ich wollte die Szene endlich hinter mich bringen. Nicht nur ein Zensor, sondern sogar *zwei* Zensoren waren da und sahen zu, wie Lloyd und ich uns keuchend abmühten.

Ein übereifriger Zensor bestand darauf, um jeden Preis unmittelbar *unter* der Kamera zu sitzen. Mit vor Erwartung weit aufgerissenen Augen starrte er auf die seidenen Laken, die meinen purpurroten Lastex-Badeanzug nur notdürftig bedeckten. Ich weiß nicht, ob er hoffte, die Laken würden verrutschen oder nicht. Er lächelte unaufhörlich, und seine Zähne blitzten. Außer Aaron Spelling und Doug Cramer waren alle Produzenten anwesend. Sie verfolgten die Dreharbeiten gespannt und mit sorgenvoller Miene.

Wenn die Szene *zu* gewagt war und zu sexy wirkte, würde die Sendergruppe sie ablehnen und nicht senden wollen. Dann müßte sie neu gedreht werden. Das war beim Fernsehen ein teurer Spaß. Fiel die Szene jedoch zu *zahm* aus, wäre das der Sendergruppe auch nicht recht; denn das sollte ja die Sensation der Saison 1982/83 werden.

Stirbt Cecil oder stirbt er nicht? Ganz Amerika würde mit angehaltenem Atem fast sechs Monate darauf warten, daß die Wahrheit im Oktober des folgenden Jahres enthüllt wurde.

Lloyd Bochner sah bekümmert aus, als wir versuchten, es uns zwischen den furchtbar rutschigen Seidenlaken bequem zu machen, bevor wir uns in die Arme sanken und die heikle Szene spielten.

»*Stirbst* du, Lloyd?« fragte ich ihn. Es interessierte mich natürlich brennend, wie der Handlungsfaden weiterlief. Wir bekamen unseren Text meistens erst eine Woche vor den Dreharbeiten. Daher war ich natürlich genauso neugierig wie die Zuschauer und hätte gern gewußt, was die Zukunft für uns bereithielt.

»Wahrscheinlich«, antwortete Lloyd leicht verbittert. »Man hat meinem Agenten mitgeteilt, daß ich in der nächsten Saison nicht mehr gebraucht werde. Vermutlich ist dies mein Schwanengesang.«

»Ruhe!« rief Bobby della Santini, der erste Regieassistent. »Achtung, Aufnahme!«

»Speed!« rief der Toningenieur. Der Kameraassistent Joe Valdez ließ die Klappe dicht vor unseren Nasen zuschnappen und rief lebhaft: »Dreiunddreißig Apple, die erste!«

»Action!« rief der Regisseur Jerome Courtland.

Lloyd und ich machten uns an die Arbeit.

»Cut — Ich sehe Ihren Badeanzug«, sagte Bobby Dawes ganz ruhig.

Sofort kam das Instandsetzungsteam herbeigeeilt — Make-up-Spezialisten, Haarkünstler, Garderobiere. Mein Körper-Make-up wurde erneuert und alle Schäden repariert, die dadurch entstanden waren, daß wir uns 25 Sekunden vor der Fernsehkamera geküßt hatten.

»Wie haben Sie das denn fertiggebracht?« fragte mich Andi Sidell, das Mädchen, das für das Körper-Make-up zuständig war, mit leichtem Vorwurf in der Stimme. »Was haben Sie denn da Orangefarbenes auf dem Hals und auf den Schultern?« Sie fuhr mir mit einem Schwamm über Hals und Schultern und trug neues Make-up auf. Gleichzeitig versuchte Breezy Brooks, die Garderobiere, mir den Rand des Lakens in den Ausschnitt des purpurroten Badeanzugs zu stecken, damit man ihn nicht sah.

»Das ist Lloyds Körper-Make-up«, flüsterte ich Andi zu. »Das geht ab und färbt auf mich ab und auch auf die Laken.« Einer der Requisiteure war schon dabei, den Kompaktpuder wieder von den Laken abzuwischen.

Frisch geschminkt, gepudert und instand gesetzt, machten wir uns wieder an unser Ritual und umarmten uns leidenschaftlich.

»Aaaah, aaahh, ooooh!!!« stöhnte Lloyd bzw. Cecil und fuhr sich mit der Hand ans Herz. »Alexis, diese *Schmerzen*!«

»Cecil, wage bloß nicht, jetzt zu sterben!« schrie ich ihn an, holte aus und schlug ihn sechsmal mit aller Kraft ins Gesicht — auf jede Wange dreimal.

»Schnitt — aus!« rief Jerome Courtland. „Joan, man sieht

Ihr Gesicht nicht. Das Haar fällt Ihnen ins Gesicht und verdeckt es völlig.«

Resigniert mußte ich es über mich ergehen lassen, daß sich die Instandsetzungscrew wieder über mich hermachte. Wieder und wieder.

Nachdem ich siebenmal aus verschiedenen Blickwinkeln aufgenommen worden war, konnte ich nur noch heiser schreien: »Cecil, wage jetzt bloß nicht zu sterben.« Wo ich mich an Lloyds Kinn gerieben hatte, war meine Gesichtshaut schon ganz wundgescheuert. Während der ganzen Szene, die mehrmals wiederholt wurde, sah ich aus dem Augenwinkel, daß der Zensor uns begierig zusah. Sein Gesichtsausdruck verriet mir, daß ihn nicht nur rein berufliches Interesse hier festhielt.

Nachdem wir von jedem Blickwinkel aus gefilmt worden waren, wurde es Zeit, Lloyd in Großaufnahme zu zeigen. Wie erlöst, daß ich es endlich hinter mir hatte, setzte ich mich neben Richard Rawlings, unseren Kameramann. Lloyd konnte mich vom Bett aus sehen. Ich gab ihm die Stichworte, deutete die klatschenden Schläge an, stöhnte und keuchte an den entsprechenden Stellen.

»Action!« rief Jerome.

»Aaahh! Ooohh! Oh-oh!« schrie Lloyd auf jede nur erdenkliche Art und Weise. Er hatte keinen Text zu sprechen, mußte nur vor Erregung stöhnen und keuchen. Dieses Stöhnen mußte dann in Schmerzenslaute übergehen. Er wirkte sehr glaubwürdig.

Ich klammerte mich an Richard Rawlings und gab mir alle Mühe, nicht zu lachen. Jerry konnte beim Filmen von Lloyd in Großaufnahme anscheinend kein Ende finden. Doch schließlich rief er ›Cut‹ und fragte liebenswürdig: »Na, bist du gekommen, Lloyd?« Da war es aus mit unserer Fassung. Sogar der Zensor lachte, und auch Lloyd, der wirklich Spaß versteht.

Die Szene wurde ganz so, wie Aaron Spelling Productions gehofft hatten, und in der folgenden Saison wurden wir gleich an die Spitze katapultiert.

Während der ›Denver-Clan‹ immer höhere Einschaltquoten erreichte, weil die Serie und auch ich ständig beliebter wurden, bekam ich mein Privatleben immer weniger in den Griff.

Um Katys willen bemühte ich mich verzweifelt, mich irgendwie mit Ron zu arrangieren, um mich nicht scheiden lassen zu müssen. Andererseits blieb mir natürlich nicht verborgen, wie destruktiv sich unsere Streitigkeiten auf ihre ohnehin labile Psyche auswirkten.

»Bitte, zankt euch nicht, Mami und Daddy«, flehte sie uns immer wieder an. »Bitte, bitte, seid euch nicht mehr böse!«

Dann biß ich mir auf die Zunge und floh ins Bad oder auf die winzige Terrasse unserer viel zu kleinen Wohnung, um dort meinem Schmerz, meinem Zorn und meinen Frustrationen Luft zu machen. Diese einst so glückliche Ehe wurde mir langsam zur Qual. Nur aus Rücksicht auf Katy erhielt ich sie noch aufrecht. Schuldgefühle quälten mich, weil ich meine dritte Ehe auch als gescheitert betrachten mußte.

Seit Katys Unfall waren inzwischen achtzehn Monate vergangen. Ihr Wohlbefinden und ihre völlige physische und geistige Wiederherstellung hatten bei mir Vorrang. Ich wußte, daß alles bis dahin Erreichte schon ein Wunder war. Es war unglaublich, was für Fortschritte sie mit Hilfe der verschiedenen Physiotherapeuten, Privatlehrer, Klavierlehrer und Berater gemacht hatte. Vor dem Unfall war sie das ideale, vollkommene Kind schlechthin gewesen, und ich *wußte,* daß sie bald wieder ganz die alte Katy sein würde. Sie war ungeheuer strebsam und ließ sich nicht unterkriegen. In der Schule waren ihre Leistungen in den meisten Fächern hervorragend, nur spielte das Gedächtnis ihr zuweilen einen Streich, und sie hatte manchmal Schwierigkeiten, etwas zu behalten. Sie zog ihr linkes Bein noch etwas nach. Ihre linke Hand war noch etwas zittrig, und sie sprach zuweilen etwas schleppend. Doch ihr Fleiß und ihre Strebsamkeit machten sich bezahlt. Von Monat zu Monat machte sie größere Fortschritte. Wenn je ein Mensch für seine Leistungen die Note 1 verdient hat, dann Katy.

»Versprich mir, daß du dich nie von Daddy scheiden lassen wirst so wie von Taras und Saschas Daddy", flüsterte sie und kuschelte sich an mich, als ich nach einem Streit mit Ron auf dem Bett lag und mit leerem Blick auf den Bildschirm starrte.

»Liebchen, das kann ich dir nicht versprechen; aber ich werde mein Bestes tun. Wirklich, ich werde mir alle Mühe geben.« Verzweifelt preßte ich sie an mich. Ich war dafür, den Kindern gegenüber immer ganz aufrichtig zu sein; aber Katy hatte es ohnehin schwer genug. Ich bemühte mich verzweifelt, sie nicht unglücklich zu machen und in ihrem Fortkommen nicht zu behindern.

Meine besten Freunde sahen, daß unsere Ehe zum Scheitern verurteilt war, wenn ich mich auch weigerte, das offen einzugestehen. Tagsüber bei den Dreharbeiten zum ›Denver-Clan‹ arbeitete ich schwer. Es war eine lockere, heitere Atmosphäre, die mich meinen Kummer vorübergehend vergessen ließ. Doch abends mußte ich dann in der verhaßten Wohnung von Century City all meine schauspielerischen Fähigkeiten mobilisieren, um Katy davon zu überzeugen, daß zwischen ihrem Vater und mir alles in Ordnung war.

Ich wußte, daß es wieder einmal höchste Zeit war, mein Schicksal in die Hand zu nehmen. Ich war es mir schuldig, mich scheiden zu lassen. Doch wie immer fiel es mir unsagbar schwer, eine so schwerwiegende Entscheidung zu treffen.

Ich schwankte. Versuchte mir einzureden, daß Ron sich schon noch ändern würde. Er würde eine Stellung annehmen. Und abnehmen. Er würde morgens aufstehen, sich zusammenreißen und wirklich gute Arbeit leisten. Er würde aufhören einzunehmen, was immer er halt einnahm. Er würde wieder so werden, wie er einmal gewesen war. Er würde sich wieder in den wunderbaren Mann verwandeln, den ich geheiratet hatte. Doch ich machte mir nur etwas vor und nutzte damit keinem. Ich steckte den Kopf in den Sand. Joan als Vogel Strauß.

Im Dezember 1982 wurde ich gebeten, bei einem Konzert in der Royal Albert Hall zu Ehren von Königin Elizabeth und Prinz Philip als Zeremonienmeisterin zu fungieren. Das Royal Philharmonic Orchestra sollte Musik der Beatles spielen. Es war ein Wohltätigkeitskonzert zugunsten der Royal Society for the Protection of Birds, und ich fühlte mich sehr geehrt, daß man mich als Erzählerin bei diesem großartigen Ereignis ausersehen hatte.

Die Royal Albert Hall ist ein denkwürdiges Bauwerk mit einer faszinierenden Geschichte. Seit Königin Victoria die Royal Albert Hall zu Ehren ihres Mannes Prinz Albert erbauen ließ, haben dort schon viele berühmte Orchester und Interpreten aus aller Welt gespielt, gesungen oder dirigiert.

Am meisten freute mich, daß die Organisatoren des Wohltätigkeitskonzerts darum gebeten hatten, daß Katy Königin Elizabeth nach der Vorstellung einen Blumenstrauß überreicht.

Katy war selig. Sie war genau wie ich eine getreue Monarchistin. Wir überlegten lange, was man bei einem solchen Ereignis am besten trug. Schließlich entwarf Nolan Miller ein wunderschönes rosarotes Samtkleid mit einem kostbaren alten Spitzenkragen für Katy und für mich ein rubinrotes Samtkleid, zu dem ich meine edelsten ›Denver-Clan‹-Diamanten trug — ein Brillantcollier mit Rubinen, eine fantastische Imitation. Nur die Königin würde das merken. Sie kannte den Unterschied.

Die Produzenten des ›Denver-Clans‹, ebenfalls Verehrer der königlichen Familie, gaben mir ein paar Tage frei, damit ich nach London fliegen konnte.

Die Presse in England hatte es schon seit Monaten auf mich abgesehen. Gerüchte über Unstimmigkeiten zwischen Ron und mir machten überall die Runde, und obwohl wir stur bestritten, daß etwas nicht stimmte, fiel es mir sehr schwer, so unverschämt zu lügen. Wir wußten nicht, wie wir Katy beibringen sollten, wie es wirklich um unsere Ehe bestellt war. Unser Eheberater hatte uns geraten, »im Augenblick nichts zu unternehmen und alles abzustreiten«. Also stritt ich alles ab.

Diese Heuchelei machte mir sehr zu schaffen. Obwohl ich mir immer wieder sagte, daß mein Privatleben keine Menschenseele etwas anging, hielt ich es doch nicht für richtig, so krasse Lügen zu verbreiten.

Ich belog alle und jeden. Katy gegenüber gab ich vor, alles sei in bester Ordnung. Die Presse war der Wahrheit auf der Spur, doch ich stritt einfach alles ab. Auch vor den Kollegen und dem Kamerateam beim ›Denver-Clan‹, die keine blasse Ahnung hatten, wie problematisch meine Ehe war, rückte ich nicht mit der Wahrheit heraus. Nicht einmal mir selbst wollte ich die traurige Wahrheit eingestehen. Ich *wollte* die unerträgliche Tatsache einfach nicht wahrhaben, daß auch meine dritte Ehe gescheitert war.

Ich verhielt mich wie bei einem Damm, in dem kleine Risse eilends repariert werden in der vagen Hoffnung, daß der Damm nicht bricht, wenn der Druck des Wassers allzu stark wird.

Eine Woche vor meiner Ankunft in London verkündeten die Schlagzeilen marktschreierisch, in meinem Haus in der South Street sei der Strom abgestellt worden. Ich habe es versäumt, die Stromrechnung zu bezahlen. »Sie ist unseren Zahlungsaufforderungen nicht nachgekommen«, entrüstete sich das Elektrizitätswerk in London. »Sie verdient Tausende und weigert sich standhaft, die 350 Pfund zu zahlen, die sie uns seit über einem Jahr schuldet.«

Der Zähler in dem Haus in der South Street war beschlagnahmt worden. Ich hatte seit mehr als zwei Jahren nicht mehr in dem Haus gewohnt. Natürlich war das ein gefundenes Fressen für die Presse.

Tränenüberströmt stellte ich Ron zur Rede. Ich hatte ja keine Ahnung gehabt. Ich trug ja nicht die Verantwortung für das Haus. Darum sollte er sich kümmern. Es war ein Fiasko.

Als ich am 13. Dezember zu den Proben in der Royal Albert Hall eintraf, hoffte ich, daß sich die Lage inzwischen etwas beruhigt haben würde. Ich war noch ganz aufgeregt, denn ich hatte gerade erfahren, daß mich der Frauenpresseclub in Hollywood zum ›Weiblichen Star des Jahres‹ gewählt hatte. Tom Selleck war der männliche Star des Jahres.

Als ich aus dem Wagen stieg, sprang aus dem Schatten ein Mann auf mich zu. »Joan Collins?« knurrte er.

»Ja«, sagte ich liebenswürdig und streckte die Hand aus, um ihm das Autogramm zu geben, das er offensichtlich wollte.

»Hiermit stelle ich Ihnen eine Vorladung zu . . .«

Mehr bekam ich nicht mehr mit. Blitzschnell zog ich meine Hand zurück und floh in die Royal Albert Hall.

Barry Langford, mit dem ich gekommen war, war Zeuge des Vorfalls gewesen. »Was sollte *das* denn?« fragte er.

»Ich habe keine Ahnung«, jammerte ich.

Der Portier brachte mir die Vorladung. Vor drei Jahren hatte mir die Autofirma British Leyland einen Leihwagen zur Verfügung gestellt, weil ich für ihr neues Modell, den Mini Metro, geworben hatte.

Ron hatte mir schon vor Monaten versprochen, den Wagen zurückzugeben. Das hatte er dann aber nicht getan.

Es war ein Festtag für die Presse. Am nächsten Tag erschienen wunderschöne Fotos von der liebenswürdigen Königin, der schüchternen Katy und meiner Wenigkeit in sämtlichen Zeitungen und Zeitschriften. Gleich daneben verkündeten Schlagzeilen ›Königlicher Star Joan erhält Vorladung‹, ›Vorladung an Joans großem Abend‹, »›Streit wegen Stromrechnung — bei Joan ist die Sicherung durchgebrannt‹« etc., etc.

Ich fühlte mich schrecklich gedemütigt, und das alles war mir furchtbar peinlich — nicht nur meinetwegen, sondern auch vor der Königin, für die diese ganze gräßliche Affäre bestimmt nicht gerade erheiternd war.

Ron und ich hatten daraufhin einen mörderischen Streit. Er wies jede Schuld weit von sich. Ich war tief gekränkt und hatte das Gefühl, mißbraucht worden zu sein. Aber es kam noch viel schlimmer. Ich entdeckte einen ganzen Berg unbezahlter Rechnungen. Ron hatte sich praktisch seit Jahren nicht mehr um derlei Dinge gekümmert.

Ron führte als Entschuldigung für das Versäumnis an, er habe sich aufgrund von Katys Unfall nicht damit befassen können. Das ließ die Gläubiger natürlich kalt. Die Presse jubilierte hämisch. So etwas war Wasser auf ihre Mühle. Ich galt als Großverdienerin. Ich machte Schlagzeilen, ob ich nun schuld war oder nicht. ›Sie haben Joan den Strom abgestellt‹ verkaufte sich natürlich besser als ›Ron Kass hat Stromrechnung nicht bezahlt‹.

Mehr und mehr traurige Fakten über meine Finanzen kamen in England ans Licht. Selbst dem Milchmann schuldeten wir seit mehreren Monaten Geld. Ich fiel aus allen Wolken. Ich verdiente wirklich eine *Menge* Geld, doch weil ich in finanziellen Dingen ein Unschuldslamm und Trottel war, zerfiel alles zu nichts.

Unsere Ehekrise erreichte ihren Höhepunkt an dem Tag, an dem die Kampfszene zwischen Krystel und Alexis gedreht werden sollte. Die Rivalität zwischen den beiden Frauen im Kampf um Blake Carringtons Zuneigung war ständig angewachsen. Die feindseligen, haßerfüllten Szenen zwischen diesen beiden physisch und emotional grundverschiedenen Frauen heizten die Fantasie der Zuschauer an und hatten sehr zu dem sagenhaften Erfolg der Serie beigetragen. Diese Szene sollte eine Art Höhepunkt sein. Ein Kampf auf Leben und Tod. Ohne Vorbehalt, ohne Rücksichten. Mit Kratzen, Beißen, Haareausreißen. Ein Kampf zwischen zwei Wildkatzen, wie man ihn noch nie zu Gesicht bekommen hatte. Die Leute von der ABC rieben sich die Hände und rechneten mit sagenhaften Einschaltquoten.

Doch ich zitterte davor. Ich *haßte* Gewalttätigkeit. Kämpfe waren mir in tiefster Seele zuwider. Je länger ich dem Double bei der komplizierten Choreographie des Probekampfes zusah, desto nervöser wurde ich. Linda war ein ganzes Stück größer als ich und sehr sportlich. Ihr lag eine solche Kampfszene mehr als ein Wortgefecht. Bei mir war das Gegenteil der Fall.

Ich mußte wieder daran denken, was Gene Kelly mir gesagt hatte, als ich mich für meine Rolle in *The Virgin Queen* furchtsam der Mühe unterzogen hatte, reiten zu lernen: »Mädchen, mach im Film nie irgendwas Gefährliches. Dafür werden Stuntleute bezahlt. Nimm ihnen die Arbeit nicht weg.« Ich war ganz seiner Meinung.

Je näher der Kampftag rückte, desto ängstlicher wurde ich. Um Ron und mich stand es inzwischen wirklich schlimm. Das merkte sogar Katy, und auch Daphne Clinch, eine Freundin aus Chichester, die gekommen war, um sich um Katy zu kümmern. Ich hatte angenommen, daß der ›Denver-Clan‹ Dutzendware sei und nach spätestens sechs oder sieben Monaten abgedreht sein würde. Daphne war eine liebenswerte Frau, die mich sehr an meine entzückende Mutter erinnerte. Sie schalt mich ständig und hielt mir immer wieder vor, ich arbeite zu viel, habe zu viel auf dem Hals und Ron sei mir keine Stütze.

An dem Morgen, an dem die Kampfszene gedreht werden sollte, war ich überempfindlich und nervös; denn ich hatte eine schlaflose Nacht hinter mir. Auf der Fahrt ins Studio bemühte ich mich, nicht an das zu denken, was vor mir lag.

Alice brachte mir eine Tasse Kaffee, als ich in meinem Wohnmobil saß und mit zittrigen Händen dabei war, mich zu schminken. Der dritte Regieassistent kam herein, um mich zur Probe abzuholen. Ich sah, wie die Doubles gekonnt und überaus beweglich die Fäuste schwangen und sich hin- und herwarfen.

Da durchzuckte mich ein rasender Schmerz. Ein merkwürdiges, nie gekanntes Gefühl überkam mich. Es war kaum auszuhalten. Ich krümmte mich vor Schmerzen.

»Sicher der Blinddarm«, meinte jemand fachmännisch. »Herzstiche«, behauptete jemand anders. »Ein Magengeschwür«, ein dritter. Aber was es auch sein mochte, ich konnte mich nicht mehr aufrichten. Ich wurde schleunigst in die Krankenstube auf dem Filmgelände gebracht und dort untersucht. Danach wurde ich sofort zur Notaufnahme des Krankenhauses Cedars of Lebanon gebracht. Judy begleitete mich dorthin. Während ich in der Notaufnahme einer gründlichen Untersuchung unterzogen wurde, platzten kräftige Polizisten herein und berichteten, im Korridor befände sich ein ›Kadaver‹. Ich lag mit nacktem Oberkörper und Elektroden auf der Brust da. Hastig versuchte ich, meine Blöße und mein inzwischen berühmt gewordenes Gesicht zu verdecken.

Al Sellers, der mir bei der Allergie gegen Shrimps das Leben gerettet hatte, war der Meinung, mein Zusammenbruch sei auf den ständigen Druck zurückzuführen, unter dem ich stand, auf die Anspannung, die Erschöpfung und meine schlechten Nerven.

Judy rief vom Krankenhaus aus mehrmals bei mir zu Hause an, um Ron zu berichten, was vorgefallen war, doch es hieß immer wieder, er sei nicht wachzubekommen.

Als ich nach ein paar Stunden aus dem Krankenhaus entlassen wurde, ließ ich mich gleich nach Hause fahren. Dort stand ich dann über unser Bett gebeugt und flehte Ron an, sich zu erheben. Ich sagte ihm, ich sei krank und müsse unbedingt ins Bett. Doch er schlief weiter und rührte sich nicht. Da legte ich mich in Katys Bett. Ich fühlte mich völlig leer, wie ausgebrannt. Es hatte wirklich keinen Sinn mehr, in einer Ehe auszuharren, die für uns beide eine Pein war. Jetzt war es so weit, daß auch Katy darunter litt.

Als nach ein paar Wochen die erste ›Denver-Clan‹-Saison für mich zu Ende war, flog ich mit Katy nach London. Ich hatte in dem sehr mittelmäßigen Film *Nutcracker* eine Rolle übernommen und war ausgesprochen erleichtert, Ron in Los Angeles zurückzulassen.

Wir beschlossen, uns zunächst einmal probeweise zu trennen, und scheuten keine Mühe, um die Wahrheit vor Katy, der Presse und allen außer unseren besten Freunden geheimzuhalten. Wir hofften wider besseres Wissen, daß wir unsere Ehe vielleicht doch noch retten konnten, wenn ein ganzer Kontinent und ein Ozean zwischen uns lagen. Doch unsere Ehe war schon hoffnungslos zerrüttet.

Auch endlose Diskussionen und Gespräche mit Eheberatern führten zu nichts. Wir versuchten noch ein paarmal uns zu versöhnen und wieder zusammenzuleben. Doch das bedeutete eine solche emotionale Anspannung, daß wir uns schließlich sagen mußten, daß es für uns alle drei das Beste war, wenn Ron und ich hinfort getrennte Wege gingen.

Und nun zurück zum ›Denver Clan‹, wenn das auch unmittelbar im Anschluß an den Bericht über das traurige Ende unserer Ehe sonderbar erscheinen mag.

Seit den Dreharbeiten zu dem Film ›Land der Pharaonen‹ ist es mir immer wieder passiert, daß ich einen solchen Lachanfall bekam, während eine Szene gefilmt wurde, daß ich einfach nicht weitermachen konnte.

Auch am Ende meiner zweiten Saison beim ›Denver-Clan‹ war es wieder einmal soweit. Alexis, Krystle und Mark Jennings (Geoffrey Scott) hatten sich gerade aus dem brennenden Wochenendhaus gerettet. Irgend jemand hatte Krystle und/oder Alexis nach dem Leben getrachtet.

Bei dieser Folge führte Irving Moore Regie. Ich mochte diesen Regisseur sehr gern, er hatte viel Sinn für Humor.

Wir drehten im Filmstudio auf einer künstlichen Grasfläche. Das brennende Haus wurde im Hintergrund auf eine Leinwand projiziert. Mark trug mich gerade hinaus. Krystle lag schon keuchend und hustend draußen auf dem Rasen und starrte mit schreckgeweiteten Augen in die Flammen. Ich sollte bewußtlos sein. Ich trug einen beigen Jodhpuranzug und eine Kappe, die mir viel zu groß war und mir immer vom Kopf fiel, wenn Geoff mich auf den Boden legte. Obwohl mir Linda Sharp, die Friseuse, diese Kappe mit 43 Haarnadeln und Klammern festgesteckt hatte, rutschte sie mir auch dann noch regelmäßig über die Augen. Dadurch sah ich aus wie die geistesschwache Puppe eines Bauchredners.

Unsere Produzentin Elaine Rich fand, ich sähe viel zu gepflegt aus, wenn man bedachte, daß ich um ein Haar an Rauchvergiftung eingegangen wäre.

Also schmierte mir Melanie Levitt, die für das Make-up zuständig war, reichlich schwarzen Kompaktpuder ins Gesicht und auf die Hände. Sie hatte es wohl ein bißchen zu gut gemeint. »Cut, cut!« schrie Irving verzweifelt. »Lieber Himmel, sie sieht ja aus wie Al Jolson — wischt ein bißchen von dem Puder ab.«

Da fand ich das alles urkomisch. Melanie versuchte, einen Teil des Puders wieder abzuwischen. Mein Gesicht sah grau aus. Linda steckte mir die Kappe mit noch mehr Nadeln an den Haaren fest. Ich konnte einfach nicht mehr. Jedesmal wenn Geoffrey mich hinlegte und die unsterblichen Worte sprach: »Krystle, das Haus war von *außen* abgeschlossen — jemand hat das Feuer absichtlich entfacht«, platzte ich heraus. Das war natürlich ansteckend. Geoff lachte so, daß er alle Mühe hatte, mich nicht wie ein Lumpenbündel einfach hin zuwerfen. Auch Linda kam aus dem Kichern nicht mehr heraus. Je dramatischer Geoff seinen Text brachte, desto schwerer fiel es mir, mich zusammenzunehmen. Ich biß mir auf die Zunge, bis es schmerzte. Doch ich konnte mich nicht ernsthalten. Endlich hatten wir die Szene im Kasten, und ich rannte hysterisch kichernd unter die Dusche. Ich brauchte eine halbe Stunde, bis ich mir all den Schmier abgewaschen hatte. Wie glanzvoll ist doch das Showbusineß!

Während der dreißig Jahre, die ich vor der Kamera gestanden hatte, war ich nie ausgezeichnet worden. Nun muß ich zwar zugeben, daß ich nichts besonders Verdienstvolles geleistet habe, doch das lag vor allem an den Vorlagen, und ein wenig Anerkennung hätte mich gefreut. Im Jahre 1956 war ich zum ›Star von morgen‹ und zur ›Vielversprechendsten Nachwuchsschauspielerin‹ ernannt worden und im Jahre 1957 zur ›Prominentesten Nachwuchsschauspielerin‹.

Als mich die *Foreigsn Press Association* von Hollywood 1982 für den Golden Globe als beste Schauspielerin in einer Fernsehserie vorschlug, war ich hocherfreut. Ich bekam den Preis dann doch nicht. Damit hatte ich auch nicht ernsthaft gerechnet. Im Jahre 1983 wurde ich für meine Rolle im ›Denver-Clan‹ wieder nominiert. Doch ich mußte nicht nur gegen Linda Evans, sondern auch gegen Stefanie Powers und Jane Wyman antreten.

Bei dieser Konkurrenz rechnete ich mir keine große Chance aus. Ich fühlte mich geschmeichelt, weil ich nominiert worden war, und erklärte mich bereit, zusammen mit Wayne Rogers die Conférence zu übernehmen. Als angesagt wurde, welche Schauspielerinnen zur Wahl standen, hielt ich mich hinter der Bühne auf und wartete in mein Schicksal ergeben. Ich rechnete keinesfalls damit, daß ich das Rennen machen würde.

Da hörte ich: »Und die Gewinnerin ist Joan Collins!« Ich war tatsächlich als Siegerin aus dem Wettstreit hervorgegangen.

Ich konnte es nicht fassen und stand wie versteinert da. Dann stürzte ich auf die Bühne hinaus und hob den Arm in Siegespose. Mein grünes Chiffonkleid riß ein. Ich hatte keine Dankesrede vorbereitet und sagte daher nur: »Ich bin Sophia Loren sehr zu Dank verpflichtet, weil sie die Rolle abgelehnt hat. Und ich danke allen vom ›Denver-Clan‹ von Aaron Spelling *aufwärts*!«

Ron begleitete mich zur Verleihung des Golden Globe. Wir hatten uns zwar schon vor Monaten getrennt, sahen uns aber hin und wieder auf freundschaftlicher Basis. Die Auszeichnung freute ihn fast noch mehr als mich.

Ich war stets bemüht, von diesem Image abzurücken, das besagte, daß ich außer einem hübschen Gesicht nichts zu bieten habe. Als mir daher der Regisseur Jim Frawley die Doppelrolle der bösen Stiefmutter und der bösen Hexe in ›Hänsel und Gretel‹ anbot, sagte ich mit Freuden zu.

Die Schauspielerin Shelley Duvall produzierte ›Hänsel und Gretel‹ für das Showtime-Kabelfernsehen. Eine ganze Reihe von Märchen wurde unter dem Sammelnamen ›Fairie Tale Theatre‹ verfilmt, und für diese Märchenrollen hatte man schon namhafte Stars begeistern können. Robin Williams hatte gerade den ›Froschkönig‹ gespielt. Auch Mick Jagger, Christopher Reeve, Malcolm McDowell, Liza Minnelli, Vanessa Redgrave und mehrere andere namhafte Künstler hatten zugesagt. Es war ein sehr interessantes Projekt.

Es fiel mir nicht weiter schwer, die böse Stiefmutter zu spielen, die die beiden unschuldigen Kinder in den Wald schickt und dort ihrem Schicksal überläßt.

Ich weiß noch, daß Ricky Schröder den Hänsel gespielt hat. Ich bekam eine Perücke mit rotem, lockigem Haar verpaßt, blieb ungeschminkt und wurde in altmodische wunderliche Kleider gesteckt. Damit wurde ich der Rolle spielend gerecht. Doch die Rolle der bösen alten Hexe entsprach mir überhaupt nicht.

Es dauerte vier Stunden, mich in diese Hexe zu verwandeln. Eine klebrige grüne Paste wurde mir ins Gesicht geschmiert. Ich bekam eine Hakennase und ein falsches Kinn mit einer großen Warze verpaßt. Braune Zahnstummel und eine Perücke mit verfilztem grauem Haar vervollkommneten das Bild. Mir wurden schmutzige Krallen auf die Nägel gesetzt, dichte struppige Augenbrauen über die eigenen geklebt, und mit dem widerwärtigen Buckel auf dem Rücken war ich dann völlig unkenntlich. Ich trug die klassische Hexengewandung, ein langes schwarzes Kleid und einen spitzen Hut. Wenn ich dahergehumpelt kam und mit verstellter Stimme sprach, war ich wirklich nicht wiederzuerkennen. Als mich Katy bei den Dreharbeiten besuchte, stand sie direkt vor mir und fragte mich: »Wo ist Mami?«

Das war die schwierigste Rolle, die ich je gespielt habe. Sie stellte die höchsten Anforderungen an mich. Gedreht wurde im Griffith Park, und es war furchtbar heiß, so heiß, daß mir der Schweiß über das Gesicht lief, bis sich das Kinn und die falsche Nase lösten. Die Make-up-Spezialistin verbrachte Stunden damit, mir Kinn und Nase wieder ins Gesicht zu drücken und mit Klebeband und einem scharfen Instrument zu befestigen.

Ich hatte viel Text. Es wurde sehr schnell und auf Video gedreht. Insgesamt waren für dieses Märchen nur sechs Tage eingeplant. Die Zeit war also knapp bemessen. Ich arbeitete praktisch nonstop und bis zur völligen Erschöpfung. Trotzdem war das eine sehr dankbare Rolle, die mich beruflich weiterbrachte. Im Jahr darauf wurde ich für diese Rolle von der National Cable TV Association als beste Schauspielerin vorgeschlagen. Während meiner dritten Saison beim ›Denver-Clan‹ ging es nach Denver, wo die Serie spielt. Dort sollte vor dem Hintergrund des Carousel-Balls gefilmt werden. Dieses glänzende gesellschaftliche Ereignis findet jedes Jahr zugunsten der *Children's Diabetes Foundation* statt. Gastgeber sind Barbara und Marvin Davis, die sich dieser Aufgabe mit Bravour entledigen.

Marvin ist einer der reichsten Männer der Welt und gibt sich nicht mit Halbheiten zufrieden. Er hatte zu diesem Ball illustre Gäste einfliegen lassen — Filmstars, Fernsehgrößen und Politiker. Cary Grant, Lucille Ball, James Stewart, Raquel Welsh, Lee Majors, Dolly Parton, Robert Wagner, Diana Ross, Merv Griffin, Stefanie Powers, Henry Kissinger, der ehemalige Außenminister der Vereinigten Staaten, Gerald Ford (einst Präsident der USA) und noch viele bekannte Gesichter tanzten Schulter an Schulter mit John, Linda, Kathleen Beller (ein neues Gesicht beim ›Denver-Clan‹) und mir. Das Eintreffen Johns und Lindas in einer Limousine war schon gefilmt worden. Auch wie Alexis mit Dex, ihrem neuen Liebhaber, in einem weißen Rolls-Royce vorfährt, war schon im Kasten.

Es amüsierte uns, wie die unübersehbare Menschenmenge auf der Straße vor dem Ballsaal unsere Namen rief. Lauter glühende Fans. Wie ließ sich das mit den Rollen unter einen Hut bringen, die wir im ›Denver-Clan‹ spielten?

Wir Schauspieler mischten uns unter die kostbar gewandeten und mit edlem Schmuck behängten Damen der Gesellschaft, die crème de la crème von Denver. So auch das Filmteam. Um nicht groß aufzufallen, waren alle dem Anlaß entsprechend gekleidet. Sie flitzten überall herum und versuchten, vor, während und nach dem Dinner und dem Ball so viele Filmmeter wie nur irgend möglich in den Kasten zu bekommen.

Bei Tisch saß ich zwischen meinem Begleiter Peter Holm und Dr. Henry Kissinger. Ich kannte Kissinger schon von dem vorjährigen Ball her. Er war ein sehr anregender, vor Geist sprühender Tischherr. Ich trug ein Goldlamékleid von Nolan Miller im Wert von 2000 Dollar und Brillantschmuck mit Smaragden von Harry Winston im Wert von einer Million. Ich fühlte mich wie im siebten Himmel. Plötzlich hatte ich eine glänzende Idee. Wir konnten doch eine kleine Szene mit Dr. Kissinger und Alexis einflicken. Ja, warum eigentlich nicht? John und Linda hatten in der Folge eine Szene mit Barbara und Marvin Davis, und Marvin hatte ›Blake‹ und ›Krystle‹ auf dem Ball vorgestellt.

Unsere Produzentin Elaine Rich war ebenfalls im Ballsaal und ließ sich nichts entgehen. Die Kameraleute filmten alles und jedes. Ich machte Elaine ein Zeichen und teilte ihr flüsternd mit, was mir gerade eingefallen war.

»Wird er das denn tun?« fragte sie mich aufgeregt. »Das wäre *Dynamit*!«

»Ich kann ihn ja mal fragen«, sagte ich kühn. Und genau das tat ich, schon im nächsten Augenblick. »Henry, was halten Sie davon, in einer Szene mit Alexis aufzutreten?« Ich klimperte mit den Wimpern und rückte ein wenig näher, damit ihm der Duft von ›Scoundrel‹ in die Nase stieg.

Er zwinkerte mir verschwörerisch zu. »Aber was würden wir denn tun?« erkundigte er sich. »Sie wissen doch, daß ich kein Schauspieler bin.«

»O doch, das sind Sie, Henry. Wer überall auf der Welt so fantastische Reden hält wie Sie und die Leute auch wirklich zu überzeugen vermag, *muß* ja ein glänzender Schauspieler sein. Bitte sagen Sie doch ja — es wird Ihnen bestimmt Spaß machen.«

Widerstrebend gab sich der gute Dr. Kissinger geschlagen. Nach dem Ball gingen wir in den VIP-Raum, wo Elaine Rich mit dem ›Denver-Clan‹-Team schon ganz aufgeregt auf uns wartete. Eine Unmenge von Zuschauern umringten uns.

»Herr Dr. Kissinger, Sie brauchen weiter nichts zu tun«, erklärte unser Regisseur Phil Leacock, »als auf Joan zuzugehen, die aus der entgegengesetzten Richtung kommt. Und dann begrüßen Sie sich. Das ist gar nicht weiter schwierig, Dr. Kissinger. Es dauert auch nicht lange. Joan wird Ihnen helfen.«

Ich wies ihn auf die Markierungen hin, und Dr. Henry Kissinger, der ehemalige Außenminister der Vereinigten Staaten und hervorragende Politiker, das Genie im Exil, wie er sich selbst zu nennen pflegte, trat in einer Szene mit der übelsten Schurkin auf, die das Fernsehen zu bieten hatte.

Dr. Kissinger: Alexis, wie geht es Ihnen?

Alexis: Danke gut, Henry, und Ihnen?

Dr. Kissinger: Bestens, Alexis. Wie schön Sie zu sehen.

Alexis: Ja, das letzte Mal sind wir uns in Portofino begegnet . . . es war herrlich dort.

Das hatte ich einfach aus dem Stegreif angehängt, und das Team hatte alle Mühe, ernst zu bleiben. Diese Szene würde Geschichte machen. Jetzt war sie fürs Fernsehen für immer festgehalten.

›Playboy-Klappseite!‹ Was sagt mir das? Daß sich irgendein süßes kleines Nymphchen splitterfasernackt auszog? Das war in meinen Augen nicht weiter von Bedeutung. Ich fand, daß das viel weiterreichende Konsequenzen hatte. Die Frauen waren jahrelang ausgebeutet worden. Ob sie selbst oder andere die Schuld daran trugen, spielte keine Rolle. Im *Playboy* und anderen Herrenmagazinen sah man immer nur junge Mädchen in gewollt aufreizenden Posen. Betont sexy und erotisch. Zur Kategorie dieser Mädchen zählte ich mich nicht mehr. Die Möglichkeiten und Auswirkungen, die sich mir mit einer solchen Fotoserie auftaten, reizten mich ganz einfach. Ich war nie prüde gewesen. Gegen die Nacktheit an sich hatte ich nichts einzuwenden, wenn sich jemand sehen lassen konnte. Doch ›Mittelamerika‹, die Durchschnittsamerikaner, vor denen ganz Hollywood Kotau machte, konnten schon zum Problem werden.

Daß ich mich als Frau einer bestimmten Altersgruppe im *Playboy* ablichten ließ, empfand ich als Pluspunkt zugunsten der Frauen. »Ein wichtiger Schritt zur Befreiung der Frau«, verkündete ich munter. Ich war davon überzeugt, daß ich das Tabu der Altersgrenze, an das sich die Frauen fast immer strikt gehalten hatten, gebrochen hatte, als ich mich so ablichten ließ. Aber wie dem auch sei, die Dezemberausgabe 1983 des *Playboy* war schon bald vergriffen und bei Sammlern sehr gefragt. Ich glaube, daß das auf mich — Joan Collins — und nicht unbedingt auf Alexis zurückzuführen war. Ich hoffte damit zu beweisen, daß auch eine Frau über fünfzig noch attraktiv und sexy sein kann. Wider Erwarten wurde ich auch gar nicht so sehr angegriffen, wie ich geglaubt hatte. Ich hatte mich da keinen Illusionen hingegeben, doch es stellte sich heraus, daß mich die *Frauen* sogar ganz besonders für das bewunderten, was ich getan hatte. Sie begrüßten das sehr. Also hatte es sich gelohnt. Dafür nahm ich die minimale negative Resonanz, die dagegen kaum ins Gewicht fiel, gern in Kauf.

Als der *Playboy* herausgekommen war und sofort reißenden Absatz gefunden hatte, sagte ich auf einer Party zu Leslie Bricusse: »Ich glaube, ich bin drauf und dran, berühmt-berüchtigt zu werden.«

»Was heißt denn hier ›drauf und dran‹?« scherzte er. »Das bist du doch schon längst, Joanie!«

Ob die zwischenmenschliche Beziehung zum Partner die Feuerprobe besteht, kann sich erst im Lauf der Zeit erweisen. Eine solche Beziehung hält nur, wenn man auf ein gemeinsames Ziel hinarbeitet, das beiden gerecht wird. Und das einzig Konstante im Leben ist der Wechsel.

Mein Leben ist voller Überraschungen und Aufregungen

gewesen. Es hat Höhepunkte gegeben, aber auch Tiefschläge. Ich habe Schwerarbeit geleistet und bin immer neue Beziehungen eingegangen. Ich habe gelitten, aber auch viel Spaß gehabt. Die meiste Zeit habe ich das Leben genossen und voll ausgekostet. Bis zur Neige. »Das Leben ist ein Bankett, und doch wimmelt es von Einfaltspinseln, die verhungern«, hat W. C. Fields einmal gesagt. Da muß ich ihm beipflichten.

Heute muß ich mich gegen das völlig falsche Bild zur Wehr setzen, das sich die Leute von mir machen. Ich werde immer mit meiner Rolle identifiziert. Alle sehen in mir die berechnende Intrigantin Alexis. Zuweilen ist das ja ganz amüsant. So zum Beispiel an dem Tag, an dem Judy Bryer und ich in den Benedict Canyon fuhren. Ich hatte die Rolle der Alexis im ›Denver-Clan‹ etwa vier Monate zuvor übernommen. Als wir an einer Ampel halten mußten, hielt neben uns ein *Station Wagon* mit lauter Kindern im Alter von sieben oder acht Jahren. Alle machten mir aufgeregt Zeichen und winkten mir zu.

»Dein Juniorfanclub«, scherzte Judy.

Ich strahlte angesichts der lieben Kleinen, drehte die Scheibe runter, lächelte hoheitsvoll und winkte gelassen wie die Königinmutter höchstpersönlich.

»Alexis, du bist gräßlich!« schrien die lieben Kleinen fröhlich durcheinander. *»Wir hassen dich!«* In ihren Mienen spiegelte sich boshafte Freude, und sie hopsten wie wild auf ihren Sitzen herum. Verblüfft wandte ich mich Judy zu. Die wollte sich schier ausschütten vor Lachen.

»Du bist eben die Frau, die Amerika zu hassen beliebt«, sagte sie. »Damit wirst du dich wohl oder übel abfinden müssen. Eigentlich ist das ein Kompliment.«

Ich entdeckte Züge an mir, die entfernt an Alexis erinnern. Oft wünsche ich mir, ich hätte mehr von ihrer Kraft und Zuversicht. Trotzdem empfinde ich es als Ironie des Schicksals, daß mir dieses Image des göttlichen Biests nun wohl auf ewig anhaften wird, ob mir das nun paßt oder nicht.

Wieder ist ein Mann in mein Leben getreten. Ganz plötzlich und unerwartet im Sommer vorigen Jahres, als ich nicht im Traum daran gedacht hätte, wieder eine Beziehung einzugehen. Mir stand einfach nicht der Sinn danach. Doch Peter

Holm ist genau wie ich ein Zwilling. Nach so vielen Fehleinschätzungen bin ich auf der Hut und überlege mir genau, mit wem ich mich einlasse. Natürlich kann ich nicht wissen, was die Zukunft für uns bereithält. Peter sagt, daß es für das Leben keine Garantie gibt, und ich finde, er hat recht.

Mein bisheriges Leben, meine Vergangenheit war nicht vollkommen. Wer kann das schon von seinem Leben behaupten? Aber gelangweilt habe ich mich nie! Ich hoffe, daß ich aus meinen Fehlern eine Menge gelernt und damit den Weg für eine glücklichere Zukunft geebnet habe. Vorwärts.

Kalifornien, Dezember 1983